LANDKREIS DINKELSBÜHL
Riegersheim
Breitenbach
Bösenlustnau
Dürrenstetten
Bautzenhof
Wört
Georgenstadt
Binhäusle
Konradsbronn
Grobenhof
Grünstädt
Regelsweiler
Rotach
Althueb
Keuerstadt
Maxenhof
Ellenberg
Brombach
Kreuthof
Gaxhardt
Mittelmeizen
Hintersteinbach
Niederroden
Eiberg
Tragenroden
Stödtlen
Dambach
Eck am Berg
Oberbronnen
Unterbronnen
Muckental
Häsle
Kraßbronn
Birkenzell
Weiler an der Eck
Rothof
Haselbach
Stillau
Tannhausen
Bergheim
Hofstetten
Beersbach
Röm. Kastel
Rattstadt
Hardt
Forstweiler
Steigberg
Hirlbach
Geraü
Halheim
Kreuthof
Limes
WANGEN (Jagst)
Pfahlheim
Bleichroden
Riepach
Rötlen
Ellrichsbronn
Erpfental
Buchhausen
GRUND
Oberschneidheim
Neunstadt
Röhlingen
Hochgreut
Walxheim
Nordhausen
Hundslohe
Unterschneidheim
Geislingen
Jagstursprung
Elberschwenden
Zöbingen
Haisterhofen
Dettenroden
Oberwilfingen
Zipplingen
Killingen
Wöhrsberg
Unterwilfingen
Dalkingen
Sechtenhausen
VORDERES RIES
Weiler
Baldern
Kerkingen
Schloß Baldern
LANDKREIS
Itzlingen
Jagsthausen
Lippach
Benzenzimmern
Jagst
Meisterstall
Schneidheimer Sechta
Jagstheim
Dirgenheim
Westhausen
Hettelsberg
Röttingen
29
Jagst
Westerhofen
Stetten
Gromberg
Kirchheim
LAUCHHEIM
Goldburghausen
REICHENBACH
Ipf
668
N.S.G
25
Kapfenburg
Oberdorf am Ipf
FINGEN
Hülen
29
Aufhausen
BOPFINGEN
Flochberg
Pflaumloch
29
Bernlohe
Schloßberg
Trochtelfingen
NÖRDLINGEN
Arlesberg
Michelfeld
Simmisweiler
Hohenberg
Dorfen
Eger
Brastelburg
Waldhausen
Oberriffingen
Geiselwang
Beuren
Unterriffingen
Härtsfeldhausen
Utzmemmingen
Affalterwang
Hohenlohe
HÄRTSFELD
Glashütte
Dehlingen
Römerstraße
Weilermerkingen
NÖRDLINGEN
Ebnat
Elchingen
Dorfmerkingen
Mörtinger Höf
Niesitz
Ohmenheim
Schweindorf
Dossingen
STETTEN
Römerstraße
Hohlenstein
Kösingen
Kloster Neresheim
NERESHEIM
Egau
LANDKREIS HEIDENHEIM

# Heimat und Arbeit



Herausgeber: Dr. Konrad Theiss

# Der Kreis Aalen

Konrad Theiss Verlag
Stuttgart und Aalen

Herausgeber: Dr. Konrad Theiss und Dr. Hermann Baumhauer
Redaktion: Hans Schleuning


ISBN 3 8062 0090 4

Schutzumschlag: Gestaltung Roland Sauer
(Luftbild Albrecht Brugger, Stuttgart,
freigegeben vom Innenministerium Baden-Württemberg Nr. 25 354 CA)
Karten auf den Vorsatzblättern: Bernhard Braig, Leonberg
Gesamtherstellung: Grafische Betriebe Süddeutscher Zeitungsdienst, Aalen
Printed in Germany

# Geleitwort des Kuratoriums

Es gibt wohl kaum eine Landschaft, kaum ein Dorf, einen Marktflecken oder eine Stadt, derer sich nicht ein Chronist liebevoll und gewissenhaft angenommen hätte. So unübersehbar groß indessen die Zahl der Veröffentlichungen auf dem Gebiete der Heimatgeschichte ist, so beschränken sich diese doch fast ausnahmslos auf das politische und kulturelle Geschehen oder auf die Darstellung landschaftlicher, geologischer oder klimatischer Verhältnisse und Besonderheiten.
Der arbeitende Mensch aber, der durch sein Wirken und Schaffen einen gegebenen Raum im Laufe der Geschichte zur Heimat macht, blieb dabei meist im Hintergrund. Gerade in unserer unsicher gewordenen Gegenwart bedarf es jedoch einer Betrachtungsweise, die den Menschen in der Mannigfaltigkeit seines geschichtlichen Verhaltens in den Mittelpunkt der Betrachtung rückt, weil nur auf diese Weise Modelle des eigenen Lebens sichtbar gemacht werden können. Zugleich kann so dem geschichts- und heimatfremd gewordenen Menschen unserer Tage eine Brücke geschlagen werden, über die er einen Zugang zum heimatlichen Lebensraum in Vergangenheit und Gegenwart finden kann.
Um die Wechselbeziehungen zwischen Landschaft und Mensch, Kultur und Wirtschaft richtig zu erfassen, geht man am besten von relativ kleinen und daher gut überschaubaren Räumen aus, wie wir sie heute in unseren Stadt- und Landkreisen vor uns haben. Ein möglichst umfassendes Bild von den in den einzelnen Stadt- und Landkreisen wirksamen Lebensbedingungen und Prägekräften zu geben und so eine Selbstdarstellung unseres neuen Bundeslandes Baden-Württemberg in seinen Kreisen zu gewinnen, ist das Ziel unserer Buchreihe ‚*Heimat und Arbeit*'.

Wir hoffen, mit ihr
bei unseren Mitbürgern und besonders bei unserer Jugend den Sinn zu wecken für Entstehen und Entwicklung der ökonomischen und sozialen Ordnung und der kulturellen und geschichtlichen Werte,
der Wirtschaft zu helfen, indem wir eine Brücke des gegenseitigen Verständnisses und Vertrauens schlagen wollen,
der Heimat insgesamt zu dienen, indem wir das Interesse für sie beleben und die Liebe zu ihr nähren wollen,
schließlich dazu beitragen, den Menschen unserer Zeit zu politischer, sozialer und wirtschaftlicher Zufriedenheit zu führen.

# Vorwort der Herausgeber

Die erste Auflage des Buches „Der Kreis Aalen“ erschien vor nunmehr 13 Jahren. Der Band bildete den Auftakt zu einer Reihe von Kreisbeschreibungen, deren Aufgabe es ist, unter dem Stichwort „Heimat und Arbeit“ die spezifischen Lebensgrundlagen der Landkreise darzulegen. Die Bände sollten dazu beitragen, den Raum, den wir als Heimat erleben, nicht nur als ein überkommenes oder aus Gewöhnung erwachsenes Geschenk zu begreifen, sondern vor allem als Frucht gestaltender Arbeit. Die Einsicht in das strukturelle Werden und in die Zusammenhänge der vielfältigen Lebens-, Wirtschafts- und Arbeitsformen der engeren Heimat sollte die Freude am eigenen Arbeitsplatz bestärken und zugleich das Gefühl einer persönlichen, im besten Sinn bürgerlichen Mitverantwortung für diesen Lebensraum beleben. Rund 40 Landkreise inner- und außerhalb Baden-Württembergs haben in diesen 13 Jahren ihre Beschreibung im Geist dieser Zielsetzung erfahren; für manchen Kreis war ein solcher Band in der Reihe „Heimat und Arbeit“ die erstmalige systematische Zusammenschau seiner Lebensbedingungen und Arbeitsformen überhaupt.

Seit dem Erscheinen der ersten Auflage des Bandes „Der Kreis Aalen“ hat sich vieles gewandelt. Vor 13 Jahren galt es, eine erste Bilanz zu versuchen, in der die Posten aus den tiefen Schichten der Vergangenheit, aus den strukturellen Ergebnissen der Industrialisierung im 19. und 20. Jahrhundert und aus dem sogenannten Wirtschaftswunder nach der Katastrophe des Zweiten Weltkriegs addiert und in ihrer zukunftsträchtigen Bedeutung vor Augen gestellt wurden. Die Freude an dem Geschenk einer unzweifelbaren, 1945 noch unerdenklichen Wiedergeburt war dafür Begründung genug. Auch ein gewisses Gefühl der Dankbarkeit suchte sich in einer solchen Bilanz Rechenschaft zu geben darüber, was dieses Geschenk von der überlebenden Kriegsgeneration forderte, damit künftigen Generationen unserer Heimat solche Abstürze erspart blieben. Heute ist, gestehen wir es zu, im allgemeinen deutschen Bewußtsein das Erlebnis dieses „Wunders“ schon weithin Vergangenheit; die technologische, die weltwirtschaftliche und die geistige Entwicklung haben auf allen Gebieten nicht nur neue Probleme, sondern auch neue Wertungen

mit sich gebracht. Die Neuausgabe eines Kreisbuches durfte an diesen Realitäten nicht vorbeisehen.
So hat folgerichtig auch die vorliegende Publikation eine neue Gestalt. Nicht nur, weil sie diese Entwicklungen und neue Forschungsergebnisse berücksichtigt – denn das ist wohl selbstverständlich –, sondern weil eine neue Generation, die vor veränderten Aufgaben steht und auf eigene Weise den heimatlichen Lebensraum gestalten muß, in einem solchen Buch nach den für ihre Arbeit fruchtbaren Kriterien und Informationen sucht.
Das neue Kreisbuch ist daher als ein modernes, über alle Gebiete des heimatlichen Lebens- und Arbeitsraums informierendes Sachbuch konzipiert worden. Es wurde von Fachleuten der verschiedenen Wissensgebiete in allen Teilen neu erarbeitet und stellt eine systematische und gewissenhafte Beschreibung unseres Landkreises dar: seiner natürlichen Grundlagen, seines geschichtlichen Werdegangs, seiner kulturellen und wirtschaftlichen Leistungen und seiner Situation zu Beginn der siebziger Jahre. Unverändert jedoch blieb das ursprüngliche Ziel: Arbeit erkennen zu lassen als ein Mittel, einen Lebensraum zu erschließen, ihn zu gestalten und das Verantwortungsgefühl zu wecken für die Werte, die ein sinnvoll geordnetes „Zuhause" – eine Heimat – für jede Generation in sich birgt.
Zum Zeitpunkt der Veröffentlichung dieses Kreisbuchs steht, wie bekannt, die seitherige verwaltungsmäßige Gliederung des Landes Baden-Württemberg zur Diskussion. In sie einzugreifen ist nicht Aufgabe eines Sachbuchs, wohl aber, über diskussionswürdige Sachverhalte objektiv zu unterrichten. Dankenswerte Unterstützung erfuhr dabei die Redaktion von Landrat Dr. Anton Huber, MdL, der in 24jährigem Wirken für die Entwicklung dieses größten Landkreises Baden-Württembergs in der Nachkriegszeit grundlegende, wegweisende und dankbar von allen Gemeinden anerkannte Arbeit geleistet hat. Da das Erscheinen dieses Buches zeitlich mit der Beendigung seiner Tätigkeit als Landrat zusammenfällt, sei ihm dieser Band in aufrichtiger Dankbarkeit gewidmet.

Aalen, den 30. Juni 1970

Dr. Konrad Theiss

Dr. Hermann Baumhauer

# Inhalt



## Der Kreis, seine Landschaften und Städte

## Die Geschichte

## Der Landkreis Aalen gestern, heute, morgen

*von Landrat Dr. Anton Huber, MdL*



## Die Gemeinden des Kreises



## Wirtschaft im Bild

# Der Kreis, seine Landschaften und Städte

## Kreispanorama in Stichworten

*von Dr. Hermann Baumhauer*

### *Die Kochertalachse*

Aus zwei Quellgründen unterhalb des Volkmarsberges (748 m) bei Oberkochen und Unterkochen kommend, scheidet der Kocher die beiden Ostalb-Landschaften Albuch und Härtsfeld durch sein waldgesäumtes Tal. Schon nach kurzem Lauf tritt er in das freiere Albvorland um den Kreismittelpunkt Aalen hinaus, um sich bald danach im Schatten des Braunenbergs (685 m) bei Wasseralfingen von der Schwäbischen Alb zu trennen.

Der Wasserreichtum des „weißen Kochers", die Verkehrseignung des Albvorlandes und der seit 600 Jahren nachweisbare Eisenerzbergbau bildeten die Grundlagen für die Entwicklung des Kochertals zum wirtschaftlichen Schwerpunktraum, der zugleich die größte Bevölkerungs- und Verkehrsdichte innerhalb des Landkreises aufweist. Das industrielle Strukturbild dieser „Kochertalachse" ist vielgestaltig. Neben der seit langem führenden eisenverarbeitenden Industrie erlangten seit dem Zweiten Weltkrieg Textilindustrie und optische Industrie besonderes Gewicht. Dennoch hat die Landschaft zwischen Oberkochen, das 1968 zur Stadt erhoben wurde, Aalen, das seit 1956 Große Kreisstadt ist, und Wasseralfingen, das 1951 Stadtrecht erhielt, ihre natürliche Schönheit bewahren können.

### *Welland und Albuch*

Als wellenförmig bewegtes, windoffenes Bauernland ist das Welland dem Trauf des Albuchs vorgelagert. Es wird nach Osten und Norden hin gerahmt vom rechtwinkligen Kocherlauf zwischen Aalen und Abtsgmünd, im Westen ist es

begrenzt vom idyllischen Tal der Lein. In seinem Bild mischen sich herbe und liebliche Züge zu gleichen Teilen.
Sie sind das Ergebnis seiner Böden. Undurchlässige Opalinustone, die das Regenwasser rasch abfließen oder in örtlichen Taschen und Mulden sich verlieren lassen, sind das Erbübel häufig nasser Wiesenhänge. Auf den Schultern der Kocher- und Leintalhänge jedoch lagert ein breites Band von Liasböden und gibt dem Ackerbau das Vorrecht. Einsprengsel von Poseidonienschiefer steuern den Reiz einer besonders reichhaltigen Flora bei. Rötliche Braunjuraböden mit fruchtbaren Äkkern verbinden die südliche Flanke des Wellands mit den über 700 m hoch ansteigenden Waldbergen des Albuchs, deren großzügige Konturen den Lauf der bei Essingen entspringenden Rems und die alte Verkehrsader der Remstalstraße begleiten. Der diagonal vom römischen Limes durchquerte Bezirk besitzt zwischen Hohenstadt, Laubach und Essingen eine Reihe bemerkenswerter Baudenkmäler.

### *Virngrund und Ellwanger Berge*

Zwischen Bühler und Kocher im Westen, Röhlinger Sechta und junger Jagst im Osten schwingen die Ellwanger Berge und der Virngrund einen waldreichen Schutzmantel um den frühesten Kulturmittelpunkt des Landkreises, die Stadt Ellwangen. In machtvoller Strömung nehmen von der alten Landmarke des Hohenbergs bis nach Dalkingen und Ellenberg hinüber die Fichtenwälder des einstigen klösterlich-ellwangischen Bannforstes Besitz von dem gewellten, wasser- und mühlenreichen Land, das nach Süden hin von dem breiten Ackergürtel zwischen Neuler und Röhlingen begrenzt wird.
Diese schon für den Verlauf des rätischen Limes wichtig gewordene Scheidung von Waldland und Bauernland wurde zwar durch die mittelalterliche Rodungsarbeit gelockert, bestimmt jedoch noch immer das Gesicht des nördlichen Landkreises durch das großzügige Nebeneinander ernster und heller, verschlossener und heiterer Merkmale. Was dieser Bezirk von Neuler bis Jagstzell an alten Kulturdenkmälern besitzt, verweist auf die beherrschende Stellung der Abtei und späteren Propstei Ellwangen.

### *Die Kornkammer des Kreises*

Das Bauernland, das den römischen Limes von der Jagst bei Schwabsberg über Röhlingen und Pfahlheim bis in den waldreichen Nordosten des Kreises bei Tannhausen, Stödtlen und Wört begleitet, ist die Kornkammer des Kreisgebietes. Hall-

stattzeitliche Grabhügel, römische und alemannische Funde und mittelalterliche „Burstel" bezeugen seine Besiedlung seit rund 5000 Jahren v. Chr.
Unter der milden Herrschaft des Ellwanger Krummstabs entwickelten sich manche Dörfer schon früh zu Größe und Wohlhabenheit. Für die Verkehrserschließung dieses ihres Hinterlandes, das in der Seenplatte zwischen Röhlingen und Wört einen Wasserspeicher von hohem landschaftlichen Reiz besitzt, hat die Fürstpropstei des 18. Jahrhunderts Bemerkenswertes geleistet, ebenso für seine kirchliche Kunst.

## *Kapfenburg und Schloß Baldern*

Als markantester Punkt der Alb zwischen Braunenberg und Ipf beherrscht das festungshafte Schloß Kapfenburg die Umgebung von Lauchheim, der kleinsten Stadt des Kreises. Dem Deutschorden gehörig, war die Burg bis 1806 Sitz eines Komturs und der Verwaltung der Deutschordensbesitzungen zwischen Westhausen, Lauchheim, Unterschneidheim und Zipplingen.
Ihr nordöstliches Gegenstück, das fürstlich-öttingensche Höhenschloß Hohenbaldern, sitzt auf einem breit gelagerten, freistehenden Braunjurakegel von 672 m Höhe, den weite Forste umstehen. Während zu Füßen der Kapfenburg im Raum Westhausen-Lauchheim Industriebetriebe sich ansiedelten und das Lebensbild der Dörfer veränderten, behielt das Umland des Baldern sein bäuerliches Gepräge. Unter dem Patronat der beiden Grundherren entstanden zwischen Westhausen, Röttingen und Zöbingen schöne Barockkirchen als Mittelpunkte frommer Tradition, unter denen der Silvesterritt von Westhausen am bekanntesten ist.

## *Das Ries*

Als westlicher, seit 1810 zu Württemberg gehöriger Rand des Rieskessels säumt das Vordere Ries die östliche Kreisgrenze, die zugleich bayerische Landesgrenze ist. Im Süden markiert vom Weißjurakegel des Ipf (668 m), im Norden von der Kuppe des Zipplinger Kirchbergs, einer Sprengscholle der Riesexplosion, besitzt es den Charakter eines lebhaft geformten, doch leicht zugänglichen Bauernlandes von uralter Tradition. Fünf aufeinander folgende, bis ins vierte vorchristliche Jahrtausend zurückweisende Siedlungsschichten verschiedener Kulturstufen weist der Goldberg bei Goldburghausen auf. Der Ipf trägt auf seinem Scheitel den Ringwall einer vorkeltischen Bauernsiedlung. In Kirchheim am Ries sprechen immer neue Bodenfunde von der Landnahme der Alemannen, während die Anlage des dortigen Klosters die Erinnerung an die mittelalterliche Kultivierungsarbeit des Zisterzienserordens wachhält. Mittelpunkt des Vorderen Rieses ist die ehemalige kleine freie Reichsstadt Bopfingen, deren bedeutende Industrie die Arbeitskraft sowohl aus dem Vorderen Ries wie aus dem nördlichen Härtsfeld auf sich zieht.

## *Das Härtsfeld*

Begrenzt von Kocher, Jagst und Eger bildet das Härtsfeld ein das südöstliche Kreisgebiet umfassendes Hochlager. Weite Äcker und steinige Weiden, Wälder, Trockentäler und Heideland kennzeichnen diese strenge, wasserarme und windoffene Ostalblandschaft, die bis heute ihren bäuerlichen Charakter bewahrt hat.
Die kulturelle Erschließung des „harten Feldes" ist weithin das geschichtliche Verdienst des bald 900jährigen Benediktinerklosters Neresheim, das vornehmlich während der Barockzeit viele Landkirchen errichtete und in der Neresheimer Abteikirche des Balthasar Neumann die künstlerische Krone des Härtsfeldes und zugleich das bedeutendste Kunstdenkmal des Kreises geschaffen hat. Die im Einzugsgebiet der Kochertalindustrie und der Bopfinger Industrie liegenden Ränder des Bezirks verwandeln sich seit dem Zweiten Weltkrieg zunehmend von Bauerndörfern zu Arbeiterwohngemeinden.

*1/2. Das Kochertal zwischen Aalen und Unterkochen, zweimal vom gleichen Standpunkt aus fotografiert: Gewerbefleiß und landschaftliche Schönheit*

3. *Virngrund*

# Aalen und seine Zukunft

## Eine alte Freie Reichsstadt verändert ihr Gesicht

*von Oberbürgermeister Dr. Karl Schübel*

Die Stadt Aalen, der Schwerpunkt der Nordostalb, verdankt ihr Entstehen wohl dem in der Mitte des 2. Jahrhunderts n. Chr. von den Römern auf der Schillerhöhe errichteten Kastell. Die außerordentlich günstige Lage Aalens war von schicksalhafter Bedeutung für die Stadt: Sie brachte der Stadt wohl im Jahre 1360 die Reichsfreiheit unter Kaiser Karl IV. Das hatte aber auch zur Folge, daß die kleine, gerade erst reichsunmittelbar gewordene Stadt manch böse Fehde und Wirren zu überstehen hatte. So erlitt Aalen Schäden im Bauernkrieg. Am schlimmsten traf es die Stadt im Dreißigjährigen Krieg, als sich schwedische Truppen nach der Schlacht bei Nördlingen 1634 von Nördlingen über Aalen zurückzogen und durch Explosion mehrerer schwedischer Pulverwagen ein großer Brand entstand, der das reizvolle turmbewehrte Städtchen in Schutt und Asche legte. Auch in späteren Kriegen mußte die an wichtigen Verkehrsstraßen liegende Stadt viel Schweres durchmachen. Nach dem Frieden von Luneville (1801), in dem die Stadt ihre Reichsfreiheit einbüßte, fiel Aalen im darauffolgenden Jahre mit anderen Reichsstädten an Württemberg.
Aalens Aufstieg von einem etwas verträumten württembergischen Landstädtchen bis hin zu einer sehr lebendigen, der Zukunft zugewandten, stetig wachsenden Mittelstadt begann mit dem Bau der württembergischen Staatseisenbahn als Kreuzungspunkt von fünf zum Teil international wichtigen Strecken vor über 100 Jahren. Von da an begann sich die Stadt immer rascher zu entwickeln. Das in der ehemaligen Reichsstadt zu hoher Blüte gekommene Handwerk entfaltete sich mit der im 19. Jahrhundert einsetzenden Mechanisierung vielfach zum gewerblichen Kleinbetrieb und dieser zum industriellen Unternehmen.
Gegenüber den 2000 Seelen, die Aalen noch 1802 zählte, sind es am Ende des Jahrhunderts gegen 10 000. Die Einwohnerzahl stieg weiter auf rund 16 000 im Jahre 1939, auf rund 18 000 am 1. Mai 1945 und zählt heute nach der Eingliederung der Gemeinde Waldhausen in die Stadt Aalen am 1. Januar 1970 rund 37 000 Einwohner.
Nach dem Ende des Zweiten Weltkrieges, durch den das Grauen und Entsetzen wahnsinniger Zerstörung auch nach Aalen getragen wurde (Luftangriffe!), herrschte

ein ungeheurer Nachholbedarf auf allen Gebieten. Zunächst galt es, der Nachkriegssorgen Herr zu werden und vor allem die Bevölkerung, die zum Teil in Notunterkünften hauste, wieder menschenwürdig unterzubringen. Da die Geldmittel sowohl bei den Bürgern wie der Stadt sehr knapp waren, konnte man in Aalen wie auch andernorts nicht sofort darangehen, in maximaler Form das Aalen von morgen zu planen. In Anbetracht der ungeheuren Wohnungsnot stand zunächst der Wohnungsbau an der Spitze. Diese Phase ist durch nüchterne Zweckbauten gekennzeichnet. Wenn wir diesen heute in unserer Stadt begegnen, so können wir froh sein, daß diese Zeit der Not vorüber ist und sich die Wirtschafts- und Finanzkraft der Stadt und ihrer Bürger langsam so gekräftigt hat, daß in allen Stadtteilen neue und schmucke Siedlungen geplant und gebaut werden konnten und daneben eine ganze Reihe industrieller, staatlicher, kommerzieller und kommunaler Großbauten erstanden sind, so daß sich das Antlitz unserer Stadt kräftig verändert hat. Die Stadt hat das Bauen, insbesondere den Wohnungsbau, durch Bereitstellung von preisgünstigen Bauplätzen stets gefördert und einen lebhaften Grundstücksverkehr betrieben. Bis heute sind in Aalen seit der Währungsreform rund 7500 Wohnungen in 3200 Gebäuden erstellt worden. Die neuen Stadtteile im Hüttfeld, in der Triumphstadt, im Grauleshof, auf dem Rötenberg, auf der Heide, im Tännich, in Unterrombach und Hofherrnweiler weisen einen hohen Grad von Eigenheimen auf. An dem großen Baugeschehen sind alle Schichten der Bevölkerung beteiligt.
Einen wesentlichen Anteil an diesem Bauvolumen haben weiter die Stadt Aalen und die Wohnungsbau Aalen GmbH mit zusammen 1420 Wohneinheiten. Erst in jüngster Zeit hat der Gemeinderat zwischen dem Taufbach und dem Grauleshof weiteres Baugelände für 223 Wohnungen ausgewiesen und an der Hirschbachstraße–Heide soll ein Wohngebiet für 1300 Menschen entstehen. Dazu kommen die überaus zahlreichen Bauten der rührigen Heimstättengenossenschaft Aalen u. a.
In den letzten 20 Jahren lagen der Stadtverwaltung und ihrem Gemeinderat aber nicht nur der Wohnungsbau, sondern auch die Erweiterung der wirtschaftlichen Basis am Herzen. Die gewerbliche Wirtschaft wurde durch Aufträge gefördert. Vor allem aber wurden zahlreiche Bauplätze abgegeben. Das Industriegebiet West stellt ein beredtes Zeugnis dar. Hier konnten auf einer Fläche von 22 ha zahlreiche Betriebe an- bzw. innerhalb der Stadt umgesiedelt werden. Die Industrie der Stadt Aalen ist heute vorteilhaft gemischt. Sie umfaßt Betriebe der Optik, der Baustahl- und Kettenfabrikation, des Maschinenbaus, zur Herstellung von Kurbelwellen, Geldschränken und Fleischereimaschinen, Gießereien, Fabrikationsstätten für Textilien sowie chemische und graphische Betriebe. Eine große Anzahl von Dienstleistungsbetrieben unterstreicht die Mittelpunktsfunktion der Stadt im gewerblichen und freiberuflichen Bereich.

Das rasche Wachstum der Stadt stellte weiter besonders große Anforderungen auf dem Gebiet des Schulwesens. Daher mußten nach 1945 nicht weniger als 10 Schulgebäude geschaffen werden, um der Schulraumnot Herr zu werden. Zur Zeit wird im Stadtteil Grauleshof eine neunklassige Volksschule mit Gymnastiksaal errichtet. Es sollen 1970 noch weitere vier Schulgebäude im Pavillonstil (Fertigbauweise) in den Außenbezirken der Stadt mit zusammen 21 Schulräumen gebaut werden, um in relativ kurzer Zeit den Raumbedarf der Grundschulen befriedigen zu helfen. In Aalen stehen zur Erschließung der vorhandenen Begabungsreserven und zur nachhaltigen Förderung des Bildungsaufschwungs zwei Gymnasien, das Schubart- und Theodor-Heuss-Gymnasium, zur Verfügung. Dazu beherbergt sie ein Techn. Gymnasium, eine Realschule, eine Abendrealschule, eine Höhere Handelsschule, eine Abendtechnikerschule, eine Wirtschaftsschule, eine Haushaltungs- und Frauenarbeitsschule sowie eine Sonderschule für Körperbehinderte und Bildungsschwache. Aalen hat sich damit immer mehr zu einem Bildungsmittelpunkt entwickelt, der für den weiten Umkreis von Bedeutung ist, für die Stadt aber harte finanzielle Belastungen mit sich brachte und noch bringen wird.

Die Krönung der schulfreundlichen Haltung der Stadt brachte die Errichtung der Staatlichen Ingenieurschule in Aalen im Jahr 1963, der ein jahrelanger Kampf vorausgegangen war. Durch die Ingenieurschule Aalen ist Aalen im Schulentwicklungsplan des Landes als großes Bildungszentrum ausgewiesen. Der imposante Neubau der Staatl. Ingenieurschule birgt als künftige überregionale Fachhochschule eine bedeutsame Einrichtung, die nicht nur unseren ostwürttembergischen Raum, sondern auch bestimmte Gebiete der Wirtschaft des Landes Baden-Württemberg und darüber hinaus befruchten wird. Die Ingenieurschule wird bis in 2 Jahren über 1000 Studierende zählen.

Die wohnmäßige Unterbringung der Studenten wird durch die Erstellung eines 14stöckigen Studentenwohnheims an der Rombacher Straße verbessert und damit zugleich ein städtebaulicher Akzent gesetzt.

Auf dem Gebiet der Kultur, ihrer Auswertung als Bildungsmacht und der kulturellen Repräsentation hat die Stadt Aalen zahlreiche Erfolge aufzuweisen. Als bedeutsames Zentrum und Voraussetzung für ein reges, vielseitig pulsierendes kulturelles und gesellschaftliches Leben gilt die Stadthalle mit einem Fassungsvermögen von 1500 Personen. An sie schließt sich eine ausgedehnte Parkanlage mit dem Mahnmal, einer Schul- und Volkssternwarte und dem Koniferengarten an. Eine besonders starke Anziehungskraft weist das in unmittelbarer Nachbarschaft der Stadthalle gelegene Limesmuseum auf. Dieses liegt auf dem Gelände des ehemals größten römischen Reiterkastells nördlich der Alpen und ist ein Zweigmuseum des Württ. Landesmuseums Stuttgart. Es vermittelt römische Kriegsgeschichte und erläutert dem Besucher insbesondere die Besetzung Süddeutschlands. Besondere Attraktionen stellen die römische Münzsammlung, die römische Provinzialbibliothek und eine Zinnfigurensammlung dar. Das sog. Zinnfiguren-Diorama mit seinen 1000 Zinnfiguren versetzt den Betrachter an einen Tag im Jahre 212 n. Chr. zurück, an dem erstmals alemannische Reiterscharen am Limes aufgetaucht sein sollen. Neben dem Limesmuseum besitzt die Stadt auch ein sehr interessantes Heimat- und Schubartmuseum.

Wichtige Kulturträger sind darüber hinaus die Stadtbücherei, die Stadt- bzw. Jugendkapelle, die Jugendmusikschule Aalen e.V., die Oratorienvereinigung, das Collegium Musicum, die Volkshochschule sowie zahlreiche andere kulturelle Vereinigungen und Einrichtungen, die von der Stadt finanziell gefördert werden.

Sehr Wesentliches ist in Aalen auch auf dem Gebiet des Sports geschehen. Der Bau eines modernen Hallenbades mit Sauna und Gymnastiksaal zur Förderung der Gesundheit und des Schwimmsports hat sich überaus bewährt. 245 000 Besucher im letzten Jahr zeigen, wie gerne die Aalener und auswärtige Besucher diese Einrichtung benutzen. Weiter hat die Stadt zwei Turnhallen mit Gymnastiksälen erstellt. Sie unterstützt die Vereine bei der Schaffung und Unterhaltung eigener Sportanlagen. Für die Zukunft hat sich die Stadt den Ausbau eines rd. acht ha großen Sportzentrums im Großen Greut mit Festplatz, zwei Schulsportstätten, einer Sporthalle und einem Großstadion vorgenommen. Die beiden Freibäder im Hirschbach und in Unterrombach werden laufend modernisiert. Rechtzeitig für die Wintersaison 1969/70 ist die rd. 1000 m lange Ostalb-Skipiste im Langert mit einem Höhenunterschied von 170 m fertig geworden. Sie soll noch mit einem Lift und einer Flutlichtanlage versehen werden.

Im Rahmen der öffentlichen Einrichtungen sind noch zu erwähnen: Der Bauhof für den Tiefbau, die Sammelkläranlage, die Feuerwache und der Waldfriedhof mit Einsegnungshalle.

Die riesigen Erschließungskosten für die neuen Straßen, Gehwege, Kanäle und für die großen Investitionen unserer städtischen Versorgungsbetriebe (Elektrizitätswerk, Gaswerk, Wasserwerk) dürfen nicht vergessen werden.

Ein komplexes Problem stellen die Stadtkernsanierung und der verkehrsgerechte Ausbau der überörtlichen und der Ortsstraßen dar. Die Verkehrsprognose – ein Teil des Generalverkehrsplans – die eine unmittelbare Grundlage für die Stadtkernsanierung bildet, liegt vor. Die Vorarbeiten für die Ausschreibung eines Wettbewerbs, zu denen auch das Gutachten eines Gewerbeplaners gehört, sind zur Zeit im Gange. Die Lösung des Problems setzt aber den Erlaß eines Städtebauförderungsgesetzes und eines modernen Bodenrechts voraus. Die Stadt hat mit dem Erwerb von zum Verkauf anstehenden Häusern in der Innenstadt schon einen wichti-

*4. Aalen-Waldhausen, Dellenhäule, Naturschutzgebiet (24 ha) mit ursprünglicher Albflora und seltenen Orchideen*

*5. Aalen, Hirschstraße. Schöne Fachwerkgiebel zeugen von der Tradition der ehemals Freien Reichsstadt*

gen Beitrag geleistet, um eine Ausgleichsfunktion im Rahmen der Sanierung erfüllen zu können. Der Neubau des Rathauses mit Tiefgarage – das größte kommunale Bauvorhaben in der Geschichte der Stadt –, der 1971 in Angriff genommen wird, bildet den Auftakt für die Stadtkernsanierung.

Der Ausbau des Straßennetzes nahm im Aufgabenkatalog der Stadt schon immer den ihm gebührenden Rang ein. Große Bauvorhaben auf diesem Sektor liegen bereits hinter uns, so der vierspurige Ausbau der Bahnhofstraße vom Bahnhofplatz bis zur Rötenbergauffahrt, der Umbau des Bahnhofplatzes, der Bau der Umgehungsstraße im Zuge der B 19 von Unterkochen bis zum Burgstallkreuz, der Ausbau der K 635 von Unterrombach bis Rauental, der Gartenstraße von der Unteren Wöhrstraße bis zur „Krone" in Hofherrnweiler, der zweiten Verbindungsstraße nach Wasseralfingen bis zur Markungsgrenze, der Zwischenausbau der Ziegelstraße von der Galgenbergstraße bis Himmlingen und der Ausbau zahlreicher Ortsstraßen. Im Bau befinden sich zur Zeit die Hochstraßenbrücke zur Beseitigung der schienengleichen Übergänge „Hecht" und „Neue Welt" und die Südumgehung vom Burgstall bis zum Aalwirtshaus. Für die nächste Zukunft stehen der vierspurige Ausbau der Gmünder- und Lange Straße von der Fackelbrückenstraße bis zur Friedrichstraße und der Ausbau der L 1080 im Stadtbezirk Aalen-Waldhausen unmittelbar bevor. Die Planung der Westumgehung, des vierspurigen Ausbaus der B 29 von Waiblingen bis Schwäbisch Gmünd bzw. Aalen und der Autobahn Würzburg–Aalen–Ulm–Allgäu/östlicher Bodensee sowie eines Anschlusses über die L 1080 wirft ihre Schatten auf weitere große Straßenbaumaßnahmen in unserem Bereich voraus.

Einen erfreulichen Aspekt bildet der Umstand, daß im Jahre 1970 mit der Elektrifizierung der Bundesbahnstrecke Schorndorf–Aalen–Nördlingen–Donauwörth begonnen und Aalen einen Container-Bahnhof erhalten wird, der im gesamten ostwürttembergischen Raum der einzige Güterumschlagsbahnhof sein soll.

Dieser gestraffte Überblick über die Geschichte unserer alten Freien Reichsstadt Aalen und die Lösung ihrer Probleme zeigt, daß die Stadt Aalen eine große Entwicklung als Wachstumsstadt aufzuweisen hat. Nicht umsonst ist sie im Landesentwicklungsplan bzw. der Denkschrift für zentrale Orte mit der Anwartschaft für ein Oberzentrum bedacht worden. Im Denkmodell zur Kreisreform sind noch weitergehende Folgerungen gezogen worden, indem Aalen als Kreissitz für eine Region vorgeschlagen wird. Im Verlauf der großen Verkehrsverbindungen in der Ost-West-Richtung von Stuttgart über Schwäbisch Gmünd–Aalen nach Bayern sowie in Süd-Nord-Richtung von Ulm über Heidenheim–Aalen und Ellwangen nach Crailsheim sind die großen Entwicklungsachsen mit nahezu allen Schwerpunkten der bisherigen und künftigen Entwicklung des gesamten ostwürttembergischen

Raumes ausgewiesen. Mit Recht wird deshalb in der Begründung zum Denkmodell ausgeführt, daß Aalen sich als Verkehrsknoten im Kreuzungspunkt der beiden Achsen zu einem bedeutenden Wirtschaftszentrum entwickelt und die günstigsten Ansätze für den Ausbau zum Oberzentrum zeigt. Auch bevölkerungsmäßig, kulturell und wirtschaftlich sind die Voraussetzungen gegeben. Aalen ist für alle Teile der Region in zumutbarer Entfernung erreichbar. Eine Konzentration der Verwaltung auf Aalen bringt eine wirksame Ergänzung der bereits vorhandenen ausgeprägten Arbeitszentralität. Auch die ökonomischen Kriterien sind nach einer Untersuchung des Instituts für Angewandte Wirtschaftsforschung in Tübingen in der Region Aalen sehr günstig und decken sich glücklich mit der untersuchten ökonomischen Regionenbildung.

Alles in allem sehen wir, daß die Stadt Aalen noch außerordentlich große Probleme zu bewältigen hat. Wir wollen sie mutig anpacken und uns trotz aller Schwierigkeiten nicht beirren lassen. Es ist unsere unabdingbare Pflicht, die Chancen unserer Stadt zu nützen und dabei nach den Worten zu handeln: „Suchet der Stadt Bestes!“

# Ellwangen und seine Umgebung

## Ein unterentwickelter Raum voll großartiger Entfaltungsmöglichkeiten

*von Bürgermeister Karl Wöhr*

Fast jeder Bericht über Ellwangen beginnt stolz mit seiner Geschichte – einer bedeutenden Geschichte, zumal gescheiterte Ansätze und Schimpfliches nahezu vergessen sind. Den Vorzügen eines über 1200 Jahre urkundlich bezeugten, an Baudenkmälern aller Epochen ablesbaren Gemeinwesens, seinem kunsthistorischen Reichtum, seiner städtebaulichen Anlage (nämlich der einer typischen Klosterstadt) wird viel Lob gezollt. Gerechterweise wird man sagen müssen, daß dies alles zur Beschreibung Ellwangens gehört: Es ist ein wichtiger Teil seines Wesens, dem andere Beiträge dieses Buches gewidmet sind.

Andere Seiten seines Wesens seien – des knappen Raumes halber – stichwortartig – mit den gängigen Schlagworten vorgestellt:

Ellwangen ist *Behördenstadt,* welche die Einrichtungen des Oberzentrums Aalen/Ellwangen weithin schon bereithält, mit einem sog. „großen" Landgericht für über 400 000 Gerichtseingesessene, der dazu gehörenden Staatsanwaltschaft und dem Kriminal-Hauptkommissariat, einem Amtsgericht; einer Reihe von technischen Fachbehörden für die Landkreise Aalen und Heidenheim, wie Straßenbauamt, Wasserwirtschaftsamt, Flurbereinigungsamt; mit einem Staatlichen Hochbauamt, Liegenschaftsamt für die Landkreise Heidenheim, Aalen, Crailsheim und Mergentheim; Nebenstellen Aalener Ämter, wie des Landratsamtes, Finanzamtes, Gesundheitsamtes, Arbeitsamtes, sowie zwei Forstämtern.

Ellwangen ist *Schulstadt* mit (bald) zwei Gymnasien, zwei Realschulen, Hauptschulen, einer Gewerblichen und Kaufmännischen Berufsschule, einer Reihe von Berufsfachschulen, Krankenpflege-, Jugendmusik-, Kreislandwirtschaftsschule, einer Vermessungsschule der Flurbereinigungsverwaltung, einem Internat und einem bischöflichen Konvikt.

Ellwangen ist aber auch Stadt voll außer-schulischer *kultureller Aktivitäten,* mit mehreren Bibliotheken, in der das Theater noch eine Gemeinde, das Vortragswerk des „Stiftsbundes" noch treue Hörer, das Volksbildungswerk Kursteilnehmer, die Chöre noch Sänger und Publikum, die Fasnacht noch nahezu alle Bevölkerungsteile als „Narrete" hat, wo der Geschichts- und Altertumsverein jedes zweite Jahr ein „Ellwanger Jahrbuch" mit historischen Forschungen veröffentlicht und ein namhaftes Museum unterhält, wo alljährlich von der Stadtverwaltung organisierte Ausstellungen einen guten Ruf, Besucher allerdings meist aus der ferneren Umgebung haben. Fast keine Sportart, die in Ellwangen nicht betrieben wird. Vereine aller Art, lassen über die Vielfalt der Interessenbereiche staunen.

Aber Ellwangen ist auch eine Stadt mit vielen *karitativen Einrichtungen.* Es gibt hier ein Kinderdorf der Marienpflege (250 Betten und Heimschule), das Kinderheim Graf (40 Betten), drei Altersheime mit derzeit 115 Betten – weitere 120 Betten werden zur Zeit von der Stiftung des „Hospitals zum Heiligen Geist" neu errichtet – einem Kreis-(Schwerpunkt-)Krankenhaus (demnächst 300 Betten), einer privaten, den St.-Anna-Schwestern gehörenden Gynäkologischen Klinik (70 Betten). Der Stadt benachbart in Rindelbach sind das Landesaltersheim Rabenhof mit 210 Betten, in Dalkingen das Waldkrankenhaus des Landkreises für Langzeitkranke mit 30 Betten und in Rötlen das Altersheim Rötlen-Mühle (50 Betten).

Ellwangen ist aber auch heute schon Stadt einer nicht unbeachtlichen Industrie. Genannt seien hier die Trockenbatterie-Fabrik Varta GmbH, ein Unternehmen der Quandtgruppe, mit rund 1500 Beschäftigen, die Elektrizitäts-Versorgung Überlandwerk Jagstkreis (UJAG), die den Raum zwischen Mergentheim, Schwäbisch Gmünd, Heidenheim, Nördlingen und Donauwörth mit elektrischer Energie versorgt. Die anderen Arbeitsplätze verteilen sich auf die Erzeugung oder den Vertrieb von Keramik, Glasschmuck, Maschinen und Werkzeuge, Elektrotechnik, Druck, Holz, Leder, künstliche Därme, Bekleidung und Textilien aller Art.

Ellwangen ist Garnisonsstadt mit dem Sitz eines Brigadestabs, zwei Bataillonen und selbständigen Brigadeeinheiten.

Ellwangen ist *Wallfahrtsort* und Stadt *vieler kirchlicher Einrichtungen,* mit einem Diözesan-Exerzitienhaus (ca. 90 Betten), mit einer Niederlassung der Redemptoristen, mit dem bischöflichen Konvikt Borromäum, dem Juvenat „Josefinum" des Missionsordens, dessen Leitung, das „Generalat", in der Nachbargemeinde Schrezheim liegt. Es beherbergt aber auch das Mutterhaus der St.-Anna-Schwestern und eine Reihe anderer kirchlicher Einrichtungen.

Ellwangen ist Stadt des *Fremdenverkehrs* mit einer im weiten Umkreis führenden Gastronomie.

Charakteristisch für das eindrucksvolle Erscheinungsbild der Stadt ist der Dreiklang zwischen den bedeutendsten Bauwerken, dem Schloß und der Wallfahrtskirche auf ins Tal hineinragenden Bergnasen und dem fünftürmigen Stadtmittel-

punkt um Basilika und evangelische Stadtkirche, Lindenalleen, die seit der Zeit germanischer Landnahme sakrale Bezirke markieren, Eichenhaine ...
Ellwangen ist *Mittelpunkt eines riesigen Waldgebietes,* Ausgangspunkt zu den großen *Stauseen,* die in dem Einzugsbereich der „Oberen Jagst" errichtet wurden und damit durch den Zusammenklang von Natur- und Kulturschönheiten ein oft besuchtes Wander- und Ferienziel.
Ob sich hier in Bälde auch ein Mittelpunkt der Sportfischerei abzeichnet?
Nach der Aufzählung dessen, was Ellwangen besitzt, wird jeder Bericht allzu schnell zu einem Klagelied über die Verluste der letzten 150 Jahre und setzt sich fort in dem Jammer über die derzeitige Struktur. So Melodramatik zu vermeiden und Sachlichkeit angestrebt wird, ist der Bericht meist doch noch mit Bitterkeit geätzt. Genaue Analysen über die kommunale Lage sind weniger häufig, Äußerungen über die Zukunfts- und Entwicklungschancen dieser Stadt selten. Doch sei im folgenden hierzu Eindeutiges gesagt. Vorweg aber

## *Die harten Fakten des heutigen Ellwangen*

13 300 Ellwanger Bürger leben auf einer Markungsfläche von 1030 ha, die aus unabänderlichen topographischen Gegebenheiten herausgeschnitten sind: aus einem sumpfigen Talgrund, steilen Rutschmergelhängen — voll unwiederholbarem landschaftlichen Reiz — aber „erschwerter Gründung" bei jedem Bauvorhaben. Das an sich schon schmale Tal ist durch die Jagst, die Eisenbahn und Straßen noch zusätzlich zerschnitten und verengt. Zur schwierigen Topographie hin ist die Stadt in hinderliche Markungsgrenzen eingeschnürt. Die Siedlungen Ellwangens und der Nachbargemeinden stoßen an einigen Stellen lückenlos aneinander und sind an anderen miteinander verzahnt. Da fast jede Nachbargemeinde mehrere an Ellwangen angelehnte Siedlungen besitzt, insgesamt aber willkürlich, d. h. ohne rationale Begründung aus mehreren Teilorten zusammengesetzt ist und in Konkurrenz zum Mittelpunkt Ellwangen einen eigenen Mittelpunkt anstreben muß, bedeutet *Markungsenge* hier nicht nur eine die Entwicklung von Gemeinden und Wirtschaft hinderliche Kompetenzverteilung (das wäre noch zu ertragen), sondern ist mit gegeneinander gerichteten Kommunal-Egoismen identisch.
Kann man Ellwangen schon der kleinen Markung und der Verzahnung mit den unmittelbaren Nachbarn wegen nur mit diesen zusammen fotografisch „ins Bild bringen", so wird klar, daß man es auch gar nicht ohne diese und den weiteren Verflechtungsbereich verstehen kann. Neben Rindelbach, Röhlingen, Schwabsberg,

Schrezheim und Dalkingen, die unmittelbar an Ellwangen angrenzen, mit einzelnen Wohnplätzen eigentlich „dazugehören", sind es weitere 10 Gemeinden, die meist in viele kleine Wohnplätze aufgesplittert sind. Sie scheinen geradezu in die großen Lichtungen eines riesigen staatlichen, standesherrlichen, kirchlichen, privaten, körperschaftlichen oder einer Stiftung gehörenden Waldes hineinverstreut. Sie sind klimatisch und verkehrlich benachteiligt. Mit Ausnahme von Rosenberg sind sie bettelarm und wurden deshalb zehn Jahre lang im Hohenlohe-Härtsfeld-Hilfsprogramm als förderungsbedürftig aufgeführt (wenn sie dann auch nichts oder nahezu nichts außer Vertröstungen aus diesem Programm erhielten). Mit Ausnahme derer, die nahe bei Ellwangen liegen, erleiden sie seit Jahrzehnten große Menschenverluste durch Abwanderung. Es fehlte hier stets an der Vielzahl differenzierter Arbeitsplätze, die auf als zumutbar empfundenen Wegstrecken erreichbar waren. Da man bis vor kurzem (mit Ausnahme aus Richtung Aalen) Ellwangen nur auf schlecht ausgebauten Straßen erreichen konnte, ließ es sich geradezu mit einer Insel vergleichen, die mit den anderen in den Wäldern eingebetteten, dünn besiedelten Nachbargemeinden gerade so viel Verbindung hatte, daß es als Arbeitsort wenig geschätzt, bezüglich der Dienstleistungen, die man in Anspruch nehmen mußte, jedoch noch erreichbar war. Glücklicherweise hat das Straßenbauamt in den letzten Jahren mächtig aufgeholt.

Diese jetzt gerade aus der Insellage herausgenommene Stadt hat ein *Haushaltsvolumen* von 10 Mio. DM (1970) und 9 Mio. DM *Schulden* (einschließlich der Stadtwerke 15 Mio. DM). Sie wird als finanzschwach bezeichnet: mit Recht, wenn man sie in bezug auf ihre Aufgaben sieht. Denn in ihrem Verflechtungsbereich (15 Gemeinden, rd. 41 000 Menschen, 40 600 ha) hat sie den seltener auftretenden qualifizierten Bedarf allein zu befriedigen. Aus den Geldmitteln, die in Ellwangen erarbeitet oder vom Land für (jetzt) 13 300 Bürger zugeteilt wurden, mußten seit langer Zeit weitgehend die Einrichtungen für den Verflechtungsbereich von 41 000 Einwohnern (auf dem Gebiet der Schulen für einen viel weiteren Bereich) bezahlt werden. Wäre Ellwangen isoliert, d. h. ohne die Pflichten eines „Mittelzentrums", also dem Typ nach „Selbstversorgergemeinde", müßte man es als wohlhabend bezeichnen. Nun aber, da es sich nicht wegen der eigenen Bedürfnisse allein, sondern hauptsächlich wegen der des Verflechtungsbereichs völlig verschuldet hat, erntet es gerade bei denen, welche die Verschuldung mitverursacht haben, Spott und Ablehnung, gleich einer Frau, die sich für Mann und Kinder restlos abgerackert hat und nun mangels Attraktivität nicht mehr geschätzt wird.

Also nicht nur der geforderten Arbeitsplätze, auch der Geldnot wegen erschallt ständig der Ruf nach mehr Industrie. Hat Ellwangen auch heute noch zu wenig

Arbeitsplätze, zu wenig Industrie? Beinahe 6000 Arbeitsplätze gibt es in dieser Stadt, davon 3500 industrielle. Der Einpendler-Überschuß (2103/1963) ist deshalb wenig eindrucksvoll, weil die Einpendler meist Frauen sind und die Zahl der an Ellwangen vorbei oder durch Ellwangen hindurch in andere Räume pendelnden 1480 Männer schwerer wiegt. In Ellwangen und seinem Bereich gibt es keine Arbeitslosen. Jeder Betrieb klagt über Personalmangel. Aber die menschliche Erosion geht – mangels Stellen, die den Berufswünschen entsprechen – weiter. Von den 80 bis 90 Abiturienten, die alljährlich über das Ellwanger Gymnasium und das Studium an Hochschulen den Ellwanger Raum verlassen, kommen nur wenige zurück, da die Zahl der akademischen Arbeitsplätze zu gering ist. Bauern, die ihre nachgeborenen Kinder Facharbeiter werden lassen, schicken diese meist in Ballungszentren. Also braucht man im Ellwanger Raum doch noch Forschungs- und Produktionsbetriebe. Auf der Ellwanger Markung fehlen jedoch hierfür die Flächen. Viele Ellwanger – unter ihnen auch viele verantwortlich Denkende – sind deshalb zur Zeit noch der Auffassung, daß die Stadt, gerade weil sie keine geeigneten Flächen für Industrie, Handwerk und für andere größere Einrichtungen mehr verfügbar und selbst Baugrundstücke nur noch zu Preisen hat, die für den normalen Sterblichen unerschwinglich seien, „am Ende" sei. Sie meinen, daß man diesen Übelstand nur durch „*Eingemeindungen*" lösen könnte, meinen, daß die Nachbargemeinden, von denen fast jede eine viermal so große Markung wie Ellwangen hat, dies einsehen müßten. – Einsehen müßten, wenn nicht den Ellwangern zuliebe, so doch, weil mit dem Aufblühen des notleidenden Ellwangen sie selbst – wie alle Gemeinden des Verflechtungsraums – leistungsfähiger und damit wohlhabender würden.

So fühlt sich zur Zeit im Raum Ellwangen ein jeder bedroht: Die Nachbarn vor der Eingemeindung, die Ellwanger davor, daß sie wegen der Bedürfnisse (insbesondere schulischen Bedürfnisse) der anderen dauernd opfern und Verzicht leisten müssen.

Nun, Zusammenschlüsse werden – so oder so – kommen, darin sind sich alle einig; nur über den Zeitpunkt und die Formen gibt es zur Zeit noch verschiedene Meinungen.

Als der Verfasser vor Jahren einmal Landrat Dr. Huber, MdL, von den hohen Grundstückspreisen Ellwangens, von der Bauplatznot, vom völligen Versagen des sozialen Wohnungsbaus und ähnlichen Tatsachen, die teils aus topographischen, teils aus Markungsgründen herrühren, berichtete und klagte, die Stadt sei zum Stillstand verdammt, zupfte Dr. Huber ihn am Ärmel und meinte: „Wir schauen von einem Turm der Schönenbergkirche auf das Land zwischen Neuler und Adelmannsfelden im Westen, Ellenberg, Wört, Tannhausen im Osten, dann kommen Sie zu der Überzeugung, daß es sich um ein Land von Größe und Weite handelt, in dem alle Chancen enthalten sind." Der Verfasser erwiderte, daß der Aufstieg auf den Turm nicht notwendig, aber der Sinneswandel der Bürger dieses Raumes Voraussetzung dieser Chancen sei. Er mußte aber auch hinzufügen, Ellwangen müsse spüren, daß es nicht aus sich heraus, sondern von des heiligen römischen Reiches, des Landes oder der Kirche Gnaden groß war. Es müsse, statt seiner Vergangenheit nachzutrauern, sich mehr der Zukunft öffnen und dürfe auf keinen Fall eigene Versäumnisse durch Vorwürfe gegen das Land abreagieren. Er gab der Erwartung Ausdruck, längs der jetzt im Landesentwicklungsplan eingezeichneten Entwicklungsachse von Aalen über Ellwangen nach Crailsheim (die dem Jagsttal und damit der Eisenbahnlinie folgt) würden sich bestehende Betriebe vergrößern und neue ansiedeln. Parallel dazu im Osten Ellwangens würden, schon wegen der Autobahn, Betriebe hinzukommen. Das Keuperbergland westlich der Stadt müsse (auch das ist im Landesentwicklungsplan vorgesehen) immer mehr zu einem Ferienerholungsgebiet werden. Seien einmal die Arbeitsplätze, vor allem auch für qualifiziertere Kräfte, im Dienstleistungs- und Forschungsbereich vorhanden und noch bessere Verkehrsverhältnisse geschaffen, käme größere Investitionsneigung, Opfergeist und Mut zu unpopulären Entscheidungen hinzu, so werde der Raum Ellwangen eine großartige Entwicklung nehmen. Aber – so mußte der Verfasser hinzusetzen – Voraussetzung dieser Chancen sei auch die Hilfe des Landes, das diesen Raum 150 Jahre – seit der Abschaffung der Ellwanger Universität – als Reservoir für billige Arbeitskräfte und Holz – abgewirtschaftet habe.

Wir dürfen hoffen, daß die Bevölkerung dieses Raumes einmal erwacht und das Land Baden-Württemberg doch noch eine seiner vielen Versprechungen wahrmacht. Dann kann diese alte Stadt einer guten Zukunft entgegenschauen.

*7. Benediktinerabtei und Stadt Neresheim mit dem Härtsfeld*

*6. (umseitig) Ellwangen von Süden: eine klar gegliederte mittelalterliche Stadtanlage, bekrönt von Schloß und Schönenberg*

# Neresheim und das Härtsfeld

*von Bürgermeister Anton Hegele*

Neresheim gelangte durch das Kloster im Mittelalter zu großer Bedeutung. Als im Jahre 1803 unsere Benediktinerabtei der Säkularisation zum Opfer fiel, erlebte auch unsere Stadt einen Niedergang. Von größter Bedeutung wurde daher die Neubesiedlung des Kloster mit Benediktinern der Beuroner Kongregation im Jahre 1920.
Einen erneuten Rückschlag brachte die Aufspaltung des Härtsfeldes bei der Oberamtsauflösung im Jahre 1938, für Neresheim besonders schwerwiegend, weil die südliche Markungsgrenze dadurch zur Kreisgrenze wurde.
Der Zustrom der Heimatvertriebenen nach dem Zweiten Weltkrieg kann als Anfang einer neuen Epoche bezeichnet werden. Erst von diesem Zeitpunkt an konnte die wirtschaftliche Situation der Stadt grundlegend geändert werden. Wohnraum- und Arbeitsplatzbeschaffung gaben den Neubürgern wieder eine Heimat und brachten der Stadt mehrere Industriebetriebe.
In diesen Unternehmen sind rd. 630 Personen beschäftigt. Es werden laufend weitere Arbeitskräfte eingestellt. Einige Betriebe beabsichtigen, in diesem und im nächsten Jahr ihre Fabrikanlagen zu erweitern.
Der Entwurf zum Landesentwicklungsplan Baden-Württemberg weist Neresheim als ein „Unterzentrum“ aus. Damit wird die Bedeutung der ehemaligen Oberamtsstadt Neresheim anerkannt, die auch heute noch wirtschaftlicher und kultureller Mittelpunkt des Härtsfeldes, eines 320,17 qkm großen Gebietes auf der Ostalb mit 17 689 Einwohnern ist.
Dieser Entwurf sieht zudem das ganze Härtsfeld als Erholungsgebiet vor. Für den Industrieraum Heidenheim – Oberkochen – Aalen – Wasseralfingen bietet sich im Bereich der Ostalb keine andere Landschaft besser dazu an als dieses Gebiet. Das Härtsfeld sieht sich mit seiner weiten, reizvollen Landschaft, seiner guten Luft und seinen zahlreichen kulturellen Anziehungspunkten sehr wohl in der Lage, dem gehetzten Menschen unserer Zeit echte Erholungsmöglichkeiten zu bieten. Ein Wandergebiet mit einsamen Trockentälern, weiten Wacholderheiden und großen Wäldern nimmt den Besucher auf. Besondere Höhepunkte sind darin: Kloster Ne-

resheim mit seiner weltbekannten Abteikirche von Balthasar Neumann, zahlreiche bemerkenswerte Barockkirchen, Schloß Taxis, Jagdschloß mit Wildpark Duttenstein, Burg Katzenstein, Kapfenburg, Ruine Schenkenstein, das geschichtlich interessante und landschaftlich romantische Karthäusertal mit den Burgruinen Hoch- und Niederhaus und den Resten des Karthäuserklosters Christgarten, die Ofnethöhlen mit ihren prähistorischen Funden, Flugplatz Elchingen und Segelfluggelände Neresheim, mehrere vorgeschichtliche Fliehburgen, zwei Römerstraßen und zahlreiche Grabhügel aus der Hallstattzeit. Das Härtsfeld ist auch ein Pflanzen- und besonders ein Orchideenparadies.

Der Schulentwicklungsplan, der Neresheim als Schulzentrum vorsieht, verlangt bereits in diesem Jahr den Bau einer zweizügigen Grund- und Hauptschule mit einem Aufwand von 5,3 Mio. DM. Das Progymnasium Neresheim, das in den letzten Jahren seine Schülerzahl annähernd verfünffachen konnte, erfaßt den größten Teil des Härtsfeldes. Omnibusse bringen die Schüler der Landgemeinden aus einer Entfernung bis zu 16 km hierher. Die steigende Schülerzahl läßt den Ausbau zu einer Vollanstalt erwarten. Vor Einführung der Schulomnibusse war es einem Großteil der Härtsfeldkinder nicht möglich, eine höhere Schule zu besuchen; der Aufenthalt in einem Internat scheiterte meistens an den Kosten. Das Progymnasium wird in das Volksschulgebäude umziehen, das mit einem Kostenaufwand von ca. 2 Millionen DM erweitert werden muß. Der Ausbau zur Vollanstalt wird weitere 2 Mio. DM kosten. Die Bedeutung Neresheims als Schulzentrum wird auch durch das Bestehen einer Landwirtschaftlichen Kreisberufsschule für Mädchen unterstrichen. Zur Vervollständigung des Schulzentrums Neresheim mit seinem beachtlichen Einzugsgebiet wären noch dringend notwendig die Schaffung einer Realschule und einer Sonderschule für Lernbehinderte. Das Fehlen dieser beiden Schulen stellt eine große Benachteiligung für das Härtsfeld dar. Eigens aufgeführt werden muß hier das Samariterstift in Neresheim mit seiner beschützenden Werkstatt, in der körperlich und geistig Behinderte nach modernsten Methoden betreut werden.

Bemerkenswert ist noch, daß nach den Vorstellungen des Innenministeriums über die Zielplanung in den Kreisen Aalen und Heidenheim die Stadt Neresheim Verwaltungszentrum werden soll.

Zur Verwirklichung dieser Aufgaben sind noch große Investitionen notwendig. Leider wurde das Förderprogramm Härtsfeld, das 1958 sehr hoffnungsvoll anlief und auch beachtliche Fortschritte brachte, im Jahr 1967 jäh abgebrochen, so daß nur ein Teil der Notstände behoben werden konnte.

Die angespannte Finanzlage und der hohe Schuldenstand der Stadt lassen Jahr für Jahr nur relativ geringe Beträge für die Durchführung außerordentlicher Vorhaben übrig. Da aber diese Mittel in den nächsten Jahren durch Schulbauvorhaben voll in Anspruch genommen werden, steht für andere Baumaßnahmen fast nichts mehr zur Verfügung. Dies betrifft besonders die dringend notwendige Sanierung der Altstadt.

Würde Neresheim bis zur voraussichtlichen Wiedereröffnung der Abteikirche im Jahre 1974 im jetzigen Zustand belassen werden, stünde das Stadtbild im Verhältnis zu unserer weltberühmten Abteikirche, die im vollen Barock wiedererstrahlen und unzählige Besucher anlocken wird, in einem traurigen Kontrast.

Es ist deshalb ein Gebot der Stunde, daß Neresheim zur Erfüllung seiner Aufgaben eine besondere staatliche Unterstützung erfährt, sei es durch eine Fortsetzung des Förderprogramms Härtsfeld oder eine Anerkennung des Härtsfeldes als Bundesausbaugebiet.

# Die Stadt Bopfingen

*von Bürgermeister Hans Ellinger*

Das Jahr 1969 hat im östlichen Gebiet des Landkreises Aalen eine neue Entwicklung eingeleitet, an die man Jahre zuvor wohl schon gedacht, sie aber doch in so kurzer Zeit nicht für möglich gehalten hat: Das Entstehen einer größeren Stadt Bopfingen durch den Zusammenschluß mehrerer Gemeinden. Als im Mai 1969 Regierungspräsident Roemer vom Regierungspräsidium Nordwürttemberg mit seinem Mitarbeiterstab die Stadt Bopfingen besuchte und aus diesem Anlaß auch die Bürgermeister der Gemeinden Flochberg, Oberdorf und Schloßberg mit Vertretern ihres Gemeinderats zu internen Besprechungen und einer öffentlichen Sitzung in der Aula des Progymnasiums Bopfingen zusammengekommen waren, wurde wohl eingehend über Fragen eines Zusammenschlusses der unmittelbar zusammenhängenden Gemeinden um Bopfingen gesprochen und von Regierungsseite diesen Gemeinden ein Zusammenschluß empfohlen, aber niemand dachte noch ernstlich daran, daß schon nach Jahresfrist der Anfang eines Zusammenschlusses bereits vollzogen sein würde. Durch die Wahl des Bürgermeisters der Gemeinde Flochberg zum Bürgermeister in Dorfmerkingen ist schneller als gedacht der Anschluß der Gemeinde Flochberg mit ihren Teilorten Dorfen und Härtsfeldhausen an die Stadt Bopfingen Wirklichkeit geworden. Nach wenigen in freundschaftlichem Geist geführten Verhandlungen der Gemeinderäte beider Gemeinden konnte man sich über die Eingemeindungsbedingungen einigen und es erfolgte auf 1. Januar 1970 die Eingemeindung von Flochberg in die Stadt Bopfingen, welche dadurch zu einem Gemeinwesen von 5100 Einwohnern anwuchs. Noch im Laufe des Jahres 1970 werden Eingemeindungsverhandlungen mit der 1400 Einwohner zählenden Nachbargemeinde Schloßberg eingeleitet. Wenn dann in nicht allzu ferner Zeit der Zusammenschluß mit der Nachbargemeinde Oberdorf/Ipf sich ermöglichen lassen wird, ist im Osten des Landkreises Aalen eine neue rund 8000 Einwohner zählende Stadt Bopfingen entstanden, die günstige Voraussetzungen für weitere kulturelle und wirtschaftliche Entwicklungen in diesem Raum bieten wird. Die Mittelpunktsfunktion Bopfingens, die bereits im Mittelalter zu Zeiten der kleinen Reichsstadt bestand, wird in fernerer Zukunft nicht nur erhalten, sondern wesentlich gestärkt werden. Sie ist auch im Landesentwicklungsplan der Regierung richtig erkannt und durch die Anerkennung der Stadt als Unterzentrum heute schon dokumentiert. Das Einzugsgebiet dieses Unterzentrums Bopfingen umfaßt rund 20 000 Einwohner.

Im rückliegenden Jahrzehnt hat sich Bopfingen immer stärker zu einem Schulzentrum für die gesamte Umgebung entwickelt. 1961/62 wurde im Süden der Stadt nach den Entwürfen des Architekten Hans Weik, Heidenheim, das neue Progymnasium erbaut, dessen Aula in ihrer einmaligen Form sich für die Durchführung von Veranstaltungen kultureller Art vorzüglich eignet. In den Jahren 1965/67 folgte der Neubau einer 16klassigen Grund- und Hauptschule in unmittelbarer Nachbarschaft des neuen Progymnasiums. In der Form eines vierstockigen Hochbaus sind alle Schulklassen und Nebenräume untergebracht und von der freien Dachterrasse des Gebäudes bietet sich ein herrlicher Blick über die Stadt und ihre Umgebung. Die Schule hat inzwischen auch die Hauptschüler der Gemeinden Aufhausen, Flochberg und Unterriffingen aufgenommen, die mit Schulbussen befördert werden. Das alte Schulgebäude am Kirchplatz wurde 1968 völlig neu zu einer sechsklassigen Realschule umgebaut, die heute teilweise schon in Doppelklassen 330 Schüler aufgenommen hat, die zum größten Teil aus dem Einzugsgebiet Bopfingens und teilweise auch aus dem bayerischen Raum kommen. Um den Anforderungen eines Schulzentrums gerecht zu werden, baut die Stadt gegenwärtig in nächster Nähe der neuen Schulgebäude an der Alten Neresheimer Straße eine moderne Schulturnhalle mit einem Schwimmbecken. Auch für lernbehinderte Kinder des Raumes Bopfingen sollen geeignete Unterrichtsmöglichkeiten geschaffen werden.

Das sogenannte Amthaus (Rathaus) ist in seinem Innern nach Plänen von Stadtbaumeister Schieber 1964 völlig umgebaut und nach modernen Gesichtspunkten renoviert worden. Der durch die Eingemeindung Flochbergs verursachte Mehranfall an Akten machte im Januar 1970 auch einen Ausbau des Dachgeschosses notwendig. Zur Erinnerung an den einem Neubau gleichkommenden Umbau stiftete der Kreisverband Aalen auf Veranlassung von Herrn Landrat Dr. Huber ein von Kunstschlossermeister Schneider, Essingen, gefertigtes Wappenschild des Bopfinger Stadtwappens, das nun die Eingangsfront des Amthauses ziert.

Im Laufe des Jahres 1970 wird auf dem städtischen Friedhof eine von Architekt Richard Horn, Bopfingen, geplante, moderne Aussegnungshalle erbaut werden, deren besonderer Schmuck eine künstlerisch gestaltete Glaswand gegen Osten sein wird. Diese geräumige Halle erfüllt ein dringendes Bedürfnis und einen längst gehegten Wunsch der Einwohnerschaft.

Die Sanierung der Altstadt hat in den letzten Jahren Fortschritte gemacht. Eine Planung des Regierungspräsidiums Nordwürttemberg liegt vor. Mit erheblichem Geldaufwand hat die Stadt schon zahlreiche ältere Gebäude erworben. Verschiedene wurden in jüngster Zeit abgebrochen, um dringend erforderlichen Parkraum für Kraftfahrzeuge zu schaffen. Im Laufe der Zeit wird dadurch – wie auch durch zahlreiche sonstige Neubauten – die Altstadt Bopfingen ein neues Gesicht bekommen. Am Weg zum Bahnhof hat die Deutsche Bundespost einen Neubau für die Fernmeldezentrale erstellt. Die evangelische Kirchengemeinde hat neben ihrem neuen Kindergarten am Burgstallweg ein großzügiges neues Gemeindehaus mit Saal und Jugendräumen gebaut. An der Hauptstraße – anstelle des einstigen Gasthauses „Pfauen" – entsteht ein moderner Neubau der Kreissparkasse Aalen. Noch 1970 wird am Marktplatz das altbekannte Gasthaus „Zum Hecht" und sein Nebengebäude, das Haus „Lutzeier", einem modernen Neubau weichen, der in seiner Bauweise aber dem alten heimeligen Marktplatz angepaßt werden wird. An der Hauptstraße wird die Volksbank Aalen ein neues Bankgebäude erstellen. Am Ostausgang der Stadt bei der einstigen Wiesmühle entsteht ein neues Gewerbegebiet, das verschiedenen Betrieben die Möglichkeit bietet, aus der Enge und räumlichen Begrenztheit der Altstadt auszusiedeln. Ein neuer zweiter Kindergarten der katholischen Kirchengemeinde soll an der Neuen Kirchheimer Straße erbaut werden, wo außer dem modernen Hotel „Steimle" bereits eine ansehnliche neue Wohnsiedlung im Entstehen begriffen ist.

Den laufenden Bemühungen der Verwaltung, auf vorhandenem, günstigem Gelände neue Industrie anzusiedeln, war bisher leider nur geringer Erfolg beschieden. Nach wie vor besteht der dringende Wunsch der Stadt, möglichst eine Metallindustrie ansiedeln zu können, um den 400 Auspendlern Bopfingens am Ort Arbeitsmöglichkeiten zu schaffen.

Die durch die Kreisbaugenossenschaft Aalen in den vergangenen Jahren erstellten drei Altenwohnheime beim Städtischen Altersheim sind nicht nur eine städtebauliche Zierde geworden, sondern erfreuen sich mit ihren kleinen Wohnungen größter Beliebtheit bei älteren Ehepaaren und Alleinstehenden.

Im Hinblick auf die künftige Entwicklung der Stadt und des Raumes Bopfingen bearbeitet die Planungsabteilung des Regierungspräsidiums Nordwürttemberg einen Flächennutzungsplan, der die gemeinsamen Interessen der Stadt Bopfingen und der Gemeinden Aufhausen, Oberdorf und Schloßberg berücksichtigt und der künftigen Entwicklung der Großgemeinde Bopfingen heute schon Rechnung trägt. Ziel dieses Plans ist, geeignete Plätze für ein weiteres gemeinsames Schulzentrum, für moderne Sportplatzanlagen und ein ausreichend großes Freibad sowie insbesondere auch Industriegelände für die Zukunft sicherzustellen. Erfreulich ist es, daß in neuerer Zeit die Bevölkerung des Raumes Bopfingen sich immer mehr mit dem großräumigen Denken angefreundet hat. Es bleibt zu hoffen, daß in absehbarer Zeit im Osten des Landkreises Aalen eine leistungsfähige und fortschrittliche, 8000–10 000 Einwohner zählende Stadt Bopfingen entstanden sein wird, die der reichen geschichtlichen Vergangenheit der einstigen kleinen Reichsstadt Bopfingen alle Ehre macht.

# Die Stadt Wasseralfingen

*von Bürgermeister Johannes Hegele*

Wer mit dem Auto durch Wasseralfingen fährt, bekommt von unserer Stadt nur einen sehr unvollkommenen Eindruck. An einer schnurgeraden, langen Straße reiht sie scheinbar alles auf, was die Stadt zu bieten hat und was man von ihr erwartet. Da ist einmal das Hüttenwerk hinter einem hohen Lattenzaun auf der einen Seite, einige nicht mehr ganz neue Miethäuser auf der anderen Seite, eine große Kirche in Blickrichtung, eine kleinere an der Straße und schließlich noch eine Anzahl Ladengeschäfte, die sich zwar sehen lassen können, aber den ersten Eindruck einer Stadt nicht mehr auslöschen können, die mehr zum Durchfahren als zum Verweilen bestimmt scheint. Dieses „Image" gibt aber doch nur die eine Seite einer Medaille wieder. Es läßt nicht erkennen, daß Wasseralfingen sich in einem reizvollen landschaftlichen Rahmen über ein bewegtes Gelände hin erstreckt und abseits der Durchgangsstraße wechselvolle und ansprechende Stadtbilder aufweist.

Ihren Anfang nahm die Stadt im engen Tal des Kochers. Jahrhunderte lag hier das Dorf mit dem Wasserschloß als dominierendem Gebäude. Das Schloß war bis 1545 der Herrschaftssitz der Ritter von Ahelfingen und danach bis 1802 Sitz eines Oberamtmanns, der nach dem Aussterben des Adelsgeschlechts dessen ehemaligen Lehensbesitz – nämlich die Orte Wasseralfingen, Onatsfeld, Hofen, Oberalfingen, halb Westhausen und Buch – als fürstpröpstlich-ellwangisches Oberamt Wasseralfingen verwaltete. Das Bild änderte sich wenig, als im Jahre 1670 südlich des Dorfes ein Hochofen entstand. So vermerkt Goethe, als er 1797 vom Remstal herauf an Wasseralfingen vorbei kam, in seinem Reisetagebuch: „Chaussee mit Schlacken, Hochofen, Wasseralfingen links, Stieg fruchtbar Land auf beiden Seiten." Ein starker Aufschwung des Eisenschmelzwerks in der Mitte des vorigen Jahrhunderts hatte auch eine entsprechende Ausweitung des Dorfes zur Folge. Es wuchs aus dem Tal heraus und schob sich nach und nach über die Durchgangsstraße und die Eisenbahn hinweg nach Osten, den Braunenberg hinan.

Neun Kinderspielplätze sowie eine Anzahl größerer und kleinerer Grünanlagen,

*8. Wasseralfingen zu Anfang des 19. Jahrhunderts nach einem alten Stich*

*9. Wasseralfingen heute: im Vordergrund die Talschule*

die sich auf das ganze Stadtgebiet verteilen, unterstreichen den Eindruck einer lockeren Freundlichkeit. Städtebaulich besonders ansprechend ist der Bereich zwischen Rathaus und Schillerschule, zu dem der ältere Stadtteil, die Marktstraße mit Kocherbrücke und Schloß, einen interessanten Kontrast bildet. In den neuen Wohnsiedlungen ist das erfolgreiche Bemühen erkennbar, zu viel Einförmigkeit zu vermeiden. Dies gilt besonders für die Parksiedlung Westheim, in der vornehme, zu Beginn unseres Jahrhunderts erbaute Wohnhäuser mit modernen Wohnblöcken, einem Hochhaus, sowie alten und neuen Gartenanlagen eine beispielhaft harmonische Einheit bilden. An historischen Gebäuden ist neben dem Wasserschloß das „Alte Kirchlein" zu nennen. 1353 erstmals in einer Stiftungsurkunde genannt, birgt es einen um 1535 von Wolff von Ahelfingen gestifteten Flügelaltar. Er stammt aus der Werkstatt des Ulmer Meisters Martin Schaffner und gehört zu den wertvollsten Kunstwerken des Kreises Aalen.

Die Stadt zählt heute (1970) 12 500 Einwohner. 1950 waren es 8861 Einwohner, 1939: 6141 Einwohner, 1900: 3962 Einwohner, 1850: 1755 Einwohner. Die Zahlen spiegeln das anhaltende Wachstum der hiesigen Industrie und die Entwicklung der Gemeinde vom Dorf zur Stadt (1951) wieder. Das persönliche Erleben des technischen Fortschrittes in den Betrieben und der stetige Zuzug neuer Arbeitskräfte und neuer Familien mögen mit die Ursachen dafür sein, daß die Wasseralfinger Bevölkerung bei einer vorwiegend konservativen Grundhaltung dem Neuen und Fremden aufgeschlossen und unbefangen gegenübersteht. Das Bemühen, Altes und Neues nebeneinander gelten zu lassen, bestimmt das äußere und innere Bild unserer Stadt. Es sind nicht nur die Alteingesessenen, die sich hier wohl und zu Hause fühlen, sondern auch die Zugezogenen und Heimatvertriebenen. Viele Heimatvertriebene sind durch das Wasseralfinger Flüchtlingslager gegangen, nicht wenige davon sind nach ihrer Zuweisung in eine andere Gemeinde wieder hierher zurückgekehrt. Immer wieder kann man hören, hier habe es ihnen von Anfang an gut gefallen, wiewohl die Baracken des damaligen Durchgangslagers nur als Behelfsunterkünfte anzusprechen waren. Früh wurde hier die Bedeutung des industriellen Facharbeiters erkannt und seine Ausbildung angestrebt. Dies förderte das Selbstbewußtsein und ließ in der hiesigen Arbeiterschaft kaum ein Proletarierbewußtsein aufkommen. Aus ihr wuchs in neuerer Zeit vielmehr eine kräftige Mittelstandsschicht, die sich in nicht geringem Maße nun auch gehobenen Berufen zuwendet. Interessant mag in diesem Zusammenhang sein, daß Wasseralfingen derzeit neun Bürgermeister stellt, davon acht im Kreis Aalen. Die gleiche Zahl, nämlich ebenfalls neun Wasseralfinger, wurden seit Ende des Zweiten Weltkriegs zu katholischen Priestern geweiht.

Wasseralfingen ist in erster Linie die Stadt des Eisens. Es begründete den Aufstieg der Gemeinde und bietet den Einwohnern nach wie vor Arbeit, Verdienst und Wohlstand. Dankbar anerkennen wir die Tat des ellwangischen Fürstpropstes Johann Christoph von Freiberg, der hier 1670 den ersten Hochofen erbauen ließ und damit den Grundstein für das Hüttenwerk legte. Nicht weniger bedeutsam war die Gründung der Maschinenfabrik Alfing im Jahre 1911 durch Karl Keßler. Schließlich ist noch der im Jahre 1945 von Kuno Kiener gegründete Betrieb zu nennen, der sich aus einer Reparaturwerkstätte zu einer Maschinenfabrik für Planier- und Laderaupen entwickelt hat. Im Jahre 1951 bestanden hier 381 Gewerbebetriebe, heute sind es 489. Die Bedeutung der Wasseralfinger Industrie- und Gewerbebetriebe für die Stadt Wasseralfingen und den Kreis Aalen findet in den hohen Beschäftigtenzahlen ihren Ausdruck. Sie betrugen im Jahre 1950 4600 und im Jahre 1966 6380 Beschäftigte. Davon wohnten außerhalb Wasseralfingens 1950 2761 Beschäftigte, 1966 3850 Beschäftigte. 1692 Wasseralfinger arbeiten auswärts (1966).

Träger des kulturellen, sportlichen und gesellschaftlichen Lebens sind außer den Kirchen und Schulen rund 40 Vereine, die sich durch ihre Vielfalt und Regsamkeit auszeichnen. Neben vier Gesangvereinen – davon zwei in den Teilorten Röthardt und Treppach –, vier Sportvereinen und vier landsmannschaftlichen Zusammenschlüssen der Bayern, der Egerländer, der Ostdeutschen und der Ungarndeutschen verdient die traditionsreiche ›Bergkapelle‹ besondere Erwähnung. Sie kann auf ein Alter von über 150 Jahren zurückblicken und nimmt unter den Blaskapellen des Landes eine Spitzenstellung ein. Das seit zwei Jahren bestehende Kammerorchester Wasseralfingen ist ein weiteres Zeichen des kulturellen Leistungswillens unserer Stadt.

Im Vordergrund der kommunalen Tätigkeit stand in der Nachkriegszeit hier wie überall der Bau von Wohnungen. Ihre Zahl hat sich von 1770 im Jahre 1946 auf 3821 im Oktober 1968 erhöht. Einer ungefähren Verdoppelung der Einwohnerzahl seit 1939 steht demnach eine Zunahme der Wohnungen von 116 Prozent gegenüber. Notwendigerweise zog diese Entwicklung auch eine entsprechende Erweiterung fast aller öffentlicher Einrichtungen (Schulen, Sportstätten, Friedhof, Wasser- und Gasversorgung u. a.) nach sich.

Die Schwerpunkte kommunaler Investitionen liegen heute im Bildungswesen und bei den vordringlich gewordenen Verkehrsproblemen.

Die Bewohner von 44 Gemeinden des Kreises Aalen müssen durch Wasseralfingen fahren, wenn sie in die Kreisstadt wollen. Dies und der Berufsverkehr nach Wasseralfingen verursachen auf der hiesigen Ortsdurchfahrt eine Verkehrsdichte, die nur noch mit der einiger Stuttgarter Ausfallstraßen zu vergleichen ist. Hier

werden Lösungen geplant und schrittweise durchgeführt, die nicht nur den heutigen, sondern auch den Verkehrsbedürfnissen des Jahres 2000 gerecht werden müssen.
Mit der Eröffnung eines Progymnasiums im Jahr 1968, dessen Weiterentwicklung zur Vollanstalt angestrebt wird, sind hier nun sämtliche allgemeinbildenden Schulen etabliert. Noch in diesem Jahr (1970) wird mit dem Bau eines Schulhauses für das Gymnasium begonnen werden. Zusammen mit der im Jahr 1968 erstellten Talschule wird es Teil eines großen Bildungszentrums sein, das nach Möglichkeit alle weiterführenden Schulen an einem Platz vereinigen und die räumliche Voraussetzung für eine Gesamtschule oder eine Ganztagsschule bieten soll. Mit dem Schulhausbau muß der Bau von Sportstätten einhergehen. Zwar besitzt Wasseralfingen in dem landschaftlich reizvollen Gelände des „Spiesels“ bereits ein schönes Sportzentrum mit Turnhalle, Stadion, Festplatz, Tennisplätzen und Freischwimmbad; das Bildungszentrum im Tal macht indessen auch dort den Bau eines Sportplatzes und einer Sporthalle notwendig.
Bestanden die Beziehungen unserer Stadt zu ihren Nachbargemeinden früher fast ausschließlich darin, daß viele ihrer Bürger nach Wasseralfingen zur Arbeit gingen, so haben sich die Verflechtungen in den letzten Jahren auch auf andere Bereiche ausgedehnt. Indem die Stadt Wasseralfingen 1954 eine Mittelschule (jetzt Realschule), 1965 eine Sonderschule für Lernbehinderte und 1968 ein Progymnasium eröffnete, übernahm sie eine wichtige zentralörtliche Aufgabe zugunsten der Nachbargemeinden und zur Entlastung der Stadt Aalen. Zu einer gezielten Zusammenarbeit mit den Nachbargemeinden Fachsenfeld, Hofen und Hüttlingen kam es auf dem Gebiet der Abwasserbeseitigung durch Gründung eines Zweckverbandes, bei der Müllabfuhr, die von der Stadt Wasseralfingen auch für Hofen und Fachsenfeld durchgeführt wird, und bei der Errichtung eines Altenheimes mit 84 Plätzen in Wasseralfingen, das von der Genossenschaft der Franziskanerinnen vom Canisiushaus Schwäbisch Gmünd mit finanzieller Unterstützung durch die Stadt Wasseralfingen, die Gemeinden Fachsenfeld, Hofen und Hüttlingen und den Kreis Aalen erstellt wird. Auf verschiedenen Gebieten kommunaler Versorgung wurde die Notwendigkeit und Möglichkeit übergemeindlicher Zusammenarbeit erkannt und in freier Vereinbarung ohne Einbuße an demokratischer Selbstbestimmung verwirklicht.

# Die Stadt Oberkochen

*von Bürgermeister Gustav Bosch*

Oberkochen, seit Juni 1968 zur Stadt erhoben, kann sich nun in der neuen Auflage der Kreisbeschreibung als siebte und jüngste Stadt im Landkreis Aalen vorstellen.

Da ist zunächst die bescheidene Geschichte, ohne sichtbare Zeugen, ohne Burg oder Kloster, ohne Reste alter Städteherrlichkeit. Oberkochen hat im wesentlichen die Schicksale der Nachbarorte geteilt, erst der Grafschaft Dillingen und seit 1240 zur Hälfte der späteren Fürstpropstei Ellwangen und zur anderen Hälfte den Grafen von Helfenstein, dann dem ursprünglich habsburgischen und seit der Reformation württembergischen Zisterzienserkloster Königsbronn zugehörig. Seit der Säkularisation ist dann der *ganze* Ort dem damaligen jungen Königreich Württemberg einverleibt worden. Die Teilung des Gebietes hatte, nachdem das Kloster Königsbronn reformiert worden war, auch die Trennung der Einwohner im Glauben zur Folge. Die ellwangischen Einwohner blieben katholisch, die württembergischen wurden evangelisch, seit 1553 mit eigener Pfarrei. Manche Urkunden des Archivs zeigen, daß das enge Zusammenleben von Alt- und Neugläubigen unter verschiedenen Herrschaften mitunter zu Schwierigkeiten geführt hat. Dem nicht hier Gebürtigen scheint aber bis heute noch erkennbar zu sein, daß die ständige Übung des Miteinanderlebenmüssens durch die Jahrhunderte zur Ausbildung besonders toleranter Menschen beigetragen hat; vielleicht darf dafür als allerneuestes Zeichen gelten, daß die im Dezember 1968 eingeweihte neue Kirche der 3472 Seelen zählenden evangelischen Gemeinde den Namen „Versöhnungskirche" erhalten hat. Dem katholischen Bekenntnis gehören 4664 Einwohner an; die neuromanische Stadtpfarrkirche St. Peter und Paul stammt aus dem Jahre 1900.

Auf *eine* überlieferte Einrichtung, die wie ein Rechtsdenkmal in unsere Zeit hereinragt, ist besonders hinzuweisen: die Realgenossenschaft, seit 1861 von der bürgerlichen Gemeinde getrennt und privatrechtlich verfaßt, aus der wohl bis auf die alemannische Landnahme zurückgehenden Markgenossenschaft hervorgegangen. Mit ihrem Waldbesitz von 843 ha, auf 93 Rechte in den Händen von zur Zeit 120 Genossen verteilt, stellt sie auch heute noch einen beachtlichen Faktor der hei-

*10/11. Oberkochen, oben: Ortsmitte. Rathaus und Hotel mit Bürgersaal im neuen Stadtzentrum, unten: die beiden Kirchen in der alten Ortsmitte.*

*13. Bopfingen, Marktplatz*

*14. Bopfingen alt und neu: Stadtmauer und evangelischer Kindergarten*

*12. (umseitig) Lauchheim, Luftbild*

mischen Wirtschaft dar. Wenn zur Zeit ein Realrecht etwa um die 12 000 DM gehandelt wird, weit über dem Ertragswert, so mag man ermessen, wie sehr der Alt-Oberkochener an seinem Wald hängt. Eine solche Treue zur Scholle überhaupt war bis vor kurzem auch bei den Landwirten festzustellen, obgleich die Böden nicht zu den ertragreichsten gehören und die zunehmende Industrialisierung mehr und mehr dazu geführt hat, daß kleinere Betriebe aufgegeben werden. Von 70 milchliefernden landwirtschaftlichen Betrieben im Jahre 1948 sind heute noch 22 vorhanden. Wenn auch seit 1948 zahlreiche Industrie- und öffentliche Gebäude, vor allem Wohnhäuser mit rund 2200 Wohnungen, mit den notwendigen Verkehrs- und Erholungsflächen, mit Sportplätzen und Friedhof, an der landwirtschaftlich genutzten Fläche sehr gezehrt haben – es mögen an die 100 ha sein –, sind doch 413 ha verblieben, eine Fläche, die bei der sehr intensiven modernen Bewirtschaftung ansehnliche Erträge liefert.

Um die Mitte des vorigen Jahrhunderts finden wir hier über 40 Hafnerbetriebe, die den in Oberkochen und in der Nachbarschaft vorkommenden Ton verarbeiteten. Der letzte dieser Betriebe, der des Hafnermeisters Hans Elmer, ist vor wenigen Jahren eingegangen. Aber gerade um jene Zeit entstanden andere Werkstätten, die sich erstmals der Metallbearbeitung zuwandten, einem Gewerbezweig, der für Oberkochen von größter Bedeutung werden sollte. Um 1855 beginnt ein Ahnherr der Inhaber der nunmehrigen Firma J. Adolf Bäuerle, Werkzeug- und Maschinenfabrik, Jakob Christoph Bäuerle, mit der „Kunst des Bohrermachens". Aus seinen Lehrlingen und deren Nachfolgern gingen schließlich die Gründer der übrigen Familienbetriebe der bis heute hier blühenden Holzbearbeitungswerkzeug- und -maschinenbranche hervor. Es sind die Firmen Gebrüder Leitz (1876), Jakob Schmid (1882), Wilhelm Grupp (1890), August Oppold (1896), Karl Wannenwetsch (1903) bis zu Karl Gold (1951). In diesen Betrieben, einem Kaltwalzwerk des Röchling-Konzerns (1928), der Eisengroßhandlung Günther & Schramm (1930), den Speditionen Adolf Fischer und Petershans & Betzler (je 1945), der Metallgießerei Egerter (1953) sowie zahlreichen, insbesondere dem Baugewerbe angehörenden Handwerksbetrieben und Unternehmungen, sind zur Zeit über 2000 Arbeitnehmer beschäftigt (1933 500, 1939 1100).

Eine schicksalhafte und tiefgreifende Veränderung erfuhr die Gemeinde durch die Niederlassung der Firma Carl Zeiss im Jahre 1946 nach der russischen Besetzung der Zeiss-Stadt Jena, nach Zwangsevakuierung und Flucht vor Unterdrückung und Unfreiheit. Die schwierige und auch schöne Aufgabe, dieses Weltunternehmen in der kleinen Kochertalgemeinde aufzunehmen, haben alte und neue Bürger, Industrie und Verwaltung als Fügung angenommen und mit Tatkraft zu bewältigen versucht. Heute sind im Oberkochener Betrieb, wo auch das Herz der ge-

samten Carl-Zeiss-Stiftung, des sozialen Erbes Ernst Abbes, schlägt, rund 5000 Menschen beschäftigt. Es wird in diesem Buch an anderer Stelle von der Bedeutung dieses Werkes für Wirtschaft und Wissenschaft berichtet. In der Entwicklung Oberkochens sind in den vergangenen zwei Jahrzehnten alle Rekorde geschlagen worden: Die Bevölkerung von 2000 Einwohnern im Jahre 1939 auf 8700 heute, bis vor kurzem die höchste Wachstumsquote im Land, höchster Industrialisierungsgrad bei über 7000 Beschäftigten, davon 3300 Pendler, 2200 neue Wohnungen, neue Schulen – zuletzt ein Gymnasium, an welchem 1971 erstmals das Abitur gemacht werden kann –, Stadion und Hartplatz, 3 Turnhallen, ein Hallenbad. An dieser Aufzählung kann man sich die Riesenaufgabe der Beschaffung und Erschließung des erforderlichen Landes vorstellen.
Hervorgehoben zu werden verdient hier die verständnisvolle Bereitschaft der Grundstücksbesitzer, Bauland zu erträglichen Preisen abzugeben. Man handelte noch nach der überlieferten Vorstellung von der Pflicht, „die Fremden zu beherbergen". Jetzt ist das Bauland im Tal knapp geworden, so daß auf die Höhe ausgewichen werden muß. Über 40 ha städtischer Waldfläche, ein arrondiertes Grundstück auf der 130 m über der Stadt gelegenen „Heide", sollen bebaut werden. Ein städtebaulicher Wettbewerb ist zur Zeit ausgeschrieben. Für 4000 bis 5000 Menschen sollen dort Wohnungen entstehen mit allen Vorteilen des preisgünstigen Bauplatzes, der großzügigen Erschließung und der durch Rationalisierung angestrebten Baukostensenkung.
Wir hoffen, daß das geplante Wohngebiet ebenso gut gelingt wie der neue Stadtteil im „Gutenbach", in dem die neue Stadtmitte mit Rathaus und Stadtbücherei, Hotel und Bürgersaal, Evangelischer Kirche und Katholischem Gemeindezentrum entstanden ist und weiter ausgebaut wird. Wir hoffen auch, daß das reiche Angebot an Möglichkeiten für kulturelle und sportliche Betätigung durch zahlreiche Vereine, das dem Volkshochschulverband angeschlossene Bildungswerk und den für Veranstaltungen höchster Ansprüche wohldotierten Kulturring Carl Zeiss eine weitere Aufwärtsentwicklung der Stadt nachhaltig begünstigt. Schließlich hoffen wir auch, daß die im engen Tal noch zu überwindenden Verkehrsschwierigkeiten innerhalb der Stadt und auch nach außen, zunächst zur geplanten Autobahn auf dem Härtsfeld, mit dem guten Willen der betroffenen Grundstückseigentümer bewältigt werden. Durch die Umgehungsstraße mit zwei Anschlüssen und den bevorstehenden Ausbau der Ortsdurchfahrt bestehen günstige Voraussetzungen für weitere Planungen, so einen zweiten Verkehrsring durch die ganze Stadt mit Anschlußmöglichkeiten für alle Neubaugebiete und auch die eines Tages zu bauende Verbindungsstraße nach Essingen.
Unser Ziel, wie ich es sehe: Eine moderne Industriestadt eigener Art, entsprechend

der Geschichte ihrer Entstehung, mit einer für jeden wahren Fortschritt aufgeschlossenen Bevölkerung. Niemals soll sie zu groß werden wollen, damit der mit seiner Stadt lebende und fühlende Bürger sie auch überschauen kann und genügend Einfluß behält, um seine lokalen „Gewalten" nach seinen Bedürfnissen und Wünschen zu bestimmen. Auch künftige Geschlechter sollen sich in Oberkochen, der liebenswerten Stadt, wohl und geborgen fühlen. Sie mögen sich dabei des Ewigkeitswertes und der Schönheit ihrer herrlichen Natur, der Buchenwälder, des Kocherursprungs und des Volkmarsberges, bewußt bleiben und die daraus erkennbare natürliche Ordnung – den Rodstein mit dem Kreuz eingeschlossen – in ihren großen und kleinen Fabriken, in ihren Kirchen und Schulen, an den Orten ihres Gemeinschaftslebens und in ihren Familien bewahren.

# Die Stadt Lauchheim

*von Bürgermeister Hans-Werner Seibold*

Lauchheim an der Jagst ist mit 2300 Einwohnern die kleinste unter den Städten des Landkreises. Handwerk, Gewerbe und Landwirtschaft haben seit Jahrhunderten Hausrecht. Erst in unserer Zeit gesellt sich eine namhafte Holz-, Spielwaren-, Präzisionswerkzeug- und Schuhindustrie dazu, ohne jedoch die Züge der Tradition verändert zu haben.

Die Gegend um Lauchheim ist schon seit Urzeiten bewohnt. Die Stadt findet 1248 unter den Grundherren von Gromberg ihre erste historische Erwähnung. Kaiser Sigismund erhebt 1431 in Nürnberg „am Tag nach St. Ulrichstag“ (der heute noch Stadtfeiertag ist) Lauchheim zur Stadt. In der Folgezeit können sich Handwerker ansiedeln, die sich in neuen Zünften vereinigen. Die Bader betreiben seit 1463 eine öffentliche Badstube, schon 1472 wird ein „Spital zu Lauchheim“ erwähnt, seit 1492 gibt es einen ständigen Schulmeister (in einer Schulordnung von 1788 wird die sechsjährige Schulordnung eingeführt) und herrschaftliche Ärzte sind seit 1662 tätig. 1645 brennt die Stadt nach dem Eindringen französischer Truppen bis auf „15 First an Häusern und Städeln“ ab. Unter dem Deutschordenspriester Magister Johann Philipp Mühlich (dem zweiten Gründer Lauchheims) beginnt ein langsamer Wiederaufbau. Erst 1806 stehen wieder – wie 1594 – 141 Häuser. Der Lauchheimer Georg Schlipf marschiert mit Napoleons Rheinbundtruppen nach Moskau und kehrt glücklich wieder zurück.

1805 besetzen die Bayern die Kapfenburg und hinterlassen nach sechs Monaten 20 000 fl. Schulden; am 1. Juli 1806 wird die Commende dem Königreich Württemberg zugesprochen. Die Neuordnung schlägt 1812 Westerhofen zu Westhausen, 1823 wird Hülen selbständig und erhält Kapfenburg als Teilgemeinde. Stadtpfarrer Kautzer wird 1848 ins Frankfurter Parlament gewählt. Um die Jahrhundertwende geht die israelitische Gemeinde, im 17. Jahrhundert durch den Ritterorden angesiedelt, zurück. Die Ummauerung ist heute nur noch in Resten und dem markanten Oberen Tor sowie dem südöstlichen Eckturm erhalten. Interessant ist die Bürgerwehr, die mehr als fünf Jahrhunderte, wenn es not tat, die Heimatstadt verteidigte und heute noch an Fronleichnam und am Stadtfeiertag aufzieht.

So haben die vergangenen Jahrhunderte das Bild der Stadt kaum zu ändern vermocht, doch 1911 wird ein Städtisches Krankenhaus erstellt, später eine Stadtapotheke eröffnet. Einen starken Strukturwandel bringt nach 1945 die zwangsweise Aufnahme einer großen Zahl Vertriebener aus den deutschen Ostgebieten. Industriebetriebe siedeln sich an und neue Wohngebiete, hauptsächlich im Westen und Süden Lauchheims, entstehen.

Nunmehr ist die Stadt dabei, sich den Erfordernissen der Zukunft anzupassen, die aber nur nach weiträumiger Planung bewältigt werden können. Akzente in dieser Entwicklung setzen die Entwicklungsmodelle des Landes, die die jahrhundertealte Mittelpunktfunktion der Stadt anerkennen. Die öffentlichen Einrichtungen, Kirchen, überörtliche Behörden, kulturelle Institutionen wie die Bürgerwehr und deren Musikzug oder Vereine haben schon in der Vergangenheit diese Mittelpunktfunktion der Stadt begründet. Auch eine namhafte Industrie und qualitätsbewußte Gewerbebetriebe und Handelsunternehmungen sind für die umliegenden Gemeinden von wirtschaftlicher Bedeutung. In Lauchheim sind sämtliche freien Berufe, leistungsfähige Kreditinstitute und neben der Stadtapotheke sonstige Dienstleistungen vertreten. Das Städtische Krankenhaus, ein medizinisch-technisch sehr modern eingerichtetes Leichtkrankenhaus mit 60 Betten bedeutet in seinem großen Einzugsgebiet eine wesentliche Entlastung der Schwerpunktkrankenhäuser des Landkreises. Im Rahmen des Schulentwicklungsplans entstand die Hauptschule Lauchheim, die auch von den Schülern aus Lippach und Röttingen besucht wird. Die voll ausgebaute Realschule, zu deren Einzugsgebiet auch die Gemeinden Westhausen, Lippach, Röttingen und Hülen gehören, wird noch im Jahr 1970 einen großzügig geplanten Neubau beziehen können. Dem Schulturnen steht eine sportgerechte moderne Turnhalle des Sportvereins 1946 e. V. zur Verfügung. Sportlichem Wettstreit und bürgerschaftlicher Geselligkeit dient auch das Schützenhaus des Schützenvereins 1922 e.V.

Die Stadt Lauchheim bietet ihrem Umland ein vielfältiges und ausreichendes Arbeitsplatzangebot. Weiteres Industriegelände und eine erhebliche Zahl an potentiellen Arbeitskräften, darunter Arbeitnehmer, die auf ihren langen Pendlerfahrten zu den Ballungsräumen täglich durch Lauchheim kommen, begünstigen weitere Industrieansiedlungen. Bauinteressenten stehen auch künftig erschlossene, preisgünstige Bauplätze zur Verfügung. An der Peripherie des Landes gelegen, bringt doch der Betriebssitz oder Wohnort Lauchheim, an der Entwicklungsachse der B 29 gelegen und nahe der geplanten Bundesautobahn Würzburg–östlicher Bodensee wesentliche Standortvorteile, die letztlich auch dem Fremdenverkehr zugute kommen. Die Stadt hat aber auch dadurch die Voraussetzungen einer geordneten Entwicklung geschaffen, daß in den vergangenen Jahren mit einem hohen Aufwand die Wasserversorgung sichergestellt werden konnte und die Abwasser in einem mechanisch-biologischen Schreiber-Sammelklärwerk gereinigt werden. Vorausschauend wurden diese öffentlichen Einrichtungen für eine Bevölkerungszahl von 5000 Einwohnern ausgelegt. Lauchheim kann also auch in seinem weiteren Wachstum auf die vorhandenen öffentlichen Einrichtungen zurückgreifen.

Diese Zusammenfassung zeigt die Fülle der Aufgaben auf, die gemeistert wurden. Auch in den siebziger Jahren wird es nicht immer einfach sein, mit den andrängenden Problemen fertig zu werden, doch werden Bürgerschaft und Gemeinderat verantwortungsbewußt ihre Chance nutzen. Die Stadt Lauchheim und ihre Bürger sind bestrebt, ihrem Umland sowie sich selbst als Mittelpunktgemeinde weitere Impulse für die Daseinsvorsorge zu geben, ohne jedoch ihr jahrtausendealtes Werden und ihre jahrhundertealte Geschichte zu verleugnen.

# Unterkochen

## aus der Industriegasse zur Entwicklungsachse

*von Bürgermeister Peter Greindl*

In Zeiten allgemeiner Untersuchungen über Fragen der Raumordnung kann eine Beschreibung unseres örtlich gewachsenen Wirtschaftsraums nur den Wert einer Bestandsaufnahme haben. Eine Bestandsaufnahme, die erweisen könnte, wo Möglichkeiten für Entwicklungen gegeben sind. Ist es ein landespolitisches Ziel, die für die Entfaltung der Wirtschaft sowie die Verteilung von Bevölkerung und Wirtschaft bestmögliche Struktur in allen Teilen des Landes zu schaffen, so ist es Aufgabe des Gemeinwesens, von seiner Seite aus darzustellen, wie gewachsene Formen kulturellen und wirtschaftlichen Zusammenlebens von der heimatlichen Umwelt der Menschen bestimmt worden sind und wirksam bleiben sollen.

In einer älteren Oberamtsbeschreibung heißt es: „Unterkochen gehört zur Industriegasse des Kochertals und besitzt eine bedeutende Industrie mit Schwerpunkten Papier und Eisen.“ Eine Statistik des Jahres 1895 über die Zusammensetzung der Bevölkerung nach ihren Berufen und ihrer Erwerbstätigkeit weist nach, daß 76 Prozent der Bevölkerung in Industrie und Handwerk beschäftigt waren. Was schon vor 100 Jahren als Industriegasse bezeichnet wurde, soll heute nach dem Landesentwicklungsplan Entwicklungsachse mit Industrieklima werden. Dieses Klima entwickelte sich schon vor 600 Jahren, als durch die Ausnützung von Standortvorteilen die Eisenindustrie in unserer engeren Heimat entstand. In der Mitte des 14. Jahrhunderts ist in unserer Gegend Eisen verhüttet und zu Beginn des 17. Jahrhunderts Papier gefertigt worden. Die natürlichen Voraussetzungen dafür waren neben dem Vorkommen von Brauneisenstein, der große Holzreichtum unserer Wälder und das Wasser des Weißen und Schwarzen Kochers. Die zum Verhütten des Eisens notwendige Kohle wurde als Holzkohle in Kohlenmeilern unserer Wälder gewonnen. Im Jahre 1536 erlangten zwei Ulmer Bürger, der Bürgermeister Jörg Besserer und Hans Walther Ehninger vom Propst zu Ellwangen die Erlaubnis, im Amte Kocherburg bei Unterkochen am Bohlrain hinter der Erlau nach Erz zu graben, gegen einen Erzzehnten von 50 Gulden jährlich. Die Eisenwerke wurden 1557 an Herzog Christoph von Württemberg verkauft und kamen im Jahre 1598 an Herzog Friedrich I. Im 16. Jahrhundert

entstanden als Eisenhammerwerke die „Obere Schmitte und Untere Schmitte". 1614 gingen die Hüttenwerke an den Ellwangischen Fürstpropst Christoph I. von Westerstetten. Im Zuge der Aufhebung der Fürstpropstei Ellwangen kam Württemberg im Jahre 1803 auch in den Besitz der Eisenwerke in Unterkochen. Im Jahre 1856 wurde das königliche Walzwerk Unterkochen nach dem Hauptwerk in Wasseralfingen verlegt. 1841 war am linken Kocherufer von der Firma Gebr. Sutor das neue Hammerwerk als Hammerschmiede gegründet worden. 1872 kaufte Adolf Palm das stillgelegte Werk, gründete eine Papierfabrik, die heute unter der Firma Gebr. Palm Spezialpapiere herstellt. Den Erzvorkommen und Wasserkräften des Kochers verdanken auch die Kettenschmieden in Unterkochen ihren Ursprung. Die sich bei der Eisenverarbeitung ergebenden „kurzen Trümmer des gewalzten Eisens" wurden zur Herstellung von Drahtstiften und Ketten verwertet. 1828 entstanden die Eisen- und Drahtwerke Erlau, 1872 am Häselbach die Kettenfabrik Bieg & Co. und 1875 die RUD-Kettenfabrik Rieger & Dietz am rechten Ufer des Schwarzen Kochers.
Neben der Eisenindustrie entwickelte sich frühzeitig eine bedeutende Papierindustrie. Am 23. August 1613 wurde durch den Fürstpropst Johann Christoph I. von Westerstetten, der in Ellwangen residierte und auf der Kocherburg seinen Sommersitz hatte, die Papiermühle Unterkochen gegründet. Nach wechselhafter Geschichte ist heute die Papierfabrik Unterkochen ein Werk der Zellstoffabrik Waldhof in Mannheim.
Mit der industriellen Entwicklung stieg auch die Einwohnerzahl der Gemeinde an. Sie erreichte um die Jahrhundertwende 2600, betrug 1939 3229 und zählt heute 6239 Einwohner. Den Bedürfnissen der Bevölkerung entsprechend wurden öffentliche und private Versorgungseinrichtungen geschaffen. Dem Erfordernis eines familiengerechten Wohnens wurde Rechnung getragen, ebenso Bildungsmöglichkeiten, Versorgungseinrichtungen im engeren Sinne und Verkehrs- und Erholungsflächen errichtet.
Eine gute Finanzkraft erlaubt es der Gemeinde alle Verpflichtungen zur Errichtung öffentlicher Einrichtungen zu erfüllen. Die in Angriff genommene grundlegende Verbesserung der Wasserversorgung wird bald abgeschlossen sein. Die besondere topographische Lage der Gemeinde zwingt zu einem engen Zusammenleben zwischen Industrie, Landwirtschaft und Einwohner. Daraus haben sich städtebauliche Schwierigkeiten ergeben, die im Wege von Sanierungsmaßnahmen zu mildern sind. Die Planung über die zukünftige Gestaltung der Ortsmitte ist weitgehendst abgeschlossen. Weitere Verbesserungen der Schulverhältnisse sind nach Abschluß langwieriger Grundstücksverhandlungen mit der Errichtung einer 10klassigen Hauptschule und einer Sporthalle eingeleitet. Ortsstraßen werden

*15. Dossinger Tal zwischen Dorfmerkingen und Dossingen, ein Trockental auf dem Härtsfeld. Ausflugsziel von Dorfmerkingen aus mit Wanderparkplätzen, Badegelegenheiten usw.*

*16. Essingen vom Prinzeck aus*

insbesondere in schwierigen Hanggebieten ausgebaut, um dem immer rascher wachsenden Bedürfnis des Verkehrs Rechnung zu tragen. Auch auf kulturellem Gebiet wurden und werden Leistungen erbracht, die der persönlichen Initiative einzelner Bürger zu verdanken sind. Das Bestehen von über 20 Vereinen und Vereinigungen verdeutlichen den Willen zur Betätigung in der örtlichen Gemeinschaft.

Die Gemeinde Unterkochen wird und kann die ihr gestellte Aufgabe erfüllen, für das weitere wirtschaftliche Wachstum unseres Landes dadurch beizutragen, daß sie ihre strukturelle Entwicklung fortsetzt und sich als lebenskräftiger Bestandteil der im Landesentwicklungsplan vorgesehenen Entwicklungsachse unseres Raumes erweist.

# Die natürlichen Grundlagen des Kreises

*von Wilhelm Koch*

## *Übersicht*

Der Kreis Aalen wird in auffälliger Weise von Südwest nach Nordost durch die Felsmauer des Albtraufes gegliedert und etwa von Nord nach Süd durchschnitten von den Flußläufen Brenz–Kocher und Jagst. Beiden Linien folgen wichtige Verbindungsstraßen und an deren Schnittpunkt liegt als bedeutendste Siedlung die Kreisstadt Aalen. Die Landschaft und ihre Gegebenheiten sind im Kreis von besonderer Bedeutung.

Albuch und Härtsfeld sind die Landschaften der Albhochfläche, sie sind getrennt durch die Täler von Kocher und Brenz, diese ihrerseits verbindet der kaum merkliche Paß zwischen Oberkochen und Königsbronn, – das breite Tal der Urbrenz. Beim Seegartenhof südlich von Oberkochen überschneidet die oberirdische Europäische Wasserscheide das Tal etwa an der Kreisgrenze.

Nördlich vom Albtrauf und westlich des jungen Kochers liegt ein hügeliges Land, das bereits wenige Kilometer vor dem Albrand erst von Tälchen gegliedert und dann von scharfen Schluchten zerschrundet wird, die zum Kocher und zu der tief eingesenkten Lein führen. Das Gebiet wird im wesentlichen dem Welland zugerechnet. Nördlich der Lein geht es ohne scharfe Grenze in die Limpurger und Ellwanger Berge über.

Ostwärts der Bahnlinie Aalen–Ellwangen, nördlich des Albtraufes dehnt sich weithin ein Land ohne markante Flußläufe, ein Land der weizenschweren Ackerfluren mit wenig Wäldern. Im Norden geht es allmählich in das Waldland des Virguna Waldes, den Virngrund über. Der Ipf ragt als Zeuge der einstigen Weißjuradecke hoch heraus, der Schloßberg von Baldern zeigt noch mittleren Braunjura. Unterer Braunjura und die Schichten des Schwarzen Jura bilden den Grund des Ackerlandes. Der Schloßberg von Ellwangen und der Schönenberg mit seiner Wallfahrtskirche sind die letzten Jurahöhen vor den Einschnitten der Bäche und Flußläufe in die Keuperschichten. Im Osten endlich berührt der Kreis gerade noch die Rundung des Rieses, dieses Kernstückes der rätischen Landschaft.

Das Land der Limpurger und Ellwanger Berge und der Virngrund sind Keuperland. Hier beherrscht der Wald die Landschaft. Das ist einmal bedingt durch die ärmeren Böden und dann durch die Zerschrundung des Geländes. Die Keuperschichten sind weicher als die Felsbänke des Jura, die zahlreichen Wasserläufe haben leichtere Arbeit beim Abtragen. Dunkle Seen liegen hier in fichtenschwarzen Wäldern. Die Grenze zwischen Jura und Keuper ist auffällig, schon die Römer folgten mit ihrem Limes etwa dieser natürlichen Grenze.
Die geologischen Schichten bestimmen also die Landschaft und diese wiederum den Ort der Siedlungen, den Verlauf der Verbindungslinien und damit die Wirtschaft des Kreises. Auf die geologischen Gegebenheiten und ihre Auswirkungen muß daher besonders eingegangen werden. Die Schichten sind vom Schilfsandstein des Keupers, der im Norden des Kreises ansteht, bis zu den obersten Schichten des Weißen Jura und Bildungen des Tertiärs in regelmäßiger Reihenfolge vorhanden. Das Allgemeine dieser Schichtenfolge ist in jedem Lehrbuch zu finden und bedarf im engen Rahmen einer Kreisbeschreibung nicht wieder erneuter Darstellung. Hier soll nur das Besondere im Kreis, die Bedeutung wichtiger Schichten für die Wirtschaft und den Verkehr hervorgehoben werden.

## *Geologischer Aufbau*

Soll man „oben" beginnen, bei den obersten Schichten des Weißen Jura, oder „unten" bei den Keuperschichten, welche im nördlichen Teil des Kreises von den Flußsystemen des Kochers und der Jagst angeschnitten werden und etwa nördlich der Linie Abtsgmünd–Ellwangen–Ellenberg die Landschaft bestimmen? Von besonderer Wichtigkeit ist das im wesentlichen ebene Land, das sich zu Füßen der Alb dehnt und wichtige Siedlungen und Verbindungswege trägt. Gebildet wird es großenteils von der untersten Schicht des Braunen Jura, vom *Opalinuston.*
Diese Schicht ist, senkrecht zur Schichtung gemessen, etwa 100 bis 120 Meter stark und damit die dickste Schicht im ganzen Gebiet. Vom Zollhof an der westlichen Kreisgrenze bis nach Lauchheim liegt die Bahnlinie wie die Bundesstraße 29 im wesentlichen im Braunjura Alpha, ebenso von der Erlau bis Schwabsberg die Bahn und die Bundesstraße 19 bzw. 290. Landwirtschaftlich wird das Gebiet meistens als Ackerland genutzt, trotzdem es bei längerer Trockenheit in tiefen Rissen aufreißt und bei Feuchtigkeit schwer zu bearbeiten ist. Größere Wälder sind selten. Der Ton wurde von jeher und wird heute noch von Ziegeleien verarbeitet. Dem Straßenbau bietet das Gelände wenig Schwierigkeiten, doch kommt es an Böschungen und Gewässereinschnitten gelegentlich zu Rutschungen, bis der natür-

liche, sehr flache Böschungswinkel wieder hergestellt ist. Versteinerungen sind selten. Die tonigen Schichten sind wenig durchlässig für Wasser, zahlreiche kleine Wasserläufe leiten das Oberflächenwasser rasch ab. Größere Quellen treten nur an der oberen Schichtgrenze aus, also unter dem *Eisen- oder Personatensandstein.*
Diese Schicht, der Braunjura Beta, ist sandhaltig, im allgemeinen felsig, etwa 30 bis 32 Meter mächtig. In ihr liegen die Eisenerzflöze, welche bis in die Zeit nach dem Zweiten Weltkrieg abgebaut wurden. Diese ermöglichten, wie im Abschnitt über den Wald des Kreises ausführlicher dargestellt ist, zusammen mit dem Holz und dem Bohnerz die Anfänge einer Industrie im Kocher-Brenz-Tal. Etwa 13 Meter über der Grenze zum Opalinuston liegt das „Untere Flöz", es ist 1,60 m mächtig. Nach weiteren 10 Metern folgt das „Obere Flöz", es ist 1,10 m mächtig und wurde im „Oberen Stollen" abgebaut. Beide Flöze liegen nicht in gleichen Ebenen, sie sind verbogen und gebrochen. Das Erz besteht aus durchschnittlich 32,3 Prozent Kieselerde, 4,8 Prozent Tonerde, 49,9 Prozent Eisenoxyd, 2,4 Prozent Kohlensaurem Kalk, 1,1 Prozent Manganoxyd und 9,5 Prozent Wasser. Der Gehalt an Eisen ist 40,82 Prozent, nach den Erfahrungen vieler Jahre können 31 bis 32 Prozent ausgebracht werden. Dieser Prozentsatz liegt unter der Mindestforderung, die heute für lohnendes Verhütten gestellt wird und darum wurde der Bergbau bei Wasseralfingen aufgegeben. Damit sind auch die einst berühmten Fundstellen schöner Fossilien nicht mehr zugänglich.
Die felsigen Schichten des Personatensandsteines liefern auch einen gesuchten, gelben, sehr gleichförmigen Sandstein. Aus diesem Stein ist die Aalener Stadtkirche gebaut. Dort, wo der Eisensandstein steil ansteht wie bei der Wasseralfinger Erzgrube oder bei Hohenroden, trägt er Wald. Wo er flach ist wie am Grauleshof und am Nordrand des Langerts, ist er Ackerland. Im unbebauten Zustand heben sich diese Äcker wegen ihrer rostroten Farbe deutlich und leicht erkennbar ab von den darüber liegenden mehr grauen und dem darunter liegenden braunen Ackerland. Im Personatensandstein beginnen die Straßen deutlich zu steigen und zwingen den Kraftfahrer zum Schalten.
Um die Verbreitung der Eisenerze und die Möglichkeiten für künftigen Abbau zu erforschen, wurden 1910 beim Brenzursprung und südlich der Voith-Werke in Heidenheim Tiefenbohrungen niedergebracht. In Königsbronn stieß man in 236 Meter Tiefe gleich 264 Meter über dem Meer und in Heidenheim in 334 Meter Tiefe gleich 151 Meter über dem Meer auf die obersten Schichten des Eisensandsteines. Beide Bohrungen bewiesen, daß die Flöze nach Süden zu dünner werden und daß auch der Eisengehalt abnimmt.
Die Wälder auf den Kuppen des Wellandes stocken übrigens noch auf Eisensandstein.

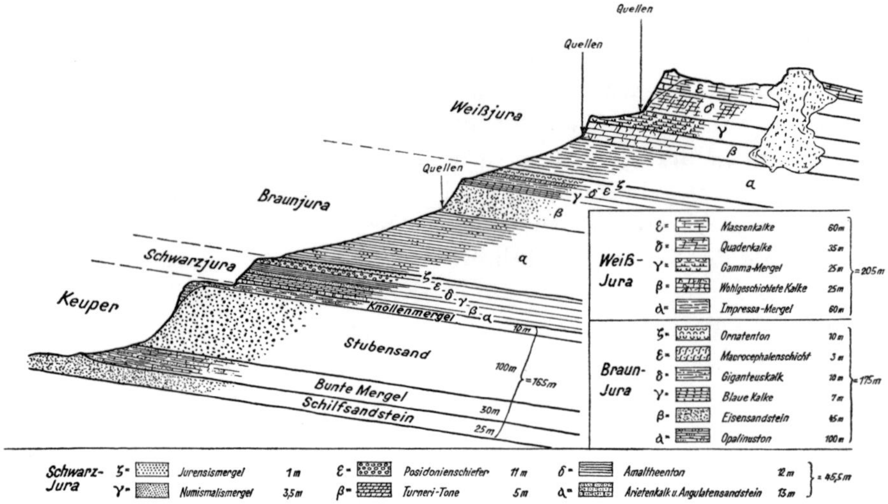


Von oben nach unten

| | | | |
|---|---|---|---|
| Weißjura | e ε | 90—15 m | Massenkalke |
| | d δ | 20—50 | Quaderkalke |
| | g γ | 20—33 | Gamma-Mergel |
| | b β | 25 | Wohlgeschichtete Kalke |
| | a α | 60 | Impressa-Mergel |
| Braunjura | z ζ | 10 | Ornatenton |
| | e | 3 | Macrocephalenschicht |
| | d | 10 | Giganteuskalk |
| | g | 7 | Blaue Kalke |
| | b | 45 | Eisensandstein |
| | a | 100 | Opalinuston |
| Schwarzjura | z | 1 | Jurensismergel |
| | e | 11 | Posidonienschiefer |
| | d | 12 | Amaltheenton |
| | g | 3,5 | Numismalismergel |
| | b | 5 | Turneri-Tone |
| | a | 13 | Arietenkalk u. Angulatensandstein |
| Knollenmergel | | 10 | |
| Stubensand | | 100 | |
| Bunte Mergel | | 30<br>20—40 | |
| Schilfsandstein | | 25 m | |

Es handelt sich hier nur um Verhältniszahlen. Die Zeichnung ist stark überhöht.

Die Erzväter der schwäbischen Geologie hatten das Albgebirge in drei Schichtenstufen gegliedert, unten den Schwarzen Jura (Lias), dann den Braunen Jura (Dogger) und oben den Weißen Jura (Malm). Jede dieser drei Schichtstufen wurde in sechs Schichten eingeteilt, welche von unten nach oben mit den ersten sechs Buchstaben des griechischen Alphabets bezeichnet wurden. Heute wird zum Teil nach anderen Grundsätzen gegliedert. Von manchen Forschern werden die beiden untersten Stufen des Braunen Jura, Alpha und Beta, Opalinuston und Eisensandstein, als Aalener Stufe zusammengefaßt und als Aalenien oder Aalenium bezeichnet. Diese Aalener Stufe hat ihren Namen nach der Kreisstadt, die Benennung erfolgte bereits 1864 durch Chr. Mayer-Eymar.

Die oberen Schichten des Braunen Jura, Gamma bis Zeta, sind in unserem Bereich ohne große Bedeutung, es sind kalkige und mergelige Schichten von geringer Mächtigkeit. Das Gelände ist meist eben und wird im allgemeinen landwirtschaftlich genutzt.

Der Übergang zu den untersten Schichten des Weißen Jura, den *Impressamergeln* ist wenig auffällig, für den Kenner jedoch ändert sich die Beschaffenheit und die Farbe des Gesteines deutlich. Mit den Impressamergeln beginnt die erste Steilstufe der Alb, die sich im Profil jedes Hanges klar abzeichnet. Auf dieser Schicht entspringen zahlreiche Quellen, auch die Rems und der Schwarze Kocher. Den Namen gab der Schicht eine kleine Muschel, das Leitfossil Terebratula impressa. Das Gelände wird zum Teil noch als Ackerland genutzt, die schweren Böden werden mehr und mehr aufgeforstet, leider im allgemeinen mit Fichten (Nadelholzstreifen am unteren Waldrand). Die Fichte wird auf diesen Böden rotfaul und stirbt frühzeitig ab.

Auf diese schweren Mergel folgt eine auffällige, leicht erkennbare Schicht, die der *Wohlgeschichteten Kalke* des Weißjura Beta. Manchmal könnte man glauben, daß die so gleichförmigen, durch dünne tonige Schichten getrennten Felsbänke von Maurerhand geschichtet seien. Früher wurden diese Kalkfelsen in vielen Steinbrüchen gewonnen. Sie eignen sich hervorragend als Unterlage im Straßenbau. Ungeschützt verwittern die Steine jedoch im Frost. Die wohlgeschichteten Kalke sind im Gelände immer sehr steil. Mit ihnen beginnt am Albtrauf und in den Seitentälern der Wald. Die Kalkbänke sind durchlässig, es gibt darum keine Quellen. Diese treten stets auf der Grenze zu den Impressamergeln aus.

Die folgende Schicht, die *Mittleren Weißjuramergel,* Weißjura Gamma, Aptychenmergel, zeichnen sich als flacher Absatz deutlich von den Albhängen ab. Diese Stufe ist bei einem Blick von der Höhe beim Lauterburger Friedhof gegen Aalen zu besonders klar zu erkennen. Noch vor wenigen Jahren waren diese Schichten allgemein als Ackerland genutzt. Die schweren Böden auf den etwas abgelegenen, kleinen Flächen wurden inzwischen, meistens mit Fichten, aufgeforstet. Sie heben sich als dunkle Streifen in halber Höhe der bewaldeten Albhänge deutlich ab. Die Quelle des Weißen Kochers entspringt auf dieser Schicht.

Darüber treten die Felsklötze, die Korallenstöcke, Schwammstotzen von *Weißjura Delta und Epsilon* hervor, dickbankige Quaderkalke und plumpe Felsenkalke. Die Hänge, felsige Schuttkegel, zu steil für landwirtschaftliche Nutzung, gehören dem Wald. Alle Straßen zur Albhöhe werden nach der flachen Gammastufe wieder steiler. Die oberen Weißjuraschichten kosten den Kraftfahrer Benzin, den Straßenmeister erhöhte Unterhaltskosten, (weil die steilen Straßen der Arbeit des Wassers stärker ausgesetzt sind). Im Epsilon liegen die besten Steinbrüche. Deren Material ist besonders geschätzt, wenn es im Bruch glitzert, also kristallin ist. Wasser fehlt in diesen Schichten, es tritt auf Gamma zu Tage. Die Epsilonschichten verwittern zu Decklehm, dessen örtlich sehr zahlreichen Einschlüsse von Feuerstein gegen das Verwittern äußerst widerstandsfähig sind. Im allgemeinen geben diese Feuersteinböden keine schlechten Waldböden. Die Decklehme enthalten stellenweise bedeutende Vorkommen von *Bohnerz.*

Diese Bohnerze entstanden bei der Verwitterung der Alb im schwankenden Grundwasserbereich von Talauen und Mulden auf der jeweiligen Albhochfläche. Das Eisen, das in allen Schichten vorhanden ist, wurde in den oberen Bodenschichten durch Humussäuren gelöst und im Schwankungsbereich des Bodenwassers wieder ausgefällt. Bohnerz findet sich in kalkarmen Tonen und Lehmen der Albhochfläche. Wahrscheinlich wurde schon seit der Römerzeit Bohnerz im Tagbau gewonnen. Spätestens mit Beginn des Bergbaus wurde es gegraben, ausgelesen und ausgewaschen und dann mit dem Stufenerz verhüttet, dabei wurde Bohnerz zu 25 bis 30 Prozent beigemischt. 100 Zentner Stufenerz und Bohnerz ergaben bei uns etwa 32 Zentner Roheisen.

Wer hinter Elchingen, bei Stetten, gegen Neresheim fährt, sieht rechts und links der Straße Haufen von Kalksteinplatten, hier beginnt Weißjura Zeta, die Schicht der *Plattenkalke.*

Die Böden werden meistens landwirtschaftlich genutzt wie ja auch der überwiegende Teil der Epsilonhochebene. Und war früher das Härtsfeld ein armer Landstrich, so hat sich durch die Verwendung von Kunstdünger, bessere Bodenbearbeitung und durch den Anbau frühreifender Sorten eine wesentliche Änderung zum Guten vollzogen.

Die wenigen geologischen Bildungen, die im Kreisgebiet während der Tertiärzeit entstanden, sind wirtschaftlich ohne Bedeutung. Auf das Ries muß gesondert eingegangen werden.

Kehren wir zurück nach Aalen und auf den Opalinuston. Der Stadtkern von

*17. Dewangen, Mittelpunkt des Wellands*

*18. Stödtlen im Virngrund*

Aalen, der Bereich der alten Reichsstadt, liegt im Schottergebiet von Kocher und Aal und der hohe Grundwasserstand bringt bei Tiefbauten Schwierigkeiten. Das Hüttfeld und die Siedlungen am Ostrand der Stadt liegen auf Opalinuston, der Grauleshof auf Eisensandstein, die Triumphstadt auf den oberen Braunjuraschichten.

Bei Wasseralfingen werden dann in den Tälern die Schichten des *Schwarzen Jura* angeschnitten, die nur zwischen Kocher und Lein und dann wieder im Gebiet der jungen Jagst von Bedeutung sind. Die Flächen sind im allgemeinen landwirtschaftlich genutzt, an steilen Hängen stockt selbstverständlich Wald. Hier kommt dann die Weißtanne von Natur aus vor. Der reiche Gehalt des Schwarzen Jura an schönen Versteinerungen hat das Gebiet bei Aalen berühmt gemacht (Reichenbacher Tal). Die Schichten sind insgesamt 30 bis 40 Meter mächtig. Mit deutlich erkennbarem Rand (besonders im Leintal) bricht der Schwarze Jura zum Knollenmergel ab.

Dieser Bruchrand trägt meistens einen zehn bis zwanzig Meter breiten Waldstreifen aus Eichen, Hainbuchen, Ulmen und Eschen und mancherlei Gesträuch. Den Knollenmergel kennt jeder Kraftfahrer: plötzlich beginnt sein Wagen zu wanken und zu schwanken, zu wiegen und zu schwingen, denn: keine Straße bleibt fest in dieser Schicht. Häufig findet sich im Frühjahr die Warntafel: „Achtung, Straßenabbruch!“ Die Mergel dieser Schicht haben die Besonderheit, daß sie sehr leicht Wasser aufnehmen, sie quellen dann und arbeiten, beginnen breiartig zu rutschen und zu gleiten. Die landwirtschaftliche Nutzung dieser an sich nicht armen Böden ist erschwert durch die sehr unregelmäßige Geländeausbildung, welche kaum den Einsatz von Maschinen erlaubt. Aufgeforstet werden sollte nur mit tiefwurzelnden Baumarten. Die flachwurzelnde Fichte vermag den Boden nicht zu festigen und wandert bisweilen mit dem Untergrund zu Tal. Der Knollenmergel überdeckt weithin die oberen Teile des Stubensandsteins.

Dieser hat im Kreis eine Mächtigkeit von rund 100 Metern. Fester Fels steht selten an, er wird heute auch nicht mehr gebrochen. Stubensand ist in den Tälern von Kocher und Lein, Jagst und Schlierbach überall angeschnitten, doch meistens erscheint er nur als lockerer, verwitterter Sand. Dieser wurde früher zum Bestreuen der Wohnräume – Stuben – verwendet. Schmutz ließ sich dann zugleich mit dem Sand leicht auskehren. Das Stubensandgebiet gehört, von einigen Ackerfluren und Wiesen abgesehen, im wesentlichen dem Wald. Der Stubensand ist bei uns ein wenig sortierter, mittel- bis grobkörniger Quarzsandstein, gelegentlich finden sich Quarzgerölle bis zur Größe einer Faust. Eingebettet sind schieferige, sehr verschiedenfarbige Tone. Gute Aufschlüsse des Stubensandes sind im unteren Reichenbacher Tal zu sehen. Im Stubensand liegt die bekannte Wasserfassung der

Gemeinde Wört. *Die Bunten Mergel,* rote, grüne und dunkle Mergel, Kalke und Tone in buntem Wechsel sind häufig mit Schichten von Kieselsandstein durchsetzt. Diese Sandsteine wurden früher teilweise als Werkstein abgebaut. Die Schicht der Bunten Mergel ist im Rottal von der Schäufelesmühle aufwärts gut zu beobachten. In den Bunten Mergeln treten viele Quellen aus, eine besonders starke bei Wöllstein im Kochertal.
Der *Schilfsandstein* endlich wird bei Jagstzell gerade noch im Jagsttal angeschnitten. Seinen Namen hat er von zahlreichen verkohlten Pflanzenresten, meistens Schachtelhalmen. Man hielt diese zunächst für Schilf. Von Bedeutung ist der Schilfsandstein nicht für den Kreis. Keiner der genannten Schichten zugehörig sind die *Goldshöfer Sande.* Ihrer großen wirtschaftlichen Bedeutung wegen muß auf sie besonders eingegangen werden. Gegen das Ende der Jurazeit, also vor 140 bis 150 Millionen Jahren, begann sich der Meeresgrund zu heben. Über dem heutigen Stadtgebiet von Aalen lagen einmal 500 Meter Juragestein, die Hebung muß also ungefähr 1000 Meter über Meereshöhe betragen haben. Die Abtragung des neuen Landes besorgte, von geringen Windwirkungen abgesehen, das Wasser. Auf der heute längst abgetragenen Albhochfläche flossen Gewässer nach Süden, breite Flüsse, welche große Schuttmengen mit sich führten. Vom Beginn des Tertiärs ab, vor rund 60 bis 70 Millionen Jahren, begannen sich die Alpen hochzufalten und dies hatte Hebungen und Senkungen auch in unserem Gebiet zur Folge. Bei einer Hebung hatten die Flüsse mehr Kraft, abzutragen, bei einer Senkung mußten sie bei schwächerem Gefälle ihre Schuttmassen ablagern. So lagerten Urbrenz und Urjagst bei einer großen Senkung Material ab, die heutigen Goldshöfer Sande. Bei einer neuen Hebung der Alb waren aber die Flüsse von Norden, der Kocher und die heutige Jagst, bereits nahe genug, um den alten Ur-Flüssen große Teile des Einzugsgebietes abzunehmen, sie arbeiteten von ihrem tiefer liegenden Einzugsgebiet her stärker als die inzwischen von der Donau aufgenommenen, durch flacheres Land nach Süden fließenden Gewässer. Die Sande wurden nun von den Seitenbächen der jungen, zum Rhein fließenden Flüsse, zerschnitten und abgetragen. Große Lager blieben erhalten und werden heute abgebaut. Die Goldshöfer Sande geben ausgezeichneten Bausand. Die Rekultivierung der ausgeschachteten Gruben ist eine dringende Aufgabe. Die Verwendung der Flächen für die Ablagerung von Müll ist für das Grundwasser nicht ohne Gefahr und muß in jedem Fall gründlich überlegt werden.

## *Das Ries*

ist eine solche geologische Besonderheit und heute so sehr im Mittelpunkt vieler Diskussionen, daß hier darauf eingegangen werden muß. Der Name Ries, gesprochen Ri'äs, wird mit dem Namen der im wesentlichen von Kelten bewohnten römischen Provinz Rhätium in Zusammenhang gebracht. Die erobernden Alemannen haben den Namen übernommen. Stets ist die annähernd kreisrunde Ebene, eingeschnitten in den gebirgigen Albtrauf und das zerschrundete Albvorland als etwas Besonderes aufgefallen. Uns Heutigen geht es nicht anders. Und erst die Geologen aus aller Welt: sie möchten gar zu gerne deuten, wie dieser größte kreisrunde Kessel auf unserem Erdball entstanden ist. Zahlreiche Theorien und Deutungsversuche wurden aufgestellt, sogar die Behauptung, ein Gletscher habe den Raum ausgehoben.

Heute besteht Übereinstimmung darüber, daß eine ungeheure Sprengung vor etwa 15 Millionen Jahren, im Obermiozän, den Kessel geschaffen hat. In die offene Wunde der Erdoberfläche floß vom umliegenden Land her Wasser zu, alte Flußläufe waren unterbrochen und verschüttet. Es entstand ein See, in dem sich Ablagerungen aus eingeschwemmter Erde und von den Resten der Tier- und Pflanzenwelt des Sees bildeten. Bis zu einer Höhe von etwa 100 Metern über dem heutigen Land, also so hoch wie der „Daniel", der Turm der Nördlinger Stadtkirche, stauten sich die Wasser, bis sie in der Gegend von Harburg einen Auslauf, ein Übereich, fanden und sich das Wörnitztal herausnagten. Dort, wo am Rand und vom Grund des Sees warme Quellen emporstiegen, bildeten sich die Sprudelkalke des Goldberges, der Wallersteiner Höhe und zahlreicher anderer Anhöhen und Kuppen. Sie ragen heute, nach dem Abfließen des Ries-Sees als felsige Anhöhen über das Land, den ehemaligen Seegrund, heraus. Diese Sprudelkalkfelsen sind bekannte Fundstellen der Fossiliensammler.

Über die Tatsache, daß der Rieskessel herausgesprengt wurde und über die spätere Geschichte des Kessels sind sich die Fachleute so ziemlich einig. Was aber hat die Explosion ausgelöst? Nach allem steht fest, daß nicht die lange Tätigkeit eines Vulkans, sondern eine große Explosion den Kessel aushob. Wahrscheinlich gleichzeitig oder doch annähernd gleichzeitig muß auch der Kessel von Steinheim am Albuch herausgesprengt worden sein. Dort ist ein wesentlich kleineres, aber doch sehr ähnliches Becken mit See und Süßwasserkalk und die Wasser sind über das Stubental zur Brenz durchgebrochen.

Für die Riesexplosion werden heute, zum Teil leidenschaftlich, zwei Ursachen vertreten. Einmal: die Ursache der Explosion waren vulkanische Kräfte; aus der Tiefe drangen heiße Massen nach oben, schmolzen das Gestein, bis sich eine Gasmasse bildete, die nicht allzu tief unter der Erdoberfläche explodierte oder: der Einschlag eines großen Meteoriten oder kleinen Kometen.

Unvorstellbar groß muß die Kraft der Explosion gewesen sein. Im Sprengbereich wurden ungefähr 300 Kubikkilometer Gestein zertrümmert und 50 Kubikkilometer herausgeschleudert. Um ein ähnliches Geschehen auszulösen, wären – so wurde berechnet – etwa 150 Milliarden Tonnen des heute zum Sprengen in Steinbrüchen verwendeten Sprengstoffes Trinitritoluol erforderlich. Die Atombombe von Hiroshima entsprach der Sprengkraft von 20 000 Tonnen.

Es seien sehr knapp die Gründe gegeneinander gestellt, welche für die beiden Theorien sprechen:

Für die ältere Theorie, die Annahme einer Sprengung aus der Tiefe spricht, daß nachweislich schon vor der Sprengung des Kessels geologische Kräfte im Gebiet arbeiteten. Haben sich glutflüssige Massen nach oben geschoben? Zahlreiche Fundstellen vulkanischen Gesteins (auf der geologischen Karte rot im blau gezeichneten Kalkgestein) scheinen es zu beweisen. Doch sind diese Durchbrüche vulkanischen Gesteins nur klein und ihre Masse hat an der gesamten Trümmermasse nur sehr geringen Anteil. Ein großer Kern vulkanischen Gesteins ließ sich im Ries bis jetzt nicht nachweisen. Aber gerade in diesem eingeschmolzenen, Suevit genannten Gestein, glauben die Vertreter der Meteoritentheorie den Beweis für ihre Ansicht zu finden. Hier ist ein bestimmtes Mineral nachgewiesen worden, der Coesit, und dieses Mineral fand man sonst auf der Erde nur an Stellen einwandfreier Meteoriteneinschläge. Das Auffinden des Coesits, der nur röntgenspektroskopisch nachweisbar ist, gab der Meteoritentheorie, die übrigens bereits 1904 aufgestellt wurde, in den letzten Jahren neue Stützen. Aber, lautet die Gegenfrage, ausgerechnet dort, wo schon seit 100 Millionen Jahren vor der Katastrophe die Erde nachweislich unruhig war, ausgerechnet genau dort soll ein Meteorit gewissermaßen gezielt eingeschlagen haben? Gefunden wurde von dem Meteoriten auch nichts. Aber der hatte „nur“ etwa 125 Meter Durchmesser und kann bei der Wucht des Aufschlages verdampft sein. Man hat auch eine Früh-, Haupt- und Spätphase der Explosion beobachtet und das spräche gegen den Einschlag eines Meteoriten, der ja nur Sekunden gedauert haben könnte. Allein das Verzeichnis der Arbeiten über das Ries füllt heute schon einen Band. Das Riesproblem ist noch von keiner Seite überzeugend gelöst. Und es wird auch noch nicht gelöst sein, wenn diese neue Kreisbeschreibung von Aalen im Druck erscheint. Zunächst werden wir uns in dieser Sache an das Goethewort halten müssen: „Es geht doch nichts über die Freude, welche uns das Studium der Natur gewährt. Ihre Geheimnisse sind von einer unergründlichen Tiefe; aber es ist uns Menschen erlaubt und gegeben, immer weitere Blicke hineinzutun. Und gerade, daß sie am Ende doch unergründlich

bleibt, hat für uns einen ewigen Reiz, immer wieder zu ihr heranzugehen und immer wieder neue Einblicke und neue Entdeckungen zu versuchen."
Wenn auf die Frage, wie der Rieskessel entstanden sei, so breit eingegangen wurde, dann einmal darum, weil dieser weltberühmte Sprengkessel von den Grenzen des Kreises geschnitten wird, dann aber auch deshalb, weil die Folgen der Sprengung bis in unsere Tage nachwirken. Erst vor kurzem ergab sich, daß die Abteikirche auf dem Ulrichsberg in Neresheim auf zersplittertem Gestein steht, das bei der Riesexplosion hierher geschleudert wurde und keinen sehr festen Baugrund abgibt. Jeder Kraftfahrer, der von Aalen nach Nördlingen fährt und hinter Lauchheim den Berg hinauf muß, braucht an der Steigung mehr Kraftstoff, genau so, wer von Bopfingen nach Lauchheim fährt und die Steigungen hinter Aufhausen überwinden muß. Bei der Riesexplosion ist hier das alte Tal der Jagst durch einen Schuttberg zugeschüttet worden. Als man für die Bahn an dieser Stelle einen Tunnel durch den Berg brach, zeigte sich einwandfrei, daß hier nicht gewachsener Fels, sondern Schuttmassen durchbrochen werden mußten. Zahlreiche andere Stellen lassen sich nachweisen, an denen aus dem Rieskessel heraus (Pflaumloch) oder über Schuttwälle hinweg Steigungen überwunden werden müssen. Die Explosion, welche vor 15 000 000 Jahren stattfand, wirkt bis in unsere Lebenszeit nach.

## *Das Wasser*

In einem so stark bevölkerten und weitgehend industrialisierten Gebiet wie dem Raum Aalen spielt das *Wasser* eine besonders wichtige Rolle. Der Bedarf an Wasser wird in den nächsten Jahren immer weiter steigen. Weitsichtige Gemeindeverwaltungen sind darum bestrebt, rechtzeitig die voraussichtlich nötigen Wassermengen zu sichern. Aus diesem Grund wurden seit dem Ende des Krieges zahlreiche Bohrungen niedergebracht.
Die verkarstete Alb ist für Oberflächenwasser sehr durchlässig. Das versickerte Wasser tritt teilweise nach kurzem unterirdischem Lauf in Karstquellen wieder zu Tage. Es ist in diesem Fall aber keineswegs einwandfrei und zum Genuß als Trinkwasser geeignet. Darum wird heute vielfach auf das bereits austretende Quellwasser verzichtet und als Ausgleich die Erschließung von Tiefenwasser versucht. Die Buchmühlenquelle bei Dischingen, welcher das Wasser für das Egauwerk der Staatlichen Landeswasserversorgung entnommen wird, ist allerdings eine echte Karstquelle, ihre Zuflüsse sind jedoch so lang, daß bereits eine Reinigung des Wassers eintritt. Vorsichtshalber wird trotzdem gechlort.
Die zahlreichen Bohrungen der letzten Jahre sowie Färbversuche haben ergeben,

daß in der Tiefe des Gebirges nicht etwa ein durchgehender, einheitlicher Grundwasserspiegel steht, den man nur durch eine Tiefenbohrung erreichen müßte, um genügend Wasser – und in ausreichender Güte – hochpumpen zu können. Die einzelnen Quellen, und sogar sehr benachbarte Quellen, müssen nicht unbedingt über größere Hohlräume in Verbindung stehen. Durch kleine Spalten, durch Haarröhrchen vielleicht nur, hängen zwar alle Grundwasser der Tiefe zusammen, aber ein Netz von Karsthöhlen, das alle Wasser verbindet und damit einen zusammenhängenden Grundwasserspiegel bildet, das gibt es nicht. Der Austritt der Karstquellen allerdings ist vom Grundwasserspiegel der Donau und ihrer Nebenflüsse bestimmt, da dieser Fluß gewissermaßen als Vorfluter wirkt. Das gilt nicht für diejenigen Quellen im Kreis Aalen, welche durch die Zuflüsse zum Rhein und deren tiefe Einschnitte bedingt sind. (Kocher, Rems).
Im Bereich der Alb gibt es zwei Arten von Karstquellen: die Höhlenquellen und die Spaltenquellen. Erstere sind die Öffnungen unterirdischer Flußsysteme, die wie ein oberirdischer Fluß sich fächerförmig in immer kleinere Gerinne aufteilen. Sie bringen das Wasser starker Niederschläge oder rascher Schneeschmelzen in verhältnismäßig kurzer Zeit. Solche Quellen sind zum Beispiel die Brenz- und die Pfefferquelle in Königsbronn. Die Austrittsöffnung dieser Höhlenquelle ist groß, das allgemein bekannte Beispiel ist der Blautopf bei Blaubeuren.
Spaltquellen haben dagegen eine kleine Austrittsöffnung, einen Hahnen gewissermaßen, der wie bei einem Faß nur eine bestimmte Wassermenge austreten läßt. Diese Quellen ändern ihre Schüttung auch bei starken Niederschlägen nur unbedeutend, es sei denn, daß bei stärkerem Wasserdruck dieses durch höhergelegene Spalten austritt. So schüttet in diesem Fall der Weiße Kocher aus übereinanderliegenden Quellen, die bis zu 30 Meter Höhenunterschied haben können. Spaltquellen können sich im Lauf geologischer Zeiträume zu Höhlenquellen erweitern.

### *Hungerbrunnen*

Eine Besonderheit verkarsteter Gebirge sind die *Hungerbrunnen,* die auch in unserem Gebiet nicht selten sind. Sie stellen gewissermaßen das Übereich eines unterirdischen Karstwassers dar, sie können auch das seitliche Übereich einer Spaltquelle sein, die beiden Austrittsöffnungen können ziemlich entfernt voneinander liegen. Bei trockenem Wetter sinkt der unterirdische Wasserspiegel, der Hungerbrunnen versiegt. Trockenheit bedeutet aber in den Karstgebieten Absterben des Pflanzenwuchses, bedeutet Durst und Hunger für Mensch und Vieh und so galt früher das Ausbleiben der Hungerbrunnen zu Recht als Vorzeichen für kommende Not.

Um die Herkunft bestimmter Quellwasser festzustellen, wurden Färbversuche durchgeführt. Natrium Uranin färbt schon in geringen Mengen das Wasser intensiv grün und ist für den Genuß ungefährlich. Dieser Farbstoff wurde in Dolinen eingespült und das Erscheinen gefärbten Wassers in den Quellen beobachtet. Wasser von Simmisweiler, Arlesberg und Geiselwang traten am Weißen Kocher aus – ein Zeichen, daß die Wasserscheide im Untergrund ganz anders verläuft als oberirdisch. Gefärbte Wasser von den Dolinen bei Waldhausen waren nach acht Tagen in der Buchmühlenquelle bei Dischingen. Von der Ebnater Markung gingen die Wasser zur Pfefferquelle in Königsbronn. Die Brenzquelle wird aus der Gegend von Bartholomä gespeist. Bei diesen Färbversuchen ließ sich auch die Fließgeschwindigkeit der Wasser berechnen. Sie liegt etwa bei 50 bis 100 Meter je Stunde, doch kennt man ja die unterirdischen Wege und Umwege nicht, welche das Wasser nehmen muß. Diese verhältnismäßig hohe Fließgeschwindigkeit der Wasser beweist, wie notwendig es ist, die rasch wachsenden Albgemeinden mit Kläranlagen auszustatten. Das Wasser hat keine Zeit, sich zu reinigen und zu klären und es wird durch die steigenden Bevölkerungszahlen immer mehr belastet.
Die unterirdischen Wasserläufe durch eine Tiefenbohrung zu treffen ist nur durch Zufall möglich. Die Aussicht, gutes Wasser zu finden ist am größten bei Bohrungen in der Nähe von Quellen. Es kann allerdings auch wieder sein, daß selbst dicht neben der Quelle das Gestein völlig undurchlässig ist und daß auch hier die Bohrung eben nicht gerade eine Quellöffnung trifft. Alle Bohrungen im Karst müssen mit diesen vielen Unsicherheiten rechnen. Eine gewisse Wahrscheinlichkeit, Wasser zu finden, besteht nur, wenn unweit einer zu Tage tretenden Quelle im Hangschutt dicht über wasserführenden Schichten gebohrt werden kann. Hier ist am ehesten mit Wasser zu rechnen, das in Schotter und Kies gefiltert ist. In Fels und Sandstein ist nicht mit Wasser zu rechnen, auf festen Ton- und Mergelschichten muß an geeigneten Stellen Wasser kommen. Keinesfalls sollten Bohrungen ohne die eingehende Beratung und Überwachung durch einen Geologen niedergebracht werden.

## *Höhlen*

von Bedeutung gibt es im Kreisgebiet nicht. Die Schichten des oberen Weißen Jura, in welchem die meisten Albhöhlen liegen, sind hier schon so sehr verwittert, daß die Decken der Höhlen eingebrochen oder die Höhlen selbst mit Verwitterungslehm ausgefüllt sind. Eine Reihe von Dolinen deutet stets auf die Reste eines Höhlensystems. Auch das Wollenloch ist eine offene Doline.

### *Bodenschätze*

Außer dem Wasser, das heute der größte Schatz des Bodens ist, werden noch in wenigen Großbetrieben Weißjurasteine, dann an vielen Stellen Goldshöfer Sande und an wenigen Orten Ziegeleitone gewonnen. Eisenflöze und Bohnerz werden nicht mehr genutzt und zum Leidwesen der Fossiliensammler sind fast alle kleinen Steinbrüche aufgegeben.

Die natürlichen Gegebenheiten der Landschaft beruhen im wesentlichen auf der Folge der geologischen Schichten und deren Besonderheiten. Sie sind wie einst, so auch heute, im Zeitalter von Technik und Industrie, für das Leben jedes einzelnen wie das Zusammenleben der Gemeinschaft von Bedeutung. Es lohnt sich, das zu wissen, die Grundlagen zu kennen und die Folgerungen daraus zu ziehen.

*19. Zipplingen am Riesrand*

*20. Utzmemmingen im Ries. Im Hintergrund Nördlingen und der Riesrand*

21. *Aufhausen. Im Hintergrund der Karkstein*

# Die Geschichte

## Von den Ofnet-Menschen bis zur Gründung der Abtei Ellwangen

*von Karl Fik*

In unserm Landkreis sind wir für die Zeit vor der Mitte des 8. Jahrhunderts auf mehr oder weniger zufällige Bodenfunde und auf Hinweise aus ebenfalls recht dürftiger, anderweitiger Schriftüberlieferung angewiesen. Deshalb kann hier nur ein grober Überblick darüber versucht werden, was sich als Aussage über die Geschichte des Kreisgebiets vor dem Jahr 764 n. Chr. ohne Spekulation vertreten läßt.

Natürlich und geschichtlich gehört der frühgeschichtlich bedeutendere Teil des Kreises Aalen zu der zwischen dem Südrand der Keuperzone (s. geologischer Teil) und der Donau gelegenen Landschaft, die man seit den Ereignissen gegen Ende des 3. Jahrhunderts nach Christus am besten als *Nordostschwaben* bezeichnen sollte. Die nördlichen Teile des Kreises Aalen gehören zur Keuperzone, die sich als Schranke vom mittleren Neckar bis zur oberen Altmühl quer durchs Land zieht, dem deutschen Mittelgebirge vergleichbar, mit dem sie einst auch den Namen Hercynia-Fergunia-Virgunnia teilte. Dieses siedlungsunfreundliche Bergland hat bis heute außer ein paar Äxten und einem wohl von durchreisenden Händlern hinterlassenen Bronzelager bei Dankoltsweiler keinerlei vorgeschichtlichen Funde ergeben und ist für unser Thema bis auf gewisse Verkehrsfragen uninteressant. Der spätere römische Limes markiert ungefähr die Grenze zwischen dem vorgeschichtlichen und dem ungeschichtlichen Teil unseres Kreises vor 764. Dieser Fundleere im Norden steht eine verwirrende, sich immer noch vermehrende Fülle von Bodenaltertümern im Südteil des Kreises gegenüber, die geradezu nötigt, von „Altsiedelland" zu sprechen. Solche Fundgebiete finden sich, mehr oder weniger vergleichbar, allenthalben in Europa und man versucht immer wieder und immer feiner, eine gewisse geschichtliche Ordnung in die Masse der Fundstellen und Fundgegenstände zu bringen und sie irgendwie dem zuzuordnen, was man aus anderweitigen Ermittlungen, insbesondere auf Grund der schriftlichen Überlieferung, über den Verlauf der Menschheitsgeschichte weiß oder vermutet. Da aber diese Überlieferung noch lange nicht ausreichend und befriedigend erfaßt und überdies in sich schon bedauerlich lückenhaft ist, darf man sich nicht wundern, wenn die Koordination der auf recht verschiedenen Wegen gewonnenen Forschungsergebnisse vorläufig noch mehr Fragen offen lassen muß, als beantworten kann.

Man sucht die vorgeschichtlichen Funde vor allem nach sogenannten „Kulturen" oder Zivilisationsformen und -graden zu ordnen und dabei auch eine gewisse zeitliche Abfolge zu finden. Man geht davon aus, daß die ganze Menschheit sich in Jahrhunderttausenden von einer „vormenschlichen" Art über verschiedene Rassen und Spielarten zu der als „homo sapiens" bezeichneten Form und Lebensart des heutigen Menschen entwickelt habe. Dem „homo sapiens" gibt man etwa 80 000 Jahre Entfaltungszeit und der Vorstufe vielleicht das Zehnfache, doch werden auch ganz andere Zeiträume vorgeschlagen. Abgesehen von einer Unmenge sonstiger Umstände ist hier mit Klimaschwankungen, Vegetationsunterschieden, Wanderungen und einem Auf und Ab der „Kulturen" zu rechnen. Aus einem einzelnen Schädel kann man nicht auf die Art der Bewohner eines ganzen Gebiets schließen, auch nicht aus den Dutzend Schädeln einer vereinzelten Wanderhorde. Wenn sich Menschen und Menschengruppen aus irgendwelchen Gründen aus ihrer Umgebung loslösen, vielleicht weil sie durch Naturkatastrophen zur Wanderung gezwungen werden, dann können sie einige Zeit in ihrer Lebensweise weit primitiver erscheinen, als es u.U. ihrer geistigen Entwicklung entspricht. Andererseits können und konnten zu jeder Zeit durch Handel, Tausch, Raub und Nachahmung Leute genug in den Besitz von Gegenständen kommen, die weit über ihre eigenen schöpferischen Fähigkeiten hinausgehen. Beschränken wir uns lieber auf eine vorläufig grobe Bestandsübersicht über die Funde in unserm Kreis, die noch nicht mit einer parallelen Schriftüberlieferung in Verbindung gebracht werden konnten.

## *Höhlenfunde*

Wie überhaupt in der Alblandschaft, so haben sich auch im Kreis Aalen die vermutlich ältesten Zeugnisse menschlichen Lebens in *Höhlen* erhalten. Höhlenfunde führen zum Teil bis in die ältere, primitive Steinwerkzeug-Kultur zurück, zu Menschen, die vom Jagen, Fischen und Sammeln lebten und sich dabei grobbehauener und zugespitzter Steine bedienten. Sie lebten in kleinen Gruppen zusammen und dürften die Höhlen wohl nur bei ungünstiger Witterung oder Gefahr benutzt haben. Sie kannten das Feuer und gebrauchten sicher auch Holz, Bein und Felle für geeignete Zwecke, nur haben diese Stoffe die langen Jahrtausende bis auf unsere Zeit nicht überstanden. In unserm Bezirk sind nur ein paar solcher Höhlen bekannt und untersucht worden und keine besonders großen. Es ist allerdings durchaus möglich, daß alte Höhlen durch Hangbewegungen der Alb verschüttet wurden und vielleicht eines Tages wieder zum Vorschein kommen. Am bekanntesten sind die *Ofnetgrotten* auf dem Himmelreich zwischen Utzmemmingen und Holheim geworden, das wohl seinen Namen den Höhlen verdankt. Die Höhlen enthielten zahlreiche Überreste einer eiszeitlichen Tierwelt, altsteinzeitliche Kulturreste und zwei sorgfältige Schädelbestattungen, eine mit fünf und eine mit 28 Menschenschädeln. Man hat schon viel gerätselt über den Sinn dieser Kopfgräber. Die Deutungen reichen vom Menschenfresser bis zu einer Rasse, der die überragende Bedeutung des menschlichen Haupts gegenüber dem Tierschädel erstmals ehrfurchtsvoll bewußt geworden war. Man muß im übrigen bei solchen Höhlen immer im Auge behalten, daß sie meist nicht nur zur Zeit der ältesten Fundschicht benutzt wurden, sondern immer wieder, fast durch alle späteren Zeiten hindurch. So bewahrten die Ofnetgrotten Relikte auch aus der jüngeren Steinzeit, der Eisenzeit, der Römerzeit und aus dem Mittelalter. Im Barfüßerloch am Nordhang des Ohrengipfels fand man Reste von der Jungsteinzeit über Bronzezeit, Urnenfelderzeit, Hallstattzeit, Spätlatènezeit, Römerzeit bis ins Mittelalter.

Da Höhlen besonders günstig für die Erhaltung widerstandsfähiger Reste aus uralten Zeiten sind, muß man mit Schlußfolgerungen über die Verbreitung und Lebensweise jener Menschen sehr vorsichtig sein. Wenn man von Steinzeiten spricht, kalkuliert die Archäologie Süddeutschlands mit Zeiten bis zu 600 000 Jahren und mehr, für die sogenannte Mittel- und die Jungsteinzeit mit dem Zeitraum von etwa 8000 bis 2000 vor Christus. Was man als *mittelsteinzeitlich* bezeichnet, sind oft von natürlichen Steinsplittern schwer unterscheidbare, feinere Geräte als die groben Faustkeile, die zum Schneiden, Schaben und als Speerspitzen und Harpunen verwendet wurden. Man läßt sie gerne von Schülergruppen suchen und hat neuerdings gegen 40 Fundplätze über den ganzen Kreis Aalen verstreut festgestellt, gelegentlich mit Anzeichen dafür, daß es sich um siedlungsartige, länger benutzte Aufenthaltsorte handelte. Sie dürften von Jägern und Sammlern stammen.

## *Erste bäuerliche Kulturen*

Erst von der „*Jungsteinzeit*", in unsern Gegenden etwa vom 3. Jahrtausend v. Chr. an, läßt sich das Auftreten einer Bauernkultur mit Pflanzen- und Tierzucht beobachten. Das unvermittelte Auftreten und sonstige Umstände sprechen für eine Ein-

wanderung aus Südrußland die Donau aufwärts in die landwirtschaftlich ergiebigen Räume unserer Heimat. Die Einwanderer brachten eine perfekte, haushoch — im wörtlichsten Sinn — über den früheren Funden stehende Kultur, Handfertigkeit und Vielseitigkeit mit. Die Bauern bauen verschiedene Arten von Einkorn, Weizen, Gerste, Hirse, Gemüsen und Früchten. Sie kleiden sich in Wolle, Leinen und Flachs. Ihre Geräte sind praktisch und schön aus Holz, Bein, Stein und Ton hergestellt, vielfach bereits Handelsware. Sie bauen richtige Pfostenhäuser und legen große „Fliehburgen“ an. Ihre Ornamentik wirkt abstrakt, fast geometrisch, ohne Liebe zu natürlichen Formen und Gestalten. Ihre Toten begraben sie in flachen Gräbern, mit angezogenen Beinen auf der Seite liegend wie Schlafende, später auch unter aufgeschütteten Hügeln. Neben gelegentlichen Steinbeil- und -gerätefunden ist der eindruckvollste Zeuge ihres Erdenwandels in unserm Kreis die *Goldbergsiedlung*, auf der Höhe westlich der Straße von Pflaumloch nach Goldburghausen.
Mit dem Goldberg befinden wir uns in dem Raum um den Ipf, dem reichsten an vorgeschichtlichen und frühgeschichtlichen Erinnerungen. Er trug bereits in der Jungsteinzeit drei übereinander und damit nacheinander erstellte Siedlungen mit Inventar unterschiedlicher Formung und Herkunft. Allein die letzte der drei Steinzeitsiedlungen umfaßte mehr als 45 unterkellerte Rechteckhäuser. Auch im Tal unterhalb des Goldbergs konnten beachtliche Siedlungsspuren und Einzelfunde gesichert werden. Die beiden letzten Siedlungen auf dem Goldberg waren durch Erdwälle und Gräben befestigt, ein Zeichen für unruhige Zeiten. Die Siedlung scheint auch schließlich etwa zu Beginn des 2. Jahrtausends niedergebrannt worden zu sein. Einige Kupferfunde dürften Vorboten der nun folgenden „Metallzeiten“ sein.
Ehe wir von den nun folgenden vorgeschichtlichen *„Metallzeiten“* sprechen, muß wiederholt vor der Vorstellung gewarnt werden, daß sich im Kreis Aalen eine Urmenschengruppe vermehrt und im Lauf von Jahrzehntausenden körperlich und geistig weiterentwickelt hätte, um dann, nachdem in der Bearbeitung und Verwendung von Steinmaterial und in anderen Fertigkeiten eine gewisse Perfektion erreicht war, ihre Geschicklichkeit an steigend härteren Metallen zu erproben und zu verbessern. Wir haben schon früher von Zuwanderung gehört und keine Kontinuität, keinen unmittelbaren Zusammenhang der bisherigen Bewohnerschaft und Kulturschichten feststellen können. Dies gilt ebenso wieder für die anfangs des 17. Jahrhunderts v. Chr. einsetzende *Bronzekulturen.* Das Fundbild erscheint jetzt so wesentlich verändert, daß man kaum an eine stetige Änderung der Sitten und Lebensweise der bisherigen Bewohner denken kann. Zu auffällig sind auch Formverwandtschaften mit Kulturen östlicher Mittelmeerländer und die Möglichkeit, eine Zuwanderung von dort in unsere Gegenden mit geschichtlich überlieferten Vorgängen im vorderen Orient in Verbindung zu bringen. Allerdings läßt sich das

mit den spärlichen Funden im Kreis Aalen nicht so deutlich und eingehend demonstrieren. Man spricht für die Zeit von etwa 1700 bis 1200 v. Chr. von einer frühen und mittleren *Bronzezeit,* auch von *Hügelgräberbronzezeit,* für die die Bestattung der Toten in Rückenlage unter Grabhügeln und die Verwendung von Schmuck und Waffen aus Bronze, einer Kupfer-Zinn-Legierung, charakteristisch wird. Der Kreis Aalen ist sehr reich an größeren und kleineren Hügelgräbern und Grabhügelgruppen, aber die Anlegung und Benützung von Grabhügeln beschränkt sich keineswegs auf die ältere Bronzezeit. Sicherlich können von den Hunderten unserer Hügelgräber nur Bruchteile eines Prozents an Hand der Grabbeigaben wirklich der Bronzezeit zugeordnet werden. Der Erhaltungszustand ist meist nicht der beste. Wegen der leichten Wahrnehmbarkeit im Gelände haben sie längst die Aufmerksamkeit von Forschern und Schatzsuchern auf sich gezogen, deren primitive Grabungsmethoden für eine moderne Untersuchung nicht mehr viel übrig ließen. Zum größten Teil müssen unsere Grabhügel wohl späteren Zeiten zugerechnet werden. Auch die gelegentlich im Gelände gefundenen Bronzelappenbeile sind kaum in der frühen Bronzezeit entstanden. Allenfalls könnte ein beim Dorfmerkinger Schloßhof entdeckter kleiner Bronzedolch hierher gehören.
Wiederum ändert sich das Erscheinungsbild der Fundbestände im süddeutschen Raum etwa vom Jahr 1200 v. Chr. an. Man spricht bis etwa 750 dauernd von der *Spätbronzezeit* oder wegen der plötzlichen Änderung der Bestattungssitten von einer *Urnenfelderzeit.* Die Toten werden jetzt verbrannt und die Überreste in Urnen auf großen Friedhöfen beigesetzt. Es dürfte sich wieder um starke Einwirkungen, wenn nicht gar Einwanderungen aus dem nahen Osten handeln. In unserm Bezirk ist aus jener Zeit zwar nicht viel übriggeblieben. Wahrscheinlich war damals auch noch keine starke Besiedlung vorhanden. Immerhin gehören in diese Zeit einige Lappenbeile, insbesondere ein am Waldrand südlich Ellenberg gefundenes. Siedlungen sind bei Neresheim und Kösingen zu vermuten, bei Dorfmerkingen fand man ein großes Vorratsgefäß, am Goldberg eine Gußform für Pfeilspitzen. Inzwischen war man ja von der Kupferschmiedtechnik zum Bronzeguß übergegangen. Auf dem wohl schon damals befestigten Ipf fand man Scherben und das Bruchstück eines Feuerbocks und mehr, bei Goldburghausen ein Brandgrab, bei Wössingen drei Urnengräber und bei Oberwilflingen drei Beile und Gußbrocken. Der bedeutendste Materialfund kam 1931 bei Dankoltsweiler zutage: Bruchstücke von Beilen, Sicheln, Nadeln, Rasiermesser und Gußbrocken aus reinem Kupfer. Auch Oberkochen lieferte einen Feuerbock und ein Urnengrab.

## *Die Hallstattzeit und die „Kelten"*

Ab etwa 750 v. Chr. wird wiederum eine kulturelle, vielleicht auch eine Umschichtung der Bevölkerung erkennbar. Jetzt wird es wieder Sitte, die Toten in Hügeln zu bestatten. Zunehmend tritt das Eisen als Werkstoff an die Stelle der Bronze, der Schmied an die Stelle des Gießers. Man spricht deshalb von der *Eisenzeit* oder in ihrem frühen Stadium von der *Hallstattzeit,* nach einem wichtigen Fundort im Salzkammergut. Die Untersuchungen zu diesem Zeitabschnitt haben sich immer mehr zu dem Gesamteindruck verdichtet, daß zur Hallstattzeit in Süddeutschland immer noch eine überwiegende Bauernbevölkerung lebte, die von einer sich schroff von den Bauern abhebenden Herrenschicht überlagert war. Diese ritterlich anmutende Herrenschicht läßt sich nach ihrer Hinterlassenschaft fast zwangsläufig in Verbindung bringen mit dem, was die Geschichtsforschung unter dem Begriff *„keltisch"* herausgearbeitet hat. Es kann in diesem Rahmen nicht auf das „Keltenproblem" eingegangen werden. Als charakteristisch gilt neben der wieder aufkommenden Hügelbestattung die immer intensivere Verwendung und Verarbeitung von Eisen, auch bei den bäuerlichen Schichten, teils aus eigener Produktion, teils wie andere Waren durch ausgedehnten Handel erworben. Auffallend erscheint auch ein großes Interesse für Pferdehaltung und der Ausbau schon früher benützter Höhenanlagen zu befestigten Herrensitzen.

Als wichtiger Zeuge dieser Siedlungsweise hat sich wieder der *Goldberg* bei Goldburghausen erwiesen. Hier legte sich über die steinzeitlichen, lange Zeit verfallenen und verlassenen Anlagen offenbar eine Hallstattsiedlung. Sie war mit einer Holzerdemauer samt Graben und im Westen noch durch einen vorgeschobenen Spitzgraben gesichert. Innerhalb der Befestigung konnte eine Anzahl Wohnhäuser und sonstiger Gebäude festgestellt werden und am höchsten Punkt der Hochfläche, durch einen starken Zaun mit Toranlage abgesondert, ein stattliches Herrenhaus. Zu jener Zeit wurde wohl auch der benachbarte *Ipf* durch ausgedehnte Wallanlagen gesichert. Auch hier fand man auf der Hochfläche deutliche Siedlungsspuren, Häuserböden, Hausrat und Abfälle. Ein vorzügliches Bild wenigstens von einem Teil des damaligen Material- und Formenbestands erhalten wir aus den Beigaben der jetzt massenhaft im ganzen Altsiedelland südlich des Limes, auch auf der Alb, auftretenden *Grabhügel.* Wir kennen im Kreis Aalen gegen 600 Grabhügel an einigen Dutzend Fundstellen, von Einzelhügeln bis zu Friedhöfen mit 60 Hügeln. Sicher waren es einst noch weit mehr. Ein hallstattzeitlicher Grabhügel konnte 1958 bei Unterriffingen sachgemäß freigelegt werden und lieferte gute Zeugnisse für damalige Bestattungsbräuche. Wo die Toten allerdings ihr Leben verbrachten, wissen wir mit Ausnahme der Höhensiedlungen heute noch nicht. Wir können nur annehmen, daß sie wohl nicht allzuweit von den Friedhöfen hausten und wirkten. Im übrigen verteilen sich die Funde etwa auf dem Ipf – der eindrucksvolle Entsprechungen im Hesselberg bei Wassertrüdingen und auf der sogenannten Gelben Bürg bei Gunzenhausen hat – auf über 15 Jahrhunderte. Der Material- und Formenreichtum ist erheblich. Die Bohnerzvorkommen der Alb mögen wie Holz und Ton der Versorgung mit Gegenständen des einfacheren Hausgebrauchs entgegengekommen sein, aber eine große Zahl – gerade der feinsten – Fundstücke weist eindeutig auf einen weit ausgedehnten Fernhandel hin und läßt weniger auf den kulturellen Zustand der heimischen Bevölkerung schließen als auf ihre Teilhabe an einer verbreiteten Zivilisation.

Ähnliches gilt für die folgende, weiter fortgeschrittene Eisen- oder *Latène*stilzeit, die Zeit von etwa 450 v. Chr. bis zum Jahr 1. Die Hügelbestattung, auch die Benützung früher angelegter Grabhügel hörte zwar nicht auf, aber weit üblicher wurden jetzt Flachgräber, teilweise schon Brandgräber, deren Auffindung natürlich sehr dem Zufall unterworfen ist. Dem entsprechend sind auch die Funde bescheiden. Zu nennen ist die kleine Katzenbergsiedlung bei Wasseralfingen, Funde bei Kirchheim a. R., bei Goldburghausen, auf Goldberg und Ipf. Nun ist es nicht einfach so, daß sich die Latènefunde radikal von Hallstattfunden unterscheiden und nichts gemeinsames haben. Man denkt daher hier wieder an *Kelten* als überwiegenden Bevölkerungsbestandteil durch alle Latènestufen bis in die Römerzeit hinein, wenn auch mehrfach neue Formen und neue technische Verfahren sich zeigen. So fällt besonders die Verwendung von Gewandfibeln, von Graphitton und Töpferscheibe auf, aber auch Glas und Email, Rasenerz. Immerhin war natürlich Eisen auch stark im Handel vertreten, als Rohstoff in beiderseits spitz auslaufenden Barren, wie sie gelegentlich in Zöbingen gefunden wurden. Verhältnismäßig früh kamen über den Donauhandel auch griechische Münzen in unsere Gegenden und bald versuchten unsere Kelten sie – wenn auch ziemlich roh – nachzuahmen, die goldenen Regenbogenschüsselchen.

Die Bauerngehöfte jener Zeit haben die Zeiten nicht überdauert; so kennen wir die bäuerliche Wohn- und Siedlungsweise unseres Bezirks bisher immer noch nicht. So spärlich wie in den Ebenen sind die Funde auf Ipf und Goldberg, und so spärlich sind sie bisher in den eindruckvollsten Denkmälern der Keltenzeit, den Fliehburgen und *Viereckschanzen.* Angelegt und weiterbefestigt wurde in jenen Jahrhunderten die Wallbefestigung hoch über dem Ursprung des Weißen Kochers bei Unterkochen. Von den 54 bekannten Viereckschanzen in Württemberg befinden sich allein sechs im Kreis Aalen, nämlich im Wald Löhle bei Geislingen, bei Jagstheim, Gemeinde Kirchheim, im Wald Farzach bei Kösingen, bei Hettelberg, Gemeinde Lauchheim, im Wald Schlechtenrain bei Pfahlheim, beim Hofe Heisenberg,

Gemeinde Wasseralfingen. Interessant ist auch die Doppelviereckschanze nördlich von Bergheim tief unten im Tal, aber bereits auf der heute bayrischen Markung Wittenbach. Die Landesgrenze läuft direkt an der Südseite der Anlage entlang, ein typisches Beispiel dafür, wie gerne vorgeschichtliche Denkmale für solche Grenzziehungen benützt wurden und später Kompetenzkonflikte für die obrigkeitlich kontrollierte und finanzierte Vorgeschichtsforschung zur Folge hatten. Bei der Erforschung der Ofnethöhlen sind solche Konflikte ernstlich akut geworden. Über Sinn und Zweck der Schanzen konnte sich die Forschung bisher nicht einigen; die Fundleere, vermutlich wegen der nur gelegentlichen und vorübergehenden Benutzungen, erschwert genauere Bestimmungen, scheint aber andererseits die heute überwiegende Vermutung zu stützen, es handle sich um Versammlungsstätten zu kultischen oder ähnlichen Zwecken. Allerdings lassen sich auch starke Gründe für eine Beurteilung als militärische Anlagen geltend machen.

### *Die Herrschaft der Römer*

Wenn nun für den auf die Latèneperiode folgenden Zeitabschnitt viel präzisere Angaben gemacht werden können, ja sogar kreiseigene Schrifturkunden zur Verfügung stehen, so darf nicht übersehen werden, daß unsere Kenntnisse zum geringsten Teil die eigentlichen Bewohner, vielmehr in der Hauptsache eine Besatzungsmacht aus dem Süden und Südosten betreffen. Einflüsse der Zivilisation der *Römer* gab es freilich schon längst vorher in unserem Gebiet. Die Geschichte der Römer ist uns aus der überlieferten Literatur und aus ihrer reichen Hinterlassenschaft weit besser bekannt als die Frühgeschichte irgendeiner mittel-, ost- oder nordeuropäischen Bevölkerung. Sie hatten schon einige Zeit die völkerverbindenden Weltbefriedungsideen eines Kyros oder Alexander aufgegriffen und ein Reich rund ums Mittelmeer und bis zu den britischen Inseln aufgebaut. Dieses Werk fühlten sie besonders durch die von Norden her südwärts drängenden Germanen gestört und behindert. In unserer Gegend dürfte damals noch eine keltische Mischbevölkerung gewohnt haben, von den Germanen „Walchen" oder „Welsche" genannt, im Westen Gallier. Der Geograph Strabo spricht, wenigstens südwärts der Donau, von Vindelikern und Ptolemäus von Likattiern am Lech. In den Alpen sitzen Räter. Nach vergeblichen Versuchen, auch das überwiegend in germanischen Händen sich befindende Gebiet bis zur Elbe unter ihre Oberherrschaft zu bringen, begnügten sich die Römer damit, ihre Rhein-Donau-Grenze durch Kastelle und Besatzungstruppen zu sichern. Unser Gebiet blieb wohl noch einige Zeit nach Beginn des ersten Jahrtausends unserer Zeitrechnung frei, geriet aber immer mehr unter den Druck der Germanen von Norden und der Römer von Süden. Genaueres über die Zu-

22. *Der Ipf, Zeuge vorgeschichtlicher Kultur und Landmarke der Ostalb*

23. *Pflaumloch, vom Goldberg aus, dem reichsten vorgeschichtlichen Fundort des Kreises*

*24. Vorderes Ries von den Ofnethöhlen aus, rechts im Hintergrund Schloß Baldern*
*25. Ofnethöhle zwischen Utzmemmingen und Holheim, berühmt geworden durch prähistorische Schädelfunde*

*26. Der Limes, am Verlauf der Hecke in der Winterlandschaft deutlich erkennbar*
*27. Römisches Kastell Halheim bei Pfahlheim*

*28. Rindelbach. Dreiteilige Bogenbrücke aus dem 16. Jahrhundert, bis jetzt im Verkehr*

*29. Limesturm bei Buch (Rekonstruktion) mit römischen Mauerresten*

sammensetzung und Lebensweise der damaligen Bevölkerung unseres Kreises läßt sich angesichts der spärlichen und schlecht datierbaren Überreste nicht sagen, zumal alles in der folgenden Römerzeit von fremder Zivilisation überlagert wurde. Es sei aber darauf hingewiesen, daß schon in den ersten Jahrhunderten an der Donau, westwärts und ostwärts der Lechmündung, vielleicht bis in die Ulmer Gegend, germanische Hermunduren anzunehmen sind, also mindestens als südliche Nachbarn unseres Bezirks.

Unter Kaiser Domitian (81–96) dürfte die Grenzsicherung (Limes) durch Kastelle bis zu einer Straßenlinie über die Albhöhe an Urspring–Heidenheim (Aquileia)–Oberdorf (Opia)–Munningen im Ries vorbei vorgeschoben worden, also bereits auch ein Teil unseres Kreises Besatzungsgebiet geworden sein. Nahe bei der Mündung der Sechta in die Eger entstand bei dem späteren Oberdorf das Erdkastell *Opia,* westlich vom Ipf. Von Opia führte die Grenzstraße in nordöstlicher Richtung weiter bis zu einer Stelle 1,5 km östlich von Sechtenhausen. Hier bog sie scharf ab in östliche Richtung nach Munningen an der Wörnitz, wo das Kastell „Losodica" lag. Innerhalb des Straßenknies von Sechtenhausen ist ein weiteres, auf der Peutingerkarte *„Septemiacum"* genanntes Kastell zu vermuten, aber bisher noch nicht entdeckt worden. Unter dem Kaiser Hadrian (117–138) scheint man in Rom die Hoffnung auf Unterwerfung der Germanen aufgegeben zu haben. Man war offenbar nur mehr darauf bedacht, das Erreichte zu sichern, als man unter Hadrians Nachfolger Antoninus Pius (138–161) die Sicherungsanlagen der natürlichen Schranke des Keupergebirges anpaßte. Man verlegte die Garnison von Aquileia-Heidenheim in ein beim späteren *Aalen* erstelltes Kastell und an die Stelle von Opia traten die Kastelle *Buch* und *Halheim.* Das Kastell Aalen wurde etwas größer als Aquileia und mit einer Seitenlänge von 283:215 Metern das größte aller römischen Truppenlager auf deutschen Boden, geeignet für eine Besatzung von 1000 Reitern, die Ala II Flavia. Das Kastell Buch maß etwa 140:150 m, das bis in unsere Zeit allein sichtbar gebliebene Kastell Halheim 80:82 m. Auch diese Kastelle wurden durch Straßen untereinander und mit den römischen Hauptverkehrsstraßen verbunden. Im ganzen Besatzungsgebiet wurde dann eine Landwehr – wie sie Germanen und Kelten hatten – zur Sicherung gegen die von Norden und Nordosten her vordrängenden Völker und Stämme aufgestellt und in unserm Gebiet durch den Bau des heute sog. *„rätischen Limes"* abgeriegelt. Er lief 166 km lang von Lorch an der Rems über Buch hinter dem Hesselberg vorbei bis zum Kastell Gunzenhausen und von da südostwärts zur Donau bei Eining vor Regensburg. Er bestand aus einer Steinmauer mit dahinterstehenden steinernen Wachttürmen, deren Fundamente heute noch an einigen Stellen des Bezirks festzustellen sind. Nordostschwaben gehörte zu der römischen Verwaltungsprovinz *Rätien* mit der Hauptstadt Augusta Vindelicorum

(Augsburg); in der Bezeichnung „Ries“ für das nordostschwäbische Altsiedelland hat sich der Name „Rätia“ bis auf unsere Tage erhalten.

Dank der römischen Steinbauweise haben sich neben den Fundamenten militärischer Anlagen auch eine Menge von Grundmauern gewerblicher Bauten und Wohngebäuden im Boden erhalten. Die aufsteigenden Mauerteile dürften in späteren Jahrhunderten für anderweitige Bauzwecke abgetragen worden sein. Es handelt sich vorwiegend um Gutshöfe und Badeanlagen. Erhalten sind zahllose Gefäßscherben, gestempelte Ziegel, Grab- und Gedenksteine, Gebäudeverzierungen, Waffen und sonstige Geräte, Bestattungen, Inschriften und vor allem auch Münzen, die Datierungen für die Fundstellen ermöglichen. Die Funde reißen nicht ab. In neuester Zeit waren besonders – außer Aalen natürlich – Grabungen beim Schloßhof (Dorfmerkingen) und bei Kirchheim ergiebig. Über die römische Zivilisation in den besetzten Gebieten gibt jetzt das Limesmuseum in Aalen anschaulich Auskunft, ergänzt durch wechselnde Sonderausstellungen. Es wäre zu wünschen, daß der Kreis auch bald eine systematische Zusammenstellung und Untersuchung aller einschlägigen Funde und Fundnachrichten und womöglich auch eine entsprechende Sammlung der einheimischen Fundstücke oder guter Kopien erhielte.

Die Aussagekraft der Funde über die Art und Lebensweise der ansässigen Bevölkerung ist gering. Selbst die Besatzungsleute waren vielleicht nur zum kleineren Teil eigentliche Römer, vielmehr aus allen Gegenden Europas zusammengeholt und zusammengewürfelt. Ähnlich dürfte es auf den landwirtschaftlichen Gehöften ausgesehen haben, die vielfach für ausgediente Soldaten angelegt und ihnen als Altersversorgung überlassen wurden. Wir wissen auch nicht, wie das Verhältnis der Römer zur alteingesessenen Bevölkerung war, die wie die vorausgehenden Generationen keine erkennbaren Siedlungsspuren hinterließ. Neben Brandbestattungen haben die Römer sogar einheimische Grabhügel für ihre Toten benützt und die „Kelten“ sicher auch römische Gebrauchsgegenstände; selbst Sitten und Gebräuche dürften sich vermengt haben. Man darf bezweifeln, ob es je gelingen wird, ein deuliches Bild vom damaligen Leben in unserm Kreis nachzuzeichnen. Eine, wenn auch bescheidene Erinnerung an jene Zeiten sei erwähnt, weil sie nach vielen Jahrhunderten nochmals in Verbindung mit unserm Kreis gekommen ist. Es ist die berühmte Kopie einer Straßenkarte des römischen Weltreichs, die aus dem Nachlaß des Ellwanger Stiftsdekans Dr. Ignatius Desiderius v. Peutingen über den Prinzen Eugen v. Savoyen in die Wiener Hofbibliothek gekommen ist. Auf dieser Peutingerkarte finden wir auch mit Meilenabständen die Straße entlang die Namen der „Alblimes“-Kastelle Aquileia, Opiae und Septimiaci, während die endgültige Kastellkette Aalen–Buch–Halheim nicht vermerkt ist, weshalb wir deren römische Bezeichnungen leider nicht kennen.

## *Die Alamannen kommen*

Lange hielt auch diese verstärkte, durch den vorgelagerten Keuperbergriegel doppelt gesicherte Grenze dem Druck der Germanen nicht stand. Aus guten Gründen gilt die Geschichte Nordostschwabens und auch unseres Kreises vom 3. Jahrhundert n. Chr. an als wesentlich von dem germanischen Volk der Alamannen bestimmt. Wir hören von ihnen erstmals in den Kaisergeschichten des Aurelius Victor, der berichtet, Kaiser Caracalla habe 213 das starke Reitervolk der *Alamannen* am Main besiegt. Sie scheinen demnach zu Beginn des Jahrhunderts um den Main gesessen und von dort Vorstöße in das durch den Limes abgesteckte römische Besatzungsgebiet versucht zu haben. Dieser Limes verlief bekanntlich als obergermanischer Limes vom Rhein bei Andernach bis Lorch an der Rems und von da als rätischer Limes durch Nordostschwaben an die Donau. Die Herkunft und die Zusammensetzung dieses Stammesbunds kann hier nicht erörtert werden. Die damit zusammenhängenden Fragen sind sehr kompliziert und noch lange nicht restlos gelöst. Sie werden seit dem folgenden Jahrhundert oft auch mit dem den Römern schon lange bekannten Namen „Suevi" belegt, aus dem später die Bezeichnung „Schwaben" geworden ist. Westlich von ihnen drängten, erstmals 258 erwähnt, *Franken* bei Köln über den Rhein in das römische Gallien. Man nimmt nun mit einigem Recht, insbesondere auf Grund von Bodenfunden an, daß es um 260 n. Chr. den Alamannen gelang, den Limes gegen Süden und Südwesten zu überrennen und die römische Defensive nach und nach über den Rhein und die Donau zurückzuzwingen. Die Datierung gewinnt man aus den offenbar von flüchtenden Römern versteckten Münzschätzen.

Damit ist unser Nordostschwaben alamannisch geworden. Es würde sich anbieten, die für die folgenden Jahrhunderte überlieferten Bodenfunde unseres Gebietes mittels der für den westlichen Teil des Landes besser fließenden Schriftquellen zu deuten. Zwar sind wir auch dort auf reichlich knappe Vermerke römisch-griechischer und fränkisch-kirchlicher Autoren angewiesen, doch erlauben sie immerhin, einiges über die Bodenfunde hinaus zu sagen. Aber wer garantiert uns, daß diese Aussagen über westliche Verhältnisse und Vorgänge auch für unsern abgelegenen Nordosten gelten? Schon südlich der Donau gelten sie bis an die Iller im Westen vorläufig nicht; dort war immer noch römisches Rätien, und noch im 3. Jahrhundert gab es „raetobarische" Hilfstruppen, von denen sich schwer sagen läßt, ob sie nördlich oder südlich der Donau beheimatet waren. Der nördlich der Donau gelegene Teil der Provinz Rätien war jetzt sicher in germanischen Händen, aber im Ries wurde der Provinzname weitergeführt, was über die neuen Bewohner nichts aussagt und nicht gerade für eine vernichtende Feindschaft gegen die Römer spricht. Außerdem bestehen ernstliche Gründe, an der Donau nördlich von Vindelikien an Stelle der früheren Hermunduren jetzt *Juthungen* zu vermuten, die – von römischen und griechischen Schriftstellern mehrfach erwähnt – vielfach als Teil des Alamannenvolks aufgefaßt werden, aber ebenso zweifellos ziemlich unabhängig vom Westen handelten. Sie standen unserm Bezirk wohl näher als die Alamannen, die das Neckarland besetzten, und könnten Nordrätien von Osten und Süden her in Besitz genommen haben, ohne zuvor den Virgundawald und unsern Limes von Norden her zu durchbrechen. Das Ergebnis, nämlich das Abrücken der römischen Besatzungen, wäre das gleiche gewesen. Es könnte sogar viel friedlicher erfolgt sein, wenn schon die Hermunduren und Rätobaren halbe Verbündete der Römer waren. Von letzteren berichtet schon Tacitus, der Stamm der Hermunduren an der Donau sei den Römern treu, und sie dürften nicht nur an der Ufergrenze Geschäfte abschließen, sondern auch ungehindert und unbewacht Rätien besuchen, militärische Anlagen wie Privatgebäude betreten. Ihre juthungischen Nachfolger scheinen allerdings nicht mehr so friedfertig gewesen zu sein und bereiteten den Römern manchen Ärger, bis sie um 430 n. Chr. aus der schriftlichen Überlieferung verschwinden, abgewandert oder im Alamannenvolk aufgegangen.

Wir sehen, daß wir auch die germanische Besiedlung unserer Gegend nicht einfach durch Übernahme der Beobachtungen zur alamannischen Landnahme im Westen Süddeutschlands erkennen und beschreiben können. Unser Gebiet hat für diese Zeiten grundlegend eigene Probleme und die spärlichen Bodenfunde trugen bisher zu ihrer Lösung kaum etwas bei. Die Archäologie ist deshalb der Juthungenfrage vorsichtig ausgewichen. Vielleicht könnten neue Untersuchungen der Ipfbefestigungen, wie sie in letzter Zeit auf dem Gelben Bürg bei Gunzenhausen vorgenommen wurden, neue Aspekte für die ersten Jahrhunderte der germanischen Frühzeit unseres Gebiets ergeben. Man ist auch schon dem Gedanken näher getreten, den Sitz des in der Vita des hl. Severin erwähnten Alamannenfürsten Gibuld im Ries zu suchen, auch die in der sogenannten Notitia Dignitatum genannten Kohorten der Juthungen und Rätobarier mit Nordostschwaben in Verbindung zu bringen. Es sei hier die Vermutung eines modernen Kenners zitiert, der meint, die Gelbe Bürg wurde „offenbar bald nach dem Limesfall von den Alamannen (Raetovariern?) besetzt. Ihrer Lage am Ostrand des Rieskessels nach ist sie als alamannischer Stützpunkt und als Refugium für die Bevölkerung des flachen Landes zu deuten. Der Platz mag bei den burgundisch-alamannischen Auseinandersetzungen eine Rolle gespielt haben und bei Aktionen seitens der römischen Nachbarn zweifellos ebenso wichtig gewesen sein«. Die Parallele zum Ipf bietet sich unwillkürlich an. Im übrigen muß immer wieder bei vergleichenden Überlegungen bedacht werden, daß unser Kreis schon in römischer Zeit zur Provinz Rätien mit der Hauptstadt

Augsburg und nicht zu Obergermanien gehörte, sogar einen anders gebauten Limes, andere Nachbarn als Neckaralamannien hatte und vor allem weitab von Oberrhein und Neckarland in unmittelbarer Nähe der römisch-rätischen Donaugrenze lag.
Nördlich des Virgundaberglands scheinen sich nach dem Vorstoß der Alamannen einige Zeit Burgunder aufgehalten zu haben, südlich von Härtsfeld und Donau hielten sich die Römer neben den stetig einsickernden Juthungen recht und schlecht noch bis weit ins 5. Jahrhundert hinein, indem sie sich immer mehr auf stark befestigte Plätze zurückzogen. Die allmähliche, mehr oder weniger gewaltsame Eroberung des Gebiets dürfte mindestens sehr stark auch von unserm ehemaligen Nordrätien aus erfolgt sein. Leider lassen uns bisher zur Rekonstruktion jener Vorgänge sowohl Funde wie schriftliche Nachrichten weitgehend im Stich. Selbst die Entwicklung des Bistums Augsburg aus christlichen Gemeinden an den römischen Stützpunkten ist historisch schwer zu fassen. Die Alamannen jedenfalls scheinen mehr Abneigung als Interesse am Christentum empfunden zu haben. Um 430 konnte Aetius nochmals mit Hilfe hunnischer Söldner die Gewalt der Juthungen dämpfen, aber nach seinem Tod war für die Römer in Schwaben nicht mehr viel zu retten. Westlich des Rheins bemächtigten sich Franken unter dem Merowingerkönig Chlodoweck der wichtigsten Teile Galliens, der Ostgotenkönig Theodorich Italiens und der verbliebenen römischen Provinzen.

## *Ostgoten und Franken*

Unser Gebiet geriet nun in die Zange zwischen die nach Süddeutschland vorstoßenden Franken und die den römischen Anspruch behauptenden *Ostgoten.* Die Alamannen konnten gegen Ende des 5. Jahrhunderts den Franken nicht mehr standhalten und wandten sich um Schutz an Theodorich, der mit seinem Schwager Chlodowech eine Demarkationslinie zwischen dem fränkischen und dem ostgotisch-römischen Interessengebiet quer durch Süddeutschland vereinbarte. Allerdings konnten sich die Historiker über den Verlauf dieser Grenze noch nicht einigen. Vieles spricht für die Annahme, die Grenze decke sich ungefähr mit der späteren schwäbisch-fränkischen Sprach- und Würzburger Bistumsgrenze, sei also mehr oder weniger unserm rätischen Limes gefolgt. Andere vertreten wieder die Auffassung, Theodorichs Arm habe entsprechend der letzten Reichsgrenze wohl kaum über die Donau gereicht. Wir können daher nicht mit Sicherheit sagen, ob unser Kreis damals der fränkischen oder nochmals der italienischen Politik unterstellt wurde. Aber bald nach Theodorichs Tod (526) verzichteten die Ostgoten 536 auf ihre Ansprüche auf Alamannien und dieses mußte, in sich nicht geeinigt, die Oberhoheit der *Franken* anerkennen. Nun läßt sich auf Grund schriftlicher Überlieferungen für die folgenden zwei Jahrhunderte zur Geschichte der Alamannen unter der Leitung von Herzögen manches berichten, aber die Nachrichten beziehen sich fast ausschließlich auf Westschwaben und lassen für Nordostschwaben mit seiner zweifellosen Tendenz zu Ostfranken und nach Augsburg hin alle Fragen offen.

Hier stehen uns vorläufig wiederum nur archäologische Befunde zur Verfügung, allerdings ungleich reichere als für die vorausgehende römische Epoche. Zunächst sind die Funde zwar gegenüber denen aus römischer Zeit insofern enttäuschend, als bisher keine Gebäude- oder direkten Siedlungsspuren gefunden wurden. Das mag an der überlieferten Abneigung der Germanen gegen Steinbauten liegen und an dem Umstand, daß ihr Baumaterial den Einwirkungen von Jahrhunderten nicht widerstand. Es mag ferner daran liegen, daß ihre Siedlungen später von Dörfern immer wieder überbaut wurden und daß andererseits die vielleicht noch vorhandenen Bodenspuren abseitiger Siedlungen zugedeckt und nur äußerst schwer wieder zu entdecken sind. Denn gründliche Hofuntersuchungen, besonders im bayerischen Schwaben, scheinen auch noch für die frühschwäbischen Bauern zu bestätigen, was schon Tacitus den Germanen nachsagt: »Sie wollen nichts von geschlossenen Siedlungen wissen. Ihre Dörfer legen sie nicht so an wie wir (die Römer); die Gehöfte stehen nicht in einer Reihe und grenzen auch nicht aneinander. Sie wohnen jeder für sich und weit zerstreut, wie ihnen gerade eine Quelle, ein Feld oder ein Gehölz zusagt. Jeder umgibt sein Haus mit einem Hof.“ Dazu kann sich der römische Kompilator die Bemerkung nicht verkneifen: „Vielleicht weil sie nicht besser zu bauen verstehen.“

Es darf wohl unterstellt werden, daß die Alamannen im Wesen ein Bauernvolk waren, wenn auch handwerkliche Spezialisierung und zum Teil lebhafter Handel in den Funden erkennbar ist. Sofern nicht doch noch Untersuchungen, besonders der Höhenbefestigungen, Siedlungsspuren ergeben, können wir uns allerdings von ihrer Lebensweise nur ein recht einseitiges, indirektes Bild machen. Was wir bisher wissen und von Jahr zu Jahr besser kennen lernen, ist der Inhalt von Gräbern und manchmal recht ausgedehnten Friedhöfen. Was da gefunden wurde und immer noch gefunden wird, verdanken wir der Sitte der Erdbestattung und der Grabbeigaben. Gesicherte Reihengräberfunde kennen wir von Bopfingen, Dorfmerkingen, Essingen, Hüttlingen, Kirchheim am Ries, Kösingen, Lauchheim-Stetten, Neresheim, Oberkochen, Ohmenheim, Pfahlheim, Röhlingen, Röttingen, Schwabsberg (?), Trochtelfingen, Zöbingen, Dirgenheim. Auf die Fülle der Einzelstücke einzugehen, würde einen starken Band erfordern. Außer den Bestattungssitten lernen wir vor allem als Grabbeigaben geeigneten Schmuck, Kleidungsreste, Waffen und aus nicht immer ganz durchschaubaren Gründen auch Hausgerät kennen. Auffallend sind immer wieder Handelswaren, von rheinischen Gläsern und Feinschmiedearbeiten bis zu koptischen Geschirren aus dem hintersten Mittelmeerraum, Bernstein, Gold und sonstige landfremde Materialien, Schmuck- und Edelsteine. Auch die Formgebung ermuntert zu weiträumigen Vergleichen und Überlegungen. Neuerdings fanden sich auch an christliche Bräuche erinnernde Embleme. Es soll aber bei der augenblicklichen Forschungslage den zweifellos umfassenden Berichten über die Grabungen bei Kirchheim, Bopfingen und anderen neuesten Fundstellen nicht vorgegriffen werden. Auch die einstigen Funde bei Pfahlheim und die Funde bei Dorfmerkingen und Trochtelfingen sind noch in Diskussion.

Soviel kann festgestellt werden, daß recht unterschiedliche Grabbeigaben auf eine nach Wohlstand und Geltung abgestufte soziale Gliederung der Bewohner schließen lassen und daß sich eine Art Herrenklasse mit sehr reichen und ritterlichen Beigaben, auch durch distanzierenden Begräbnisplatz im Friedhof deutlich abhebt, die Toten der Reitergräber. Die vielfach übereinander liegenden Bestattungen, etwa in dem großen Kirchheimer Gräberfeld, ermöglichen vielleicht auch eine verfeinerte Datierung und geben Anhaltspunkte für bevölkerungsstatistische Schätzungen. Offen ist auch noch die Frage, inwieweit es sich im Einzelfall um Alamannen oder um Franken handelt und welche Beziehungen zu Westalamannien bestanden haben mögen. Es fällt auf, daß fast alle Reihengräberfunde mit Orten in Zusammenhang stehen, die später Namen auf -ingen oder -heim tragen. Man ist sich immer noch nicht einig darüber, ob die einen typisch alamannisch und die andern fränkisch zu deuten sind. Es wäre interessant, ob die Grabbeigaben eine Differenzierung in diesem Sinn erkennen lassen. Die Erfolge der letzten Jahre lassen auch hoffen, daß noch weitere Friedhöfe bei solchen, aus verschiedenen Gründen als uralt anzusehenden Germanensiedlungen ans Tageslicht treten. Ein Ortsnamenbild wie die Reihengräberorte zeigen übrigens auch die wenigen schon für das 8. Jahrhundert in Schriftquellen genannten Orte unseres Kreises: Wössingen, Bopfingen, Kösingen, Schneidheim, Pfahlheim, Röhlingen.

Die Reihengräber mit Beigaben hören mit dem Ablauf des 7. Jahrhunderts auf, und für die Zeit von 700 bis zum Beginn der schriftlichen Überlieferung unserers Kreises im Jahr 764 sind wir lediglich auf ein paar Besitznotizen des im 4. Jahrzehnt des 8. Jahrhunderts gegründeten Klosters Fulda angewiesen. Zusammenhänge zwischen unserem Bezirk und den geschichtlich überlieferten Verhältnissen und Ereignissen im übrigen Alamannien und den Nachbargebieten können nur mit der nötigen Vorsicht vermutet werden. Es darf wohl bereits eine beachtliche Aufgeschlossenheit für christliche Sitten und Gedanken unterstellt werden. Aber ob man schon nach den Bischofssitzen Augsburg und Würzburg orientiert war, ist zweifelhaft. Eher ist zunächst der Einfluß des Frankenkönigs und der bonifazischen Mission zu spüren, der sich besonders in der Schenkung Pfahlheim wenige Kilometer östlich der nachmaligen Abtei Ellwangen manifestiert. Ob übrigens Pfahlheim mit seinen heute verschwundenen Ortsteilen nach der rätischen Mauer benannt wurde, möchte ich nicht für so ausgemacht halten. Mauern sind immerhin etwas anderes als Pfähle und ob damals ein etwa vorausgegangener Pfahlzaun archäologisch noch so eindrucksvoll erkennbar war, ist wenig wahrscheinlich. Im übrigen verwendet Fulda das Wort „stipes“ = Pfahl verschiedentlich in ganz anderem Sinn.

Zur weltlichen Organisation sei, um landläufigen Meinungen vorzugreifen, auf die Beobachtung eines guten Kenners hingewiesen, daß sich rechts des Rheins vor 760 keine Comitate – also auch keine „Gaugrafenschaften“! – als Verwaltungsbezirke feststellen lassen, daß ferner das Wort „Gau“ oder das lateinische Ersatzwort „pagus“ kaum eine andere Bedeutung hat als unser modernes Gäu, d. h. eine ertragreiche, frühbesiedelte Landschaft oder ein entsprechendes Flußtal. Unsere fuldaischen Orte bis Bopfingen und Pfahlheim gehören zum Riesraum, zweifellos einem Gäu, aber es wäre zwecklos, etwa für Ellwangen den zugehörigen Gau zu suchen. Es lag im für die damaligen Bauern uninteressanten Keupergebiet, weltlich gerade noch als Jagdgrund besucht, kirchlich unbewohntes Niemandsland. Es wurde schon überlegt, ob vielleicht noch vor Ellwangen die sagenhafte „Cella s. Viti“ (Jagstzell) angelegt wurde. Mit der Gründung von Ellwangen im Jahr 764 aber treten wir in die nach und nach auch schriftlich fixierte Geschichte unseres Kreises ein.

*30. Burg Niederalfingen, im Hintergrund Fachsenfeld*

*31. Hohenstadt, Schloß und Kirche vom Kocher aus*

*32. Ellwangen, Grabplatte der Brüder Hariolf und Erlolf im südlichen Querschiff der Stiftskirche, gegossen in der Nürnberger Werkstatt des Peter Vischer. Sie zeigt die Stiftskirche in ihrer ursprünglichen Gestalt (Südeingang und Westturm heute stark verändert)*

# Ellwangen - von der Klostergründung bis zum Ende der Fürstpropstei

*von Dr. Hans Pfeifer*

## Die Benediktinerabtei

### *Die Klostergründung im Virngrund*

„Die wichtigste Klostergründung dieser (d. h. der karolingischen) Zeit und zugleich die erste auf heutigem württembergischen Boden war Ellwangen", stellt der Kirchenhistoriker Tüchle lapidar fest. Worin lagen nun Zweck und Bedeutung dieser geistlichen Stiftung?

Wie bei anderen mittelalterlichen Klöstern werden auch in Ellwangen die von der Überlieferung ins Jahr 764 gelegten Anfänge von einer legendenhaften Entstehungsgeschichte umwoben. Sie ist in der Lebensbeschreibung Hariolfs enthalten, die der Ellwanger Mönch und spätere Bischof von Passau Ermenrich um 850 über den Klostergründer verfaßt hat. Nach ihr befand sich Hariolf mit dem hochadeligen Franken Cadoloh auf einer Elchjagd im Virgunnawald. Da sie erst spät am Abend den Elch erlegten, mußten sie an Ort und Stelle übernachten. Dreimal wurde nun Hariolf durch Glockenläuten aus dem Schlaf geweckt. In dieser ungewöhnlichen Erscheinung sah er den Anruf Gottes, Mönch zu werden und hier ein Kloster zu bauen. Daher ging er zu seinem Bruder Erlolf, der damals Bischof von Langres war, trat in den Ordensstand ein und bat seinen bischöflichen Bruder, mit ihm im Jagsttal einen geeigneten Platz für die Mönchsniederlassung auszusuchen. Durch einen göttlichen Fingerzeig geführt, gründete Hariolf auf einer Sandterrasse nahe am Sumpf der Jagst das Kloster Ellwangen.

Entkleidet man diese Geschichte der frommen Ausschmückung, so lassen sich doch Umrisse einer weiter reichenden Zielsetzung erkennen. Um diese zu erfassen, muß man einmal Herkunft und Bedeutung der Klostergründer kennen, zum andern die Neugründung im Zusammenhang der allgemeinen kirchlichen und politischen Situation jener Zeit sehen.

Historisch zuverlässige Nachrichten über Leben und Wirken Hariolfs und Erlolfs sind nicht allzu üppig; sie müssen aus verschiedenen Quellen zusammengesucht werden. Die beiden Brüder entstammten mit großer Wahrscheinlichkeit einer frankophilen Seitenlinie des bayrisch-alemannischen Herzogshauses.

Als politisch zuverlässiger Angehöriger der Sippe der Agilolfinger war Erlolf in den Kreis der hohen fränkischen Reichsgeistlichkeit aufgerückt. Um 760 erhielt er den burgundischen Bischofsstuhl von Langres. Hariolf war zu diesem seinem Bruder gegangen und von ihm in den geistlichen Stand aufgenommen worden. Die besondere Rolle, die sie mit der Ellwanger Klostergründung in der fränkischen Reichs- und Kirchengeschichte gespielt haben, kann nur vor dem größeren geschichtlichen Hintergrund umrissen werden.

Das Christentum war bei den Alemannen bereits eingedrungen, auch in der Umgebung des späteren Ellwangen bestanden bereits ältere Kirchenorte. Das Kloster diente also nicht einer verspäteten Missionierung, sondern der Läuterung und Festigung des Christentums. Die entscheidende kirchliche Zielsetzung der Neugründung ergibt sich aus der Lage des Ortes in den Randzonen der Bistümer Augsburg, Würzburg und Eichstätt, also in einem Gebiet, das kirchlich noch nicht erfaßt und organisiert war.

Wie im Mittelalter Kirchliches und Weltliches eng miteinander verknüpft waren, so finden sich bei der Gründung Ellwangens neben kirchlichen auch politische Motive. Das politische Geschehen jener Zeit im süddeutschen Raum war gekennzeichnet durch die Auseinandersetzung der fränkischen Herrscher mit dem schwäbischen und dem bayrischen Stammesherzogtum. Die Anführer des rebellischen schwäbischen Adels sind 746 in Cannstatt getötet worden. Das schwäbische Stammesherzogtum war damit endgültig beseitigt, während sich das bayrische zunächst noch halten konnte. Der bayrische Herzog Tassilo hatte zwar 757 dem König Pippin den Vasalleneid geleistet, aber bereits 763 hat er das fränkische Heer wieder verlassen, weil ihm die Erlangung der Unabhängigkeit günstig erschienen war. Im Jahr darauf beschloß dann Pippin auf der Tagung in Worms Maßnahmen gegen den abtrünnigen Bayernherzog.

In diesen Zusammenhang muß man die auf das Jahr 764 datierte Gründung Ellwangens stellen. Ein zuverlässiges Kloster in diesem Grenzgebiet gegenüber dem widerspenstigen Bayernherzog war eine politische Notwendigkeit.

Und Hariolf mußte dank seiner Herkunft und seiner Zuverlässigkeit als am besten geeignet erscheinen, Vorsteher einer klösterlichen Niederlassung mit einer solchen politischen Zielsetzung zu werden. Dabei darf die Gründung Ellwangens im Rahmen des damaligen politischen Geschehens nicht punktuell gesehen werden. Es fällt auf, daß innerhalb eines runden Vierteljahrhunderts eine ganze Kette von Klöstern an der Grenze Bayerns und deren Hinterland angelegt wurden: Füssen vor 750, Kempten um 772, Ottobeuren 764, Herbrechtingen an der Brenz vor 777, Solnhofen um 768, Heidenheim am Hahnenkamm 752. Sie alle waren militärische und geistige Stützpunkte der fränkischen Herrschaft im neu eroberten Alemannien und bildeten zugleich ein Sicherheitssystem mit Stoßrichtung gegen das unruhige Bayern. So dürfte es auch kein Zufall sein, daß Ellwangen an einer verkehrsmäßig sehr günstigen Stelle angelegt wurde, dort nämlich, wo die alte Fernstraße vom Rhein zur Donau die Jagst überquert. Der Name ist übrigens nicht mit Elchfang, wie die Vita Hariolfi will, sondern aus dem älteren Flurnamen Elchwang (= Elchhalde) zu erklären.

Eine anfängliche Bevorzugung dieses Klosters ist auch in der ungewöhnlich reichen Ausstattung mit Reliquien römischer Märtyrer (Sulpicius und Servilianus) und fränkischer Heiliger zu sehen. Sie verschafften dem Kloster das nötige Ansehen. Allerdings hat Ellwangen die ihm zugedachte Funktion nicht lange zu erfüllen gehabt. Sein Gründer Hariolf war unmittelbar nach dem Tode Pippins Nachfolger seines Bruders Erlolf als Bischof von Langres geworden. Nun wirkte sich aber der Regentenwechsel im Frankenreich im Jahre 768 indirekt auch bald auf die Neugründung im nordöstlichen Alemannien aus. Karl der Große hatte bekanntlich zunächst zusammen mit seinem Bruder Karlmann regiert. Dieser war dem Hariolf sehr gut gesonnen gewesen. Nach seinem Tode (771) hat nun Hariolf die Schwenkung zu Karl dem Großen offenbar nicht mitgemacht, im Gegensatz zu anderen Angehörigen des hohen Klerus, besonders im Gegensatz zum berühmten Abt Fulrad von St. Denis. Daher wurde dieser Fulrad, der zugleich Leiter der königlichen Hofkapelle war, in der Folgezeit sehr einflußreich. So ist es wohl auch kein Zufall, daß sich dieser Fulrad – mit Unterstützung Karls des Großen – in Herbrechtingen (774/775, mit Besitzungen in Unterkochen und Fachsenfeld), in Esslingen (776) und schließlich auch in Gmünd festsetzen und sich damit in nicht allzu großer Entfernung von Ellwangen eine beherrschende Stellung verschaffen konnte. Hariolf dagegen mußte zwischen 775 und 778 auf seinen Bischofsstuhl in Langres verzichten und nach Ellwangen zurückkehren. Aber hier hatte sich die Lage spürbar verändert, nachdem dem Kloster seine ursprüngliche Funktion entzogen worden war. Das Verhältnis Tassilos zum neuen Frankenkönig hatte sich überdies normalisiert. Ellwangen als Stätte für Anhänger Karlmanns konnte die Gunst Karls des Großen nicht gewinnen; Hariolf hat seinen politischen Einfluß eingebüßt, und seinem Kloster wurden während Karls Regierung keine überörtlichen Aufgaben mehr zugeteilt. Damit war die geistliche Stiftung für die Folgezeit in die Lage versetzt, ganz ihrem benediktinischen Auftrag zu leben, das heißt, sich vorwiegend der Pflege des Geistes und des Bodens zu widmen.

## *Die Blütezeit des Klosters im 9. Jahrhundert*

Die ursprünglich nicht sehr begüterte Abtei – Hariolf stattete sie mit drei Bauerngütern aus – fand bald Wohltäter. Der schon sehr früh ins Kloster eingetretene Hochadelige Suonhar vermachte ihr seine Besitzungen an der Bergstraße. Im Jahre 823 schenkte ihr König Ludwig der Fromme das Kloster Gunzenhausen an der Altmühl.
Ellwangen war anfänglich ein Eigenkloster, das aber offenbar bald dem fränkischen Herrscherhaus tradiert und so zum Reichskloster wurde. Möglicherweise ist ihm damals schon von Pippin oder Karl dem Großen der ganze Bannwald von Sulzbach am Kocher bis Stödtlen geschenkt worden. Hier entfalteten die Mönche eine intensive Rodungs- und Siedlungstätigkeit. Wann und in welcher Form allerdings die das Kloster in näherer oder weiterer Entfernung umgebenden -zell-Orte entstanden sind, ist bis jetzt nicht geklärt. Jedenfalls hatte sich die Abtei aus kleinsten Anfängen rasch und mächtig entwickelt. Könige statteten es bald mit Privilegien aus. Ludwig der Fromme nahm das Kloster im Jahre 814 in den Königsschutz auf und verlieh ihm die Immunität, das heißt die Freiheit von der weltlichen Gerichtsbarkeit der Grafen. Ein Beweis für die wirtschaftliche Blüte Ellwangens ist auch darin zu sehen, daß das Kloster bereits 817 in die 2. Klasse der Reichsabteien eingereiht wurde, die dem König Geschenke darzubringen hatten. Ellwangen stand damit auf der gleichen Stufe wie die hochangesehenen Klöster Fulda und Hersfeld; nur Lorsch und Reichenau zählten zur 1. Klasse der Abteien, die außer zu Geschenken noch zu Kriegsdiensten verpflichtet waren.
Das wohl von Anfang an nur dem Adel geöffnete Kloster strahlte große Anziehungskraft aus. Das äußert sich nicht nur in dem ungewöhnlich starken Konvent in der ersten Hälfte des 9. Jahrhunderts (830 120 Mönche, 838 160 Mönche), der Ellwangen in die Reihe der zahlenmäßig stärksten Reichsabteien einordnet, sondern auch in den mannigfachen und intensiven Beziehungen seiner Mitglieder zum Königtum, zur bayrischen Herzogsfamilie, zu hervorragenden Bischöfen und Äbten jener Zeit (Gozbald von Würzburg, Grimald von St. Gallen) und zu den bedeutendsten Vertretern des karolingischen Humanismus (Rhabanus Maurus, Walahfried). Höchstwahrscheinlich besaß Ellwangen auch eine Klosterschule, wenn sie auch an Bedeutung und Ansehen von jenen in St. Gallen und auf der Reichenau weit übertroffen wurde. Die Klöster jener Zeit waren ja die eigentlichen Träger und Vermittler der Kultur. Wie schnell sich Ellwangen in den damaligen Strahlungsbereich der Kultur eingegliedert hat, zeigt die Tatsache, daß es schon um das Jahr 800 geistliche Brüderschaft mit St. Peter in Salzburg und besonders mit Reichenau und St. Gallen geschlossen hatte.

Ellwangen hat zwar – im Gegensatz zu anderen Benediktinerklöstern – nur auffallend wenige Handschriften in die Neuzeit hereingerettet, aber die wenigen Pergamentreste aus dem 9. Jahrhundert (im 15. und 16. Jahrhundert zum Einbinden von Rechnungen und Lagerbüchern verwendet) lassen doch auf eine beachtliche geistige und künstlerische Tätigkeit schließen. Sie stellt das Kloster sicher nicht auf die Höhe der berühmtesten Abteien jener Zeit, etwa der Reichenau, sie zeigt aber doch eindrucksvoll die aktive Teilhabe der Ellwanger Mönche am karolingischen Bildungsleben. Der gelehrteste unter ihnen war zweifellos Ermenrich, der Verfasser der Lebensbeschreibungen Hariolfs und Solas, des Gründers von Solnhofen. Er hatte seine Bildung in der karolingischen Hofschule, in Fulda, auf der Reichenau und in St. Gallen erhalten, stand in Verbindung mit den Vertretern des karolingischen Humanismus und ist 866 zum Bischof von Passau, der kirchenpolitisch so wichtigen Diözese an der Ostgrenze des Reiches, ernannt worden. Auf sein Bestreben ist wohl auch der Slawenapostel Methodius nach seiner Verurteilung in Regensburg hier in Ellwangen 870-73 gefangen gehalten worden.
Zu den ältesten bisher bekannten Kunstwerken aus der Frühzeit des Klosters gehört vor allem das vergoldete Reliquienkästchen, das 1959 bei Grabungen im Bauschutt der Krypta gefunden wurde und das von Sachkennern als einzigartig wertvolle westfränkische Arbeit bezeichnet und dem späten 9. Jahrhundert zugeschrieben wird. Wenn auch nicht am Ort entstanden, zeigt es doch auf künstlerischem Gebiet ähnlich weitgespannte Verbindungen des Klosters wie in der Politik. Die Größe des Konvents, der wirtschaftliche Besitz, die politische Stellung und die wissenschaftlich-künstlerische Tätigkeit vermitteln insgesamt das Bild eines Klosters, das in der ersten Hälfte des 9. Jahrhunderts eine beachtenswerte materielle und geistige Blüte erlebte.
Von großer Bedeutung wurde für die Geschichte der Reichsabtei, daß die Könige – entgegen ihrer früheren Zusicherung des Rechts der freien Abtswahl – in der Folgezeit regelmäßig die Äbte einsetzten. So traten an die Spitze des Ellwanger Konvents oft Persönlichkeiten, die in Kirche und Reich eine führende Stellung einnahmen (Grimald † 872, Hatto um 890) und das Kloster in Personalunion mit Reichenau, St. Gallen und Weißenburg im Elsaß leiteten, für gewöhnlich aber nicht in Ellwangen residierten. Diese Übung verrät zwar, wie begehrt die Ellwanger Pfründe bei den Großen des Reiches war; das Fehlen eines ortsanwesenden Vorstehers jedoch konnte dem inneren und äußeren Gedeihen der Abtei nicht förderlich sein, und so beginnt für Ellwangen eine Epoche des Niedergangs.

## *Von der Karolinger- zur Stauferzeit*

Die nun folgenden zweieinhalb Jahrhunderte zwischen dem Aussterben der Karolinger und dem Aufstieg der Stauferkaiser sind für die Ellwanger Geschichte in ein ziemliches Dunkel gehüllt, das nur hie und da einmal aufbricht. Dies ist der Fall in der zweiten Hälfte des 10. Jahrhunderts.

Ellwangen hatte sich zu dem Typ geistlicher Herrschaften entwickelt, die fast das ganze Mittelalter hindurch zu den wichtigsten Stützen des königlichen Thrones gehörten. Nicht selten standen die Äbte im politisch-diplomatischen Dienst des Königs und stellten für das Reichsheer ein Kontingent von Panzerreitern. Gerade die zahlenmäßige Zusammensetzung des kaiserlichen Heeres Ottos II. im Jahre 982 zeigt ganz eindeutig die militärische Bedeutung der geistlichen Fürsten für das Reich. Von den 2100 Panzerreitern stellten die Bischöfe und Äbte rund 1500, die weltlichen Fürsten den Rest. Die Größenangaben für die einzelnen Kontingente ermöglichen interessante Vergleiche: Fulda und Reichenau schickten je 60, Ellwangen 40 Panzerreiter – eine stattliche Zahl im Verhältnis zu den größten weltlichen Kontingenten, die, von einer Ausnahme abgesehen, jeweils nur 30 bis 40 Mann betrugen.

Auch seine kirchenrechtliche Stellung baute das Kloster weiter aus. Durch eine päpstlichen Bulle vom Jahre 979 wurde ihm eine passive Exemtion gewährt, das heißt, es wurde der Jurisdiktion und Weihegewalt des (Augsburger) Diözesanbischofs entzogen und unmittelbar dem Papst unterstellt.

Damals vollzog sich auch ein Wandel im Patrozinium der Kirche. Ellwangen erhielt – wohl um 980 aus Mönchengladbach durch den berühmten Reformabt Sandrat – eine Vitusreliquie, und in der Folgezeit drängte der hl. Vitus als Kirchenpatron die bisherigen Hauptpatrone Sulpicius und Servilianus zurück.

Eine besonders schmerzliche Lücke in der Ellwanger Überlieferung bringt das 11. Jahrhundert. Wir wissen weder etwas Sicheres über das Verhältnis der Ellwanger Mönche zu den cluniazensisch-hirsauischen Reformbestrebungen noch über die Stellungnahme des Klosters in der großen Auseinandersetzung zwischen geistlicher und weltlicher Gewalt im Investiturstreit.

Erst mit dem 12. und 13. Jahrhundert sprudeln die Quellen der geschichtlichen Überlieferung wieder reicher. Sie bieten zunächst jedoch kein erfreuliches Bild. Ein wirtschaftlicher und geistiger Tiefstand des Klosters ist nicht zu leugnen. Er wird noch verstärkt durch den Großbrand des Jahres 1100, der die Klosterkirche vernichtete. Ihr Wiederaufbau, der 24 Jahre dauerte (Weihe 1124), brachte weitere finanzielle Lasten. Und schon nach wenigen Jahrzehnten (1182) wurde auch dieses Gotteshaus – zusammen mit dem Kloster, der Bibliothek und einem Großteil der Stadt – wiederum ein Raub der Flammen. Aber in der Zwischenzeit war es noch zu unerquicklichen Streitigkeiten zwischen Abt Helmerich und seinem Konvent gekommen, die im Zusammenhang mit der Stadtgründung gesehen werden müssen.

## *Die Entstehung der Stadt*

Daß es bereits vor der Klostergründung eine ältere, gleichnamige dörfliche Siedlung am Fuße des Buchenbergs gegeben hat, wie vielfach angenommen wurde, ist nach der neuesten Forschung unwahrscheinlich. Wann eine solche Siedlung südlich des Klosters entstanden ist, konnte bis jetzt noch nicht festgestellt werden. Jedenfalls zerfiel Ellwangen um 1136 in zwei Teile. Das war einmal die „urbs", der ummauerte Klosterbezirk auf dem Klosterhügel, der Kirche, Abtswohnung, Klausur der Mönche und Verwaltungs- und Wirtschaftsgebäude umfaßte. Die Ummauerung deckte sich im Norden gegen den Stelzenbach wohl mit den heutigen Resten der Stadtmauer, im Osten schloß sie die Priestergasse ein, im Süden verlief sie im Bogen hinter den Häusern des jetzigen Marktplatzes. Südlich dieses Klosterbezirks lag die „villa", die um die Marienkirche angelegte Dorfsiedlung, die wiederum aus einem oberen Teil am Hang des Buchenbergs und einem unteren, an das Kloster anschließenden Teil bestand.
Interessante Nachrichten bringt nun die Schrift eines Ellwanger Mönchs aus der Zeit um 1136, der sich über den „unermeßlichen Schaden" beklagt, den Abt Helmerich (1118–1136) durch Verschleuderung von Klostergut angerichtet habe. Die entscheidende Stelle lautet: „Innerhalb der Mauern unserer urbs erlaubte er (Abt Helmerich) in anstößiger Weise den Bau vieler Häuser zum größten Schaden (des Klosters)." Der Abt vergab damals Wohnstätten innerhalb des ummauerten Klosterbezirks an außerklösterliche Ansiedler; gleichzeitig wurde der untere Teil der weltlichen Siedlung in diese Anlage mit einbezogen. Da diese Häuser nicht dicht beieinander lagen, entstanden Gassen, die strahlenförmig vom Münster ausgingen. Die südliche Mauer der urbs wurde abgerissen, der Graben aufgeschüttet und der Wall zur Straße (heute Spitalstraße) gemacht. Die strahlenförmig verlaufenden Gassen fanden ihre Fortsetzung über die heutige Spitalstraße hinaus, und die erweiterte urbs reichte südlich bis zum Sumpfgebiet (Stadtfischergasse). Sehr wahrscheinlich erhielt diese planmäßig geschaffene Anlage, die den Klosterbezirk und den südlich anschließenden Teil der weltlichen villa umfaßte, eine neue Ummauerung. Damit war die mittelalterliche Stadtanlage geschaffen.
Die Stadt Ellwangen erweist sich demnach ganz deutlich als bewußte Schöpfung. Gleichsam von der Kraft eines Naturgesetzes ausgerichtet, ist das ganze Stadt-

gebilde in Grundriß und Aufbau auf das Gotteshaus, den geistig-religiösen Mittelpunkt hin orientiert. So wie im Zeitalter des Absolutismus das Schloß das Zentrum der Stadtanlage bildete, war es im christlichen Mittelalter das Gotteshaus. Damit enthüllt bereits die äußere Anlage etwas von dem Geist, der bei der Gestaltung der Stadt den formenden Willen des mittelalterlichen Menschen geleitet hat. Die vollkommene Einheitlichkeit von innerer Klostersiedlung und ringförmig anschließender Bürgerstadt stellt „Ellwangens größte Auszeichnung und Einzigartigkeit“ (Huber) dar und zeigt die Entstehung einer Stadt als Kunstwerk.

Der Klosterkonvent stand der neuen Gründung ablehnend gegenüber; die Stadt schien dem Kloster zum Schaden zu sein. Daß die Erweiterung des Klosterbezirks durch eine bürgerliche Siedlung den Klosterfrieden empfindlich gestört hat, ist begreiflich. Abt Adalbert I. hat daher auch um die Mitte des 12. Jahrhunderts die Klausurgebäude vom Süden auf die Nordseite des Gotteshauses verlegt.

Durch seine einschneidende Tat hat Abt Helmerich den ersten Anstoß zur Vereinigung der Klosteranlage mit einem Teil der bis dahin getrennten Dorfsiedlung gegeben. Die zweite Phase erfolgte zu Beginn des 13. Jahrhunderts. Damals wurde das Dorf um die Marienkirche mit der bisherigen Stadtanlage vereinigt. Die jetzige Gesamtsiedlung erhielt eine neue Stadtmauer, die sich in ihrem Verlauf wohl mit der heute erkennbaren mittelalterlichen Ummauerungslinie deckt. Trotz der zahlreichen Stadt- und Klosterbrände im Mittelalter – zwischen 1182 und 1443 brannte die Stadt insgesamt siebenmal nieder – blieb die Grundstruktur der Stadtanlage im wesentlichen erhalten. Ein Blick auf den Stadtplan läßt das geschichtliche Werden der Stadt in seiner zeitlichen und regionalen Reihenfolge – Klosteranlage, Stadtgründung, Stadterweiterung – sehr leicht erkennen. Außerhalb der bis gegen 1800 fast vollständig erhaltenen Stadtbefestigung lagen später der „Schöne Graben“, der „Sebastiansgraben“ und der „Mühlgraben“, deren Verlauf bis heute noch die Umrißlinien des alten Weichbildes der Stadt verraten. Bis ins 19. Jahrhundert hinein besaß die Stadt drei große Tore: das Steintor im Süden, das Jagsttor im Nordwesten und das als letztes 1882 abgerissene Schloßtor im Osten.

Eine ummauerte und befestigte bürgerliche Siedlung war noch keine Stadt. Zum Wesen einer mittelalterlichen Stadt gehört noch eine rechtliche Sonderstellung, die sie gegenüber anderen Siedlungen abhebt. Markt- und Münzrecht, Zollerhebung und Gerichtsbarkeit sind außer dem Befestigungsrecht die häufigsten Regalien, die eine Stadt auszeichnen. Für Ellwangen sind keine unmittelbaren Nachrichten erhalten, in denen die Verleihung solcher Privilegien überliefert wären. Eine Schenkungsurkunde des Ministerialen Sigeboto an das Kloster aus dem Jahre 1147 erwähnt jedoch Ellwanger Münzen (censum sex elewangensium denarorum per-

solvant). Ellwangen hatte also bereits 1147 eine eigene Münze. Da nun aber Münzen gewöhnlich nur an Marktorten geschlagen wurden, darf für diese Zeit auch ein Markt für Ellwangen angenommen werden. Der Marktplatz dürfte sich, wie später, westlich und südwestlich der Stiftskirche erstreckt haben.
Um 1150 war die Siedlung also planmäßig angelegt, sie war befestigt und besaß das Münz- und das Marktrecht; übte sie außerdem noch die Gerichtsbarkeit aus, über die aus dem 12. Jahrhundert allerdings keine zuverlässigen Nachrichten vorhanden sind, dann war sie eine Stadt auch im rechtlichen Sinn. Als eine solche „civitas" wird Ellwangen in den Klosterannalen zum Jahr 1201, in einer Urkunde erstmals 1229 erwähnt.
Oberster Stadtherr war der Abt. Ob die Zerstörungen der Stadt in den Jahren 1201 und 1255 durch die jeweiligen Äbte verursacht wurden, wie die Klosterquellen andeuten, ist nicht gesichert; sie können daher auch nicht endgültig als Ausbruch der Spannungen zwischen den fürstlichen Äbten und der aufstrebenden Stadt gedeutet werden. Doch ist es der Stadt Ellwangen nicht gelungen, sich von der Herrschaft des Abtes zu befreien; im Gegensatz zu anderen Städten in geistlichen Fürstentümern konnte sie nie freie Reichsstadt werden. Ihr Schicksal war, fürstliche Residenzstadt in der Abtei- und der Propsteizeit zu bleiben.

## *Die Blüte in der Stauferzeit*

Nach dem Tiefstand des Klosters zu Beginn des 12. Jahrhunderts leitete der aus Ottobeuren stammende Abt Adalbert I. (1136–1173) durch energische Reformmaßnahmen einen neuen Aufstieg ein. Die in seine und seines Vorgängers Regierungszeit fallende Neuanlage des Hauptbuchs für liturgische Lesungen ist – außer einigen Pergamentfragmenten – das älteste Zeugnis ellwangischer Schreibtätigkeit. Bezeichnend ist vor allem, daß dieses Lektionar die wichtigsten Geschichtsquellen des Klosters – die Lebensbeschreibung des Gründers Hariolf, die Klosterannalen, das Calendarium und Abschriften alter Urkunden – enthält, seine Anfertigung somit das Bemühen verrät, den Neubeginn mit einer Besinnung auf die Anfänge einzuleiten und die Zeugnisse aus der Vergangenheit zu sichern.
Eine neue Glanzzeit ist dann mit dem Namen des Abtes Kuno I. (1188–1221) verbunden. Er ist der erste Ellwanger Abt, der den Titel eines Reichsfürsten trägt. In der damaligen Reichspolitik spielte er eine bedeutende Rolle. Die Staufer übertrugen ihm wiederholt diplomatische Aufgaben; so schickte ihn Friedrich II. im Frühjahr 1220 nach Rom, um mit dem Papst wegen der Kaiserkrönung zu verhandeln. Dieser Fürstabt hat auch der Stadt einen unlöschbaren Wesenszug auf-

geprägt. Auf dem Schloßberg, auf dem früher eine Michaelsbasilika erwähnt wird, erbaute er die erste Burg, die künftighin die Residenz des Abtes wurde. Von den verschiedenen Äbten, denen als Bauherrn das heutige herrliche Münster zu verdanken ist, gebührt ihm wohl das meiste Verdienst. Und gerade dieses, zwischen 1182 und 1233 erbaute Gotteshaus ist der besondere Beitrag Ellwangens aus dieser Zeit: hier wird zum ersten Mal auf schwäbischem Boden das Prinzip der flachen Holzdecke durch das der gewölbten Kuppeln abgelöst. Und so wurde dieser monumentale, durch drei Langschiffe, ein Querschiff und fünf Apsiden gegliederte Sandsteinquaderbau der „bedeutendste unter den wenig zahlreichen romanischen Gewölbebauten Schwabens" (Dehio) und „vielleicht das wichtigste Baudenkmal der schwäbischen Kaiserzeit im Stammlande" (Gradmann).
Alle diese Leistungen zusammen – die Gründung der Stadt, der Umbau des Klosters, die Wiedererrichtung der abgebrannten Klosterkirche, der Bau einer Burg und schließlich die Erhebung des Abtes in den Fürstenstand – lassen eindrucksvoll erkennen, daß die glanzvolle Zeit der Staufer, die den schwäbischen Raum immer stärker in das weltbewegende Geschehen gerückt hat, auch zu einer politischen und kulturellen Blüteperiode des Klosters Ellwangen geworden ist.

## *Die Umwandlung des Benediktinerklosters in ein weltliches Chorherrnstift*

Das mittelalterliche Klosterwesen hatte im großen und ganzen um 1200 seinen Höhepunkt überschritten. Besonders im Benediktinerorden zeigten sich seit dieser Zeit deutliche Zeichen des wirtschaftlichen und sittlichen Zerfalls. Die Gründe dieses beklagenswerten Niedergangs sind zahlreich und nach Zeit und Ort verschieden. Die allgemein-geschichtliche Entwicklung bildet den Hintergrund dieses Rückgangs: das sogenannte babylonische Exil der Päpste, das große abendländische Schisma, die kirchenpolitischen Kämpfe und Streitigkeiten. Dazu kommt eine Reihe widriger Ereignisse, die einzelne Klöster schwer heimsuchten und an den Rand des Verderbens brachten.
So sank auch Ellwangen von seiner Höhe herab. Besonders seit den Tagen des Abtes Kuno II. (1332–1367) trat hier der allgemeine Zerfall offen zu Tage. Das ursprünglich hochadelige Kloster öffnete nun auch seine Tore dem neuen, aus den unfreien Ministerialen entstandenen Adel. Doch dieser Umschichtungsprozeß hat sich auf die Ordnung störend ausgewirkt. Andere Gründe kamen hinzu. Der Konvent – die Gesamtheit der Mönche – verschaffte sich weitgehende Rechte neben und gegen den Abt; schon früher war eine Gütertrennung zwischen Abts- und Konventstisch vorgenommen worden, der Konvent wiederum war noch

einen Schritt weitergegangen und hatte sein Einkommen unter die einzelnen Mitglieder verteilt. Das Kloster wurde vom Adel der Nachbarschaft immer mehr als Versorgungsanstalt für nachgeborene Familienmitglieder betrachtet. Daher wurde auch die Aufnahme beschränkt; 1352 wurde die Zahl der Pfründen auf höchstens 20 festgesetzt. Trotz allem war der Vermögensstand des Klosters seit der Mitte des 14. Jahrhunderts andauernd äußerst schlecht. Die württembergischen Grafen als Schirmherren des Klosters haben Abt und Konvent wiederholt strenge Sparmaßnahmen aufgedrängt, der Papst bewilligte in freigebigster Weise die Inkorporation zahlreicher benachbarter Pfarrkirchen – aber all das konnte die zerrütteten Finanzen des Klosters nicht in Ordnung bringen.

Doch die Schuld an dem unaufhaltsamen Niedergang trugen nicht nur die schlechte Verwaltung und die sittliche Entartung der Mönche. Gerade im 2. Viertel des 15. Jahrhunderts wurde das Kloster von zahlreichen äußeren Unglücksfällen heimgesucht. Die große Teuerung der Jahre nach 1430 brachte das Kloster in größte Not, die Pestepidemie des Jahres 1439 raffte drei Konventualen dahin, 1443 zerstörte ein Brand die Wohnungen der Mönche, das Dormitorium, das Refektorium und den Kreuzgang; die herrliche Klosterkirche wurde glücklicherweise verschont. Der Rest klösterlicher Ordnung, den die Mönche bis dahin noch gewahrt hatten, wurde durch dieses Brandunglück vollends zerstört. Das gemeinschaftliche Leben hat völlig aufgehört, die Mönche waren gezwungen, in der Stadt in Privathäusern zu wohnen, wodurch natürlich auch die vorgeschriebenen gemeinsamen Gottesdienste immer mehr vernachlässigt wurden.

Auch sonst waren die adeligen Mönche weit von der benediktinischen Ordensregel abgekommen. Der Verzicht auf persönliches Eigentum wurde nicht mehr streng geachtet; teilweise besaßen die Mönche eigene Häuser mit eigenem Hauswesen in der Stadt und verfügten über eigene Einnahmequellen. Sie besuchten Wirtshäuser, hielten Zechgelage und wurden nicht selten in Schlägereien verwickelt.

Solche, dem Mönchsnamen hohnsprechende Zustände erforderten eine gründliche Reform. Siegfried Gerlacher (1400–1427), der einzige bürgerliche Abt in der Ellwanger Geschichte, hat sie ernsthaft angestrebt. Aber sichtbare Erfolge lassen sich weder jetzt noch später erkennen. Es war daher ein Akt der Vernunft, als der Kardinalbischof Peter von Augsburg auf Grund päpstlicher Vollmacht 1460 das Benediktinerkloster in ein weltliches Chorherrnstift umwandelte mit einem Fürstpropst an der Spitze, 12 Stiftsherrn, die, mit Ausnahme einiger Graduierter, ebenso wie bisher die Mönche adelig sein mußten, und 10 Chorvikaren zur Besorgung des Gottesdienstes. Damit hatte das Benediktinerkloster Ellwangen, eines der ältesten und angesehensten in deutschen Landen, nach 700jährigem Bestehen sein Ende gefunden. Daß es etwas Neuem Platz gemacht hat, war gut.

## Die Fürstpropstei

### *Gotische Baukunst*

Wie schnell das Chorherrnstift neue Lebenskraft schöpfte, zeigt sich bereits unter der Regierungszeit des zweiten Fürstpropst, die eine neue Blüte der ellwangischen Kunst brachte. Albrecht von Rechberg (1461–1502) ließ die durch Brand beschädigte Stiftskirche wieder herstellen, die Westvorhalle durch eine Ummantelung schließen und die abgebrannten Stiftsgebäude, besonders den stimmungsvollen Kreuzgang und die Liebfrauenkapelle in den Formen der Spätgotik wieder aufbauen. Am Eingang des vor die Stadt verlegten Friedhofs wurde die St. Wolfgangskirche errichtet. Der Meister all dieser Bauten war Hans Stiglitz von Miltenberg, der offenbar mit der Bauhütte von Nördlingen und Dinkelsbühl in Verbindung stand.

### *Reformation und Bauernkrieg*

Als sich Reformation und Bauernunruhen in Deutschland ausbreiteten, war die innere Lage in Ellwangen nicht gerade fest und vertrauenserweckend. Die allgemeinen religiösen und sozialen Unruhen wurden hier noch verstärkt durch die Auseinandersetzung um die Propstnachfolge. Als sich nämlich Albrecht II. (1503 bis 1521) von der Regierung der Propstei zurückziehen wollte, bemühten sich drei hochadelige Bewerber um die Propstwürde. Von ihnen blieb Pfalzgraf Heinrich, der Bruder des Kurfürsten von der Pfalz, mit Hilfe des Kaisers erfolgreich. Ihm trat Albrecht II. im Jahre 1521 die Propstwürde ab. Da sich aber das Stiftskapitel das Recht der Propstwahl nicht nehmen lassen wollte, wählte es aus den eigenen Reihen Johann von Gültlingen zum neuen Herrn. Doch konnte sich dieser gegen den mächtigen Pfalzgrafen mit seinen weitreichenden Beziehungen nicht durchsetzen und mußte daher auf die ihm übertragene Würde verzichten. Aus der stillen Opposition gegen den neuen Propst konnte er leicht zum neuen Glauben finden. Die lange Abwesenheit des neuen Landesherrn – er war auch Bischof von Worms und Utrecht – und die durch die Wahlstreitigkeiten gelockerten Bindungen ihm gegenüber haben eine günstige Atmosphäre geschaffen für die lutherische Bewegung, die nun auf das Stift übergriff.
Die Reformation in Ellwangen ist verbunden mit den Namen des Stiftspredigers Johann Kreß und des Stadtpfarrers Georg Mumpach. Johann Kreß, einst Lehrer Melanchthons in Tübingen, war 1516 auf die Ellwanger Stiftspredigerstelle berufen worden. Von der Fastenzeit 1524 an wandte er sich gegen die bisherige

Form der Messe und unterwies auch andere Geistliche, „auf lutherisch Messe zu lesen“. Stadtpfarrer Mumpach, Sohn des Ellwanger Schultheißen, hatte 1521 mit 25 Jahren die Pfarrei seiner Vaterstadt erhalten. Er sympathisierte mit Kreß und schlug 1524 vierzehn Artikel an der Stiftskirche an, in denen er zur Disputation über das Meßopfer, das Fegefeuer, das Papsttum als Reich des Antichristen usw. aufforderte. Als er einer Vorladung vor das geistliche Gericht des Augsburger Bischofs nicht nachkam, wurde er gebannt. Doch seit Lichtmeß 1525 wurde sowohl im Stift als auch in der Stadtkirche offen im Sinne Luthers gepredigt. Ihren Höhepunkt erreichte die Bewegung in der Siedehitze des Bauernaufstandes von Mitte März 1525 an. Dieser hat die mit der Propstwahl unzufriedenen Stiftsherrn (Johann von Gültlingen und Wilhelm von Hesperg) und die reformierenden Geistlichen, die auch politische und soziale Forderungen in ihre Predigten aufgenommen hatten, mit den aufständischen Bauern zusammengeführt. Adelszwist, neue Religiosität und wirtschaftlich-soziale Probleme haben in Ellwangen die Explosion bewirkt.

Die vom Stadtpfarrer und den rebellierenden Chorherrn aufgerufenen Bauern haben sich zwischen Schönau und Rindelbach versammelt. Am 26. April drangen sie in die Stadt ein und zwangen die Bürgerschaft zur Annahme ihrer 12 Artikel, in denen sie die Wahl der Pfarrer durch die Gemeinde, die Predigt des reinen Evangeliums, die Abschaffung der Leibeigenschaft und des Zehnten, freie Jagd, Weide und Fischfang u. a. m. forderten. Gleichzeitig wurde die bisherige kirchliche Ordnung aufgehoben, die Messe abgeschafft und die Kommunion unter beiderlei Gestalt gereicht. Gültlingen plante sogar die Umwandlung des Chorherrnstifts in ein weltliches Fürstentum. Zwei Tage später jedoch führte Bonifaz Hofmann, unter Begleitung der Stiftsherren Gültlingen und Hesperg, den Ellwanger Haufen – er soll rund 2000 Bauern gezählt haben – in die Gegend von Dinkelsbühl. Von dort aus fielen sie plündernd und brennend in das Kloster Mönchsrot ein, unterwarfen die Reichsstadt Dinkelsbühl und kehrten dann, verstärkt durch markgräfl.-brandenburgische Bauern, nach Ellwangen zurück. Diesmal hausten sie schlimmer als das erste Mal, vor allem in den Häusern der Chorherrn. Doch jetzt schloß sich ein Teil der Bürger zusammen und vertrieb die Bauern aus der Stadt. In der Zwischenzeit rückte der pfälzisch-neuburgische Hauptmann von Neuneck, der Schwager des Ellwanger Stadtvogts v. Gemmingen, mit einer kleinen Schar Reisiger heran, zerstreute am 17. Mai den Ellwanger Haufen und besetzte die Stadt. Noch am gleichen Tag mußten die Bürger dem Propst den Treueid leisten. Damit war in Ellwangen das Schicksal des Bauernkriegs wie der Reformation besiegelt.

Weder die wirtschaftliche noch die rechtliche Lage der Bauern konnte durch den

Aufstand verbessert werden. Die Niederlage brachte ihnen vielmehr großen Schaden. Nicht wenige Bauern sind bei der Niederwerfung des Aufstandes umgekommen. Die Überlebenden wurden für den von ihnen angerichteten Schaden haftbar gemacht; jeder hatte 6 Gulden zu bezahlen. Bestraft wurden 15 Bauern von Dankoltsweiler, 4 von Eigenzell, 12 von Neunheim, 21 von Schwabsberg, 11 von Saverwang, 25 von Schrezheim, 10 von Rotenbach, 6 von Eggenrot, 14 von Hohenberg, 7 von Rosenberg, 1 von Rindelbach, 3 von Ramsenstrut, 34 von Röhlingen, 12 von Erpfental, 7 von Rötlen, 3 von Hardt, 16 von Neunstadt, 13 von Haisterhofen, 2 von Frankenreute, 13 von Birkenzell, 22 von Ellenberg, 5 von Wört, 2 von Deufstetten, 4 von Lustnau, 15 von Stödtlen, 6 von Breitenbach und 33 von Stimpfach.

Grausamer war die Strafe für die Verkünder und Anhänger des neuen Glaubens. Im Jahre 1526 ließ der Propst 32 Lutheraner gefangen nehmen und mitten in der Stadt zur Hinrichtung aufstellen. Drei wurden auch tatsächlich enthauptet, den übrigen jedoch auf Bitten der Stiftsherrn und Bürger das Leben geschenkt. Kreß und Mumpach wurden am 30. Juli 1525 festgenommen und in Dillingen vor das geistliche Gericht des Bischofs von Augsburg gestellt. Wegen Schisma, Häresie und Aufruhr aus dem Klerus ausgestoßen und dem weltlichen Gericht übergeben, wurden beide am 7. November 1525 in Lauingen hingerichtet.

Über die lokalen Geschehnisse hinaus hat Ellwangen einen bemerkenswerten Beitrag zur deutschen Reformation geleistet durch das Werk des aus Rötlen stammenden Paulus Speratus (1484–1551), der später evangelischer Bischof von Pomesanien in Marienwerder wurde und vor allem als Organisator des evangelischen Kirchenwesens in Ostpreußen gewirkt hat, der aber auch als Kirchenlieddichter bekannt geworden ist.

Auch wenn mit der gewaltsamen Unterdrückung der Reformation der Protestantismus seine Sache in Ellwangen verloren hatte, war damit das katholische Ellwangen innerlich noch nicht wieder hergestellt. Auf dieses Ziel arbeitete vor allem einer der bedeutendsten Ellwanger Regenten, der Propst Otto Truchseß v. Waldburg (1552–1573) hin, der zugleich auch Bischof von Augsburg und Kardinal war. Gemäß den Bestimmungen des Augsburger Religionsfriedens, wonach der Landesherr die Religion der Untertanen zu bestimmen hatte, wies er wiederholt Andersgläubige aus dem Stift aus. Dabei muß zu seiner Ehre erwähnt werden, daß er für den Ankauf ihrer Güter zu einem anständigen Preis eine eigene Kasse schuf, um wirtschaftlichen Schaden für die wegziehenden Protestanten zu vermeiden. Gleichzeitig versuchte er durch positive Maßnahmen, diejenigen, die sich dem neuen Glauben zugewandt hatten, der alten Kirche zurückzugewinnen. So lud er den berühmten Jesuiten Petrus Canisius, den zweiten Apostel Deutschlands, wie er gewöhnlich genannt wird, nach Ellwangen ein, damit er „eine Zeit lang allhie von wegen der Lutherischen“ predige. Gegen Ende des Jahrhunderts war Ellwangen wieder zu einem geschlossenen katholischen Gebiet geworden. Zugleich hatte sich ein engerer Anschluß an Rom vollzogen durch Einführung des römischen Ritus im Stift (1606) und durch die Erweiterung des päpstlichen Einflusses bei der Besetzung der Propstei.

## *Der Dreißigjährige Krieg*

Als Herzog Maximilian von Bayern im Jahre 1609 mit den Bischöfen von Augsburg, Regensburg, Passau und Konstanz und dem Fürstabt von Kempten die katholische Liga als Gegenbund zur protestantischen Union gründete, war auch der Fürstpropst von Ellwangen daran beteiligt. Er stellte sich damit in einen gefährlichen Gegensatz zu seinen evangelischen Nachbarn, deren Gebiete die Fürstpropstei umschlossen. Die finanziellen Beiträge zu diesem Bündnis während des 30jährigen Krieges und die dauernden Durchzüge und Einquartierungen kaiserlicher und gegnerischer Truppen bedeuteten schwere Belastungen für den Propst wie für seine Untertanen. Aber erst der Sieg der Schweden bei Breitenfeld 1631 und der Siegeszug Gustav Adolfs nach Süddeutschland brachten die entscheidende Bedrohung für den Bestand des Fürstentums wie für die katholische Religion seiner Bewohner. Vor den herannahenden Schweden verließ der Fürstpropst Johann Jakob Blarer von Wartensee (1621–1654) am 18. Oktober mit seinen Kapitularen und Räten die Stadt und hielt sich in den nächsten Jahren in Bayern und Österreich, besonders in Salzburg, auf, während in Ellwangen sein Stadtvogt Johann Bernhard Cramer zurückblieb. Nach den zurückweichenden kaiserlichen Truppen drangen Schweden unter Oberst Sperreuter, der in Dinkelsbühl sein Hauptquartier hatte, in das Gebiet ein. Am 22. Mai 1632 besetzten sie die Stadt Ellwangen, nachdem Sperreuter einen „Accord“ mit dem ellwangischen Statthalter und Vertretern der Geistlichkeit und der Bürgerschaft mit folgendem Inhalt abgeschlossen hatte: Rund 300 schwedische Reiter wurden als Besatzung in der Stadt, auf dem Schloß und im Stiftsgebiet einquartiert; die ellwangischen Beamten und Geistlichen durften in ihren Stellungen bleiben, der alte Gottesdienst konnte weiterhin gefeiert werden; eine Plünderung wurde durch Bezahlung einer „Rantzion“ abgewendet; eine Kontribution im Sinne einer Besteuerung sollte noch bestimmt werden. Das waren annehmbare Bedingungen. Doch gab es Schwierigkeiten, da der Propst den Vertrag nicht unterschrieb und sich weiterhin bei den Feinden der Schweden aufhielt. Die Besatzungsmacht hat daher zwar die Stadt dem Accord gemäß behandelt, nicht aber das Stift. Da der Landesherr aus-

geschaltet war, nahmen die Schweden das Recht in Anspruch, einen neuen einzusetzen.
So schenkten sie am 1. Mai 1633 dem Grafen Kraft von Hohenlohe-Neuenstein die Fürstpropstei Ellwangen; der Graf mußte versprechen, 80 000 Reichstaler zu bezahlen. Graf Kraft war damit Landesherr über ein Gebiet geworden, das größer war als seine Grafschaft Hohenlohe-Neuenstein. Er betrachtete sich im Stift ebenso als obersten Kirchenherrn wie in seiner heimatlichen Grafschaft. Und als solcher war er entschlossen, die Reformation im Stiftsgebiet einzuführen. Allerdings sollte das aus taktischen Gründen nicht auf einen Schlag geschehen; zunächst sollte die Stadt evangelisch werden, dann wäre es seiner Meinung nach nur eine Frage der Zeit gewesen, daß sich auch das Land der neuen Richtung angeschlossen hätte. So wurde die Schloßkapelle als erste reformiert, dann an der Stiftskirche anstelle des katholischen der evangelische Gottesdienst eingeführt. Ein evangelischer Prediger und ein evangelischer Schulmeister kamen nach Ellwangen, während die Stiftsherrn, die Jesuiten und fast alle Geistlichen die Stadt verlassen mußten. Als in der Stiftskirche auch noch alle kirchlichen Geräte und Gewänder inventarisiert werden mußten, hat zum ersten Mal in der Ellwanger Geschichte ein weltlicher Herr seine Hand auf kirchliche Einrichtungen gelegt. Da jedoch die Hohenlohesche Herrschaft über Ellwangen nur Episode blieb, konnte auch dieser Versuch einer Reformation Ellwangens kein Erfolg beschieden sein. Als nämlich am 6. September 1634 die Schlacht von Nördlingen der schwedischen Herrschaft in Süddeutschland ein Ende setzte, mußte auch Hohenlohe am 9. September das Stift räumen. Der Propst konnte im folgenden Jahr in seine durch den Krieg schwer mitgenommene Herrschaft zurückkehren, aus der er allerdings im weiteren Verlauf des Krieges noch dreimal für kurze Zeit fliehen mußte. Die zahllosen Durchzüge und Einquartierungen und die mit ihnen verbundenen Kriegssteuern, Plünderungen, Brandstiftungen, Vertreibungen und Morde haben die Felder verwüstet, manche Dörfer zerstört, das Land in größte Armut gestoßen und die Bevölkerung dezimiert. Wie überall dauerte es auch hier Jahrzehnte, bis sich das Land von den Kriegsschäden erholt hatte.

### *Die Jesuiten in Ellwangen*

Die religiöse und kulturelle Entwicklung der Fürstpropstei wurde durch die Tätigkeit der Jesuiten entscheidend geprägt. Ihre Niederlassung in Ellwangen entwickelte sich in ihrer mehr als 200jährigen Geschichte von einer einfachen Missionsstation (1557–1658) über eine selbständige Residenz (1658–1729) zu einem eigentlichen Kolleg der Gesellschaft Jesu (1729–1773). Die zum Kolleg Dillingen

*33. Ellwangens historischer Kern. Die Basilika auf dem Sandhügel über der Jagst, rund herum gruppiert die Amts- und Wohnhäuser der Chorherrn, daneben die ehemalige Jesuitenkirche und das Jesuitenkolleg (jetzt Landgericht). Deutlich zeigt der „Sebastiansgraben“ den Verlauf der einstigen Stadtmauer*

*34. St.-Jakobs-Kirche Hohenberg bei Rosenberg im Virngrund*

gehörende Missionsstation war anfänglich bloß zeitweilig, von 1611 an dauernd mit zwei Patres besetzt, die zunächst ganz in den Dienst der Gegenreformation gestellt waren. Doch erhielt die Niederlassung bald einen doppelten Charakter: einerseits bildeten die auf dem Schloß als Gäste des Propstes wohnenden Patres eine zum Fürstenhof gehörende und dort mit bestimmten Aufgaben betraute Mission, zum anderen hatten sie im ganzen Herrschaftsgebiet Aufgaben der außerordentlichen Seelsorge zu erfüllen. In diese Zeit der Missionsstation fällt auch die Entstehung der Wallfahrt auf dem Schönenberg. Im Jahre 1638 errichteten die beiden Jesuitenpatres ein Kreuz, das mit einer Nachbildung des im 17. Jahrhundert hochbedeutenden Mariengnadenbildes von N. D. de Foy bei Dinant in Belgien geziert war, im Jahr darauf ließen sie bereits eine Kapelle in der Größe des lauretanischen Hauses zu Loreto erbauen. In jener schrecklichen Zeit des 30-jährigen Krieges entwickelte sich rasch eine blühende Wallfahrt zu diesem Heiligtum. Für die Jesuiten hatte das eine zweifache Auswirkung. Die Wallfahrtsstätte bot ihnen die Möglichkeit einer intensiveren und umfassenderen Seelsorge, andererseits band sie den Orden immer stärker an Ellwangen.

Im Jahre 1658 wurde daher die bisherige Missionsstation in eine selbständige Residenz umgewandelt. Entscheidend dafür war, daß nun zwei weitere Jesuiten kamen, die eine Schule mit zunächst 70 Schülern aufmachten. Die bescheidene, seit dem Mittelalter bestehende Stiftsschule ist als vorbereitender Unterbau in diesem Jesuitengymnasium aufgegangen. Der neuen Niederlassung mit Gymnasium, die von 1689 an 7 Patres zählte, ist das im Westen der Stiftskirche gelegene Vogteihaus eingeräumt worden.

Den Schwerpunkt ihrer Tätigkeit sahen die Jesuiten jedoch immer noch in der Seelsorge. Ein Höhepunkt ihrer Wirksamkeit war die Missionsarbeit des heiligmäßigen P. Philipp Jeningen (1680–1704), dessen Grab sich in der Liebfrauenkapelle des Kreuzganges befindet. Auf seine Initiative geht das in den Jahren 1681–1695 erbaute und nach dem Brand von 1709 erneuerte Marienheiligtum auf dem Schönenberg zurück.

Die Jesuiten erfreuten sich fast zu allen Zeiten der großzügigen Unterstützung durch die jeweiligen Fürstpröpste. Ihr größter Wohltäter wurde aber der Stiftsdekan Ignatius Desiderius v. Peutingen (1641–1718), der letzte Sproß des bekannten Augsburger Patriziergeschlechts. Er hat der Ordensniederlassung mehrere Stiftungen vermacht und sie schließlich zu seinem Universalerben eingesetzt. Dieses gewaltige Vermögen von rund 90 000 Gulden schuf nun die materiellen Voraussetzungen für den Ausbau der Residenz zu einem eigentlichen Kolleg. In den Jahren 1720–1723 wurde das langgestreckte Kollegiumsgebäude (heute Landgericht und Staatsanwaltschaft), 1722–1723 daran anschließend nach Westen das

Gymnasium (heute Staatsanwaltschaft und Schwurgericht) und 1724–1729 die Jesuitenkirche (heute evang. Stadtkirche) erbaut. Leitende Architekten waren die Ordensbaumeister Jakob Amrhein und J. Guldimann; Fresken und Altarbilder der Kirche stammen von dem Asamschüler und Laienbruder Th. Scheffler. Nach fast 10jähriger Bau- und Vorbereitungszeit wurde dann 1729 die Residenz offiziell in ein Kolleg umgewandelt.
Das Kolleg zählte zu den kleinsten der oberdeutschen Provinz; unter den rund 20 Mitgliedern waren jeweils 12—14 Patres; 5—6 von ihnen waren als Lehrer tätig, die übrigen arbeiteten in der Seelsorge. Für die Regierung wie für die Bevölkerung der Stadt mit ihren vielen Beamten war die schulische Tätigkeit der Jesuiten besonders wichtig. Im Jahre 1729 wurde dem Gymnasium, das damals 137 Schüler zählte, durch Einführung des Philosophiestudiums ein Oberbau aufgesetzt. Als dann 1752 auch noch Lehrstühle für Moraltheologie und Kirchenrecht geschaffen wurden, besaß die Stadt eine philosophisch-theologische Akademie, an der ein Teil des Theologiestudiums absolviert werden konnte.
Die über 200jährige Wirksamkeit der Jesuiten in Ellwangen fand durch die Aufhebung des Ordens im Jahre 1773 ein gewaltsames, von außen aufgezwungenes Ende. Welche Anerkennung ihre Arbeit gefunden hat, zeigt sich am deutlichsten darin, daß der Propst das Kolleg nicht einfach aufhob und sein Vermögen einzog, wie es zum Teil andernorts geschah, sondern es als Collegium Ignatianum weiterführte. Damit war das Kolleg der Jesuiten und das von ihnen geleitete Gymnasium zu einer fürstpröpstlichen Anstalt geworden. Doch die Exjesuiten konnten ihr gemeinsames Leben fortsetzen und ihre geistlichen Aufgaben in alter Weise durchführen; in der Schule blieb zunächst alles, wie es bisher war.
Trotz mancher Mängel und Schwächen war die Tätigkeit der Jesuiten in Ellwangen und Umgebung von nachhaltiger Wirkung. Ihre missionarisch-seelsorgerische Arbeit hat den katholischen Charakter des Fürstentums gefestigt und in dem Marienheiligtum auf dem Schönenberg einen auch heute noch viel besuchten Wallfahrtsort begründet, ihre majestätisch prächtigen Bauten haben das barocke Stadtbild geprägt, und mit ihrem Gymnasium wurde eine Stätte gediegener erzieherischer und wissenschaftlicher Tätigkeit und eifrigster Theaterpflege geschaffen.

## *Die Fürstpröpste des 18. Jahrhunderts*

Während der 700 Jahre dauernden Klosterzeit haben rund 50 Äbte die Reichsabtei geleitet, an der Spitze der nur halb so lang bestehenden Fürstpropstei standen insgesamt 20 Pröpste. War die Abtei in der ersten Zeit ihres Bestehens eine begehrenswerte Pfründe für Hochadelige, wurden in den letzten Jahrhunderten vorwiegend Angehörige der dem Ortsadel entsprossenen Ritterschaft zur Abtswürde erhoben (die Herren von Schwabsberg, Pfahlheim, Vellberg usw.). In der Propsteizeit ging die Entwicklung nun in umgekehrter Richtung. Aus dem Stiftskapitel, dem das Recht der Propstwahl zustand, gingen 12 Pröpste hervor, zwei (Albrecht von Rechberg 1461–1502 und Heinrich von der Pfalz 1521 bis 1552) erlangten die Würde durch päpstliche Provision, während fünf, die hohe auswärtige Kirchenämter innehatten, vom Kapitel postuliert wurden und vom Papst die Genehmigung zur Annahme des Amtes erhielten. Die meisten entstammten den Familien der schwäbischen reichsunmittelbaren Ritterschaft (Rechberg, Westerstetten, Freyberg, Adelmann, Wartensee), während die letzten fünf Pröpste dem Hochadel angehörten. Da diese die Fürstpropstei im letzten Jahrhundert ihres Bestehens und damit das Bild des heutigen Ellwangens am stärksten geprägt haben, seien sie – mit ihren übrigen Pfründen – ausdrücklich genannt: der Pfalzgraf Ludwig Anton (1689–1694; Hoch- und Deutschmeister 1684, Koadjutor von Mainz und Bischof von Worms 1691, Bischof von Lüttich 1694), sein Bruder Franz Ludwig (1694–1732; Bischof von Breslau 1683, Hoch- und Deutschmeister und Bischof von Worms 1694, Koadjutor von Mainz 1710, Erzbischof und Kurfürst von Trier und von Mainz 1729), Franz Georg Graf von Schönborn (1732–1756; Erzbischof und Kurfürst von Trier 1729, Bischof von Worms 1732), Anton Ignaz Graf Fugger von Kirchberg und Weißenhorn (1756 bis 1787; Bischof von Regensburg 1769) und Clemens Wenzeslaus, Prinz von Polen und Sachsen (1777 bzw. 1787–1802; Erzbischof und Kurfürst von Trier, Bischof von Augsburg).

*Die Barockkunst*

Das verhältnismäßig kleine und abgelegene Gebiet der Fürstpropstei trat durch einige seiner Landesherrn und durch die Jesuiten in Verbindung mit der großen Welt des Barock. Und so erlebte die Kunst in Ellwangen ihre reichste Blüte in dem Jahrhundert zwischen 1650 und 1750. Da es nicht zur Aufgabe dieser Darstellung gehört, die äußerst reiche Produktion des Barockzeitalters zu würdigen, sollen nur die wichtigsten Bau- und Kunstwerke aufgezählt und das breite Kunstschaffen in seiner Verflechtung mit der allgemeinen Geschichte angedeutet werden. Die Barockisierung der Stiftskirche 1661/62 gab den Auftakt zu dieser Epoche. Die Wallfahrtskirche auf dem Schönenberg war der erste große barocke Kirchenbau in Nordwürttemberg; als erstes vollkommenes Beispiel des sogenannten „Vorarlberger Münsterschemas“ hat er – über Obermarchtal, Weißenau und

Weingarten bis Birnau und St. Gallen – für die weitere Gestaltung der Kirchenbaukunst vorbildlich gewirkt. In der näheren Umgebung fand die Kirche Nachahmung in den Kirchenbauten von Hohenstadt, Maihingen und Wemding (Wallfahrtskirche).

Der Bau zog nicht bloß bedeutende auswärtige Künstler an, die Baumeister Michael und Christian Thumb, Heinrich Mayer und Maximilian von Welsch, den Stukkator Carlo Maria Pozzi und den Freskenmaler Melchior Steidl; durch ihn sind auch in Ellwangen selber künstlerische Kräfte mobilisiert worden, die eine „Ellwanger Schule" begründeten, deren bedeutendste Vertreter (Melchior Haudt und Melchior Paulus) weit über die Grenzen der Fürstpropstei hinaus wirkten.

Im Abstand von wenigen Jahren folgte Bau um Bau. In der Stadt entstand 1688 das Palais Adelmann; um 1700 wurden an die Stiftskirche die jetzige Sakristei und die St.-Nepomuk-Kapelle angebaut, freilich nicht zur Zierde ihrer äußeren Gestalt. Das Spital wurde 1702 erbaut und 1752 wesentlich erweitert; von 1720 an führten die Jesuiten ihre Gebäude auf, und zugleich entstand an der Ostseite der Stiftskirche der stattliche Bau der Kustorie. Das fürstliche Residenzschloß, das 1603–1608 als vierflügelige Binnenhofanlage aus der mittelalterlichen Burg entstanden war, wurde nach dem Brand von 1720 durch das doppelläufige Treppenhaus erweitert und erhielt eine barocke Innenausstattung. Auch hier arbeiteten auswärtige (der Deutschordensbaumeister Franz Keller, der Stukkator Franz Joseph Roth, der Freskenmaler Chr. Th. Scheffler) und einheimische Künstler (M. Paulus) fruchtbar zusammen. Zwischen 1737 und 1741 wurde die Stiftskirche von den aus Ludwigsburg berufenen Italienern Retti und Piquini erneut barockisiert. Eine barocke Innenausstattung erhielt 1752 auch die Marienkirche. In den Jahren 1728–1730 erstand das Kapuzinerkloster mit der dazugehörigen Kirche zum hl. Franziskus. Franz Georg von Schönborn hat in Arnold Friedrich Prahl einen eigenen Stadt- und Landbaumeister bestellt. Seine bedeutendsten Bauten sind das ehemalige Stiftsrathaus (1748–1751, heute Landgericht) und das Priesterseminar auf dem Schönenberg (1749 ff.); bei beiden wirkte der geniale Balthasar Neumann mit. Auf Prahl geht auch die Gesamtanlage der Schloßvorstadt zurück.

Alles in allem: eine Vielzahl markanter Bauten und eine erstaunliche Fülle barocker Kunstwerke haben Ellwangen damals so recht eigentlich Gewand und Gestalt einer geistlichen Fürstenresidenz verliehen.

Daß die zahlreichen Unternehmungen Hunderte von Händen in Bewegung setzten, versteht sich von selbst. Eine Fülle künstlerischen Lebens nach allen Seiten entfaltete sich in diesen Jahrzehnten in der kleinen Stadt. Künstler und Kunsthandwerker verschiedenster Richtungen – neben den Baumeistern die Stukkatoren, Gipsmarmorarbeiter, Bildhauer, Maler, Kunstschreiner und -schlosser,

Goldschmiede usw. – fanden Arbeit in großer Menge. Die ständige Anregung durch die auswärtigen Künstler führten zu künstlerischen Leistungen von beachtlicher Höhe. Die Barockzeit hat Ellwangen zu einem Kunstzentrum gemacht, wie es für Städte ähnlicher Größe nur schwer zu finden ist. Und die Fürstpropstei hat angesichts einer so reichen Bautätigkeit eine überraschende wirtschaftliche Leistungsfähigkeit bewiesen.

## *Absolutismus und Aufklärung*

Die großen Ideen des Absolutismus, des Merkantilismus und der Aufklärung sind im 18. Jahrhundert auch in die kleineren geistlichen Gebiete wie die Fürstpropstei Ellwangen eingedrungen. Vor allem die Fürstpröpste Franz Georg und Clemens Wenzeslaus haben durch eine vielseitige gesetzgeberische Tätigkeit zahllose Reformen in Verwaltung und Wirtschaft, auf kirchlichem und kulturellem Gebiet durchgeführt.

Die erste Voraussetzung für eine absolutistische Regierungsweise war ein zentralistisch organisierter, nach modern-rationellen Gesichtspunkten arbeitender Behördenapparat, der die letzte Entscheidung dem Fürsten überließ. Die grundlegende Organisation der Zentralbehörden wurde, wie noch zu zeigen sein wird, von Franz Georg geschaffen.

Sein patriarchalisch-absolutistisches Regiment wirkte sich auch auf das Verhältnis zum Stiftskapitel aus. Landstände gab es in der Fürstpropstei nicht. Hier nahm das Stiftskapitel weitgehend die Stellung von Landständen ein, zumindest was seine Machtansprüche betraf. Die Macht des Kapitels war jedoch stärker als die der Stände in weltlichen Territorien, da es das Recht der Propstwahl besaß und während der Sedisvakanz die Regierungsgeschäfte zu führen hatte. Gegen die immer weitergehenden Forderungen der Stiftsherren auf eine Art Mitregierung hat nun Franz Georg mit schonungsloser Offenheit und Schärfe angekämpft, so daß es zu äußerst kritischen Spannungen zwischen dem Propst und seinem Kapitel gekommen ist. Wer sich dabei behauptet hat, ist eindeutig aus der Leichenrede auf Franz Georg zu schließen, die von ihm zu rühmen wußte, „daß er regiert, daß er allein regiert habe“.

Die völlige Unabhängigkeit erstrebte der tatkräftige und zielbewußte Fürstpropst auch auf kirchenrechtlichem Gebiet. Ihm gelang schließlich die vollständige Durchsetzung der Exemtion durch die Einsetzung eines Geistlichen Rats und die Errichtung eines eigenen Priesterseminars auf dem Schönenberg. Von den zum Teil berühmten Klöstern und Stiften auf dem Boden des heutigen Württemberg ist es nur Ellwangen gelungen, innerhalb der Kirchenverfassung diese Sonderstellung zu erringen, die das Stift aus dem Diözesanverband ausgegliedert und zu einer papstunmittelbaren Propstei gemacht hat, deren oberster Würdenträger, der Fürstpropst, die volle bischöfliche Regierungsgewalt in seinem geistlichen Hoheitsgebiet innehatte.

Nimmt man zu diesen politischen Bestrebungen noch Franz Georgs Kunst- und Baufreudigkeit und seine höfische Prachtentfaltung hinzu, so erweist er sich als machtvoller Vertreter des Absolutismus.

Auch eine systematische Wirtschaftspolitik in der Fürstpropstei schuf erst Franz Georg. Ausfuhrverbot für bestimmte Rohstoffe, Anbau von Maulbeerbäumen für die Seidenraupenzucht, Ansiedlung neuer Gewerbe und Lockerung des Zunftzwangs verraten die merkantilistischen Grundsätze des Landesherrn. Die Produktion in den wichtigsten industriellen Unternehmen der Propstei, dem Schmelzofen in Wasseralfingen und den Eisenwerken in Abtsgmünd und Unterkochen, wurde wesentlich verbessert und gesteigert. Dem Geschmack der Zeit folgend entstand 1752 – als wichtigste Neugründung unter Franz Georg – die Fayencefabrik Schrezheim, deren Erzeugnisse von Kennern und Liebhabern heute wieder sehr gesucht sind. Der vielseitige und unternehmungslustige Landbaumeister Prahl gründete eine weitere Fayencefabrik und eine Garnsiederei und erweiterte eine schon früher entstandene Woll- und Leinwandfabrik. Eine Glashütte wurde in Rosenberg betrieben. Doch diese bescheidenen Anfänge einer Industrialisierung konnten die innere Struktur des von der Feld- und Waldwirtschaft geprägten Landes nicht wesentlich verändern.

Der Fürstpropst Anton Ignaz Fugger kann sich zweifellos nicht mit seinem Vorgänger Franz Georg messen, was die mannigfachen und einschneidenden Neuerungen und die hervorragenden Bauten des Schönborn betrifft. Doch hat er durch kluge Maßnahmen die Reformen des stürmisch vorwärtsdrängenden Schönborn in ruhigere Bahnen geleitet und sie damit befestigt. Sein kräftiges Bemühen um Ordnung und wirtschaftliche Sicherheit und seine reichen Schenkungen und finanziellen Hilfsmaßnahmen haben ihm bei seinen Ellwanger Untertanen, auch nach seinem Weggang nach Regensburg, ein dankbares Andenken gesichert. In seiner langen Regierungstätigkeit in Ellwangen wird er so zum Vollender der absolutistischen Politik Franz Georgs und zum Wegbereiter des Aufklärers Clemens Wenzeslaus.

Die Aufklärung des 18. Jahrhunderts, die die Vernunft zur letzten Richtschnur menschlichen Handelns machte, hat alle Bereiche des Lebens einer kritischen Neubeurteilung unterzogen. Auf politischem Gebiet wurde der Gedanke der Fürstenpflicht wieder lebendig. Die Macht des Landesherrn sollte vor allem der Besserung der wirtschaftlichen, sozialen und kulturellen Verhältnisse seiner Untertanen dienen. Von diesen Grundsätzen war die Regierung des letzten Fürstpropsts bestimmt.

Mehr als Franz Georg kümmerte sich Clemens Wenzeslaus um die Landwirtschaft. Erschließung neuen Landes, Einführung fortschrittlicher Anbaumethoden und fachliche Ausbildung von Bauernsöhnen gehörten ebenso zu seinem Programm wie die Gründung einer Landesnotdurftskasse, die bei Viehseuchen und anderen Notständen den Landwirten unverzinsliche Darlehen gewährte. Damit wird er zum Verfechter physiokratischer Ideen im Gegensatz zum Merkantilisten Franz Georg.

Das pädagogische Interesse war ein wesentlicher Zug dieses fortschrittsgläubigen Jahrhunderts. Und nichts lag Clemens Wenzeslaus mehr am Herzen als Hebung und Förderung des Unterrichts sowie der Ausbildung und wirtschaftlichen Lage des Lehrpersonals. Gleich nach seiner Regierungsübernahme setzte er eine dreiköpfige Schulkommission ein, die ihn bei der Durchführung seiner schulischen Maßnahmen beraten und unterstützen sollte. Durch alle seine Verordnungen für das Schulwesen weht deutlich die Reformluft der Aufklärung. Daß dabei manch alte Gewohnheit und Einrichtung weichen mußte, ist verständlich.

So wurden die seit 120 Jahren üblichen Theateraufführungen am Gymnasium verboten. Die 1790 für das Collegium Ignatianum erlassene neue Schulordnung zeigt das deutliche Bestreben, das höhere Schulwesen ganz den Erfordernissen der Zeit anzupassen, z. B. durch die stärkere Betonung der Muttersprache, der Geographie und der Geschichte. Die methodisch-didaktischen Anweisungen muten äußerst modern an und verlangten anstelle der bloß formalen eine kritische Verstandesbildung. Am meisten tat Clemens Wenzeslaus für das Volksschulwesen. Bezeichnend ist schon, daß der Schule das einzige öffentliche Gebäude gewidmet war, das er in Ellwangen errichten ließ: das untere Schulhaus bei der Marienkirche, das mit dem Wappen des letzten Fürstpropsts geschmückt ist. Im gleichen Jahr wie für das Gymnasium hat er auch für die Volksschule eine umfassende Schulordnung erlassen. Die Ellwanger Lehrer mußten einen 6wöchigen Unterrichtskurs auf der Musterschule in Dillingen besuchen; ein Schuldirektor hatte ihre Tätigkeit zu beaufsichtigen. Die Schaffung eines Schulfonds zur besseren Bezahlung der Lehrer und zur Gewährung von Freistellen für arme Schüler zeigt auch in der Schulpolitik den sozialen Zug in der Regierung des letzten Fürstpropsts.

Die Sorge für seine Landeskinder hat Clemens Wenzeslaus auch veranlaßt, im Jahre 1797 Joseph Alois v. Frölich als Hof-, Stadt- und Landschaftsphysikus nach Ellwangen zu berufen. Dieser hat in wenigen Jahren das Gesundheitswesen auf eine so vorbildliche Stufe gebracht, daß ihn Kurfürst Friedrich nach der Säku-

larisation sofort in württembergische Dienste übernahm und in noch einflußreicheren Stellungen verwandte. Aber Frölich war auch Bahnbrecher auf einem anderen Gebiet ellwangischer Kulturgeschichte. Während damals in den Schulen der moderne naturwissenschaftliche Unterricht noch ganz in den Anfängen steckte, trieb der Ellwanger Physikus naturwissenschaftliche, besonders botanische Forschungen und schuf eine Sammlung seltener Pflanzen und Tiere, die als „Museum Frölichianum" in der Gelehrtenwelt berühmt wurde. Wie sehr der hervorragende Wissenschaftler durch seine Schriften auf die Mit- und Nachwelt befruchtend eingewirkt hat, erhellt daraus, daß man von einer Ellwanger Botanikerschule des 19. Jahrhunderts gesprochen hat.
Auch auf kirchlichem Gebiet hat der Aufklärer Clemens Wenzeslaus reformierend gewirkt. Der Kampf gegen den Aberglauben, das Verbot der Karfreitagsprozession mit ihren symbolischen Darstellungen der Passion und die Reduzierung der Feiertage von 38 auf 19 sind von den Untertanen allerdings nicht gerade mit Freuden aufgenommen worden.

## Die Verwaltungsorganisation der Fürstpropstei im 18. Jahrhundert

### *Die Zentralbehörden*

In der ersten Hälfte des 16. Jahrhunderts war in Ellwangen eine ständige Kollegialbehörde – der Hofrat – entstanden, die für alle Fragen der Landesverwaltung und des Kammerwesens zuständig und auch als Gerichtshof tätig war. Als nun die Ausweitung der staatlichen Tätigkeit im Laufe des 17. und 18. Jahrhunderts die Verwaltungsaufgaben gewaltig ansteigen ließ, wurden die Räte immer mehr überlastet, so daß der Gang der Regierungsgeschäfte immer stokkender wurde. Außerdem wirkte sich die mangelnde Erfahrung der Hofräte in Fragen des Kameralwesens für die Finanzen der Fürstpropstei höchst nachteilig aus. Diese Zustände widersprachen den Grundsätzen des Absolutismus und Merkantilismus, die Franz Georg zur Richtschnur seiner Regierungstätigkeit gemacht hatte. Daher begann er sofort mit großen Reformmaßnahmen, und in seine Regierungszeit fällt die grundlegende Organisation der Behörden des Ellwanger Fürstentums. Bereits 1734 nahm er der Regierung die Zuständigkeit für das Kammerwesen ab und ordnete ein selbständiges Kammerkollegium an; damit

sollte eine intensivere Wirtschaftspolitik im Sinne des Merkantilismus betrieben werden. Zur Wahrnehmung der aus der Exemtion des Stifts entspringenden Rechte setzte Franz Georg 1749 eine dritte große Zentralbehörde, den Geistlichen Rat, ein. Damit waren in der Fürstpropstei die drei obersten Regierungsbehörden oder Dikasterien, wie man hier sagte, geschaffen, die bis zum Ende der Propstei bestehen blieben. Epochemachend war Franz Georgs Regierung auch darin, daß der Fürst für Zentral- und Lokalverwaltung wie für Gerichte grundlegende und umfassende Ordnungen geschaffen hat, die die Kompetenzen der einzelnen Behörden abgrenzten und ihre Arbeitsweise regelten. Durch diese, nach Trierer Vorbild durchgeführte umfassende Verwaltungsreform wurde Franz Georg der eigentliche Schöpfer der Verwaltungsorganisation des Ellwanger Fürstentums. Dieses „Schönbornsche System" wurde damals als „Meisterstück" gepriesen und auch von anderen Territorien übernommen.
Der Hofrat setzte sich aus dem Kanzler, der meist Jurist war, und adeligen und bürgerlichen Räten zusammen, wobei den juristisch gebildeten Räten bürgerlicher Abkunft die bei weitem größere Bedeutung zukam; in der Hofkammer waren nur bürgerliche Beamte tätig, dem Geistlichen Ratskollegium gehörten verschiedene Geistliche als Räte an. Gemäß dem Grundsatz des absolutistischen Herrschers sicherte sich der Fürst die letzte Entscheidung in allen wichtigen Angelegenheiten dadurch, daß ihm die Protokolle – vor Durchführung der Beschlüsse – zur Ratifikation vorgelegt werden mußten. Der Einfluß des Stiftskapitels auf alle drei Kollegien war insofern gewährleistet, als der Dekan, das Haupt des Kapitels, gewöhnlich Präsident des Hofrats, der Hofkammer und des Geistlichen Rats war. Außerdem fungierte er während der Abwesenheit des Propstes als dessen Statthalter. Da sich die Pröpste im 18. Jahrhundert nur vorübergehend in Ellwangen aufhielten, kam diesem Amt also besondere Bedeutung zu.

## *Die Lokalverwaltung*

Im 18. Jahrhundert umfaßte die Fürstpropstei etwa 7 bis 8 Quadratmeilen oder 400 qkm mit ungefähr 20000–25000 Einwohnern in einer Stadt (Ellwangen), einem Marktflecken (Bühlertann), 20 Pfarr- und 22 anderen Dörfern sowie 180 Weilern und Höfen. Das fürstpröpstliche Gebiet war in folgende Ämter eingeteilt: Vizedomamt (Stadt Ellwangen), Ammanamt Ellwangen (57 Orte und Höfe), Amt Rötlen (33 Orte und Höfe), Amt Tannenburg (29 Orte und Höfe), Amt Kochenburg (14 Orte und Höfe), Amt Wasseralfingen (27 Orte und Höfe) und Amt Heuchlingen (17 Orte und Höfe). An der Spitze jedes Amtes stand ein

adeliger Oberamtmann und ein bürgerlicher Amtmann. Der Oberamtmann, der oft noch andere Hof- und Regierungsämter innehatte, wohnte gewöhnlich in der Residenzstadt und kam nur von Zeit zu Zeit in seinen Amtsbezirk, so daß der Amtmann alle Verwaltungsgeschäfte zu erledigen hatte. Innerhalb eines Amts waren jeweils mehrere Dörfer, Weiler und Höfe zusammengefaßt zu einer Schultheißerei oder einem Unteramt mit einem Schultheiß an der Spitze.
Oberster Beamter der Stadt war der vom Fürstpropst eingesetzte adelige Stadtvogt oder Vizedom. Dieser übte die Aufsicht über die Tätigkeit des Schultheißen und des Gerichts aus. Auch das Stadtschultheißenamt wurde seit frühester Zeit vom Propst verliehen. Das Stadtgericht setzte sich aus dem Schultheiß, der den Vorsitz führte, und 12 Richtern zusammen. Es besaß außer der freiwilligen, der Zivil- und Niedergerichtsbarkeit auch den Blutbann. Neben der Gerichtsbarkeit besorgte es auch die städtischen Angelegenheiten, das heißt, es war zugleich Stadtrat. Die 12 Richter wählten jährlich die 2 Bürgermeister („Steurer“) aus ihrer Mitte und die übrigen städtischen Diener.

## *Die Gerichtsverfassung*

Die Regierungsbehörde der Propstei war zugleich Justizkollegium in erster und zweiter Instanz. Die Peinliche Gerichtsbarkeit, das heißt die Rechtsprechung über Diebstahl, Mord, Notzucht, Brandstiftung, stand dem Stadtgericht und bis zur Mitte des 17. Jahrhunderts auch dem Hochgericht in Bühlertann zu; der Hofrat mit seinen weltlichen Räten war an der Voruntersuchung beteiligt; meist wurde vom Gericht das Gutachten einer Juristenfakultät oder eines Rechtsgelehrten eingeholt. Die Zivilstreitigkeiten und niederen Strafsachen wurden ursprünglich von den ländlichen Schöffengerichten abgeurteilt; im 16. Jahrhundert war diese Gerichtsbarkeit allmählich auf die herrschaftlichen Beamten in den Oberämtern übergegangen.

## *Die Verwaltungsbehörden des Stiftskapitels*

In Fortsetzung der Gütertrennung zwischen Abt und Konvent war auch im Jahre 1460 eine genaue Scheidung zwischen Propstei- und Kapitelsgütern vorgenommen worden. Die im Gebiet der Fürstpropstei zerstreut liegenden kapitelischen Besitzungen wurden in dem Kapiteloberamt, mit einem Oberamtmann an der Spitze, zusammengefaßt (insgesamt 73 Orte und Höfe), das in die Unterämter Jagstzell (mit 2 Dörfern und 10 Höfen) und Neuler (mit 8 Dörfern und Weilern und 2 Höfen) sowie Stimpfach (mit 5 Dörfern und Weilern und 5 Höfen) zerfiel; in jedem der zuletzt genannten drei Orte saß ein kapitelischer Schultheiß. Für seinen Fernbesitz hatte das Kapitel weitere Ämter eingerichtet: Das Pflegamt Nördlingen (mit 2 Dörfern und 4 Ortschaften) und das Vogtamt Raustetten bei Schw. Gmünd (mit 5 Dörfern). Das Kapitel besaß auf seinen Besitzungen die niedere Gerichtsbarkeit, während die Peinliche Gerichtsbarkeit dem Propst und seinen Gerichten zustand.

Für die Zentralverwaltung hatte das Stiftskapitel einen eigenen Syndikus, der das Kapitel in Rechtsstreitigkeiten vertrat, das Rechnungswesen beaufsichtigte und dem Kanzlei, Archiv und Bibliothek des Kapitels unterstanden – ein Gegenstück also zum Kanzler der fürstlichen Regierung.

Mit der umfassenden Neuordnung der Behördenorganisation und der Heranbildung pflichtbewußter, zuverlässiger Beamter durch Franz Georg hat die Regierung und Verwaltung einen neuen Schwung bekommen, der jahrzehntelang zu spüren war. Trotz mancher Mängel konnte daher am Ende der Propstei ein Zeitgenosse über die ellwangische Verwaltung urteilen: „Der Gang der Regierung war gesetzmäßig, geräuschlos, schonend und mild."

## *Das Ende der Fürstpropstei*

Betrachtet man die Regierungstätigkeit der Fürstpröpste des letzten Jahrhunderts, so kann kein Zweifel bestehen, daß die großen Ideen des Absolutismus, des Merkantilismus und der Aufklärung auch in der kleinen Fürstpropstei ihre umgestaltende Kraft bewiesen haben, auch wenn sich das nach außen nicht in gleichem Maße gezeigt hat wie in den größeren Staatswesen, denen sie mit ihrer auf äußere Macht gerichteten Tendenz mehr angepaßt waren. Konnte sich die Regierung der Fürstpropstei auch keiner politischen Großtaten, keiner diplomatischen oder militärischen Erfolge rühmen, so sind doch ihre Leistungen auf dem Gebiet der inneren Politik denen der weltlichen Fürsten in vielen Stücken ebenbürtig. Am fruchtbarsten für den Ausbau des Ellwanger Fürstentums hat sich die Regierungstätigkeit gerade der Pröpste erwiesen, die außer der Propstei noch weitere hohe Kirchenämter bekleideten. Bei allem Nachteil, den eine solche Ämterhäufung mit sich brachte, hatte sie auch viel Gutes für das kleinere Territorium. Die anderen Länder boten mannigfache Anregungen, und dort erprobte Einrichtungen wurden nicht selten nach Ellwangen übertragen. Die Zusammenfassung mehrerer Fürstentümer verstärkte deren politisches Gewicht, senkte die Repräsentationskosten, gab

Raum für großzügige Reformen und brachte eine größere kulturelle Weite. Andererseits beweist diese Ämterkumulation ganz offenkundig die große Anziehungskraft, die die Fürstpropstei auf höchste Reichs- und Kirchenfürsten ausübte. All die wohlgemeinten und vorbildlichen Reformen des 18. Jahrhunderts konnten den Untergang des geistlichen Fürstentums nicht aufhalten. Denn dieses Ende war nicht Folge innerer Gebrechen, sondern das Ergebnis einer großen revolutionären Umgestaltung Deutschlands nach dem Machtwort des französischen Kaisers. Als durch die Friedensschlüsse von Basel (1795) bis Luneville (1802) bestimmt worden war, daß die deutschen Fürsten, die auf dem linken Rheinufer Gebiete verloren, auf dem rechten entschädigt werden sollten, war auch die Existenz der Fürstpropstei Ellwangen bedroht. Denn der Herzog von Württemberg hatte sich schon im Pariser Separatfrieden vom 7. August 1796 die Fürstpropstei Ellwangen als Entschädigung für Mömpelgard und die verlorengegangenen elsässischen Besitzungen zusichern lassen. Die letzte formelle Entscheidung blieb einer vom Regensburger Reichstag eingesetzten Reichsdeputation vorbehalten. Sie hat Ellwangen als größtes und wichtigstes Territorium dem Herzogtum Württemberg zugewiesen. Die militärische Besetzung der Fürstpropstei durch württembergische Truppen erfolgte bereits am 10. September, die Zivilbesitznahme am 23. November 1802. Das seit mehr als 1000 Jahren selbständige geistliche Fürstentum hatte aufgehört zu bestehen.

Gewiß wird niemand mehr ernsthaft die Auflösung der kleinen geistlichen Staaten bedauern; im Zuge einer größeren politischen und wirtschaftlichen Entwicklung war sie notwendig. Bitter für Ellwangen waren jedoch nicht nur die leidvollen Vorgänge in der Zeit des Übergangs, enttäuschend wurde vor allem, daß die Stadt, die jahrhundertelang Regierungszentrum und kirchlicher und kultureller Mittelpunkt war, in der Folgezeit von Württemberg immer mehr ausgelaugt und in den Winkel gedrängt wurde. Dabei war die Mitgift des ehemaligen geistlichen Fürstentums ansehnlich: außer den Menschen recht stattliche Einkünfte aus Grund- und Lehenbesitz, aus riesigen Waldungen und einer blühenden Eisenindustrie; zahlreiche repräsentative Gebäude in der Stadt, die als Staatsgebäude vielen Zwecken dienstbar gemacht werden konnten. Dazu kam das geistige Erbe. Besonders tüchtige ellwangische Beamte sind in württembergische Dienste übernommen worden, und der aus der Fürstpropstei hervorgegangene Theologe Drey wurde zum Mitbegründer und Hauptvertreter jener theologischen Lehrrichtung, die als „Tübinger Schule“ bekannt geworden ist. Die in der Fürstpropstei im 18. Jahrhundert durchgeführte Erneuerungsarbeit hat also bis in den Nachfolgestaat hinein fruchtbar fortgewirkt.

# Geschichte des Raumes um Aalen

*von Dr. Wolfgang Irtenkauf*

Der Aalener Raum tritt mit dem Benediktinerkloster Ellwangen im Jahre 764 in das Licht der Geschichte. Über die vorhergehenden fünf Jahrhunderte – nach der Überrennung des Limes durch die Alemannen im 3. Jahrhundert – bis zur ersten Urkunde über Ellwangen findet der Historiker wenig gesichertes Material für dieses Gebiet. Wir können zwar aus den Namensformen der Ortschaften allgemeine Rückschlüsse über ihre mutmaßliche Entstehung ziehen – aus den Ortsnamen mit -ingen-Endungen auf uralemannische Gründungen, aus den Ortsnamen mit -hausen, -dorf, -stadt, -stetten, -weiler auf frühere Ausbaudörfer des 6. und 7. Jahrhunderts, mit -heim und -dorf auf fränkische Siedlungen –, aber über diese allgemeinen und im einzelnen unbewiesenen Vermutungen hinaus gibt es leider noch keine systematische Bearbeitung und Erfassung dieser Namensformen und ihrer Herkunft für unser Gebiet.
Freilich, wer nun, was naheliegt, aus der überragenden Stellung Ellwangens auf ein „Überfluten" dieses Einflusses auf unseren Raum schließen wollte, der irrt, denn Ellwangen war „nur" Reichsabtei 2. Klasse und konnte daher den alten, vom König sanktionierten Klöstern keine Konkurrenz hinsichtlich des Besitzes machen. So darf es nicht wundernehmen, daß im Jahre 777 die Orte (Unter-)-Kochen, Fachsenfeld und – außerhalb des Kreises – Schechingen als Besitz des Abtes Fulrad von St. Denis in Paris genannt werden. Fulrad, der von Pippin zum „Minister in geistlichen Angelegenheiten" (Weller) ernannt worden war, hatte als Abt des vornehmsten Frankenklosters der damaligen Zeit weitentfernte Besitzungen, die mit geistlichen Niederlassungen, sog. Zellen, verknüpft waren, von denen das Königsgut Herbrechtingen in direktem Zusammenhang mit den Außenposten im Aalener Raum stand. Diesen Namensnennungen im Testament des Abtes Fulrad verdankt unser Raum seine erste historische Erhellung. Höchstwahrscheinlich ist Unterkochen eine Urkirche gewesen, die in der sich langsam abzeichnenden kirchlichen Organisation eine Schlüsselstellung für alle umliegenden Orte einnahm.
Die kirchliche Organisation, notwendig zur Verfestigung der Christianisierung

des Landes, brachte den Aalener Raum dem Bistum Augsburg, das bis zur Neuschaffung der Diözese Rottenburg Anfang des 19. Jahrhunderts seine kirchliche Verwaltung über das Archidiakonat Ries hier ausübte. Die Gemeinden waren zwei Kapiteln zugeteilt: Aalen, Abtsgmünd, Adelmannsfelden, Dewangen, Hofen, Hüttlingen, Ober- und Unterkochen gehörten zum Kapitel Ellwangen, Essingen und Hohenstadt zum Kapitel Lautern.

Es wurde hier die kirchliche Organisation an den Anfang gestellt, weil wir über sie mehr Einblick besitzen als in die politische. Die gesamte Karolingerzeit bis zum Säkulum der Staufer breitet einen Schleier über unseren Raum. Wo anderwärts die Quellen reichlich zu sprudeln beginnen, versiegen sie hier ganz: nur einmal, im Jahr 839, scheint sich ein (kirchliches) Fenster zu öffnen. Hier erreicht uns die Nachricht, Hammerstadt, ein Ortsteil Aalens in heutiger Zeit, habe dem Reichskloster Fulda zugehört – wieder tritt ein Mächtiger (Fulda war neben Lorsch, St. Gallen und der Reichenau *das* Königskloster schlechthin) für einen Augenblick in unseren Gesichtskreis, dann schließt sich das Fenster wieder. Die Nachricht selbst bietet nichts Neues, denn Fulda hatte vor allem im benachbarten Ries sehr viel Besitz, etwas weiter entfernt stand seine Zelle Solnhofen, über deren Gründer, den hl. Sola, der Ellwanger Mönch Ermenrich eine Lebensbeschreibung verfaßt hatte. Wieder schließt sich ein Kreis, aber er kann nichts zur Sichtbarmachung der politischen Ereignisse liefern.

Wir müssen bis zur 1. Hälfte des 11. Jahrhunderts warten, bis uns die Ausstattung Ellwangens mit einem großen Wildbannbezirk im Virngrund wieder an die Geschichte „anschließt", denn davon sind alle Orte bis Hüttlingen am Kocher betroffen. Daß Hirsau um 1100 Güter in oder bei Essingen, das kleine Kloster Brenzanhausen 1143 solche in derselben Gegend erwerben konnten, gehört zur Politik dieser „jungen" Klöster – mehr an Einsichten liefern die Nachrichten uns nicht.

## *Das Zeitalter der Staufer*

Vom 12. Jahrhundert an endet der eben beklagte Zustand. 1136 tritt erstmals der Name Aalens in der Form „Alon" auf, es ist ein Conradus de Alon, der diesen ersten datierten Eingang Aalens in die Geschichte bewirkt. Der Ort hatte unzweifelhaft bereits einen Ortsadel, was auf eine größere Ansiedlung schließen läßt. In rascher Folge erscheinen jetzt Trochtelfingen (1140 werden erstmals die Herren des Ortes genannt, die später durch Besitz- und Familienzersplitterung dem stattlichen Dorf zu nicht weniger als fünf Adelssitzen verholfen haben), Bopfingen, Kirchheim und Baldern im gleichen Jahr 1153 (alle drei Orte hatten

Ortsherrschaften), Flochberg aber wird für unsere weiteren Überlegungen zum Schlüssel des Ganzen. Schon 1138 wurden hier, wie anderswo, die ersten Ortsherren genannt, doch bereits sieben Jahre später, taucht der bedeutungsschwere Begriff der Königsburg („castrum regis“) auf. Königsburg für wen?
Gemeint sind in diesem äußerst wichtigen Falle die Staufer, die zuerst vom Wäscherschloß unweit von Wäschenbeuren und dann vom Hohenstaufen selbst aus die Schicksale der damaligen Welt zu bestimmen sich anschickten. 1138, also im gleichen Jahr, da Flochberg erstmals genannt wird, besteigt der erste Staufer, Konrad III., den Thron. 1140 hatte er in der Schlacht bei Weinsberg, die durch die Erzählung von den tapferen Weibern unsterblich geworden ist, seinen stärksten Feind, die Welfen, besiegt. Nunmehr war die Sicherung des neu gefestigten Reiches nach innen das oberste Ziel Konrads. In diesem Sicherungssystem hat die Königsburg Flochberg zwei Aufgaben zugleich zu übernehmen: sie hat die Ostgrenze des staufischen Schwaben gegen das vorher welfische Bayern zu sichern und sie wird Schützerin der im Mittelalter vielbenützten Reichs- und Handelsstraße Straßburg–Nördlingen, die im Egertal entlangläuft. 1188 – und dies verleiht Flochberg in diesem großen Zeitalter deutscher Geschichte seinen besonderen Glanz – wird die Burg als persönlicher Besitz Friedrich Barbarossas zum Heiratsgut für seinen Sohn Konrad, der die Tochter des kastilischen Königs ehelichte. Die Herren von Flochberg waren staufische Dienstherren, Ministeriale, geworden, die außer Flochberg auch Bopfingen und Waldhausen verwalteten.
Jedoch nicht nur Bopfingen, das als Reichsgut gewertet wird, profitierte von der Stellung Flochbergs: herausgehoben wurde unser Raum dadurch, daß er als Stammbesitz der Staufer anzusprechen ist (die Grafen von Dillingen scheinen, nach dem, was wir über ihre Geschichte wissen, über das Härtsfeld hinaus zwar Güter als Streubesitz aufgewiesen zu haben, verlieren diese aber an die Staufer). Denn nach dem Niedergang der Staufer, der sich mit der Enthauptung Konradins auf dem Marktplatz zu Neapel 1268 schlagartig abzeichnet, wurden die Burgherren, die staufische Ministerialen geworden waren, selbständig. Den Beweis liefert dafür der 1236 genannte Sifridus de Adelmannsfelden, der zu den „Ministeriales imperii“, den Reichsministerialen, zählt. Sie sind nunmehr zur selbständigen Führung ihrer Besitzungen ausersehen, wodurch sich die Einheitlichkeit des Reiches auflöst und jenes bunte Bild entsteht, das man (Jahrhunderte später) mit „deutscher Kleinstaaterei“ zutreffend gerügt hat.
Auch Aalens frühe Geschichte fällt mit dem Stauferjahrhundert zusammen. Doch erstaunlich: es läßt gerade für diesen heute so zentralen Platz nur Wahrscheinlichkeitsschlüsse übrig. Vielleicht weisen die Aalener Stadtfarben Weiß-Rot auf eine Staufergründung? Vielleicht haben die Staufer Aalen zur Stadterhebung verhol-

fen, so wie sie 1188 als Stadtrechts-Verleihung für die Städte Bopfingen, Gmünd, Ulm, Weißenburg und Dinkelsbühl bezeugt ist? Und 1241 werden Orte genannt, die Steuern an das Reich abführen: Essingen, das um 1100 mit Kloster Hirsau zwar in Zusammenhang gebracht wird (doch daher kann die Bedeutung des Ortes nicht kommen), unser Bopfingen, die Nachbarorte Gmünd und Giengen! Aalen? Es steht nicht auf dieser Liste. So kann die Folgerung nur lauten: Aalen wurde nach 1241 zur Stadt erhoben. Die Bedeutung dieser Stadt, die noch in den letzten Regierungsjahren der Staufer zu dieser Ehre aufgestiegen sein muß, verdankt sie der wichtigen Straße, an der Flochbergs Schicksal sich ein volles Jahrhundert früher abgespielt hat: jetzt erst, so argumentiert man, soll man diese Zentralstellung erkannt haben. Fragen über Fragen – und eine davon könnte lauten: warum zwischen Gmünd und Bopfingen keine Stadt des Reiches im 12. Jahrhundert errichtet worden sein sollte, vor dem Übergang ins Ries, mitten im Kochertal.
So bleibt – Paradoxon der Geschichte! – nur übrig, für Aalen selber das Unwahrscheinliche anzunehmen, was für den Raum um Aalen gesichert ist: die Grafen von Öttingen, Nachfolger der mächtigen Riesgaugrafen, waren Besitzer des „Dorfes“ Aalen, ebenso, was im Gegensatz dazu beweiskräftig ist, für die Lauterburg, für Essingen und – außerhalb unseres Gebiets – Heubach mit dem Rosenstein. Zu Lehen haben sie Hohenalfingen, Hohenstadt und die Kochenburg.
Allzulang scheinen uns die Jahrzehnte bis zu jener Urkunde, die um 1300 ausgestellt worden sein muß. Sie enthält den Begriff „Dorf bei Aalen“ – Dorf bei einer Stadt; demnach wäre Aalen Stadt gewesen. Doch wer könnte, nach den Staufern, an einer Erhebung Aalens zur Stadt Interesse gehabt haben? Bis 1273 kennt die Reichsgeschichte das Interregnum, anschließend daran waren und galten die Schwaben als widerspenstig – wo bleibt hier ein zureichender Anlaß?
1242 wird Aalen erstmals direkt als Reichsstadt angesprochen, nach dem Interregnum wird dieser Stadt wie Bopfingen befohlen, keine hörigen Leute der Grafen von Öttingen aufzunehmen. Die Politik der beiden Städte wäre demnach auf einen Abwehrkampf gegen die Öttingen ausgerichtet. Die Reichsstädte stehen also gegen die Öttingen – durch diese Parallele ist uns die Einsicht gegeben, die für Aalen wahrscheinlich macht, daß es unmittelbar nach 1241 Reichsstadt geworden ist, auch wenn erst die Kaiserurkunde Karls IV. vom 3. Dezember 1360 von Aalen als einer Reichsstadt spricht: „Die Stette Aalen und Heubach mit allen dorfen, guten und gepieten und zugehörigen ... haben wir als ein Keiser ufgenomen und sie dem Heiligen Reich und seiner Camer eingeleibt, geeygenet, und geeyniget ... in desselben Reiches-Gewalt, recht, herschaft und eygenschaft ewiclichen zu bleiben.“ Das „Ewicliche“ hatte eine Dauer von mehr als fünfeinhalb Jahrhunderten.

*35. Lauchheim, Torturm mit Wappen des Deutschordens*

*36/37. Unterschneidheim, Deutschordensschloß von 1514, jetzt Rathaus*

*38. Deutschordenskommende Kapfenburg bei Hülen   39. Kloster Kirchheim am Ries*

*40. Wasserburg („Schlößle") Wört im östlichen Virngrund*

Draußen im Lande aber regte sich ein selbständig gewordener Ortsadel (1229 Fachsenfeld, 1236 Adelmannsfelden und Hohenstadt), die geistlichen und weltlichen Grundherrschaften suchten Teile des Kuchens zu erhaschen: Ellwangen erhielt die Hälfte von Oberkochen, die Schenken von Schenkenstein verkauften ihre Burg nahe Aufhausen dem Bischof von Augsburg, was die Grafen von Öttingen dreizehn Jahre lang mit Prozessen zu wehren suchten, aber sie erreichten die Ausweitung ihres Territoriums nur am Riesrand, wo die Ortsherren von Baldern die weit ins Land hinausschauende Burg an die Öttingen abtraten und sie somit zu Lehensherren herabsanken. Hand in Hand mit dieser Ausweitung ging mit der Festigung der Herrschaft nach innen die Gründung eines geistlichen Instituts, des Frauenklosters Kirchheim am Ries.

## *Zisterzienser und Zisterzienserinnen*

Während jahrhundertelang der Benediktinerorden eine unangefochtene Vorherrschaft im Abendland genoß, der wir die stolzen Gottesburgen Ellwangen und Neresheim danken, kamen um die Wende vom 11. zum 12. Jahrhundert die „reformierten Benediktiner", die Zisterzienser, auf, mächtig gefördert in der Stauferzeit durch einen der ihren, den heiligen Bernhard von Clairvaux. Hierzulande waren es eine Reihe bedeutender Frauenklöster, die der Orden mit dem 1225 bestätigten Rottenmünster (bei Rottweil) anlegte. In den darauf folgenden Jahrzehnten wurden praktisch in allen maßgeblichen Teilen des Landes Zisterzienser(innen)klöster angelegt, so daß es nicht überrascht, wenn auch unser Raum eine solche Gründung aufzuweisen hat, das Frauenkloster Mariä Himmelfahrt in Kirchheim.

Die Gründungsurkunde ist vom 30. September 1270 datiert, als Stifter wird der regierende Territorialherr, Graf Ludwig (III.?) von Öttingen genannt. Wie oft bei Klostergründungen (Ellwangen!) steht auch hier eine Sage zu Beginn: der Graf geriet bei einem Ritt in einen Sumpf, aus dem er sich nur nach dem Gelübde einer Klostergründung dank der Hilfe Mariens retten konnte. Schält man den Kern der Legende heraus, so ist festzuhalten, daß die Öttingen damals außerordentlich klosterfreudig waren. Die gräflichen Familien, welche hier ihre Grablege wählten, darunter Graf Ludwig XI. von Öttingen, der Hofmeister König Sigmunds, sowie die ledig gebliebenen Töchter der Adelsfamilien, die für den strengen Lebens- und Gottesdienst der Zisterzienserinnen ausersehen waren, weshalb der Volksmund gerne von einem „Versorgungskloster" sprach, verleihen

dem Kloster schon bald nach seiner Gründung reichen Besitz. 1272 nimmt es der Papst in seinen Schutz, zwei Jahre später wird ihm der kaiserliche Schutzbrief ausgestellt.
Unter den Grafen von Öttingen werden vor allem Friedrich (II.?) und seine Gattin als besondere Wohltäter betrachtet. Auf beider Grabdenkmal in Kirchheim ist das Modell der heutigen Klosterkirche zu sehen, so daß man rückschließend sagen kann, diese (besonders große) Kirche sei um die Mitte des 14. Jahrhunderts erbaut worden. Wie stark die Grafen von Öttingen hier mitregiert haben, zeigt die im 15. Jahrhundert notwendig gewordene Reform, die 1465 durch die Äbtissin Margareta von Öttingen durchgeführt wurde, der später (1500) eine neue Klosterordnung folgte.
Außerhalb der Grenzen unseres Kreises wurde 1303 ein Männerkloster der Zisterzienser in Königsbronn auf Veranlassung König Albrechts gegründet, das auf die Geschichte Oberkochens nicht ohne Einfluß geblieben ist, denn um 1366 erhielt dieses Kloster das kaiserliche Privileg, nach Bohnerz zu graben, was zum ersten Bergbau in der Aalener Gegend führte. Die Erze wurden sodann in Königsbronn und Heidenheim verhüttet.

### *Das spätere Mittelalter (14. und 15. Jahrhundert)*

Das jahrhundertelange segensreiche Wachstum des Friedens in unserem Raum wurde jäh gestört, als nach Kaiser Heinrich VII., der 1313 starb, sich für annähernd zwei Jahrzehnte ein erbitterter Kampf um den Kaiserthron zwischen Ludwig dem Bayern, der als Ludwig IV. 1330 das Ziel erreicht hat, und Friedrich dem Schönen von Österreich entbrannte, in dessen erstem Jahr bereits die Burg Flochberg sinnlos zerstört wurde. Zwar verlieh Ludwig nach seinem Sieg Burgstall und Berg Flochberg den darauf wartenden Grafen von Öttingen, die dort eine Burg errichten sollten, aber schon in Ludwigs Todesjahr 1347 wurde die Burg wieder an Kaiser Karl IV. verpfändet.
Mit diesem Kaiser, der Prag zu seiner Residenz erhoben hatte, kamen Aalen und Bopfingen 1360 in einen schweren Konflikt, als die in Nürnberg versammelten deutschen Fürsten nach starker Beeinträchtigung der größeren schwäbischen Reichsstädte den Krieg gegen den Kaiser beschlossen hatten. Kampflos fiel Aalen dem Kaiser zu, der die Stadt nunmehr als persönliches Eigentum betrachtete und danach handelte. Die Reichsfreiheit war nicht mehr gesichert, da der Kaiser die Stadt bei schweren finanziellen Belastungen verpfänden konnte, was z. B. schon 1377 geschah. Deswegen schloß sich Aalen im gleichen Jahr dem Schwäbischen

Städtebund an – eine Maßnahme, die der Kaiser zwar verboten hatte, die man aber dennoch traf.
Bopfingen blieb (zusammen mit Dinkelsbühl) das gleiche Schicksal einer vorübergehenden Verpfändung nicht erspart, denn auch hier war es Kaiser Karl IV., der die Städte mit den Grafen von Öttingen vertauscht hat (1352 wieder aufgehoben).
So traten die Reichsstädte in dem wechselnden Rhythmus zwischen Schwächung und Kräftigung in das 15. Jahrhundert ein. Sie erwarben neue Rechte: das der Selbstverwaltung, des eigenen Gerichts, Sitz und Stimme bei den Reichstagen, aber auch Verpflichtungen: Reichssteuer und Stellung eines Kontingents für das Reichsheer. Gerade die Reichssteuer lud den betroffenen Städten schier unerträgliche Kosten auf; die Finanzkraft wurde zunehmend schwächer. Die kleinen Reichsstädte – nur noch Buchhorn, Isny und Buchen wurden geringer veranlagt als Bopfingen – taten, zumal ihre politische Kraft seit der Jahrhundertmitte wieder schwächer wurde, gut daran, sich mit den benachbarten Landesherren zu arrangieren. Die 15 Bündnisse Aalens mit Württemberg und die Teilnahme der Stadt bei der Gründung des Schwäbischen Bundes im Jahre 1488 beweisen das. Bopfingen lehnte sich dagegen eng an das benachbarte Nördlingen an, das als die Handels- und Gewerbestadt der weiten Umgebung führend war. Für Bopfingen kam als weiterer Hemmschuh für eine bessere Entwicklung das kleine Gebiet und die geringe Landwirtschaft dazu.
In dieser Zeit des Absinkens hob ein Ereignis Bopfingen weit aus seiner Zurückgezogenheit heraus. Es war die Schenkung einer wertvollen Reliquie, der oberen Armröhre aus dem Leib des heiligen Blasius, durch den Straßburger Domdekan Graf Johann von Helfenstein im Jahre 1465. Als diese in die Bopfinger Stadtkirche überführte Reliquie an einem Grafen von Öttingen eine Besserung seines Leidens bewirkte, wurde ihr Ruhm in alle Lande hinausgetragen. Wer an einem verschwollenen Hals oder an ähnlichen Gebresten litt, wallte nach Bopfingen, was nicht nur der Stadt finanziell aufhalf, sondern indirekt zu der vornehmen künstlerischen Ausstattung der Kirche beitrug. Aufgeschrieben sind alle Heilungen, die sog. Mirakel, in einem einzigartigen Dokument, der Handschrift des Bopfinger Mirakelbuches, das als einziges im heutigen Württemberg erhalten ist.
Als mit der Reformation diese Wallfahrt zum Stillstand und bald danach ganz in Abgang kam, war es 1582 das katholisch gebliebene Flochberg, das ein ähnliches Mirakel aufzuweisen hatte. Der epileptische Sohn eines Flochbergers erlebte eine Erscheinung der Gottesmutter Maria, die ihn in ein Kornfeld wies, wo er durch ihre wiederholte Erscheinung durch einige aufgedrückte Wurzeln geheilt wurde. Flochbergs eigenartige Wallfahrtskirche hält das Gedächtnis dieses Mirakels bis heute wach.

## *Bauernkrieg und Reformation*

Bauernkrieg und Reformation sind in der Regel die Höhepunkte im Umbruch vom Mittelalter zur Neuzeit. In unserem Raum entbehren sie der Dramatik, die sie z. B. in Ellwangen hatten. Dort erwächst in Paulus Speratus der Reformation eine Länder übergreifende Persönlichkeit, dort ziehen sich zwei Geistliche durch ihr unerschrockenes Eintreten für die neue Lehre die Enthauptung zu. Nichts dergleichen geschah hier. Auch der Fall des Bopfinger Pfarrers Wolfgang Vogel, der als Wiedertäufer einen ebenso elenden Tod durch die Protestanten in Nürnberg fand, spielte sich in seinem Endstadium außerhalb unseres Raumes ab.
Die große Öffnung der Reformation gegenüber bewirken die adeligen Grundherren, so die Herren von Wellwarth-Lauterburg für Essingen, so Öttingen für Kirchheim – wo das Kloster sich allerdings der Reformation verschließt und daher nur das Dorf zum Umstimmen zu bewegen war – so Württemberg indirekt über das Kloster Königsbronn in Oberkochen, wo der Königsbronner Teil reformiert wurde. Dem entgegen standen die ausgeprägten gegenreformatorischen Neigungen des Ellwanger Fürstpropsts. Während Bopfingen zunächst nur ein kurzes Aufflackern zum neuen Gedankengut hin erlebte, mußte sich Aalen, ganz anders als Ulm und Nördlingen, die sich dem Protestantismus verschrieben, 1529 dem kaiserlichen Druck beugen. Erst 1575 konnte hier der erste evangelische Prediger aufziehen. Der Schutzmacht des Protestantismus, der Protestantischen Union, trat Aalen zwar nach ihrer Gründung 1610 bei, acht Jahre später gab es den Zusammenhalt wegen des hohen Beitrages wieder auf.
Auch der Bauernkrieg verlief hier glimpflicher als anderswo. Der Gaildorfer „helle Haufen“ hatte die Bauern des Aalener Raumes angelockt, die in ihren eigenen adeligen Grundherren keine ernsthaften Gegner sahen oder fanden — ein gutes Zeichen für die meist reibungslose Zusammenarbeit. Aalen und Baldern konnten sich einer Einnahme erwehren. Dafür fiel das Strafgericht der Kaiserlichen nach dem unterdrückten Aufstand blutiger aus als man den wenigen ernsthaften Übergriffen schließen müßte.
Viel schwieriger waren die „Folgelasten“ dieser Zeit. Gegen die Anhänger des protestantischen Schmalkaldischen Bundes zog Kaiser Karl V. 1546 im Schmalkaldischen Kriege zu Felde. Nachdem er im Oktober bis Giengen gelangt war, nahm er am 26. November 1548 das ein Jahr zuvor zur Reformation „übergelaufene“ Bopfingen ein. Der Ausspruch des Kaisers „Per Dio, dem Städtlein haben wirs grob gemacht!“ ist zwar nicht authentisch verbürgt, aber er spiegelt die katastrophale Situation, in die die Stadt unter dem Ipf geraten war. Für unseren Raum wirkte sich dieses Handeln des Kaisers psychologisch sehr hemmend

aus, denn niemand durfte es jetzt wagen, gegen den Kaiser, in dessen Reich die Sonne nicht unterging, zu handeln. Das Interim von 1548 war die Folge, vier Jahre später die Zurücksteckung der kaiserlichen Macht durch die große Fürstenerhebung, bis 1555 der Augsburger Religionsfriede die Kompromißformel fand, wessen Glaube der Landesherr, dessen Glaube sei auch das Territorium. Bopfingen durfte sich jetzt (neben Oberdorf, Goldburghausen, Trochtelfingen und dem Dorf Kirchheim) zum Protestantismus bekennen.
In dieser Zeit durchgreifender Neuerungen erlebte der Bergbau eine Renaissance. Schon 1511 wollten die Herren von Wellwarth zwischen Aalen und Gmünd nach Erz graben lassen, dasselbe hatte 1515 der württ. Erbmarschall Thumb von Neuburg im Amt Kochenburg vor. Als 1580 auf Markung Aufhausen Eisenerz gefunden wurde, wurde ein Eisenhaus samt Schmitte durch die Grafen von Öttingen errichtet. So bahnte sich in unserem Raum langsam jener Wirtschaftszweig an, der später mit den Hüttenwerken in Wasseralfingen (1678/81 Gründung des Eisenschmelzwerkes) und Königsbronn seinen Höhepunkt erreichte.
Die relativ ruhige Zeit der Jahre nach 1555 wurde von den Städten und den Dörfern zum Neuaufbau und zur Konsolidierung ihrer inneren Verhältnisse benötigt und genutzt. Das 17. Jahrhundert brachte dann die Katastrophe des Dreißigjährigen Krieges.

## *Der Dreißigjährige Krieg*

Die Gründung der bereits genannten Protestantischen Union und die Gegenposition einer Katholischen Liga führten 1618 zum Ausbruch eines alles verschlingenden Krieges, dessen Dauer von drei Jahrzehnten auch uns einen ungefähren Eindruck von seiner furchtbaren Größe vermitteln muß.
Waren es im ersten Jahrzehnt dieses Krieges nur Truppendurchzüge, so traten in dem zweiten Kriegsdezennium die harten Auseinandersetzungen in brutaler Massierung auf. Zunächst wollte das Restitutionsedikt von 1629 den Katholizismus unter bestimmten, den Protestanten gegenüber – die vom Religionsfrieden ausgeschlossen sein sollten – unwürdigen Bedingungen wiederherstellen. Dagegen trat König Gustav Adolf von Schweden mit seinen Truppen auf. Für Aalen hatte das erstere die Durchsetzung des katholischen Gottesdienstes zur Folge, was der Hochmeister des Deutschordens überwachte. 1631 kam die Drohung Tillys: „Für Ahlen und Schwäbisch Gmündt ligen einige 4000 Pfert darunter 1000 Crabaten“ (Pferde und Kroaten). Die Plage der fremden Truppendurchmärsche, so unangenehm sie auch sein mochten, war nur ein harmloses Vorspiel zu den folgenden Jahren.

Aalen glaubte nach dem schwedischen Sieg am Lech stark genug zu sein, um mit dem Beitritt zum Heilbronner Bund wenigstens nach außen ein Bekenntnis abzulegen – ein Bekenntnis deswegen nach außen, weil es nicht mehr das Beitrittsgeld aufbringen konnte, da es „viel gelitten" habe.
1634, ein Jahr später, steuerte der Krieg einer Entscheidung zu, die unglücklicherweise in unserer Gegend ausgetragen wurde. Im August zogen Herzog Bernhard von Weimar und Graf Horn ihre Truppen an der Donau zusammen, um dem belagerten Nördlingen zu helfen. Am 11. bzw. 12. August war Bernhard in Aalen, sein Heer schlug auf dem Breitwang oberhalb von Bopfingen sein Lager auf. Die Schlacht von Nördlingen endete für die Schweden mit einer Katastrophe. Die geschlagenen Truppen flohen nach Westen, in Bopfingen wurde geplündert, die Bevölkerung mißhandelt (in den folgenden Jahrzehnten nahm die Bevölkerung um zwei Drittel ab!), in Aalen gerieten zurückgebliebene Pulverwagen in Brand, so daß die Stadt den Flammen zum Opfer fiel.
Das wirre Durcheinander dieses Krieges spült nun Truppen und Truppenteile ins Land hinein, Jahre hindurch: 1638 läßt sich bayrische Feldartillerie in Aalen, Bopfingen und Giengen nieder, seit 1646 waren es die Franzosen unter Marschall Turenne, ja noch während der Friedensverhandlungen griff eine starke schwedische Abteilung Aalen an. Ein zeitgenössischer Bericht schildert den unsicheren Zustand, den die Menschen in Kellern und Höhlen dulden mußten, ein lebensbedrohender Mangel an Nahrungsmitteln herrscht, ja einzelne Ratsmitglieder werden grausam ermordet. So war der Westfälische Frieden, der in Münster für die Reichsstädte unseres Raumes von Dr. Markus Ott unterzeichnet wurde, das Ende eines Leidensweges, der uns heute in seiner furchtbaren Auswirkung wohl nur noch wenig ins Bewußtsein tritt.
Unabsehbar waren nun die Folgen dieses dreißigjährigen Eingriffes in die gesamte Struktur des Lebens. Nie mehr wurde die Bevölkerung in irgendeinem Zeitabschnitt unserer Geschichte so dezimiert wie hier. Nicht nur der Krieg mit seinen unmittelbaren Übergriffen, sondern auch die Folgen (Seuchen usw.) schlugen die demoralisierten und entkräfteten Menschen schwer. Politisch sieht man sich jetzt mehr denn je genötigt, sich an größere, stärkere Territorien anzulehnen: Aalen z. B. an das protestantische Württemberg. Bei Abstimmungen sind die großen benachbarten Landesherren (Württemberg, Bayern) Vorbild (Aalen schloß sich hier meist Österreich an). Für allzuviele, ausgedehnte Streitigkeiten hatte man kein Verständnis mehr.

## *Das 18. Jahrhundert*

Erst um die Wende vom 17. zum 18. Jahrhundert flackern die militärischen Gegensätze wieder auf. Hatte man bislang, im Gegensatz zu Württemberg, sehr viel Glück mit den Franzoseneinfällen gehabt, so kam es zuerst 1704 zu Plünderungen, dann (1741 und 1743) zogen französische Korps durch. Dann warf erst wieder der 1793 gegen Frankreich erklärte Reichskrieg die Schatten kriegerischer Handlungen auf unseren Raum. Die Franzosen zwangen Württemberg durch ihren Einfall 1796 auf die Knie. Im August wurde Aalen mit der ganzen Umgebung schwer geplündert.
War man durch mehrere Sonderfrieden Württembergs in die Lage versetzt, wieder vor den kriegerischen Übergriffen aufzuatmen, so brachten diese Friedensschlüsse ganz andere, weittragende Probleme für unseren Raum, denn im Dezember 1802 wurde dem württembergischen Herzog Friedrich II. als Ersatz für seine verlorenen linksrheinischen Gebiete in Aussicht gestellt, die Reichsstadt Aalen und die Fürstpropstei Ellwangen zu erhalten. So fiel Aalen am 7. September 1802 an Württemberg. Für die anderen Orte unseres Gebiets schien zunächst kein Anschluß an Württemberg zu drohen, bis 1806 der zur Königswürde aufgestiegene württembergische Herzog, der sich von nun an König Friedrich I. nannte, durch seinen Beitritt zum napoleonischen Rheinbund, auch die Deutschordenskommenden, also Kapfenburg mit Lauchheim, erhielt. Noch einmal wirkte sich diese Gebietseskalation aus, als im Wiener Frieden 1810 Gebietsaustausche zwischen Baden, Württemberg und Bayern vorgenommen wurden, welche Bopfingen und Baldern, die vorher zu Bayern gehörten, den Anschluß an Württemberg brachten. Das betraf auch das vormalige Zisterzienserinnenkloster Kirchheim, das die Grafen von Öttingen-Wallerstein erhalten hatten: neun Frauen und 17 Schwestern wurde der Aufenthalt im Kloster bis zu ihrem Ableben gestattet.
Neuwürttemberg mit seiner kurzlebigen Hauptstadt Ellwangen hatte alles uniformiert — damit aber auch die Sondergeschichte unseres Raumes, denn von nun an ist er Teil des Königreiches Württemberg.

## *Das besondere Schicksal der Deutschordensstadt Lauchheim*

Das Schicksal des – an einer beinahe unüberwindlichen Barriere zwischen jungem Jagsttal und westlichem Riesrand gelegenen – Ortes Lauchheim bestimmte der Deutsche Orden. Lauchheim, das hieß Grenzmarke (althochdeutsch lôcha, normalisiert Lauche), Grenze zwischen Alemannen und Franken. Das Lauchheimer

Stadtwappen mit seinen beiden gekreuzten Lauchstengeln in silbernem Feld, das erstmals 1548 bezeugt ist, wußte von diesen alten geschichtlichen Zusammenhängen nichts mehr, sondern nahm den Ortsnamen wörtlich.

Der Deutschorden war eine Gründung der deutschen Kreuzfahrer in Akkon, er ist aus der Kreuzzugsbewegung der staufischen Zeit nicht wegzudenken. Die Ideen des geistlichen Ritterordens wurden in Deutschland begeistert aufgenommen. Unter denen, die dem Orden großen Besitz zuführten, waren drei Hohenloher, die beide Burgen in Mergentheim nebst allem Zubehör dem Orden übereigneten. So nahm der Deutschorden zuerst (1220) in Mergentheim seine süddeutsche Wirksamkeit auf; hier entstand eine Komturei, die ihren Sitz im dortigen „Deutschen Haus" hatte. Das Haus Hohenlohe stellte in Heinrich von Hohenlohe einen der ersten Hochmeister des Deutschordens — kein Wunder, daß man sich vor allem in adeligen Kreisen immer wieder an diesem Vorbild orientierte.

Gerade in dieser Zeit, als Heinrich von Hohenlohe zu diesen Ehren aufzusteigen im Begriff war, wird Lauchheim erstmals schriftlich erwähnt (1248). Die Grundherrschaft nehmen die Gromberger ein, an die der Weilername Gromberg noch erinnert. Zuerst sind es die sich mächtig ausdehnenden Grafen von Öttingen, die auch hier die Stärkeren sind, dann aber tritt im Jahre 1364 der Deutschordenskomtur Marquard der Zoller auf, der die Kapfenburg mitsamt Lauchheim kauft. Die gebietsmäßige Expansion war gemessen an dem sonstigen Landgewinn des Ordens, der von Ostpreußen bis Estland reichte, gering, aber er diente zu seiner Festigung. Das Gebiet, das man bis zum Beginn des 19. Jahrhunderts errichtete, war abgerundet und umfangreich: Lippach-Westhausen-Bernloh-Unterriffingen-Berg-Lippach markieren etwa seine Begrenzung.

Bald bekommen die neuen Untertanen die Freiheiten zu spüren, die sie gegenüber anderen Eigentümern besitzen: jeder Leibeigene wird nach einem Jahr Aufenthalt im Deutschordensgebiet frei, Zollfreiheit wird generell gewährt. Das führt zum Zuzug nach Lauchheim, das sich als Hauptort herauskristallisiert. Kein Wunder, daß der Ort 1398 volle Gerichtsbarkeit durch König Wenzel erhält, wobei Rechtsgelehrte der Universität Ingolstadt später die rechtlichen Gutachten zu liefern haben. 1402 folgt das Marktrecht, was man in Ellwangen hinwiederum gar nicht gerne sieht, denn jeder Marktort bildet den Anlaß zur wirtschaftlichen Zersplitterung. Von 1430 an wird Lauchheim befestigt und bald sind es nicht weniger als zehn Türme, die über den Ort ragen.

Über den Ort? Über die Stadt! Denn freie Gerichtsbarkeit, Marktrecht und Ortsbefestigung führen einen Ort, zudem er laufend seine Einwohnerzahl steigern kann, zur Nähe einer Stadt. Lauchheim erhält das Gesicht einer Reichsstadt, jedoch nie die Ernennung dazu. Alles, was in dieser Hinsicht geschieht, ist die for-

male Angliederung an die kleine Reichsstadt Bopfingen, die Lauchheims Rechte gewissermaßen „übernimmt", sich also in diesem Punkt an Lauchheim als Vorbild anlehnt.
Es ist der Komtur, der den Zuzug durch ein „Wohnungsamt" des Deutschordens bestimmen muß – die Stadt wäre sonst zu groß geworden. Zünfte entstehen, das Handwerk blüht. Aber die Handwerker dürfen den geistlichen Bezirk nicht überschreiten, wie umgekehrt kein fremder Handwerker hier herein darf. Ein kleiner geistlicher Staat zeichnet sich in Lauchheim ab, mit allen Vor- und Nachteilen. Wobei wir unbedingt zu den Vorteilen die Errichtung einer Schule 1432 rechnen wollen, die natürlich unter der Oberaufsicht des Ordens steht, der übrigens auch die Pfarrer für seinen Bezirk stellt und obendrein noch Chorschüler durch die Kommende zwecks Verschönerung des Gottesdienstes ausbilden läßt.
Ja, Lauchheim ist eine Stadt: es erhält eine Art von eigenem Militär, die Bürgerwehr, die unter der Oberaufsicht eines Stadtleutnants steht. Überall ist man besorgt, die Ansiedlung von Menschen zu erleichtern, so in Hülen, wo Heimatlose, „heillose, lüderliche Leute", wie man sie geringschätzig nennt, eine neue Heimat finden, so nicht zuletzt die Juden, die 1658 aus der Grafschaft Baldern vertrieben worden sind, und hier nun bereitwillig Aufnahme finden. Hier müssen wir allerdings die Person des damaligen Lauchheimer Stadtpfarrers Mühlich ausnehmen, der zwar als Verfasser eines neuen Pfarrbuchs bei den Historikern einen guten Namen hat, aber als christlicher Hirte restlos versagte. Der Deutschorden war hier großzügiger: die Juden wurden den ordentlichen Bürgern gleichgestellt, sie sollten nicht das Gefühl von unerwünschten, rasse-verschiedenen Flüchtlingen haben. Die Wohnung hatten sie in der Judengasse zu nehmen. Von der Synagoge kann man heute noch in Lauchheim einige wenige Reste besichtigen. Hier wird deutlich: gerade jener Orden, der seine Entstehung der Befreiung Palästinas aus der Hand der Ungläubigen verdankt, hat letztlich sich selbst überwunden und das Beispiel der echten christlichen Nächstenliebe verwirklicht. Christentum der Tat!
Natürlich hatten die Lauchheimer (und damit der Deutsche Orden) jahrhundertelange Schwierigkeiten mit den benachbarten Grafen von Öttingen, wobei sich die Öttinger nicht scheuten, auch in einem Fall das Reichsgericht anzurufen. Mit Ellwangen wären die Schwierigkeiten wegen Einführung des Marktes und der Apotheke (1718) vermutlich gleich groß gewesen, wenn nicht zwei geistliche Territorien Grund zur Mäßigung gehabt hätten. Mit Württemberg und vor allem mit den Reichsständen suchte man sich gut zu stellen; letztere vertraten ja, wenn auch nur indirekt, das Geschick der Deutschordensstadt.
Freilich konnte dieser ideale Anschluß die Stadt nicht vor Truppendurchmärschen

bewahren, so daß man sich im späten 15. Jahrhundert sehr um die Aufnahme in die Städtebünde bemühte. Im Bauernkrieg hatten die Bauern kein Glück mit der Stadt, ebensowenig übrigens mit der Kapfenburg. Dieser war die erste Einnahme erst nach langen friedvollen Zeiten im Dreißigjährigen Krieg beschieden, während Lauchheim in dessen Endjahren durch französische Truppen geplündert wurde, woraus sich der verheerende Stadtbrand entwickelte. Die Bürger zogen zunächst auf die Kapfenburg, dann in das Gebiet der Reichsstadt Schwäbisch Gmünd. Schließlich, das muß der Vollständigkeit halber doch noch angemerkt werden, kämpften die Bayern noch im Jahre 1805 in dieser Gegend, um die Kapfenburg behalten zu können, was aber der einen Kompanie Militär nicht gelang. Vorübergehend (1806/07) war sie Residenz des Prinzen Paul von Württemberg, bis Burg und Stadt zunächst einmal der Vergessenheit anheimfielen.

Fazit dieser langen Epoche: hier herrschte Friede, wann immer nur Frieden herrschen konnte. Eine überlegene, wahrhaft tatenreiche christliche Verwaltung hatte dieses Schicksal einer Stadt und einer Burg beschieden, die dadurch wie eine Insel aus der Umgebung herausgeragt hat.

# Die Geschichte des Härtsfelds und des Klosters Neresheim

*von Ottmar Engelhardt*

Das Härtsfeld weist eine Reihe von alemannischen Ursiedlungen auf, die -ingen-Orte Elchingen, Kösingen, Dossingen, Dorfmerkingen und Riffingen. Unter der Oberhoheit der inzwischen mächtig gewordenen Franken entstanden weitere Orte, nun mit der Endung auf -heim: Auernheim, Cuochheim (Großkuchen), Neresheim, Ohmenheim u. a. In einer weiteren Phase der Besiedlung, nun in der karolingischen Zeit, entstanden weitere -heim-Orte wie Nietheim, Stetehim (Stetten) und die vielen Orte auf -hausen, -hofen und -dorf, wie Härtsfeldhausen, Waldhausen, Iggenhausen, Trugenhofen, Hofen, Osterhofen, Dorfen, Schweindorf u. a. Noch später folgten die -weiler-Orte und solche, die sich nach Flurnamen oder landschaftlichen Gegebenheiten benennen: Weilermerkingen, Simmisweiler, Affalterwang, Geiselwang, Arlesberg, Hohenberg, Bernlohe, Beuren, Brastelburg, Hohlenstein, Hülen, Michelfeld, Niesitz, Steinweiler (1776) u. a.
Im 8. Jahrhundert war das Land der Alemannen in Gaue eingeteilt mit einem Gaugrafen an der Spitze. Das Härtsfeld gehörte zum einen Teil zum Riesgau der Grafen von Öttingen, zum andern zum Brenzgau der Grafen von Dillingen, deren Hauptsitz ursprünglich in Wittislingen an der Egau lag. Die Gaugrenze kam von Osten aus Richtung Donauwörth her und lief über Amerdingen entlang dem „Rennweg“ bis Eglingen–Dunstelkingen; sie folgte dann dem Egautal aufwärts bis Neresheim und zog sich weiter über Weilermerkingen–Riffingen zum Albtrauf und diesem folgend bis in die Gegend von Aalen.
Neben den Dillingern und Öttingern hatten auch die Helfensteiner zeitweilig beachtlichen Einfluß auf dem Härtsfeld. So gehörte ihnen einst der Wildbann von Westen her bis zur Egau. 1448 aber mußten die damals mächtigsten Herren auf der Ostalb zur Deckung von Schulden ihre „Herrschaft Heidenheim“ an Ulrich von Württemberg verkaufen. – Schließlich waren auf dem Härtsfeld auch das bedeutende Kloster Fulda, die gefürstete Propstei Ellwangen, der Deutschorden, der niedere Adel und die Reichsstadt Nördlingen begütert.

*Die Benediktinerabtei Neresheim*

Vom 11. Jahrhundert an ist die Geschichte des Härtsfelds eng mit dem Kloster Neresheim verbunden. In manchen Köpfen taucht zwar immer wieder die Version einer Klostergründung im Jahre 777 durch den bayerischeen Herzog Tassilo auf, jedoch ist diese „Tassilogründung“ durch gar nichts belegt; sie braucht uns hier also nicht zu beschäftigen.

Sicher ist, daß die Grafen von Dillingen schon im 9. Jahrhundert auf dem heutigen Neresheimer Klosterberg eine Burg zum Schutz des Brenzgaus unterhielten. 1095 schenkte Graf Hartmann I. zusammen mit seiner Gemahlin Adelheid diese Burg mit der dem hl. Ulrich und der hl. Afra geweihten Kirche und den Besitzungen im Weiler Neresheim zur Gründung eines Klosters an regulierte Chorherren. Zum Schutzpatron erwählte man neben der hl. Afra den hl. Ulrich von Augsburg, da er ein Sproß des Dillinger Grafenhauses war. Die Stiftung dieses Klosters wurde durch Papst Urban II. bestätigt. Schirmvogt des Klosters Neresheim wurde die Stifterfamilie. 1106 wurden die Chorherren durch Benediktiner aus Petershausen bei Konstanz ersetzt. Die Zahl der Chorherren war immer sehr klein geblieben, wogegen damals das benediktinische Leben in ganz Schwaben einen mächtigen Aufschwung infolge der cluniazensischen Reform unter dem Hirsauer Abt Wilhelm genommen hatte. Weitere Verstärkung erfuhr Neresheim durch Benediktiner aus Zwiefalten. Neben dem Männerkloster bestand, damaligem Brauch entsprechend, auf dem Neresheimer Ulrichsberg auch eine Frauenniederlassung, das „Andreaskloster“, die bis zur Mitte des 13. Jahrhunderts Bestand hatte.

1152 bestätigte Papst Eugen III. dem Kloster Neresheim mehr als 50 Orte, die diesem entweder ganz zu eigen gehörten oder in denen es Güter, Einkünfte und Rechte besaß. 1298 – in der Konfirmationsbulle Bonifaz III. – waren es schon fast 70 Ortschaften mit inkorporierten Pfarrkirchen und Patronaten.

Folgende 10 Pfarreien waren dem Kloster inkorporiert: Neresheim, Ebnat, Ohmenheim, Auernheim, Ziertheim, Großkuchen, Kleinkuchen, Unterriffingen, Elchingen, Kösingen. Durch die Inkorporation wurde der Neresheimer Abt Pfarrherr und das Kloster konnte beträchtliche Einkünfte an sich ziehen. Der Abt war dagegen verpflichtet, am jeweiligen Pfarrort einen Pfarrer zu unterhalten und die Baulast für die Dorfkirche zu übernehmen.

Die Einflußnahme des Klosters gereichte dem Härtsfeld nicht zum Nachteil. Große Flächen wurden gerodet, neue Dörfer und Höfe entstanden, die Klosterschule hatte weithin guten Klang, fast alle inkorporierten Gemeinden bekamen neue Kirchen, und besonders die Landwirtschaft des Härtsfelds erhielt durch das

Vorbild der Mönche laufend neue Impulse. So bewahrheitete sich hier das Sprichwort: „Unter dem Krummstab ist gut wohnen."
Die Mönche aber widmeten sich besonders auch ihrer höheren Aufgabe, der Verherrlichung Gottes, die ihren Ausdruck in zahlreichen Bauwerken fand, so in einer Basilika aus dem 12. Jahrhundert, die bis 1783 stand und alle Kunststile jener Jahrhunderte in sich aufnahm. Und die heutige großartige Gesamtanlage des Klosters mit dem Höhepunkt in der Abteikirche des großen Barockbaumeisters Balthasar Neumann gibt uns den besten Beweis für den Kunstsinn der schwarzen Mönche, der Neresheim erst berühmt machte.
Solange das Dillinger Grafenhaus die Schutzvogtei über Kloster Neresheim ausübte, hatten sich die Mönche nicht über mangelnde Unterstützung zu beklagen. Dies aber wurde nach dem Tod des letzten Sprosses aus dem Hause Dillingen, Hartmann IV., anders (1258). Graf Ludwig von Öttingen legte Hand auf das Kloster, das er als „Faustpfand" bezeichnete, da er vorgab, Gläubiger der Dillinger zu sein. Es kam zu Plünderung und Brand und zu einem schier endlosen Rechtsstreit. Das Kloster versuchte immer wieder, sich auszulösen. Vergebens. Im Laufe der Jahrhunderte mußten die Mönche wiederholt die Oberhoheit der Öttinger anerkennen. Immer wieder wurden Äbte gefangengesetzt, wurde das Kloster besetzt, wurde geplündert. Durch 500 Jahre Klostergeschichte zieht sich dieser Streit wie ein roter Faden. – Erst einem der bedeutendsten Neresheimer Äbte, Benedikt Maria Angehrn aus Hagenwil in der Schweiz, dem genialen Organisator und Wirtschaftler, war es vorbehalten, das Kloster aus der Bindung an Öttingen zu lösen. 1764 kam es zu einem Vergleich, in dem das Kloster die Grafen von Öttingen-Wallerstein als Schutzherren pro forma anerkennt, es gleichzeitig aber auch als freies, exemtes, allein kaiserlicher Majestät und dem Hl. Römischen Reich unterworfenes, unmittelbares Gotteshaus und der Prälat als unmittelbarer Abt anerkannt wird.
Diese Unabhängigkeit als freies Reichsstift mußte sich Neresheim teuer erkaufen. Zum Gebiet der Reichsabtei gehörten nach 1764 nur noch die Inkorporationen Auernheim, Großkuchen, Ebnat, Elchingen und der Weiler Kleinkuchen. Die Stadt Neresheim selbst war öttingisches Landstädtchen geworden. Ferner zahlte das Kloster als weiteren Preis für seine Freiheit die damals riesige Summe von 49 000 Gulden. Bedenkt man, daß das Kloster gleichzeitig noch mit dem gewaltigen Kirchenneubau belastet war, dann darf man wohl von einer schweren Bürde, aber auch von einem Beweis für die Lebenskraft des Klosters sprechen.

## *Die Stadt Neresheim*

Am Fuß des Klosterbergs fügt sich die kleine Stadt Neresheim in ihr Maß. Die sicherlich sehr alte Ansiedlung an günstig gelegener und quellenreicher Stelle im Egautal tritt uns erstmals im Jahr der Klostergründung 1095 als „Noeresheim" schriftlich vor Augen; 1125 lesen wir „Noreshain", im 13. Jahrhundert „Nernistheim", „Nernsheim" und „Nerinsheim.

Während des Mittelalters gewann der Ort an Bedeutung nicht nur durch das Aufblühen des Klosters, sondern auch durch seine Lage an der bedeutenden Handelsstraße Nürnberg–Nördlingen–Ulm–Ravensburg. Um die Mitte des 13. Jahrhunderts war Neresheim Mittelpunkt eines Things mit Hochgericht der Grafen von Dillingen. Gegen Ende des 13. Jahrhunderts wurde der Ort durch das Kloster und die Vogteiherrschaft Öttingen befestigt, was ihm in der obengenannten Papsturkunde von 1298 die Bezeichnung „oppidum" (= befestigter Platz) eintrug. Über das genaue Datum der Verleihung des Stadtrechts ist uns nichts bekannt. Jedenfalls aber heißt Neresheim im Jahr 1343 „Markt" und in einer Schenkungsurkunde aus dem Jahr 1350 „Statt". Ein „Berthold von Hoppingen gesessen ze Neresheim" schenkt „dem Ersamen gaistlichen Herrn Abbt Waltheren und dem Gotzhaus ze Nereshain" ein Haus „in der Statt ze Nereshain, Geben nach Christgeburt dreuzehnhunder Jar, darnach in dem fünfzigsten Jar, an der Mitwuche vor sant Georgien Tag".

Aus jener Zeit ist uns in Neresheim auch das adelige „Frey Reichsvogtey Neresheim Stadtgericht" überliefert, wohl ein stets mit Adeligen oder Mitgliedern angesehener Geschlechter besetzter Reichsgerichtshof, der hohes Ansehen genoß und vor allem Rechtsauskünfte erteilte.

Daß wir so wenig über die Stadtwerdung und die ersten städtischen Einrichtungen wissen, ist wohl auf den verheerenden Stadtbrand des Jahres 1405 zurückzuführen. Damals brannte Neresheim völlig nieder. 32 Menschen fanden dabei den Tod. In der Form eines schönen Eirunds, das in deutliche Viertel unterteilt war, wurde das Städtchen wieder aufgebaut. Dieses mittelalterliche Stadtbild ist in seinem Grundriß auch heute noch erhalten. Schutz nach außen boten der Stadt ein gedeckter Laufgang, der Zwinger, die Zwingmauer und der Stadtgraben. Drei Tor boten Zutritt zur Stadt: das Klostertor, das Wassertor und das Wörnertor. Sie waren zur Sicherheit mit Türmen bewehrt; fünf weitere Türme waren in die Stadtmauer eingelassen. Leider wurde diese wehrhafte Anlage in späterer Zeit dem Verfall überlassen und im 19. Jahrhundert vollends abgetragen. Die außerhalb der Mauern gelegene alte Pfarrkirche aus dem 12. Jahrhundert (heute Friedhofkirche) wurde 1468 durch die neue, im Zentrum gelegene Pfarrkirche abgelöst.

Die Bevölkerung der kleinen Stadt wechselte infolge der chronischen Armut sehr stark, so daß alteingesessene Geschlechter eigentlich nicht bekannt sind. Dazu sorgten die Kriegsläufte immer wieder für spürbare Rückschläge. So kam Neresheim nie zu besonderer wirtschaftlicher Blüte. Außer einigen Webereien bestanden im Städtchen nur kleinere Landwirtschaften, einige Handelsgeschäfte und mehrere Gastbetriebe für die durchreisenden Kaufleute. Auf dem Härtsfeld überhaupt spielten neben der Landwirtschaft noch die Schafzucht, die Holzköhlerei und die Bohnerzgewinnung (beides für die Hüttenwerke in Königsbronn) sowie die Lieferung von Töpferton eine gewisse Rolle. Der Ton wurde zum Teil auch an Ort und Stelle verarbeitet („Häfner-Ebnat").
Bis zum Jahr 1502 bestand der Rat der Stadt aus 24 Mitgliedern, von da an nur noch aus 12. Graf Joachim von Öttingen hatte diese Höchstzahl festgesetzt: „Ursach des ist es gewest, daß es nicht gut ist, wenn eine kleine Commun viel mit Rat und Gericht überladen und daß mit wenig Personen alles wohl mag ausgerichtet werden." Zwei der Ratsmitglieder taten Dienst als Bürgermeister.

„Eines weysen Mannesz
stethe Betrachtung ist der Toth,
Zu dies Weishait hilff uns auch
o getreuwer Gott.
Nit dasz wir allain hier
nur in dem Rathsdandt
Weis sein sollen, sondern auff
unser recht Vatterlandt
Vorsichtig seyen,
damit wir allzugleich
Ererben möchten dasz
Ewig Himmel Reich. Amen.

(Gebet aus dem Neresheimer Roten Stadtbuch)

Nach dem Brand von 1405 erließt der Rat der Stadt eine strenge Stadtordnung, die durch Jahrhunderte Bestand hatte. Besonders streng waren begreiflicherweise die Bestimmungen zum Schutz vor Feuer. So war aufs Entschiedenste angeordnet, daß eine erwachsene Person im Haus zu bleiben hatte, solange das Feuer im Herd noch brannte. Großer Wert wurde auch auf Anstand und Sitte gelegt. Bei Nacht waren Schreien und Pfeifen auf der Straße verboten, desgleichen das Gehen ohne Licht. Um neun Uhr abends mußten die Wirtshäuser schließen. Fremde Bettler

und Landsknechte durften nur so lange in der Stadt weilen, als nötig war „ihren Pfennig zu zehren". Ortsfremden war es verboten, in den Wirtshäusern Karten zu spielen. Man hatte offenbar mit den ständig durchziehenden Kaufmannszügen nicht die besten Erfahrungen gemacht. – Besondere Aufmerksamkeit widmete man auch dem Schutz vor Feinden. So waren die Torschranken stets geschlossen und bewacht. Bei Nacht wurden die Tore geschlossen und die Schlüssel dem Vogt zur Aufbewahrung übergeben. Mehrere Nachtwächter zogen ihre Runden.
Über die Stadtmauern hinaus hatte die „Ordnung in Aufläufen" große Bedeutung. Sie stammt aus dem Jahr 1520 (der Bauernkrieg zeichnete sich ab!) und galt für den ganzen Bezirk. Darin war festgelegt, wie bei Feind- und Feuersgefahr die einzelnen Gemeinden mit Pechpfannen, Hakenschützen und Glockengeläut sich gegenseitig benachrichtigen und Hilfe anfordern sollten. Bemerkenswert ist auch, daß die Stadt Neresheim Ende des 15. Jahrhunderts eine Teutsche Schule erhielt, die damit eine der ältesten Volksschulen unseres Landes ist.
In Neresheim und fast auf dem gesamten Härtsfeld, soweit die Grundherrschaften geistlicher Art waren, fand die Reformation keinen Eingang, während die umliegenden Städte Giengen, Heidenheim, Aalen, Bopfingen und Nördlingen sich dem neuen Glauben anschlossen und mit ihnen auch ihre ländlichen Territorien auf dem Härtsfeld, z. B. Schweindorf.

## *Kriegsläufte*

Das Härtsfeld wurde im Verlauf seiner Geschichte mehrfach heftig von Kriegen heimgesucht. Im 12. Jahrhundert bekam dies vor allem das Kloster Neresheim zu spüren, als es, wie die andern Hirsauer Reformklöster auf Seiten des Papstes gegen den Kaiser stand. 1246–1249 wurde das Kloster durch König Konrad IV. mehrfach geplündert und niedergebrannt. Schweres Unheil brachte dann 1546 der Schmalkaldische Krieg, der Kaiser Karl V. persönlich nach Neresheim führte. Besonders die Gemeinde Ohmenheim hatte damals unter den Spaniern zu leiden.
Der Dreißigjährige Krieg schließlich brachte für das Härtsfeld nicht nur Hunger, Not, Bedrängnis und Leid, er bedrohte das Kloster, die Stadt Neresheim und die meisten Ortschaften in ihrem Bestand. Das Härtsfeld nach 1648 war ein völlig anderes als das zu Beginn des Krieges. Schon bei Kriegsbeginn wurde der Landschaft Schweres abverlangt durch Zahlungen an durchziehende kaiserliche Truppen. Das Geld verlor seinen Wert, und die Wirte zogen, um keine Gäste anzulocken, ihre Schilder ein. Dazu kamen Mißernten, Krankheiten und Hunger.
So war es nicht weiter verwunderlich, daß man allenthalben nach Schuldigen

41. *Lauterburg am Steilrand des Albuchs mit Burgruine und Pfarrkirche von 1612*
42. *Zöbingen, Wallfahrtskirche St. Marien*

43. *(umseitig) Unterkochen mit dem Kirchberg*

suchte, und man fand sie, entsprechend dem Ungeist jener Zeit, in den Hexen. 1629 erlebte die Stadt Neresheim eine wahre Hexenverfolgung. Von Februar bis Oktober wurden 24 Personen nach Wallerstein abgeführt, dort peinlich verhört, abgeurteilt und hingerichtet. Die Frau eines Neresheimer Hafnermeisters und deren 18jährige Tochter machten den Anfang. „Man mußte Abbruch tun, sonst hätte das ganze Städtchen darüber aufgehen mögen", so berichtet der Chronist. 1633/34 ergriff der schwedische General von Hofkirch vom Kloster Besitz als Erbe seiner Frau, einer geborenen Fürstin von Öttingen-Wallerstein. Seine Soldaten plünderten und drangsalierten, wo sie nur konnten; am schlimmsten litten die unbefestigten Dörfer. Bald herrschte die schlimmste Not. Der Unterriffinger Pfarrer Baumann schreibt dazu in seiner Chronik: „Den Menschen war es übel vor Hunger, daß sie keinen Menschen mehr gleich sahen, Hunde und Katzen auffingen und aßen, das Luder (Aas) reißenderweise wegnahmen und Gras und Wurzeln suchten."

Der Sommer 1634 aber brachte den Höhepunkt der Passion. Jetzt durchkämmten auch kaiserliche Truppen das Härtsfeld. Schließlich kam es im September im südlichen Ries zur berühmt-berüchtigten Schlacht bei Nördlingen. Die vernichtend geschlagenen Schweden flohen durch die Wälder des Härtsfelds und überfielen die Ortschaften. Unmittelbar hinter ihnen warfen sich die verfolgenden Kroaten auf Neresheim, Elchingen, Ohmenheim, Auernheim und die meisten anderen Härtsfeldorte. In der allgemeinen Verwirrung wurde niedergemacht, wer sich in den Weg stellte. Die Blutnacht von Neresheim (29. September 1634) soll über 200 Bürgern das Leben gekostet haben. Und nicht viel anders sah es in allen Dörfern aus. Ganze Ortschaften (Eschenbach, Talheim?) gingen zugrunde und wurden nie mehr aufgebaut; in andern lebten nur noch ein paar verängstigte, kranke Menschen.

Die Not war unbeschreiblich. In Mäuselöchern grub man nach Getreide, „Mählstaub und Kleien kamen nicht mehr an den armen Mann ..." Alles verkam und zerfiel. Und dazu kam die innere Not der Menschen. Gewalttat und Unmoral waren alltäglich. Manch einer verließ die Heimat, nachdem er sein Gut für ein Spottgeld verkauft hatte (Guldesmühle). – Auch die letzten Kriegsjahre brachten noch eine Reihe von Truppendurchmärschen. 1644 zählte Neresheim noch 290 Einwohner. 1648 wurde der Abt des Klosters von Franzosen gefangengesetzt, mißhandelt und als Schwerverletzter vertrieben. Am Ende des Krieges glich das Härtsfeld einer großen Brandstätte. Viele Familien waren ausgestorben, andere weggezogen. Das Härtsfeld hat sich von diesem furchtbaren Aderlaß nie mehr ganz erholt. Verglichen mit anderen Gegenden sank die Bevölkerungszahl bis ins 20. Jahrhundert herein mehr und mehr!

Nur ganz allmählich rührte sich nach diesen Schrecken wieder das Leben. In der Not der Nachkriegsjahre nahm 1663 die später berühmte Wallfahrt Maria Buch bei Neresheim ihren Anfang. Der Legende nach soll hier der Neresheimer Abt Meinrad beim Ritt nach Ohmenheim in einer Buche ein ganz vom Holz überwuchertes Gnadenbild gefunden haben. Bald stand hier eine Kapelle, bald eine große Kirche, in deren Mitte die besagte Buche wurzelte, deren Stamm zum Dach hinausführte, so daß die Baumkrone sich über das Gotteshaus erhob! In den Franzosenkriegen brannte 1796 die Kirche samt dem Mesnerhaus nieder; heute steht an ihrer Stelle eine schlichte Kapelle, in der uns eine Inschrift informiert:

„1663 den Anfang nahm,
1711 ein Kirchlein kam,
1796 wurde es verbrannt,
1889 dieser Bau entstand."

Nach Jahrzehnten der Not und Entbehrungen rüsteten sich die Benediktiner auf dem Neresheimer Klosterberg ausgangs des 17. Jahrhunderts zur 600-Jahrfeier der Abtei. Sie taten dies unter dem Zeichen des in Deutschland nun rasch an Raum gewinnenden neuen Baugeistes des Barock. Im Lauf der Jahrhunderte war zwar die Klosteranlage zu stattlichen Ausmaßen gelangt, in der Gesamtschau aber doch von großer Unregelmäßigkeit und Uneinheitlichkeit. Damals regierte ein weitblickender und baufreudiger Mann im Kloster: Abt Simpert Niggel (1682–1709). Seiner und seines Nachfolgers Amandus Fischer Unternehmungslust ist es zu verdanken, daß die gesamte unzweckmäßige Klosteranlage mit Ausnahme der Prälatur und des Kirchturms niedergelegt wurde, um Platz für die vom neuen Geist getragene planvolle und sinnvoll abgesufte Anlage zu schaffen, die sich heute unserem Auge bietet: zuunterst die Bauten für den Wirtschaftshof, darüber die Konventsgebäude und zuhöchst schließlich die herrliche Kirche, als deren Bauherren die Äbte Aurelius Braisch, Benedikt Maria Angehrn und Michael Dobler zu nennen sind. Dieser Abstufung entsprach auch die Reihenfolge, in der die neuen Bauten erstellt wurden.

### *Säkularisation*

Genau ein Jahrhundert wurde auf dem Neresheimer Ulrichsberg gebaut! Und nur ein Jahrzehnt blieb den Mönchen noch nach der Kirchweihe des Jahres 1792!
Der französisch-österreichische Krieg als Folge der Revolutionsereignisse in Frank-

reich führte anfangs der neunziger Jahre mehrfach österreichische Truppen durch unser Gebiet. Der Wandel des Kriegsglücks zwang schließlich die Österreicher zum Rückzug, und so stand die Besetzung durch französische Truppen bevor. In Neresheim arbeitete man fieberhaft, um einen Landsturm aufzustellen. Stadt und Kloster versicherten sich gegenseitiger Unterstützung, und der Abt bereitete seine Flucht vor. Unter dem Druck des französischen Generals Moreau wichen die Österreicher 1796 immer weiter nach Osten aus und sammelten sich schließlich auf dem Härtsfeld, das einem Heerlager glich. Der Erzherzog Karl – er wohnte im Neresheimer Pfarrhaus – meinte bei einer Geländebesichtigung: „Die Gegend ist nicht übel, es ließe sich hier gut schlagen!" Dann aber zog er sich doch weiter zurück, und die Franzosen besetzten die Stadt, die mehrere Tage lang Schweres zu erdulden hatte. Am Morgen des 11. August 1796 entbrannte im Osten der Stadt die Schlacht, die die Österreicher zu weiterem Rückzug zwang. Sie erschien Napoleon so bedeutsam, daß er den Namen „Neresheim" im Arc de Triomphe in Paris einmeißeln ließ.

Der Friede des Jahres 1802 brachte dem Härtsfeld erneut einen schweren Schlag. Schon seit mehreren Jahren war in Neresheim durchgesickert, daß die Fürsten für verlorene linksrheinische Besitzungen mit geistlichen Gebieten entschädigt werden sollten. Das Wort von der „Säkularisation" klang schon jahrzehntelang in manchen Ohren angenehm, und die 1789 in Frankreich durchgeführte Enteignung der Kirchengüter sollte nun auch in Deutschland Schule machen. Man bediente sich dabei der Ausflucht, die geistlichen Gebiete seien rückständig, was für sehr viele nicht zutraf, sicher nicht für Neresheim, das gerade im Jahrhundert zuvor seine Lebenskraft und sein Niveau bewiesen hatte. Der Reichsdeputationshauptschluß des Jahres 1803 aber entschied gegen Neresheim. Fürst Karl Anselm von Thurn und Taxis hatte Anspruch auf Entschädigung für verlorene Postrechte auf dem linken Rheinufer und für Besitzungen im Hennegau. Sein Haus war schon seit Jahrzehnten auch auf dem südlichen Härtsfeld begütert. Am 22. Dezember 1802 ließ er dem Neresheimer Konvent durch einen Bevollmächtigten mitteilen: „... so ist gedachte Reichsabtei als solche aufgehoben ...". Der Fürst selbst soll gegenüber den Konventualen damals gesagt haben, er nehme das Kloster in einer Zeit allgemeiner Räuberei, „denn wenn ich es nicht nehme, so nimmt es ein anderer". Damit hatte das Härtsfeld nicht nur ein Kloster verloren!

Die öttingische Stadt Neresheim fiel damals an Bayern. Das Haus Thurn und Taxis selbst übte seine Souveränität im ehemals reichsunmittelbaren Gebiet des Klosters nur bis 1806 aus. Dann wurde auch das Klosterterritorium bayerisch, bis 1810 das gesamte Härtsfeld auf Grund eines Tauschvertrags an Württemberg fiel. Neresheim wurde Oberamtsstadt (bis 1938). Das Härtsfeld sank in einen Dornröschenschlaf. Erst der Bau der Härtsfeldbahn (1900) und die Wiederbesiedelung des Klosters mit Benediktinern (1920) waren erste Signale eines Wiederaufschwungs, der sich dann mit dem Zustrom der Heimatvertriebenen nach dem Zweiten Weltkrieg und der Ansiedlung von Industriebetrieben vollzog.

*Literatur*

Stadtchronik Neresheim
Beschreibung des Oberamts Neresheim (1872)
Festschrift zum 600jährigen Stadtjubiläum Neresheim von Dr. M. Kneer und E. Ebentheuer (1950)
Neresheim im Württembergischen Städtebuch von P. Dr. Paulus Weissenberger OSB (1962)
Die Rechtsverhältnisse der Pfarreien des Klosters Neresheim von K. Engelhardt (1962)
Härtsfeld-Wanderungen von A. Belge (1968)

# Von „Neuwürttemberg“ bis zum Zweiten Weltkrieg

*von Dr. Eugen Hafner*

## *Der Anschluß an Württemberg*

Im Frieden von Luneville (1801) war der württ. Herzog für die linksrheinischen Besitzungen, die Grafschaft Mömpelgard und die anderen Gebiete, die an Frankreich verloren gegangen waren, unter anderem mit der Fürstpropstei Ellwangen, entschädigt worden. Im Geheimvertrag von 1802 waren auch noch neun schwäbische Reichsstädte zu Württemberg geschlagen worden, darunter auch Aalen. „Um die Ankunft des Militärs anzumelden und durch die Magistrate die Bevölkerung zu Ruhe und freundlichem Benehmen zu mahnen“ (Miller) entsandte Herzog Friedrich Zivilkommissäre. Für die Freie Reichsstadt Aalen und die Fürstpropstei Ellwangen war es Regierungsrat von Reischach. Er kam am 7. September nach Aalen, Truppen folgten ihm auf dem Fuße. In Ellwangen rückte das Bataillon von Oberniz, verstärkt durch Kavallerie und Artillerie, in Stärke von über tausend Mann, am 10. Dezember des gleichen Jahres ein.

Im Gegensatz zu anderen Städten wird den Aalenern zum Zeitpunkt des Übergangs an Württemberg vor allem eine äußerst sparsame Verwaltung bescheinigt, die relativ gesunde finanzielle Verhältnisse geschaffen und erhalten hatte. „Eher Dorf als Stadt rühmte sich dieses, keinen Juristen und außer dem Stadtschreiber auch keinen Schreiber in den Mauern zu bergen. Sein Magistrat zwang in bürgerlichen Prozessen die streitenden Parteien mit Anwendung seiner Strafgewalt zu billigeren Vergleichen und verheiratete, spießbürgerlich-unpolitisch, selbst achtzehnjährige Burschen, um sie vor dem Militärdienst zu verwahren“ (Miller).

Nicht ganz ohne Gewalt wurde 1806 die Deutschordenskommende Kapfenburg mit ihrem Territorium, zu dem u. a. Lauchheim, Hülen und Waldhausen mit einem Großteil seiner heutigen Teilgemeinden gehörten, in Besitz genommen. Die Kapfenburg wurde für kurze Zeit sogar die Residenz des Prinzen Paul; auch ein Kameralamt wurde dort eingerichtet.

Bopfingen, dessen Vertreter auf der Städtebank im Regensburger Reichstag an 37. und damit letzter Stelle saß, war 1802 zunächst an Bayern gefallen. Erst mit

dem Staatsvertrag von 1810 kam es dann an Württemberg, zusammen mit einigen Gemeinden der „Jungen Pfalz", die seit 1938 allerdings zum Kreis Heidenheim gehören. Mit dem gleichen Vertrag kamen weite Teile des Rieses und des Härtsfeldes, die heute zum Kreis Aalen gehören, aus fürstlich Öttingischen und fürstlich Thurn- und Taxisschen Besitzungen zu Württemberg.
Eine Menge Dekrete und Verordnungen erschienen. Damit war es aber noch nicht getan. Welche Schwierigkeiten der Aufbau der Verwaltung in den neuen Gebieten mit sich brachte, wird am Beispiel des neuen Oberamtes Neresheim deutlich.

## *Neresheim 1810*

Das Oberamt hatte seinen Aktuar, mußte aber anfangs zehn Wochen lang seinen Amtssitz in einem Wirtshaus nehmen. Endlich wurde das vorige Justizamtshaus angekauft und bezogen. Auch für das Oberamtsgericht mangelte es an einem Gerichts- und Amtslokal. Durch Bau des jetzigen Gerichtshauses (1810) wurde Abhilfe geschaffen. In Neresheim wurde ein Amtsphysikus aufgestellt, der in gutem ärztlichem und moralischem Kredit stand. Der Fürstlich Taxissche „Operateur" wurde beeidigter „Hebammen-Instrukteur"; ferner wurde eine Apotheke, ein Oberzollamt, ein Oberaccis- und Oberumgeldsamt (Steueramt), eine Amtspflege, ein Oberamtschirurgat, ein Bürgermeisteramt, ein Eichamt, eine Feuerpolizei, ein Postamt organisiert. Es wurde auch ein Zinkenist aufgestellt und dadurch allen Musikanten und Spielleuten, welche nicht vom Zinkenisten bestellt waren, das Handwerk eingestellt; er allein hatte bei Hochzeiten aufzuspielen. Auch ein Kaminfeger, eine Polizei usw. wurden eingeführt und organisiert.
Am 5. Dezember 1810 wurde im Oberamt die Militär-Conskription eingeführt, wozu die Geistlichkeit mitzuwirken hatte; Familien- und Pfarrbücher, Bevölkerungslisten wurden angelegt und das Schulwesen geordnet. In den beiden anderen Oberämtern waren die wehrfähigen und -pflichtigen Männer schon früher erfaßt und auch eingezogen worden. Da in Neuwürttemberg zum neuen Vaterland – in Stuttgart verstand man darunter durchaus Württemberg und nicht etwa das noch gar nicht existierende Reich – herzlich wenig Liebe vorhanden war, wurde gerade der Militärdienst – unter der Herrschaft Napoleons – als besonders drückende Last empfunden. Die Begeisterung der Untertanen für das neue Regime war darum auch hierzulande, wie allenthalben, sehr gering. Die Untertanen des Rittergutes in Hohenstadt sollten beispielsweise im Oktober 1805 im Schloßhof „huldigen". Die Versammelten verweigerten aber – auch auf drastische Drohungen hin – den Treueid. Der Grund lag hauptsächlich darin, daß

die Adelmannschen Untertanen bisher vom Militärdienst befreit waren. Der Eid wurde nur von den Geistlichen, den Beamten und den Dienern der gräflichen Herrschaft geleistet. Delegierte der im Schloßhof versammelten Untertanen erklärten, auf die Folgen ihres Verhaltens aufmerksam gemacht, sie wüßten zwar wohl, daß sie der Gewalt nicht widerstehen könnten, aber mit einem Eid, der ihnen nicht aus dem Herzen komme, sei dem König von Württemberg wenig gedient. Die Folgen blieben nicht aus: Nach wenigen Tagen rückte ein Bataillon württembergischer Truppen in Hohenstadt ein, die den großenteils armen Leuten nun ins Quartier gelegt wurden und der Gemeinde auch noch Vollzugsgebühren kosteten. Die Wortführer bei der Verweigerung des Treueides wurden verhaftet, und unter dem Eindruck der angetretenen Truppe leisteten die Hohenstadter endlich den geforderten Eid.

Was es auch sonst bedeutete, Württemberger zu werden, das beschrieb K. G. Wächter in seinem Handbuch des im Königreich Württemberg geltenden Privatrechts so („Das Königreich Württ. 1884", Bd. 2,2, S. 66):

„Bei dem Bestreben, die Rechte thunlichst gleich auszugestalten, gelangte man schließlich dahin, der Freiheit aller möglichst enge Schranken zu ziehen. Von der Macht der Besteuerung und der militärischen Aushebung wurde ein übergroßer Gebrauch gemacht, das Recht des freien Zugs, das früher sogar jedem Leibeigenen zugestanden hatte, wurde allen Bürgern entzogen, das Auswandern unbedingt verboten, der Besuch fremder Universitäten untersagt, selbst das Reisen in das Ausland ohne höhere Erlaubnis nicht zugegeben. Dem Volk wurden die Waffen abgenommen, das Recht, Waffen zu tragen, auf die Staatsdiener und wenige andere Personen, wie z. B. die Jagdberechtigten, beschränkt; selbst Reisende, und Bewohner einzelner Höfe durften kein Schießgewehr führen; Gutsherren, welche ihre Jagd verpachteten, mußten die Gewehre abgeben. Der Verkehr wurde vielfach gehemmt und durch Staatsmonopole beeinträchtigt; die niederen Regalien und die Ansprüche des Staates auf Fronen wurden auf drückende Weise ausgeübt und oft über Gebühr ausgedehnt; besonders hart lastete auf den Unterthanen das Jagd- und Postregal."

## *Die neue Verwaltung*

Spielten die Gebiete, die jetzt die Oberämter Aalen und Neresheim bilden sollten, von ihrer bisherigen Bedeutung her keine große Rolle, so war dies mit der ehemaligen gefürsteten Propstei Ellwangen anders. Herzog Friedrich, der nicht zimperlich war bei der Übernahme seiner neuen Gebiete, auch was das Kirchengut, was vor allem Kunstschätze und Pretiosen aus dem Besitze des Kirchengutes betraf, wandte auf das Gebiet der ehemaligen Fürstpropstei Ellwangen doch großen Bedacht. Im „Organisationsmanifest“ vom 1. 1. 1803 wurde Ellwangen zum Sitz einer Oberlandesregierung für Neuwürttemberg mit einer kgl. Hofkammer, einer Landvogtei mit einem eigenen Vogteigericht sowie einem eigenen Forst-, Salinen-, Bergwerks- und Landbaudepartementes gemacht. Das frühere jesuitische, dann fürstpröpstliche Kollegium wurde als Gymnasium und Lyceum „unter Beibehaltung einiger bisheriger und Ernennung anderer neuer Lehrer“ der seit 1806 bestehenden kgl. „Oberstudiendirektion“ unterstellt. 1811 nahm der König Ellwangen sogar unter die sieben „guten Städte“ auf, eine Auszeichnung, die mit sich brachte, daß nicht nur der Bezirk, sondern die Stadt Ellwangen mit einem Abgeordneten im Landtag vertreten war. Erst der Umsturz von 1918 beendete die Ellwanger Sonderstellung.

Für seine katholischen Untertanen richtete Friedrich in Ellwangen darüber hinaus ein Generalvikariat, ein Priesterseminar (auf dem Schönenberg) und eine katholisch-theologische Lehranstalt, die nach ihm „Universitas Fridericiana“ benannt wurde, ein. Universitätsgebäude war das von Prahl erbaute ehemalige Stiftsrathaus. Es enthielt die Lehrsäle, sowie die Fest- und Konferenzräume der Universität, dazu aber auch die Kanzlei des Generalvikariats. Im Hause waren auch zwei Karzerstuben und ein Zimmer für den Pedell untergebracht. Es war der ausdrückliche Wunsch des Monarchen, daß die neu ernannten Professoren der Universität bei der Einweihung im Ornate eines Dr. theol. erscheinen sollten. Aus diesem Grunde hatten sie sich bei der theologischen Fakultät der Universität Freiburg darum zu bewerben. „In Würdigung der huldvollen Gesinnung des Königs gegenüber unserer Freiburger Universität“ erhielten die fünf Professoren in einem feierlichen Zeremoniell die Doktorwürde zuerkannt, ohne Rigorosum und ohne eine Dissertation eingereicht zu haben. Die Friedrichsuniversität bestand nur runde fünf Jahre in Ellwangen, dann wurde sie als neue katholisch-theologische Fakultät der Universität Tübingen einverleibt. Auch das Priesterseminar und das Generalvikariat verlor Ellwangen, sie wurden nach Rottenburg verlegt.

Im Zuge der Neuorganisation der württ. Verwaltung wurde Ellwangen nun Sitz der Regierung für den neu geschaffenen Jagstkreis, sowie Sitz eines Kameralamtes und eines Landgerichts. Zum Jagstkreis gehörten die Oberämter Aalen, Crailsheim, Ellwangen, Gaildorf, Gerabronn, Gmünd, Hall, Heidenheim, Künzelsau, Mergentheim, Neresheim, Öhringen, Schorndorf und Welzheim. Allein an dieser Aufzählung wird schon die Bedeutung, die Ellwangen als Regierungssitz hatte, deutlich.

## *Befreiung von Feudallasten*

Der Feudalismus, das Lehenswesen, war im Mittelalter die gegebene, auch sinnvolle Gesellschaftsordnung. Die französische Revolution hatte die Macht der beiden führenden Stände, des Adels und der Geistlichkeit, gebrochen und den dritten Stand, die bisher ausgebeuteten Bauern und Bürger, in eine neue Stellung gewiesen. Ähnlich wie in Frankreich und Preußen war auch im deutschen Südwesten der Adel seiner eigentlichen Funktion, Wehrstand zu sein, mit dem Aufkommen der stehenden Heere, spätestens aber mit der Auflösung des Reichs, verlustig gegangen. Auch die einstmals sinnvolle Einrichtung der Pfründen zur wirtschaftlichen Sicherung der Geistlichkeit war zum Unwesen geworden. Die Bauern, Lehner und Seldner (Besitzer eines kleinen Hauses mit Krautgarten) empfanden die Frondienste wie die verschiedenen Zehntabgaben immer mehr als drückende Last, die dem Inhaber ein Leben „sine cura", ohne materielle Sorge, gestatteten, wobei die wenigsten Pfründinhaber noch selbst etwa als Pfarrer amtierten, dafür hatten sie einen schlecht besoldeten Leutpriester oder Frühmessner engagiert. Diese Pfründenhäufung führte zu kaum mehr tragbaren Verhältnissen, wenngleich etwa für die ellwängischen Untertanen noch immer das Sprichwort galt, daß unterm Krummstab gut zu leben sei. Hatten doch die geistlichen Herren im Gegensatz zu den weltlichen nicht Frau und Kinder zu versorgen.

Es ist heute gar nicht so leicht, sich die Abhängigkeit unserer auf dem Lande lebenden Vorfahren vorzustellen. Unter den Organisationsedikten Wilhelm I. von 1817 befaßten sich zwei mit der „Abgabeänderung und der Aufhebung der Leibeigenschaftsgefälle und der Ablösung der Feudallasten". Es wurde jedoch noch ein langer Kampf zwischen dem Regenten und dem grundherrlichen Adel geführt, der nicht bereit war, auf seine, wie er glaubte, alten, wohlerworbenen Rechte ohne Ablösung zu verzichten. Gerade die Ablösungsbedingungen und die damit verbundenen Neubesteuerungen waren so hart, daß die Untertanen der Verzweiflung nahe waren oder in träge Resignation versanken. In einer Eingabe des Oberamtsvertreters von Neresheim 1819 an die Ständeversammlung hieß es u. a.: „. . . daß es bereits so weit gekommen ist, daß die Steuerbeitragenden mehrerer Orte ihre Güter bloß für die neue Steuer, unabgesehen von den alten Ausständen, recht gern als Zahlungsstatt anbieten, weil sie den Belauf der ersteren nicht einmal ertragen, woher es auch kommt, daß bestimmt mehrere tausend Morgen zum Nachteil der Allerhöchsten Interessen, so wie zum Schaden der Besitzer unangebaut liegen bleiben, weil jede Lust zu der Mühe, die man mit dem Feldbau hat, verloren geht, wenn man aus dessen Ertrag kaum die Steuern entrichten kann."

Es war ein langer Kampf, der sich in Württemberg zwischen der Krone und dem

Adel (Standesherren und Ritterschaft) abspielte. Dem Gesetz von 1817, das die Leibeigenschaft in Württemberg abschaffte, folgten weitere Fortschritte durch Gesetze von 1819, 1821, 1836 und 1848/49. Hier gab es nicht nur Unruhe in den Städten, sondern auch auf den Dörfern, vor allem dort, wo man sich mit einem adeligen Grundherren auseinandersetzen mußte.
So zogen Essinger Bürger im März 1848 nach langen und fruchtlosen Beschwerden über die ihrer Meinung nach willkürlich und in ungerechtfertigter Höhe erhobenen Ablösungsgelder nach Hohenroden, wo sie sich mit Gewalt Akteneinsicht verschafften. Während aber anderswo die verhaßten und verfluchten Dokumente der Knechtschaft, die Archive der Grundherren, jubelnd verbrannt wurden, waren die Essinger Bauern nüchtern genug, die Archivkiste lediglich zu beschlagnahmen, nicht ohne sie sofort dem Amtsrichter in Aalen zur Versiegelung anzubieten.
Nach Erlaß des Gesetzes über die Ablösung von Zehnten und Gefällen (Grundlasten) von 1848 ergab sich für Essingen die Summe von 152 000 fl. für die Gutsherrschaft, die zum Hauptteil von der Staatskasse übernommen wurde.
Königliche Kommissäre erschienen nun, um nach diesem Gesetz in umfangreicher, schwieriger Arbeit den Wert der Zehnten in Kernen-(Dinkel-)Wert, dann wieder in Geldwert zu übersetzen. Der Kommissar für den westlichen Oberamtsbezirk von Aalen nahm in Wasseralfingen Station.
Nun waren auch die Menschen auf dem Lande frei. Für viele bedeutete aber die Ablösung von grundherrlicher Verpflichtung auch Freiheit von jeglicher Fürsorge, die dem Erbuntertänigen bisher, wenngleich oft in sehr bescheidenem Maße, zuteil geworden war. Die Armut in manchen Gemeinden war beträchtlich. Die mit der raschen Vermehrung der Bevölkerung immer weitergehende Realerbteilung führt zu einer oftmals sinnlosen Zersplitterung landwirtschaftlichen Besitzes, der keine Lebensgrundlage mehr bot.
Für junge Menschen blieb dann nichts anderes übrig als die Auswanderung oder die Fabrik. Der Zug vom Land in die Stadt begünstigte vor allem das Wachstum von Aalen, aber auch der anderen Städte wie Ellwangen. Die Dörfer aber konnten nicht mehr wachsen, der Geburtenüberschuß fütterte die Industriezentren.

## *Vom Vormärz zur 48er-Revolution*

Was für die Landbevölkerung in den 30er und 40er Jahren bis hin zur Revolution die Fronlasten, die Ablösung der Gefälle, kurzum, die Beseitigung des Drucks der Feudalherrschaft war, das waren für die Stadtbürger die „Lebenslänglichen“, die auf Lebenszeit im Stadtrat sitzenden Bürger, deren Sitz oft auch noch vom Vater auf den Sohn überging. Der im württembergischen Osten nur langsam aufkommende demokratische Gedanke brachte es aber mit sich, daß gerade diese veraltete Einrichtung ins Feuer der Kritik geriet.

Die in Aalen und Ellwangen erscheinenden „Amts- und Intelligenzblätter" verdienen die Bezeichnung „Zeitung" im heutigen Sinne noch gar nicht, waren sie doch überhaupt nicht berechtigt, politische Nachrichten und Kommentare zu bringen. Gleichwohl stellen sie im Vormärz trotz ihrer vergleichsweise geringen Auflage ein wichtiges Medium zur Beeinflussung der öffentlichen Meinung dar. Dies gilt vor allem für den in Aalen erscheinenden „Boten von Aalen", der unter seinem Herausgeber-Redakteur Friedrich Jakob Münch doch gelegentlich politische Artikel aus dem „Beobachter", dem in Stuttgart erscheinenden Organ der demokratischen Bewegung, übernahm. Der zu dieser Zeit in Aalen waltende Königliche Oberamtmann Bürger ließ als Zensurbehörde häufig derartige Artikel durchgehen, was ihm immer wieder Vorwürfe von Seiten der Konservativen, gelegentlich auch Warnungen der ihm vorgesetzten Ellwanger Kreisregierung und einmal einen Protest der katholischen Geistlichkeit des Dekanats Hofen einbrachte. In Aalen wendet sich zum ersten Male mit vollem Namen in einem „Eingesendet" Wilhelm Kauffmann dagegen, daß Aalen noch nicht dem Beispiel der meisten Städte des Landes gefolgt sei und sich für die Öffentlichkeit und Mündlichkeit der Rechtspflege, eine der wichtigsten Forderungen der neuen Bewegung, ausgesprochen hat.

Im März 1848 bilden sich allenthalben republikanische Gruppen, Revolutionäre also, die für ein demokratisches Regime eintreten. Gebhard Stützel schreibt in seinen Jugenderinnerungen aus Aalen „... so bildete sich auch in bürgerlichen Kreisen ein Häuflein Republikaner rötester Farbe".

Stützel erinnert sich noch „... daß wir Kinder im Revolutionsjahr 1848 häufig von der Schule heimgeschickt wurden, weil nebenan im ‚Ritter' die Revolutionäre, worunter der Bankerleswanger, der Buchdrucker Mönch (sic) und der Trumpfajakob (Kaufmann Krauß am Marktplatz) die Hauptpersonen waren, freiheitliche Lieder sangen und dabei dermaßen krakeelten, daß es unmöglich war, dabei den Unterricht zu erteilen".

Jakob Münch, der Herausgeber des „Boten von Aalen", damals gerade vierzig Jahre alt, stammte, wie es in den Aalener Akten über ihn heißt, „aus Rheinbaiern", aus der Pfalz also. Er ließ den flammenden Aufrufen, die in seinem Blatt erschienen, auch die revolutionäre Aktion folgen, indem er am Freischarenzug der Republikaner in seiner pfälzischen Heimat teilnahm. Sein großes Vorbild, Friedrich Hecker, hatte er, in Lebensgröße abgebildet, vor seiner Druckereiwerkstatt an die Wand geheftet. „Volkssouveränität" war das große Schlagwort jener

Monate und Jahre, außerdem echte Volkswahl der Abgeordneten, Abschaffung der Zensur, Öffentlichkeit des Gerichtswesens unter Beteiligung von Laienrichtern, Kampf der Bürokratie und der Tyrannenmacht, dies waren die Ziele der demokratischen Bewegung. Eine Solidarisierung mit der bäuerlichen Bevölkerung, die materiellere Ziele hatte, fand auch in unserem Raume nicht statt.
Die deutsche Revolution von 1848 ist Episode geblieben, der demokratische Gedanke war zwar zum aufflammenden Strohfeuer geworden, jedoch bald schon wieder unter der zurückrollenden Woge der Restauration, die auch in Württemberg reaktionäre Züge annahm, erstickt. Die Republikaner wurden reglementiert, verhaftet, abgeurteilt; nur durch die Flucht ins Ausland konnten sich viele ihrer Anführer der Verfolgung entziehen. Auch in der Aalener Zeitung stehen 1849 Aufrufe zu Spenden für die Flüchtlinge in der Schweiz und in Frankreich. 30 fl. war das Ergebnis der Sammlung im Oberamtsbezirk Aalen; eine beachtliche Summe, gemessen an der Armut, die noch weithin herrschte, ein Zeichen aber auch der Sympathie, die man für die Revolution auch im nachhinein noch hatte.

## *Zeit der Not*

Die 30er, 40er und noch die frühen 50er Jahre sind im gesamten Gebiet des heutigen Kreises Aalen Jahre des Übergangs. Altes zerbrach mit vielerlei schmerzlicher Nebenwirkung. So hatte die Ablösung der Grundlasten, Gefälle und Fronleistungen und die damit verbundene „Neusteuerbarkeit" die „frei" gewordenen Klein- und Mittelbauern in solch eine Verschuldung gebracht, daß die „Vergantungen" immer zahlreicher wurden und immer mehr dieser Anwesen unter den Hammer kamen. Aus heutiger Sicht unvorstellbare Armut war die Folge allenthalben. Die Zahl der Vergantungen stieg allein im Oberamt Aalen von 25 im Jahre 1839 auf 251 im Jahre 1852; von da ab geht die Zahl rasch zurück, 1861 stellen wir nur noch drei Vergantungen fest. Extrem nasse wie außergewöhnlich trockene Jahre trugen zur Verschlechterung bei; dazu kam noch eine Kartoffelkrankheit, die 1846 und 1847 zu wahren Katastrophenjahren machte. Es wurden Suppenküchen für die Hungernden eingerichtet nach dem Muster des in München ansässig gewordenen amerikanischen Grafen Rumford, der zur Steuerung der Not in Bayern eine aus allerlei billigen Stoffen (Graupen, Kartoffeln usw.) bestehende Suppe „erfunden" hatte. Vielfach zog die äußere Armut auch starken sittlichen Zerfall nach sich: die Männer gaben sich dem Trunk hin, die Frauen und Kinder mußten betteln gehen. Die Ortspolizeivorsteher, so präzisierte es ein Erlaß aus diesen Jahren, waren „in dieser Eigenschaft auch Bettelvögte". In Aalen und in

Ellwangen war das Betteln Ortsfremden nur an zwei Tagen der Woche gestattet. Vom Mundraub und Diebstahl waren solchermaßen Arme nie weit entfernt.
Erst die Gesetzgebung von 1848 hatte den erbuntertänigen Landbewohnern die für viele von ihnen freilich oft fragwürdige Freiheit gebracht. Jetzt erst konnten sie selbst versuchen, ihrer Not ein Ende zu machen, indem sie in die Stadt zogen, wo sich langsam bei uns erst in den 50er Jahren Handwerksbetriebe zu Fabriken entwickelten, oder indem sie die Heimat ganz verließen und auswanderten. Nicht nur „überzählige" Bauernsöhne mußten in die Fremde ziehen, auch Handwerker fanden keine ausreichende Beschäftigung. Ein Licht auf die Situation wirft das Inserat, das der in Aalen erscheinende „Verkündiger vom Kocher- und Leinthal" am 20. Mai 1851 bringt:

„Abschied
... sagen Lebewohl und Dank ... und wünschen von Herzen, daß sie nicht wie wir, veranlaßt durch Mangel an Arbeit, sich genöthigt sehen, die theure Heimat zu verlassen, um mit Weib und Kind über dem Meere Brod zu suchen, das uns in unserem Vaterlande nicht mehr gereicht wurde.
Stiefbold, Schmied, Majer, Schlosser."

Schon in dieser Zeit werden, wie später auch, ledige Mütter von ihren Angehörigen, die „Schande" für die Familie fürchten, nach Amerika abgeschoben, ebenso wie Ortsarme, denen die Gemeinde die Überfahrt bezahlt, damit man die unnützen Esser los ist. Von 1855 an ebbt die Woge der Auswanderungen aus dem heutigen Kreisgebiet, vor allem aber aus dem Aalener Raum, ab: die Eisenbahnbauten bringen Geld auch unter die armen Leute, überall werden Arbeitskräfte gesucht, die Lebensverhältnisse auch der Ärmsten bessern sich. Erst in den Jahren ab 1865 nimmt die Auswanderung aus unserem Gebiet wieder zu. Dieses Mal ist aber weniger die heimische Not, als vielmehr die immer stärker wachsende Prosperität der USA der Grund dafür, daß die Leute dorthin auswandern. Nicht nur in die USA, sondern auch nach Siebenbürgen und nach Bessarabien wandern ganze Gruppen aus unserer Gegend aus. Schon tritt auch der drüben zu Wohlstand gelangte Vetter, der sich einen Urlaubsaufenthalt in der Heimat leisten kann, in unserer Gegend auf. Ein Wiedersehen besonderer Art feierten im August des Jahres 1871 die beiden Söhne des Schmiedmeisters Ostertag aus Laubach, von denen auch das Amtsblatt berichtete: Der Sohn Jacob kam aus Philadelphia zu Besuch, während sich sein Bruder Casper mit seiner jungen Frau aus Odessa einfand. Groß war die Freude im Dorf und im ganzen Bezirk, und der Berichterstatter meldet, daß beide trotz des langen Aufenthalts in der Fremde doch noch immer echte Schwaben geblieben seien.

## *Starkes Wachstum der Bevölkerung*

Das unterschiedliche Wachstum der Bevölkerung geht aus der Statistik nicht immer klar hervor. Vor allem Bevölkerungsrückgänge sind unecht, weil hier besonders nach 1848 die Abwanderung in die Städte und die Auswanderung eine Rolle spielen. Die drei Oberämter, aus denen der Kreis Aalen hervorgegangen ist, hatten aber im letzten Jahrhundert im wesentlichen eine ähnliche Entwicklung der Bevölkerung zu verzeichnen; die Zahlen entsprechen einander auch in der Größe durchaus.

Die Zunahme ist ziemlich gleichmäßig, nur 1834 bis 1837, 1843 bis 1846 und 1858 bis 1861 ist stärkeres Wachstum, 1852 und 1855 sowie 1864 ein geringer Rückgang zu verzeichnen.

Entwicklung der Bevölkerungszahlen im heutigen Kreis Aalen:

| Jahr | Einwohner | | Jahr | Einwohner |
|---|---|---|---|---|
| 1822 | 56 200 | | 1910 | 77 586 |
| 1870 | 70 100 | | 1925 | 80 512 |
| 1880 | 73 912 | | 1933 | 81 629 |
| 1900 | 72 336 | (Starke Abwanderung) | 1939 | 85 048 |
| 1905 | 75 191 | | 1970 | 150 000 |

Gewachsen sind in dieser Zeit vor allem die Industriegemeinden im Kochertal, gewachsen ist auch Ellwangen als Stadt. Eine Darstellung der Entwicklung der Bevölkerung in den allermeisten Dörfern würde nur eine schwache Zunahme, häufig aber eine Abnahme zeigen: Die nachgeborenen Kinder bäuerlicher Familien konnten im Dorfe nur dann bleiben, wenn sie ehelos blieben und damit billige Dienstboten des hofbesitzenden Bruders wurden. Eine Familie zu gründen, war nur in der Stadt möglich, dort, wo es Arbeit gab. Erst die Industrialisierung brachte in den Gemeinden, die in der Reichweite von Industrie lagen, Bevölkerungszuwachs. Das Ries, der Virngrund, das Welland und das hintere Härtsfeld haben mit dazu beigetragen, die „industrielle Reservearmee", von der Karl Marx gesprochen hatte, zu bilden.

## *Vom Judendorf in die Stadt*

Bei der jüdischen Bevölkerung ist die oben erwähnte Entwicklung in noch weit stärkerem Maße festzustellen. Schon 1828 und dann wieder 1853 hatte es in Württemberg Gesetze zur Gleichstellung der Juden gegeben. Die liberale Gesetzgebung des neuen Reiches von 1870 beschleunigte dann noch diese Entwicklung. Die meisten Juden im heutigen Kreisgebiet gab es im Oberamt Neresheim. 1813 zählte man 734, 1832 waren es 859, 1846 1190. Nach dem Emanzipationsgesetz von 1853 geht die Zahl rapide zurück: 1858 zählen wir noch 972, 1867 noch 735 Juden im Oberamt. Hauptorte jüdischer Besiedlung waren Pflaumloch, Oberdorf am Ipf und Aufhausen, typische Judendörfer, aus denen es vor den 50er Jahren für die Juden kaum eine Möglichkeit des Ortswechsels gab. In Oberdorf gab es 1843 505 Juden, 1880 noch 279; auch in Aufhausen ging die Zahl der jüdischen Bewohner im gleichen Zeitraum um über die Hälfte zurück. Ellwangen und Lauchheim dagegen, beides Städte, weisen zunehmende Zahlen jüdischer Bürger auf. Der geringe Wanderungsgewinn für die beiden Städte mit jüdischer Bevölkerung im Oberamt Ellwangen fällt aber kaum ins Gewicht gegenüber der starken Zuwanderung von Juden vor allem in die Landeshauptstadt. Stuttgart hatte 1809 76 Juden, 1843 waren es 230, 1861 schon 847, 1880 aber bereits 2484. Andere deutsche Großstädte hatten einen noch größeren Zuwachs an jüdischer Bevölkerung. Die begüterten unter ihnen konnten 1933 und in den ersten Jahren nach der NS-Machtübernahme noch auswandern. An die in den Vernichtungslagern umgekommenen erinnert nicht einmal mehr ein Gedenkstein auf dem stillen, von Gras überwucherten Judenfriedhof von Aufhausen. Die wenigen Juden, die es heute noch im Kreis gibt, werden in der Statistik als solche nicht mehr ausgewiesen.

## *Die Eisenbahn schafft Wohlstand*

Biedermeierliche Postkutschenromantik hat es im Kreis Aalen noch in unserem Jahrhundert gegeben. Der Taxis'sche Post-Eilwagen, der bis zum Bau der Eisenbahn verkehrte, zeigt aber, wie beschwerlich eine solche Fahrt war: 26 Stunden war der Reisende im Fahrzeug, wenn er von Ellwangen nach Stuttgart und wieder zurück fahren wollte. Dafür mußte er die Summe von drei Gulden entrichten (zum Vergleich: Nicht ganz das Doppelte erhielt ein Landtagsabgeordneter damals als Diäten und Tagegeld pro Sitzungstag). Der Personenverkehr von Ellwangen nach Bopfingen erfolgte mit einem „Karriolwägele“, das dreimal in der Woche fuhr. Wegen des Anschlusses von Bopfingen nach Neresheim fuhr das Wägele schon um vier Uhr in Ellwangen ab, war um sieben Uhr in Bopfingen, wo man gleich Anschluß an die Kutsche nach Neresheim hatte. Und auch für die Rückfahrt des Neresheim-Reisenden war vorgesorgt: Erst um 12 Uhr nachts fuhr der Ellwanger Wagen in Bopfingen weg, am frühen Morgen kam der Reisende wieder

in der Virngrundstadt an. Frachtkosten und Fuhrlöhne machten alles, was mit dem Pferdefuhrwerk gefördert werden mußte, in der entlegenen Ostalb teuer. Massengüter, z. B. Steinkohle, kamen deshalb nur sehr selten in unsere Gegend.
Nur die Eisenbahn konnte hier Änderung schaffen. Zu den unermüdlichen Rufern nach einem Bahnanschluß für unser revierfernes Gebiet wurde der Ellwanger Kaufmann Egelhaaf, der per Zeitungsinserat schon zum 18. August 1845 alle am Bau einer Remstalbahn Interessierten zu einer Besprechung nach Ellwangen einlud. In der zweiten Bauperiode des württembergischen Eisenbahnbaues wurde dann auch die Strecke Cannstatt–Wasseralfingen, die „Remsbahn“, geplant, verakkordiert und ausgeführt. Bis Wasseralfingen wurde sie geführt, um das Kgl. Hüttenwerk mit dem Zentrum des Landes zu verbinden. Jetzt kam Leben in die idyllische Ruhe des Rems- und Kochertals. Arbeiter waren plötzlich Mangelware, Handwerker wurden ebenso gesucht wie ungelernte Hilfskräfte. Bei den Ausschreibungen war die Strecke in einzelne Abschnitte, und diese wiederum in „Loose“ aufgeteilt. Jetzt kam Geld unter die Leute. Es eilt, die Ortsvorsteher werden von der Baubehörde bemüht, ihre Bewohner zur Arbeit am Bahnbau aufzufordern. Die Lieferung der Schwellen wurde heimischen Sägewerken übergeben. Fuhrunternehmer konnten sich vor Aufträgen nicht mehr retten. Aber nicht nur der eigentliche Gleisbau brachte Beschäftigung: Bahnhöfe, Wärterhäuser, Lokomotivschuppen, Brücken mußten gebaut werden. Das heimische Handwerk bekam Anschlußaufträge.
Unter dem Jubel der Menschen wurde dann am 25. Juli 1861 die Strecke Cannstatt–Wasseralfingen in Betrieb genommen. Mit den bayerischen Nachbarn gab es wegen des geplanten Anschlusses der Remsbahn bis Nördlingen Schwierigkeiten. Es waren immerhin vier Züge, die damals binnen 24 Stunden zwischen Aalen und Stuttgart verkehrten. Und schon wird mit dem Bau der Linie Aalen–Heidenheim begonnen, der im September 1864 abgeschlossen ist. Zwei Jahre später, am 15. November 1866, wird dann auch die Strecke Goldshöfe–Crailsheim eingeweiht, die „Obere Jagstbahn“. In vier Richtungen fahren jetzt von Aalen aus die Züge.
Aus den armen Kleinbauern und Seldnern werden nun Nebenerwerbslandwirte. Der Mann geht tagsüber in die Fabrik, die Frau versorgt das Vieh, das Ackerland wird nach Feierabend bestellt. Bescheidener Besitz, aber doch Besitz, harte Arbeit, Sparsamkeit, lassen bei solchen Industriearbeitern, die typisch für die württembergische Flußtalindustrien sind, keine proletarische Gesinnung aufkommen. Der Kleinbauer-Industriearbeiter denkt und handelt konservativ. In dieser Haltung wird er von der weltlichen und geistlichen Obrigkeit bestärkt. Die Sozialdemokratie faßt nur in den Industriestädten Fuß.

## *Die soziale Frage*

Die Erschließung unseres Raumes durch die Eisenbahn brachte eine langsame, verglichen mit den Industriezentren (etwa an der Ruhr), sehr verspätete Industrialisierung. Obwohl sie nicht gerade überstürzt vor sich ging, brachte sie auch hier mancherlei Probleme. Da war einmal die Tatsache, daß die Menschen von der Fabrik viel stärker, in ganz anderer Weise beansprucht wurden, als sie bisher in ihrem ländlichen Alltag zu schaffen gewohnt waren. So berichteten Unternehmer, die zum Eisenbahnbau Männer aus Bauerndörfern angeworben hatten, daß manche dieser Leute, mit dem ersten Taglohn auf der Hand, nach Hause gingen und nichts mehr taten, bis dieses Geld verbraucht war; dann kamen sie wieder, um nach wenigen Tagen abermals zu verschwinden. Erziehung zur Arbeit, beim Eisenbahnbau sowohl als auch in den Fabriken, war nötig, um den von der Natur geprägten Lebens- und Arbeitsrhythmus der Menschen auf den „künstlichen" der Industrie umzustellen. Die Menschen mußten erst dazu erzogen werden, eine Arbeit zu verrichten, deren Sinn sie oftmals nicht mehr erkennen konnten. Marx hatte diesen Vorgang als Selbstentfremdung des Menschen bezeichnet.

Mit Spinnen und teilweise auch mit Weben konnten sich die armen Leute, die „Seldner" und die „Hausgenossen" oft gerade noch kümmerlich ernähren. Dies ging nur so lange, bis eine Krise kam, dann wurden sie die ersten Opfer, weil dann ihre Arbeit nichts mehr wert war. Händler gaben Baumwolle zum Spinnen aus und bezahlten dann das gesponnene Garn zum Marktpreis.

So war es beispielsweise in Fachsenfeld, von wo auf die Frage der Kgl. Armenkommission in den 30er Jahren, ob eine „Industrieschule" eingerichtet sei, die Antwort kam: „Hier sind keine Industrieschulen errichtet, sie sind auch für diesen Ort ganz unnötig, indem die Kinder von Jugend an bei ihren Eltern bei der Baumwollspinnerei hinlänglich Beschäftigung finden, schon im vierten Jahr zum Baumwollzopfen und im fünften Jahr ihres Alters zum Baumwollspinnen angehalten werden."

H. Rettenmaier spricht nicht gerade sozial-kritisch von einer in Unterschneidheim „einst blühende Hausindustrie, welche sich mit dem Verarbeiten von Abwerg und Hanf zu Rupfen und Packtuch befaßte". „Handwerklich betriebene Webereien" seien dort erst mit dem Aufkommen der Industrie allmählich abgegangen, so daß schließlich nur noch Bändel, vor allem Schurzbändel hergestellt wurden. Davon erhielten die Unterschneidheimer Jugendlichen den Necknamen „Bändelbuebe" und „Bändelmädle".

Daß der wirtschaftliche Liberalismus gerade im Hinblick auf die Kinderarbeit ein Denken und Handeln mit sich brachte, das uns heute kaum mehr verständlich erscheint, sei am Beispiel eines Leserbriefes in einer Heidenheimer Zeitung der 80er Jahre dargelegt. Die Regierung hatte die Einführung von „Fabrikinspektoren“, also eine staatliche Gewerbeaufsicht nach englischem Vorbild, vorgeschlagen. Dagegen wendet sich der Schreiber, der unschwer als Unternehmer zu erkennen ist: Man müsse die Kinder zur Arbeit erziehen, „um sie aus einer Last für die Eltern zu der Segensquelle für dieselben zu machen, zu welcher sie die Natur bestellt hat“. Es wird die Besorgnis geäußert, die Fabrikinspektoren könnten nämlich unter Berufung auf das Gesetz die Kinder von einer weiteren Tätigkeit in der Fabrik ausschließen und somit „... den guten Willen an der Wurzel abschneiden, eine tüchtige Arbeitergeneration heranzuziehen, welche lieber schaffen als müßig bleiben will“.

In der Industrie wehrt man sich auch mit Nachdruck gegen Bestrebungen, für die Industriearbeiter die ganztägige Sonntagsruhe einzuführen. Sie werde „verheerende Folgen haben“, heißt es in einem Bericht. Der Produktionsverlust verursache erhöhte Kosten, denn für die notwendig werdenden neuen Maschinen fehle zur Anschaffung das Kapital. Die Industrie wendet sich auch gegen die Häufung von (arbeitsfreien) Feiertagen, besonders in katholischen Gegenden. Der Achtstundentag wird erst 1920 eingeführt.

Wenn in den Fabriken so lange gearbeitet wurde, dann mußten auch die Kaufläden am Abend noch geöffnet sein: Ladenschluß war in Aalen noch um die Jahrhundertwende um acht Uhr. Die meisten Geschäfte hatten auch am Sonntagmorgen geöffnet. Die Bäcker backten Wecken und Brezeln, die Friseure arbeiteten bis Sonntagnachmittag. Für die Lehrlinge begann die Fortbildungsschule am Sonntagmorgen um 6.30 Uhr; sie wurde für die Zeit des Gottesdienstes unterbrochen und ging dann bis 12 Uhr weiter. Auch in den Kontoren wurde am Sonntagvormittag – mit Ausnahme der Zeit des Gottesdienstes – gearbeitet. Kein Wunder, daß dann das Schoppentrinken im Wirtshaus sehr weit in die Nacht hinein ausgedehnt wurde. Der „blaue Montag“, an dem die Zecherei in der Werkstatt und auch in mancher Fabrik weiterging, war eine in ganz Deutschland lange verbreitete Erscheinung. Auch in bezug auf die Arbeitszeit am Wochenende wurde die englische Arbeitsweise – freier Samstagnachmittag – vorbildlich für die Entwicklung bei uns.

Wie sahen nun die Löhne aus? Ein Taglöhner erhielt 1883 in Aalen bei freier Kost 1,50 Mark; in Heidenheim lagen die Löhne etwas darüber, in Ellwangen und Bopfingen darunter. Zur gleichen Zeit kostete in Aalen ein Kilo Schweinefleisch ca. 1,20 Mark, also nur um einen Pfennigbetrag weniger, als einen vollen Taglohn. Ein Kilo Butter kostete zwischen 1,20 und 2 Mark. Um die Kaufkraft ihres kargen Lohnes wenigstens etwas zu verbessern, schlossen sich die Arbeiter zu „Consumvereinen" zusammen. Die erste Gründung eines solchen Vereins ist für Aalen schon 1865 nachweisbar, es ist eine reine Selbsthilfeorganisation, offenbar auch ohne jeden Kontakt zur Bewegung der Verbrauchergenossenschaften, wie diese Organisation später im Reichsgebiet hieß. Erst 1894 wird in Aalen ein solcher Consumverein gegründet.

„Arbeit bringt Segen – Bildung macht frei" hieß das Motto der (sozialistischen) Arbeiterbildungsvereine; ein solcher wird in Aalen schon in den 60er Jahren aktiv.

Die Zünfte sind bedeutungslos oder schon aufgelöst, es gibt keinen Zunftzwang mehr. Nach altem Brauch gehen die Handwerksburschen aber immer noch „auf die Walz". Früher hatten ihnen Zunftgenossen Zehr- und Wegegeld gegeben; nun kommen viele von ihnen immer wieder in Not. Weil manche zum Betteln, ja zum Stehlen gezwungen werden, wird „Handwerksbursch" jetzt beinahe zu einem Schimpfwort, der Zunftgenosse wird zum verwahrlosten Tippelbruder. Der Übelstand wird schließlich so groß, daß man 1878 in Aalen einen „Verein für die Unterstützung durchreisender Handwerksburschen" gründete.

Aus der ehrbaren Handwerkszunft der Drechsler hervorgegangen war auch August Bebel, der 1869 als „Reichstagsabgeordneter aus Leipzig" angekündigt, am 24. November im Saal des Gasthofs zu den „Drei Königen" in Aalen über die Arbeiterfrage referierte, wozu, so hieß es in einem Inserat des Lokalblatts, „die Arbeiter und Arbeiterfreunde der hiesigen Stadt und Umgebung freundlichst einladet der Ausschuß des Arbeiterbildungsvereins".

## *Erschließung des Hinterlandes*

Wenn wir bisher unsere Aufmerksamkeit mehr dem Bezirk Aalen gewidmet haben, so vor allem deswegen, weil hier die Industrialisierung vor sich ging, mit schwerwiegenden Folgen für die Bevölkerung, auch für die ländliche, soweit die Werkstätten und Fabriken zu Fuß zu erreichen waren. Dem Chronisten waren noch Männer bekannt, die bis zum Zweiten Weltkrieg jeden Tag etwa von Hüttlingen nach Wasseralfingen zu Fuß zur Arbeit gegangen sind. Von Ebnat gingen die Arbeiter noch zu Fuß nach Unterkochen, als schon die Härtsfeldbahn gebaut war.

Die Beschreibung des Menschenschlags auf dem Härtsfeld in der Oberamtsbeschreibung von 1872 dürfte in ihren wesentlichen Zügen auch auf die bäuerliche Bevölkerung des übrigen Kreisgebietes zutreffen: Überall mußte hart gearbeitet werden, Vergnügungen waren selten, Ferien oder so etwas wie Urlaub gab es nicht:

„Die Bewohner des Bezirks sind meist von mittlerer Größe, kräftig, zäh und ausdauernd. Schöne blühende Gestalten mit weichen, abgerundeten Formen trifft man selten, dagegen hagere, abgehärtete, wetterfeste um so mehr. Schon in früher Jugend werden die Kinder zu Haus- und Feldgeschäften vielfältig herangezogen, was der Entwicklung von schönen gefälligen Körperformen nicht gerade günstig ist, daher sehen auch die Leute in der Mehrzahl etwas älter aus, als sie wirklich sind.“

### *Bäuerliche Tracht und Lebensweise*

Im Ries und auf dem Härtsfeld hat sich die bäuerliche Tracht noch bis in dieses Jahrhundert herein erhalten. Schon in den 1860er Jahren beginnt jedoch der Einfluß städtischer Zivilisation sich breit zu machen. Die Bauerntracht ist nicht so bequem wie die Kleidung der Städter. So wird sie zunächst aufgehoben und nur an besonderen Festtagen aus der Lade geholt. Sie wird vererbt, von der Tochter aber nicht mehr getragen, zu guter Letzt schmückt man sich nur noch an der Fasnacht damit, – die Tradition wird zur Karikatur.
So klagt ein Chronist im Jahre 1870:
„Die kleidsame Volkstracht beginnt auch in unserem Bezirk einem charakterlosen Gemische von moderner und ländlicher Tracht allmählich zu weichen; doch trifft man immer noch in den eigentlichen Bauernorten und bei der älteren Generation ein gewisses Festhalten an der Kleidung der Voreltern, während in Orten, die mehr von kleinen Handwerkern, Seldnern und Taglöhnern bevölkert sind, oder in solchen, die in der Nähe von ehemaligen Klöstern und standesherrlichen Wohnsitzen liegen, die städtische Tracht die Oberhand gewinnt.“
Über die Männertracht heißt es:
„Auf dem Härtsfeld sind kurze schwarze Lederhosen, hohe Stiefel und rote Brusttücher noch sehr allgemein, dagegen an den Brusttüchern die silbernen Geldknöpfe seltener und die runden Kugelknöpfe von Zinn mehr beliebt –; über das Brusttuch trägt man gekreuzt breite grüne Hosenträger. Dreieckige Filzhüte sind häufiger als runde. Die Röcke mit einer Reihe Knöpfe werden sehr lang, fast bis zur Ferse getragen, sonntags von Tuch oder schwarzem Barchet, werktags von schwarzem oder weißem Zwilch. Das weibliche Geschlecht trägt sonntags rote wollene faltenreiche Röcke, am Werktag von gestreiftem selbstgemachtem Barchet. Das feste Mieder ist besonders und wird der Rock mit Haken daran gehängt; über dem Mieder wird gewöhnlich noch ein meist dunkelfarbiger Kittel getragen. Wenn der Kopf unbedeckt ist, dann hängen die beiden Zöpfe mit ihren Schnüren lang über den Rücken hinab; das ziemt sich aber nur für die Ledigen und noch nicht Gefallenen, die letzteren haben wie die Weiber zu gehen.

Im Ries lassen die Männer gerne das Sacktuch weit zur Hosentasche heraushängen. Das weibliche Geschlecht trägt sich in der Hauptsache wie auf dem Härtsfeld, dagegen sind bei ihnen im Sommer schwarze gefütterte Strohhüte üblich. In Bopfingen werden zum Staat weiße oder schwarze Florhauben, oben mit einem großen mit Spitzen verzierten Rad getragen. Die Weiber der Wirthe und Müller im Ries haben das Recht, ebenfalls weiße Radhauben zu tragen. Im allgemeinen ist die Tracht der katholischen Weibspersonen bunter als die der evangelischen."
In einem ärztlichen Bericht aus dem Oberamt Ellwangen heißt es (1880): „Dem Rath, Hosen anzuziehen, wird von Frauen und Mädchen meist hartnäckiger Widerstand entgegengesetzt ... Zum Baden gibt es außer der Stadt Ellwangen wenig Gelegenheit, sie wird auch nicht vermißt."
Die Hauptbeschäftigung der Bevölkerung des ganzen Hinterlandes war bis zum Zweiten Weltkrieg der Feldbau. Es fehle ganz „die Bevölkerungsklasse der Fabrikarbeiter", wird in den Oberamtsbeschreibungen festgestellt. Die Lebensweise der ländlichen Bevölkerung war einfach, die Ernährung einseitig, die „vegetarische Lebensweise ist vorherrschend", stellt man noch 1880 fest, einfach „weil das Fleisch zu teuer ist"; nur an Sonntagen, besonders aber bei Taufen und Hochzeiten, wird „reichlich geschmaust", danach beginnt wieder die dürftige Kost des Alltags. Hauptnahrung sind neben dem Brot – das gilt auch für das Ries und das Härtsfeld – die aus weißem Mehl gebackenen „Nudeln". In der Frühe ißt man eine Mehl- oder Brotsuppe. Was als Kaffee Eingang fand, ist Korn- oder Zichorienbrühe. Schon früh werden die Kinder auf dem Lande zur Arbeit mit herangezogen. Diese Tatsache und die Ernährung dürften der Grund dafür sein, daß bei der Musterung für das Militär so viele junge Männer vorübergehend oder ganz zurückgestellt werden müssen.

## *Die Albwasserversorgung*

Seit Gründung des wilhelminischen Kaiserreiches mit seiner „schimmernden Wehr" ist es eine Ehre, Soldat zu werden; der militärische Tauglichkeitsgrad weist den zum Rekruten erkorenen auch als stattlichen Mann aus. Bemerkenswert ist die Durchschnittsgröße der im Oberamt Ellwangen 1880 Gemusterten: 165 cm.
Für das Härtsfeld waren zwei Errungenschaften, die noch gegen Ende des alten Jahrhunderts eingeleitet bzw. schon vollendet wurden, wichtig: Die Albwasserversorgung und die Härtsfeldbahn. Noch in den 70er Jahren gab es in einer Reihe von Härtsfeld- und Riesgemeinden z. B. Ebnat, Elchingen, Hülen, Waldhausen, aber auch in Kerkingen, Dirgenheim, Trochtelfingen und Schloßberg keine lau-

fenden Brunnen; das Trinkwasser wurde aus Pump- und Schöpfbrunnen und Zisternen bezogen. In trockenen Jahren versiegten viele dieser Brunnen gänzlich, so daß das Wasser von außen herangeschafft werden mußte. Das Zisternenwasser wurde überdies, wenn es längere Zeit nicht regnete, ungenießbar. Die Abtei Neresheim hatte deshalb für ihre Untertanen vertraglich einen Weg bis zur Brenz bei Schnaitheim gelegt, damit die Leute in Trockenzeiten ihr Vieh zum Tränken dorthin treiben konnten.

Unter diesen Umständen mußte die von der kgl. Regierung in Angriff genommene Albwasserversorgung eine wahre Wohltat bedeuten. Schon 1861 hatten in Neresheim Verhandlungen stattgefunden. Erst 1892 nahm das Projekt mit der Gründung der Härtsfeld-Albuch-Wassergruppe konkretere Gestalt an. Der König selbst kam zur Inbetriebnahme aufs Härtsfeld, um mit seinen Untertanen die große Tat zu feiern. Wo die natürliche Kraftquelle, das Wasser fehlt, konnten Gewerbe und Industrie nicht gedeihen. Das Härtsfeld blieb darum auch nach der Erschließung durch den Verkehr ein rein agrarisches Gebiet.

In Neresheim hatte der Fürst von Thurn und Taxis nach der Säkularisation der Reichsabtei dort zunächst eine Lehranstalt, das „Lyceum Carolineum“, errichtet, das jedoch schon 1806 wieder aufgehoben wurde. Die Patres, die als Lehrkräfte gewirkt hatten, wurden nun pensioniert. Das Kloster hatte 1811 nach der Übernahme durch Württemberg eine eigene Schultheißerei bekommen, die erst 1892 mit der Stadt Neresheim vereinigt wurde. 1893 war in den Räumlichkeiten der Abtei eine Erziehungsanstalt eingerichtet worden.

1921 wurde das Kloster wieder seinem ursprünglichen Zweck zugeführt: Aus Prag-Emaus vertriebene deutsche Benediktinermönche erfüllten die Räume der Prälatur und des Konvents, vor allem aber auch die Kirche Balthasar Neumanns wieder mit Leben. Über 40 Jahre war es dem ersten Abt seit der Neugründung, Dr. Bernhard Durst, einem gebürtigen Gmünder, vergönnt, die Geschicke der Abtei zu leiten und sie trotz der Wirren der NS-Zeit und des Zweiten Weltkrieges, zu neuer Blüte zu bringen.

## *Die Härtsfeldbahn*

Unter allen seinen Amtskollegen in Württemberg konnte sich der Neresheimer Oberamtmann Lang noch in den 90er Jahren des fragwürdigen Ruhmes freuen, nicht per Eisenbahn erreichbar zu sein. Er und sein Oberamtsbaumeister Kaspar Vogler, der über mehrere Perioden hinweg Abgeordneter des Bezirks im Stuttgarter Landtag war, waren die Initiatoren des Baues einer „Secundär- oder Localbahn“, die Neresheim mit der Bahnlinie Aalen – Heidenheim verbinden sollte.

In dem Ebnater Schultheißen Beyerle hatten sie einen nimmermüden Helfer bei ihrer Agitation. Im Landtag hatte Vogler 1892 eine beachtete Rede gehalten, in der er den Bevölkerungsrückgang auf dem Härtsfeld und die damit verbundene Entwertung von Grund und Boden kritisiert hatte. Aber auch die Aalener Stadtväter, ebenso wie der Landtagsabgeordnete dieses Bezirks, Rembold, unterstützten das Neresheimer Verlangen mit Nachdruck. Die Stadt Aalen übernahm die Grunderwerbskosten auf Aalener Markung für die neue Bahn zum nicht unerheblichen Preis von 60 000 Mark. Noch im Winter 1900/1901 wurde mit dem Bau an verschiedenen Stellen zwischen Aalen und Ebnat begonnen. Zahlreiche italienische Arbeiter gelangten zum Einsatz, zum Teil waren sie bei den Härtsfeldbauern, z. B. in Ebnat, untergebracht. Schon im August 1901 waren die Schienen von Aalen bis Neresheim verlegt, Tunnel und Viadukt bei Unterkochen und der Bahnstation Waldhausen-Glashütte fertiggestellt. Am 30. Oktober fuhr ein Sonderzug von Neresheim nach Aalen, wo im Saal des Spritzenhauses eine festliche Versammlung stattfand. Mit Begeisterung wurde der Sonderzug, der am nächsten Tag dann von Aalen nach Neresheim fuhr, auf allen Stationen empfangen. Die Bahn war zunächst nur bis zur bayrischen Grenze, bis nach Ballmertshofen, gebaut worden. 1904/05 wurde sie dann bis nach Dillingen weitergeführt.
Wie andere in jener Zeit gebaute Lokalbahnen wurde auch die Härtsfeldbahn, besonders seit dem Zweiten Weltkrieg, durch Bus und Lastkraftwagen in ihrer Bedeutung zurückgedrängt. Die Dampfloks wurden 1956 ausrangiert und durch Triebwagen ersetzt.

## *Ellwangen, die gute Stadt*

Obwohl von König Friedrich zur „guten Stadt" erklärt, nimmt Ellwangen nicht die gleiche Entwicklung wie die sechs anderen guten Städte. Das örtliche Gewerbe bleibt beim Stand handwerklicher Fertigung, es entwickelt sich keine Industrie; Ellwangen bleibt eine Beamtenstadt. Erst nach der Jahrhundertwende zeichnet sich ein Integrationsprozeß zwischen Beamten, den „Herren", und der starken, auch selbstbewußten und nicht gerade armen Schicht der Gewerbetreibenden ab. Das bisherige „Allgemeine Intelligenzblatt für Neuwürttemberg" ist eingegangen, mit der neuen Kreiseinteilung kommt in Ellwangen ab 1818 das „Allgemeine Intelligenzblatt für den Jaxt-Kreis" heraus, das nur allgemeine Beiträge und lokale Nachrichten, auch Anzeigen bringen, sich mit der Politik aber nicht beschäftigen darf.
1829 wird das Kapuzinerkloster aufgehoben, in seinen Räumlichkeiten das Wai-

senhaus Marienpflege eingerichtet, das bis heute als Jugenddorf zu einer Musteranstalt dieser Art geworden ist. Auf dem Schloß richtet man 1842 eine Ackerbauschule ein. Die Obere Jagstbahn, die 1866 von Buch über Schwabsberg, Schrezheim, Ellwangen und Jagstzell geführt wird, hat auf den Oberamtsbezirk nicht die gleiche Wirkung wie im Oberamt Aalen, die Industrie kommt erst nach dem Zweiten Weltkrieg. 1872 erhält Ellwangen eine Gasfabrik; 1914 wird eine Unteroffizier-Vorbildungsanstalt am Mühlberg gebaut. In die Kaserne zieht 1921 die Polizei, 1923 eine Polizeischulabteilung. Vorübergehend wird dann ein evangelisches Landeswaisenhaus dort untergebracht, bis 1934 das neue Regime eine „SS-Verfügungstruppe", die spätere III. Abteilung der SS-Standarte „Deutschland" dort unterbringt. Politisch bleibt die Landschaft und auch die Kreisstadt (1933 werden die Oberämter zu Kreisen umbenannt) weitgehend „schwarz", daran ändert auch der NSDAP-Kreisleiter, Reichstagsabgeordnete und Bürgermeister Adolf Kölle nicht viel, der mit teilweise sehr drastischen Methoden Leute, die nach seiner Ansicht nicht mitmachten, unter Druck setzte und die Geistlichen bei ihren Predigten kontrollierte. Kölle war ein fanatischer Nationalsozialist.

### *Politik, groß und klein geschrieben*

Die Revolution von 1848/49 hatte für unsere Landschaft immerhin die Bauernbefreiung, demokratische Wahlen der Schultheißen, Gemeinderäte und der Mitglieder der Bürgerausschüsse mit sich gebracht. Die Bürgerausschüsse waren eine Art zweite Kammer, ihre Mitglieder hatten nicht dasselbe Mitsprache- und Stimmrecht wie die Gemeinderäte. In Aalen hieß man sie, die im Gegensatz zu den Stadträten, welche auf gepolsterten Stühlen sitzen durften, auf hölzernen Bänken, den „Schrannen" sitzen mußten, ebenso schlicht wie derb, die „Schrannenfurzer".

Die große Politik schlug sich nicht immer in gleichem Maße im Aalener, Ellwanger und Neresheimer Oberamt nieder. Pferdekäufer für die württembergische Artillerie kamen 1859 aufs Land, denn auch Württemberg hatte angesichts des Krieges zwischen Österreich und Frankreich teilmobilisiert; die Eisenbahnbauten wurden zugunsten der Rüstung vorläufig eingestellt, zahlreiche Reservisten zu den Waffen gerufen. Es wird zu Spenden für die Familien der Eingezogenen aufgerufen, ebenso bittet ein Comité um Binden und Leinwand für die 17 000 verwundeten Österreicher in Tirol.

Nach dem Tode König Wilhelms besteigt am 25. 6. 1864 König Karl den Thron. 1866 im Krieg gegen Preußen ist Württemberg bundestreu, Truppentransporte

fahren durch Aalen, zuerst nach Norden, dann, nach der Niederlage von Tauberbischofsheim, wieder nach Süden: „Die Preußen kommen!"
In Bopfingen rücken 20 bayerische Reiter ein, die sich verpflegen lassen und behaupten, die preußischen Truppen ständen schon bei Dinkelsbühl. Crailsheim wird dann noch von den Preußen besetzt, bis Ellwangen stoßen sie nicht mehr vor. Das für die Aufnahme von Verwundeten bereitgestellte Hilfsspital in Aalen wurde nicht belegt. Von Osten nach Westen fahren im Sommer 1870 Truppenzüge, aus Bayern kommend, über Aalen nach Stuttgart in Richtung Frankreich. Aus dem Bezirk Aalen allein waren 300 Mann ausmarschiert. Frauen schickten den Kriegern Hemden aus Flanell, wollene Socken und Zigarren ins Feld. Nach Kriegsende – die württembergischen Truppen haben sich vor allem bei Champigny hervorgetan – werden die Heimkehrer von ihren Gemeinden jubelnd empfangen.

## *Volksvertreter Moritz Mohl*

Seit der Verfassung von 1817/19 hatte es im Königreich eine zweite Kammer gegeben, in der neben den Vertretern der Ritterschaft und der Universität auch je ein durch Wahlmänner gewählter Volksvertreter der Oberämter saß, dazu kamen noch die Abgeordneten der sieben „guten Städte".
Vierzig Jahre lang, von 1848 bis 1888, war Moritz Mohl Vertreter des Oberamts Aalen in der Württembergischen Kammer der Abgeordneten in Stuttgart. Er hat 40 Jahre lang die Interessen des kleinen Oberamtsbezirks in der Landeshauptstadt vertreten und durfte miterleben, wie aus der im Hinterland gelegenen, bescheidenen Oberamtsstadt und ihren noch bescheideneren, um nicht zu sagen noch ärmeren Amtsgemeinden dank der aufkommenden Industrialisierung und dem Anschluß an das Eisenbahnnetz ein blühender Landstrich wurde. Moritz Mohls Verdienste gehen aber weit über den Aalener Bezirk hinaus: Als Finanzexperte leistete er im Stuttgarter Landtag Beachtliches. Eine Zeitlang war Mohl Mitglied des deutschen Zollparlaments und später auch Abgeordneter für den Wahlkreis Aalen–Heidenheim–Ellwangen im Deutschen Reichstag zu Berlin. Ernst Marquardt nennt Mohl „den größten aller schwäbischen Dickköpfe".
Moritz Mohl wurde in Stuttgart 1802 als dritter der vier später so berühmt gewordenen Söhne des Staatsrates und späteren Konsistorialpräsidenten Benjamin Ferdinand von Mohl geboren. Mütterlicherseits war Mohl Nachkomme des berühmten schwäbischen Publizisten Johann Jakob Moser (1701–1785); ein Bruder der Mutter Mohls war der spätere Kanzler der Universität Tübingen, Autenrieth. Mohls Vater war übrigens von 1819 ab Regierungspräsident für den Jagstkreis in

Ellwangen. Die Söhne blieben aber aus Bildungsgründen in Stuttgart, wo sie das Gymnasium besuchten. Dem Tübinger Studium der Kameralwissenschaften schloß Mohl noch ein Jahr an der Landwirtschaftlichen Akademie in Hohenheim an. Nach einer glänzenden Prüfung trat er in „vaterländische Dienste“. Die Schutzzollbewegung für die langsam den Kinderschuhen entwachsende deutsche Industrie kam in diesen Jahren auf, Mohl schloß sich ihr begeistert an. Zeit seines Lebens blieb er dieser Theorie, die 1820 bestimmt noch ihre Berechtigung hatte, treu. Unbeirrbar hielt er an den Leitsätzen dieses Systems jedoch noch fest, als ringsum sich die Zollschranken schon gehoben hatten. So nimmt es nicht wunder, daß Mohl, der als recht junger Mann noch mit der Mission betraut wurde, als württembergischer Unterhändler in Berlin Besprechungen wegen der Gründung eines Zollvereins zu führen, scheiterte. Die ganzen Verhandlungen mit Preußen gingen dem jungen Assessor so sehr gegen den Strich, daß er sie ohne jede Rücksprache mit Stuttgart einfach abbrach und nach Hause reiste. In der heimatlichen Residenz nahm man den jungen Heißsporn sehr ungnädig auf, da Preußen in heftiger Form gegen das unverschämte Verhalten des württembergischen Unterhändlers protestiert hatte.

Mohl suchte sich also einen Wahlkreis und fand ihn auch im Oberamtsbezirk Aalen. Er war ein glänzender Redner, und so fiel ihm die Wahlkampagne im Bezirk nicht schwer. Bei der Wahl zur Abgeordnetenkammer vom Jahre 1849 gab es im ganzen Bezirk 3696 vorgewählte Wahlmänner. Von diesen gaben indes nur 1475 ihre Stimme ab, davon stimmten aber nicht weniger als 1448 für Mohl. Es war für damalige – und es ist sogar noch für heutige – Verhältnisse ungewöhnlich, daß ein Landtagsabgeordneter sein Mandat hauptberuflich wahrnimmt.

Nun, damals gab es schon für die Sitzungstage ein Tagegeld von 5 Gulden und 30 Kreuzern, und Mohl war ein vermögender Mann. In der Abgeordnetenkammer konnte er sich nicht entschließen, einer der im Entstehen begriffenen Fraktionen beizutreten; er war vierzig Jahre lang eine Fraktion für sich und spielte, ganz wie es seinem Charakter entsprach, den Hecht im Karpfenteich.

Wie so viele Neu-Württemberger standen auch die Bürger und Bauern im Bereich der Ostalb bis hinein in die 70er Jahre meist noch im großdeutschen Lager. Sie glaubten immer noch an einen Zusammenschluß der süddeutschen Staaten unter österreichischer Führung. Streng föderalistisch und großdeutsch war ihr Abgeordneter, darauf konnten sie sich verlassen. Für diese Haltung ist eine Äußerung von Apotheker Closs bezeichnend, einem honorigen Aalener Demokraten, der im Jahre 1862 in der Oberamtsstadt ein „Schleswig-Holstein-Comité“ gegründet hatte und dieses nach dem Kriege von 1866 wieder auflöste mit dem Bemerken, „Schleswig-Holstein und sein Recht“ seien „dem preußischen Militär-Despotismus erlegen“. In

einem flammenden Aufruf hatte Mohl in der Abgeordnetenkammer im Juni 1866 diesen preußischen Despotismus angegriffen und mit dem Ruf „Zu den Waffen!" der Regierungsvorlage über die Bewilligung der Kriegskredite zugestimmt.
Hohe Wogen der politischen Aktivität schlug auch in Aalen die Wahl zum Zollparlament im Jahre 1867. Für den Wahlkreis XIII Aalen–Heidenheim–Gmünd waren aufgestellt die Kandidaten Graf Rechberg, Fabrikant Louis Lang aus Heidenheim und Moritz Mohl. In seiner Wahlversammlung am 1. März 1868, die in der „Harmonie" in Aalen stattfand und von den Gewerbevereinen des Bezirks veranstaltet worden war, sprach Mohl. Er, der auch nach dem Frieden von 1866 noch immer der betonte Preußengegner ist, hatte in den Leuten, die hier versammelt waren, sein richtiges Publikum. Die Mehrzahl der Wähler sei „noch nicht großpreußisch geworden" hieß es in einer Betrachtung des Lokalblattes. Mit überwiegender Mehrheit wurde dann auch Mohl im Wahlbezirk zum Abgeordneten für das Zollparlament gewählt.
Hatte Mohl 1866 vor der Auseinandersetzung mit Preußen den Kriegskrediten freudig zugestimmt, so fiel ihm dies im Juni 1870 entschieden schwerer, als die Regierung dieselbe Vorlage in der Abgeordnetenkammer einbrachte, der Kampf dieses Mal aber an der Seite Preußens gegen Frankreich gehen sollte.
Marquardt schreibt dazu: „Selbst Moritz Mohl stimmte zu, nicht ohne zu betonen, er wäre viel lieber neutral geblieben, wenn nur die bösen Bayern bei einer solchen Politik mitgemacht hätten ... Beim Württemberger steigert sich manchmal der Eigensinn, die Freude am Neinsagen zu einer wahrhaft antiken Größe, so dachten auch ... die Aalener, die ihren Mohl durch vierzig Jahre immer wieder in den Landtag schickten: Wer in Württemberg Nein sagt und dabei bleibt, ist ein rechter Mann." Aber ganz so einfach war die Lage doch nicht mehr. Jetzt, nachdem der „vaterländische Krieg" begonnen hatte, blickten auch immer mehr Menschen in den süddeutschen Staaten nach Preußen. Nicht so Mohl, der sich dem Gegenkandidaten der (Klein-)Deutschen Partei, dem Aalener Stadtschultheiß Oesterlein, bei den Landtagswahlen am 5. Dezember 1870 mutig stellte und dann auch wieder gewählt wurde.

## *Von Streich bis Bolz*

Auf der neuen „Reichsebene", die jetzt – gegen den Willen vieler Süddeutscher, wie wir gesehen haben – gebildet worden war, zeichnete sich bald ein Vorgang ab, der einen verhängnisvollen Spalt im Volke bilden sollte: Preußen hatte sich, besonders in seinen Westprovinzen, bereits in den vergangenen Jahrzehnten nicht

sehr tolerant gegenüber dem katholischen Volksteil und dessen Klerus verhalten. Vorsicht und Angst vor weiteren Verfolgungen dieser Art ließen nun, als das Reich gegründet war, die Katholiken aller Bundesländer sich auch politisch zusammenschließen, ihre neue Partei nannten sie das Zentrum. Jetzt kamen viele treue Demokraten in unserem Lande in ernsten Gewissenskonflikt: Durften sie noch weiter ihrer alten Partei angehören, oder mußten sie, schon aus Loyalität, sich der neuen Konfessionspartei anschließen? Dabei zählten gerade die Demokraten bis 1871 viele katholische Geistliche auch in unserer Gegend zu ihren besten Anhängern. Jetzt mußte sich dies alles ändern.
Bei den Reichstagswahlen von 1871 kandidierte Moritz Mohl auf Drängen seiner Freunde im neu geschaffenen Reichstagswahlkreis XIII, der die Oberämter Aalen, Ellwangen, Neresheim und Gaildorf umfaßte, für die Volkspartei. Auch jetzt noch setzte sich Mohl, als viele schon für den „Eisernen Kanzler" in Berlin schwärmten, für einen strikten Föderalismus ein. Bei diesen Wahlen tritt aber zum ersten Male das Zentrum als Partei auf, als Kandidat wird von dieser Partei der Gerichtsrat Streich aus Ellwangen präsentiert. Die katholische Mehrheit der Wähler verhilft ihrem Kandidaten auch gleich zu einem Mandat: Mohl unterliegt zunächst. Ganz glücklich sind die Zentrumsleute mit ihrem Mann im Reichstag jedoch nicht geworden: Gleich bei der ersten Sitzung stimmte Streich zusammen mit den National-Liberalen gegen einen Antrag seiner eigenen Partei. Ob seine bald darauf erfolgte Beförderung zum Obertribunalrat mit diesem Akt zusammenhing, läßt sich heute nicht mehr feststellen. Auf jeden Fall aber hatte diese Beförderung zur Folge, daß Streich sein Mandat niederlegte und wieder in die Rechtsprechung zurückging.
Bei der notwendig gewordenen Nachwahl gaben die Zentrumsleute die Parole „Wahlenthaltung" aus, wohl weil sie keinen geeigneten Kandidaten auf die Bahn brachten. Sieger der Nachwahl wurde Mohl, der auch bei den nächsten Wahlen im Jahre 1874 wieder für die demokratische Volkspartei, die im Landtag zur Linken gehörte, kandidierte. Jetzt hatten sich die Fronten schon klar abgezeichnet und neue, bisher nicht gehörte Töne sind auch bei ihm in seinen Wahlreden zu vernehmen, in denen er sich gegen den „ultramontanen Geist, gegen das Jesuitentum und für die staatliche Gesetzgebung" verwendet. Doch auch dieses Mal bringt das Zentrum mit der großen Schar seiner Wähler seinen Kandidaten durch, es ist Stadtschultheiß Bayrhammer aus Ellwangen.
Bei den Landtagswahlen von 1876 kandidiert Pfarrer J. Wengert aus Dirgenheim, der Redakteur des „Anzeigers vom Ipf", gegen den unermüdlichen politischen Hansdampf Mohl. Wengert, der Anhänger des Zentrums und dabei doch süddeutscher Föderalist ist, verspricht in seinen Wahlaufrufen, sich auch für die Ar-

beiterfrage einzusetzen. Mohl geht jedoch bei dieser Wahl vor Wengert als Sieger hervor.
Bei den Reichstagswahlen in den folgenden Jahren ist es dank der konfessionellen Zusammensetzung der Wählerschaft im Wahlbezirk XIII immer das Zentrum, das seinen Kandidaten durchbringt. Im Jahre 1877 ist es der Ellwanger Gymnasialdirektor Leonhard, der vor Mohl Mitglied des Reichstags wird, und auch 1880 fehlen Mohl wieder 2000 Stimmen zur Mehrheit; auch diesmal macht wieder der Zentrumsmann Leonhard das Rennen. Von 1891 ab ist Graf Adelmann Zentrumsabgeordneter des Wahlkreises. Bei der Reichstagsauflösung 1893 kommt er jedoch als Zentrumsmann, der zugleich auch Bismarck schätzt, in Gewissenskonflikt. Er kandidiert nicht wieder. Für ihn gelingt Pfarrer Wengert der Sprung in den Abgeordnetensessel im Berliner Reichstag.
Zu den Reichstagswahlen von 1912 hatte die Zentrumspartei des Wahlkreises XIII den jungen Rottenburger Gerichtsassessor Eugen Bolz aufgestellt und auch wieder durchgebracht. Für die Wahlen zur Weimarer Nationalversammlung kandidierte Bolz allerdings nicht mehr in Aalen–Ellwangen, sondern in Rottenburg–Horb, an seiner Stelle kam als Zentrumsabgeordneter der bäuerliche Vertreter Franz Feilmayer aus Ruital in die Weimarer Nationalversammlung. Humpf kandidierte bei den Reichstagswahlen vom Juni 1920 für das Zentrum und war dann über drei Wahlperioden hinweg bis 1928 Abgeordneter in Berlin.

## *Weltkrieg, Revolution, Republik*

Der Ausbruch des Ersten Weltkrieges bringt auch hierzulande zunächst überschäumende Begeisterung. Die Soldaten auf den durchfahrenden Militärzügen werden mit Liebesgaben überhäuft. In Ellwangen wird ein Landwehrbataillon zusammengestellt, Ende August ein Landsturmbataillon. Eine Wachkompanie wird in der Stadt stationiert, deren Angehörige Brücken und Bahnanlagen zu bewachen haben. Auch in Aalen war solch eine Wachkompanie. Hier wie in Ellwangen zeigte sich der Krieg jedoch bald von der anderen Seite: Vereinlazarette wurden vom Roten Kreuz eingerichtet im Ellwanger Krankenhaus und in der Marienpflege, in Aalen in der Parkschule. Auch in unserer noch stark von der Landwirtschaft geprägten Gegend wurden die Lebensmittel bald knapp „Hamsterer“ aus der Stadt erscheinen auf dem Land, um Kleidung oder Wertsachen gegen Eßbares umzutauschen. Auf der anderen Seite leidet die Landbevölkerung unter der strengen Ablieferungspflicht, die von Militärkommandos kontrolliert wurde. Schulkinder werden allenthalben zum Sammeln von Altmetall, Lumpen,

Papier, aber auch zum Einholen von Brennesseln und Laub, das für irgendwelche Ersatzstoffe die Grundlage bilden sollte, eingesetzt. In Ellwangen wird 1916 ein Lager für kriegsgefangene Offiziere auf der Wolfgangshöhe errichtet.
Die Revolution von 1918 macht sich auch in Ellwangen bemerkbar. Es erscheint eine Abordnung aus Stuttgart, bestehend aus einem Zivilisten und sechs uniformierten Soldatenräten mit Gewehren, die im Rathaus die rote Fahne hissen. Bald stellt sich aber heraus, daß die Sendboten der Revolution in Ellwangen höchst materielle Ziele verfolgen. Sie haben den Auftrag, die Lebensmittelzufuhr für die Landeshauptstadt sicherzustellen. Die Delegation erscheint auch in der Unteroffiziervorbildungsanstalt, wo die „Zöglinge“ auf ihr Einwirken hin auch sofort einen Soldatenrat bildeten und erklärten, daß sie sich nicht mehr an die militärischen Gesetze der Anstalt gebunden fühlten. Ähnlich handelte auch die Kriegsgefangenenbewachungskompanie. Zunächst sollte in einer öffentlichen Versammlung in der Turnhalle die Bevölkerung über die Ziele der Räteherrschaft aufgeklärt werden. Die Delegation scheint sich von einer solchen Versammlung nach Lage der Dinge nicht viel versprochen zu haben. Nachdem sie schon öffentlich bekannt gemacht worden war, wurde sie wieder abgesagt.
In Aalen werden Arbeiter- und Soldatenräte gegründet. Ein Matrose namens Walter, gebürtiger Aalener, der direkt aus Kiel gekommen war, versuchte hier, das Heft an sich zu reißen. Er traf auf eine schwache Resonanz. Es zeigte sich, daß die größere Zahl der Aalener Sozialdemokraten sich zum Lager der Mehrheitssozialisten der Genossen Ebert und Scheidemann zählte und nicht zum revolutionären Flügel der Minderheitsgruppe um Karl Liebknecht und Rosa Luxemburg.
Die SPD und die Gewerkschaften veranstalteten im Saalbau „Löwenkeller“ eine große öffentliche Versammlung Die von dieser Versammlung angenommene Resolution ist bezeichnend für die gemäßigt-revolutionäre Richtung, in die zu gehen man gewillt war: „Die Versammlung steht auf dem Boden der Revolution ... Die Arbeiter- und Soldatenräte sind Organe der neuen Volksregierung, die die Errungenschaften der Revolution zu sichern bereit und verpflichtet sind ... Die Versammlung erklärt sich grundsätzlich für die sozialistische Wirtschaftsweise. Diese Umwandlung der kapitalistischen Produktion kann jedoch nicht mit denselben Gewaltmitteln vollzogen werden, auf die sich die kapitalistische Gesellschaft bisher gestützt hat, sie muß vielmehr durch Aufklärung und Erziehung die Völker zur sozialistischen Weltanschauung und durch internationale Verständigung erreicht werden. Die Versammlung lehnt deshalb die Bildung einer Roten Garde und die Diktatur als Kampfmittel zur Durchsetzung des sozialistischen Volksstaates ab.“

## *Die Hakenkreuzler übernehmen die Macht*

Der Revolution folgte die Inflation. Viele Menschen verloren ihr Erspartes. Von der Inflation am meisten betroffen war eben, wer sich nicht auf Sachwerte stützen konnte, wer Kriegsanleihen gezeichnet, wer gespart hatte. In den Städten wie Aalen und Ellwangen machte sich die Wohnungsnot bemerkbar. Es war jahrelang nichts mehr gebaut worden und nun, da die Soldaten vom Kriege heimkamen und heiraten wollten, fanden sie kein Dach für ihre Familien. Einfachsiedlungen entstanden, zum Beispiel in Aalen auf dem Galgenberg. Barackenwohnungen wurden zu lange währenden Provisorien, z. B. die Baracken auf der Ellwanger Wolfgangshöhe.

Kurzen Jahren der wirtschaftlichen Blüte, aber politischer Instabilität folgte die Weltwirtschaftskrise von 1929. Die Amerikaner riefen ihre kurzfristig ausgegebenen Kapitalien aus Deutschland ab, der Börsenkrach von Wall Street wirkte sich auf Deutschland katastrophal aus. Das war Wasser auf die Mühlen Hitlers, der bis dahin nur höchst bescheidene Erfolge erringen konnte. Bis 1932 gab es über sechs Millionen Arbeitslose im Reich, zahlreiche Betriebe mußten schließen, so das Riegerwerk in Aalen und das Stahl- und Walzwerk in Oberkochen. Viele Firmen führten Kurzarbeit ein, mußten aber trotzdem noch Leute entlassen. Bei Bahn und Post gab es Abbau, Lohn- und Gehaltskürzungen. Die Not war besonders in den Städten groß. Aber auch die Landwirtschaft war bedroht, auch hier gab es Betriebe, die aufgeben mußten oder unter den Hammer kamen. Jetzt setzten die Nazis zum Kampf um die Übernahme der Macht an. Dieser Kampf war nicht leicht. Das konservative Denken herrschte bei uns noch immer vor, für extreme Ideen waren die Menschen auch jetzt noch nicht zu begeistern. Ob die SA-Trupps oder der Rote Frontkämpferbund durch die Straßen zogen, die Leute schauten furchtsam drein: Daraus wird bestimmt nichts Gutes. Die NSDAP und die KPD suchten den Kampf. Gerade die Hochburgen ihrer Gegner waren das Ziel der Hitlerleute. In Fachsenfeld gab es am 25. Februar 1932 eine Schlacht zwischen SA und Kommunisten, es wurde geschossen, die Nazis holten Verstärkung aus Aalen, Hunde wurden auf die Proletarier gehetzt. Aber noch war das Zentrum die bestimmende Kraft in vielen Gemeinden, nicht nur in den bäuerlichen. Aus einer Versammlung des Zentrums in Oberkochen zur Landtagswahl 1932 wird berichtet, daß Rechtsanwalt Merz aus Ellwangen den Vertretern der „Erneuerer des deutschen Reiches" reichlich Kontra gegeben habe. „Nachdem zum Schluß Merz sein Bedauern über die Zerrissenheit Deutschlands Ausdruck gegeben hatte, sangen die meisten Anwesenden spontan das Deutschlandlied" hieß es in einem Bericht der „Aalener Volkszeitung".

Auf erlaubte und unerlaubte Flächen werden von den Parteien Plakate geklebt. Auch bei dieser Kleberei kommt es zu Kämpfen zwischen den politischen Gegnern.
Spitzenkandidat der NSDAP für die Landtagswahl ist Ing. Adolf Kling aus Unterkochen, für das Zentrum kandidiert der bisherige Abgeordnete Karl Gengler. In die wichtige Kampagne schaltet sich auch auf Seiten des Zentrums Staatspräsident Eugen Bolz ein, der auf Versammlungen in Ellwangen und Lauchheim spricht. Bei der Reichspräsidentenwahl erhielt im Oberamtsbezirk Aalen Hindenburg 14 700, Hitler 3929 und Thälmann 990 Stimmen. Die SPD hatte die Parole ausgegeben „Hindenburg wählen und Hitler schlagen“. Auch in den Bezirken Ellwangen und Neresheim erhielt Hitler eine klare Absage. Die Parteien der Mitte, vor allem Demokraten und Volkspartei, verloren jedoch von Wahl zu Wahl an Stimmen, die offensichtlich der NSDAP zugute kamen.
Bei der Landtagswahl vom 24. 4. 1932 gewann die NSDAP im Oberamt Aalen 3318 Stimmen, 1928 hatte sie nur 314 bekommen. Auch der Stimmenanteil der Kommunisten war von 325 auf 1130 gestiegen. Das Zentrum hatte ebenfalls runde tausend Stimmen gewinnen können, die Sozialdemokraten hatten fast die gleiche Anzahl verloren, vermutlich an die Kommunisten.
Die ungebrochene Stellung des Zentrums zeigen die Reichstagswahlen vom 31. Juli 1932: von 20 093 abgegebenen Stimmen erhielt das Zentrum 8161, die NSDAP 3786, die SPD 3764 und die Kommunisten 1704 Stimmen. In den beiden Städten Aalen und Ellwangen blieb das Zentrum stärkste Partei; während die Sozialdemokraten Leidtragende der zunehmenden Radikalisierung wurden: Sie mußten einen beträchtlichen Stimmenanteil an die KPD abgeben.
Am 30. Januar 1933 übernimmt Hitler die Macht. Seine Parteigenossen in unserem Bezirk wissen, was sie jetzt zu tun haben: Als verhältnismäßig kleine Minderheit versuchen sie mit allen Mitteln, das Gedankengut der Bewegung den immer noch zurückhaltenden Menschen in Stadt und Land aufzuzwingen. Die anderen Parteien sind verboten oder haben sich selbst aufgelöst, die härtesten der politischen Gegner, militante Sozialdemokraten und Kommunisten werden ins Konzentrationslager auf den Heuberg gebracht – zur politischen „Umerziehung“. Nachdem die kämpferische Spitze der Arbeiterschaft soldhermaßen mundtot gemacht ist, gilt das ganz besondere Augenmerk der neuen Machthaber jetzt vor allem der katholischen Kirche. Geistliche werden systematisch bespitzelt, müssen beim Kreisleiter „vorreiten“, werden in „Schutzhaft“ genommen. Nach dem Tode von Kreisleiter Kling wird Adolf Kölle dessen Nachfolger; Kölle wird im gleichen Jahr auch Bürgermeister von Ellwangen. Gemeinderäte, Bürgermeister und Landräte werden jetzt nicht mehr gewählt, sondern nach dem Führungsprinzip der

NSDAP „eingesetzt“. Die Gemeinderäte der Städte heißen jetzt auch „Ratsherren“.
Hitler rüstet für den Krieg. Aus der Reichswehr wird das Volksheer, nach der Einführung der Allgemeinen Wehrpflicht die Wehrmacht. Die SS-Garnison in Ellwangen wird immer weiter ausgebaut, Aalen erhält eine Wehrkreis-Reit- und Fahrschule, ein Proviantamt und ein Zeugamt.
Wirtschaftliche „Autarkie“ wird angestrebt, die Importe eingeschränkt. Für den Bezug von Speisefett müssen sich die Verbraucher beim Lebensmittelhändler und beim Metzger einschreiben lassen.
Rüstungsaufträge für die heimische Industrie schaffen Arbeit; wer hier keine Arbeit findet, wird zum Aufbau weiterer Rüstungswerke in andere Teile des Reiches dienstverpflichtet.

## *1938: Der Kreis Aalen entsteht*

Eine Maßnahme von einschneidender Wirkung ist das 1938 vom Stuttgarter Gauleiter der NSDAP und Reichsstatthalter, Wilhelm Murr, erlassene „Gesetz über die Landeseinteilung“, nach welchem 27 Kreise (1933 hatten die Oberämter diese neue Bezeichnung erhalten) aufgehoben wurden. Aus den ehemaligen Kreisen (Oberämtern) Aalen, Ellwangen und Neresheim wurde nun der Kreis Aalen in den Grenzen geschaffen, in denen er noch heute existiert. (1. Okt. 1938. Auf „Abtretungen“ an andere Kreise – z. B. Bühlertann an Hall – muß hier aus Platzgründen verzichtet werden.) Besonders für Ellwangen war dies ein schwerer Schlag, den viele der alteingesessenen Bewohner dieses Oberamtes bis heute noch nicht haben verwinden können. Die kgl. Kreisregierung war schon 1911 aufgehoben worden.
Indessen muß der Legende, daß mit dieser Maßnahme das „schwarze“ Ellwangen gewissermaßen bestraft werden sollte, entgegengetreten werden. Die Ratsprotokolle von Ellwangen aus den dem Gesetzerlaß vorangegangenen Monaten zeigen deutlich, daß besonders Bürgermeister Kölle einiges versucht hatte, dieses Schicksal von Ellwangen abzuwenden.
Den Inhalt einer „Sonderberatung in Gegenwart der Vertreter von Partei und Staat am 7. Juni 1938“ gibt die „National-Zeitung“ Nr. 132/1938 verglichen mit dem Ratsprotokoll treffend wieder. In dem unter dem Titel „Was wird aus Ellwangen?“ erschienenen Bericht heißt es u. a.:
„. . . Bürgermeister Kölle gab bekannt, daß er nichts unversucht lassen werde, für die Stadt für einen zu erwartenden Ausfall nach Gelegenheit zu suchen, die fühlbaren Opfer zu erleichtern und tunlichst wettzumachen. Mit noch 26 Städten

in Württemberg ist auch Ellwangen von der Zusammenlegung, und zwar wohl besonders hart, betroffen. Die zuständigen Stellen haben einen Ausgleich in Aussicht gestellt. Allein dazu sind auch die tätige Selbsthilfe und das eigene Bemühen um vollwertigen Ersatz erforderlich. Das nachhaltige Vertreten der Interessen der Stadt wird aber soweit berücksichtigt werden müssen, als das weite Hinterland in Ellwangen den Mittelpunkt hat, sieht und behalten will. Ellwangen war seit Jahrzehnten kultureller, wirtschaftlicher und politischer Mittelpunkt. Unser Wille besteht, so schloß der Bürgermeister, Ellwangen als so verstandenen Mittelpunkt auch zu halten. An den Tatsächlichkeiten können und wollen wir nicht vorbeigehen. Unsere verantwortungsbewußte Stadtverwaltung beugt sich den in der Durchführung begriffenen Maßnahmen der autoritären Staatsführung und vertraut darauf, daß der Ausgleich nicht nur nicht versagt, sondern in jeder erdenklichen Hinsicht gefördert wird. Was die Eingemeindungsbestrebungen anlangt, kommen diese nicht vorwiegend der Stadt, sondern mehr noch dem wohlverstandenen Interesse der näheren und weiteren Umgebung zustatten. In dieser Hinsicht sind die nötigen Schritte und Verhandlungen eingeleitet. Ziel ist, der Stadt eine krisenfeste finanzielle Grundlage zu geben. Die Voraussetzungen hierfür sind erst geschaffen."

## *Das Ende: Der Krieg*

Die Rationierungskarten für Lebensmittel waren schon gedruckt, als der Zweite Weltkrieg ausbrach. Hitler hatte ihn gut vorbereitet und die längste Zeit mußte die Bevölkerung nicht hungern. Auf Schwarzschlachtungen und Nichtablieferung von landwirtschaftlichen Erzeugnissen standen hohe Strafen, so daß die Disziplin hier besser gewahrt blieb als im ersten Krieg.
Gleich bei Kriegsbeginn mußte der Kreis Aalen Evakuierte aus Rastatt aufnehmen, die man sinnigerweise „Rückwanderer" hieß. Nach Beginn des Frankreichfeldzuges konnten die Leute, die im Vorfeld von Westwall und Maginotlinie gefährdet gewesen waren, wieder in ihre Heimat zurückkehren. Nicht ganz so glatt ging diese Rückführung mit den zahlreichen Fremd- sprich Zwangsarbeitern, die aus aller Herren Länder nach Deutschland gebracht worden waren, um in der Rüstungsindustrie deutsche Arbeiter zu ersetzen, die Soldaten werden mußten. In den beiden letzten Kriegsjahren kamen immer mehr Evakuierte, darunter die Oberstufen von Oberschulen aus dem Ruhrgebiet (letztere nach Aalen und Ellwangen). Durch Feindeinwirkung entstand im Kreisgebiet bis in die letzten Wochen des Krieges hinein kein Schaden. Erst der hinhaltende Widerstand, der den von Norden her eindringenden Amerikanern entgegengebracht wurde, wirkte sich

aus. Das von der SS verteidigte Ellwangen wurde von den Amerikanern am 22. und 23. April mit Spreng- und Brandgranaten beschossen, so daß schwere Schäden entstanden. Die SS rückte heimlich ab, ohne die Stadt zu übergeben. Hier wie in allen anderen Gemeinden war das Problem für die auf den Erhalt ihrer Gemeinden bedachten Bürger dasselbe: Es lag nahe, die Stadt den anrückenden US-Truppen zu übergeben, aber die SS hatte jedermann vor solchem Tun gewarnt. Wer anders handelte, wurde standrechtlich erschossen oder auch aufgeknüpft. Ellwangen wurde am 23. April übergeben.

Auch in Aalen rückten die Amerikaner am 23. April ein. Die Stadt hatte am 17. April ein schweres Bombardement erlitten. Ziele waren das Heereszeugamt in der Oberen Bahnstraße und der Bahnhof. Zahlreiche Häuser wurden darüber hinaus zerstört oder schwer beschädigt, 59 Menschen kamen ums Leben. Auch Aalen hätte von einer SS-Abteilung und 600 Mann Volkssturm verteidigt werden sollen. Bei den ersten Kämpfen kamen dann doch 21 Soldaten ums Leben, ebenso viele, meist aus Aalen selbst stammende Volkssturmleute kamen in amerikanische Gefangenschaft.

In der Aalener Remonte richteten die Amerikaner ein Kriegsgefangenen-Entlassungslager ein, aus welchem im Laufe weniger Monate rund 80 000 Mann entlassen oder nach Frankreich weitertransportiert wurden.

Durch ein Mißverständnis waren beim Einmarsch des Feindes in Bopfingen vier Menschen, die sich an der Aalener Straße in einem Erdbunker verborgen gehalten hatten, für Partisanen gehalten und standrechtlich erschossen worden. Tatsächlich hatte ein SS-Schütze einen einrückenden Amerikaner erschossen.

Außer den bereits erwähnten Fremdarbeitern waren in den letzten Kriegsmonaten mindestens in einem der bedeutendsten heimischen Rüstungsbetriebe ausländische KZ-Häftlinge beschäftigt. Durch Ellwangen wurden in den ersten Apriltagen von 1945 einige hundert Häftlinge des KZ Kochendorf getrieben, sie sollten nach Dachau weitermarschieren. Sie waren so ausgehungert, daß viele von ihnen am Wege liegen blieben und dann von den sie begleitenden Eskorten erschossen wurden. Zusammen mit den exhumierten Leichen von KZ-Häftlingen anderer Kommandos, die ebenfalls im Frühjahr 1945 ums Leben gekommen waren, wurden die Überreste dieser Opfer des NS-Regimes 1956/57 in einem Sammelgrab des KZ-Friedhofs Kochendorf bestattet.

Die Kriegsgefangenen und Zwangsarbeiter aus den west- und südeuropäischen Ländern versuchten möglichst bald nach der Befreiung durch die einrückenden Amerikaner, in ihre Heimat zurückzukehren. Dies war nicht bei allen Polen und auch nicht bei vielen Ukrainern der Fall. Sie mußten befürchten, bei ihrer Rückkehr wegen Kollaboration mit dem Gegner sofort wieder verhaftet zu werden. So

blieben viele dieser Menschen als DP's (Displaced Persons) zunächst in Deutschland, wo sie von der amerikanisch subventionierten IRO (International Refugees Organization) betreut wurden. In Ellwangen wurde in der Mühlbergkaserne ein Lager für Ukrainer eingerichtet, in dem es eine Zeitlang sogar eine Universität gab. In Wasseralfingen mußte die vor dem Kriege erbaute Alfingsiedlung von ihren Bewohnern geräumt werden; Juden, die von der Vernichtung verschont geblieben waren, wurden dort untergebracht, wo sie bis 1948 blieben. Die meisten dieser Menschen wanderten nach den USA, nach Kanada und Australien aus. Die Übriggebliebenen wurden bei Goldshöfe in Baracken untergebracht.
In den ersten Wochen nach dem Einmarsch der Amerikaner zogen viele der ausländischen Zwangsarbeiter, der Sklaven, die nun ihre Ketten gebrochen hatten, raubend und plündernd durch das Land. Viele hatten sich bewaffnet, und wer sich ihnen in den Weg stellte, wurde niedergeschossen. So gab es unter der einheimischen, besonders der bäuerlichen Bevölkerung, noch eine Reihe tragischer Opfer. Die Drangsal war groß.

Literatur:

*Aalen einst und heute,* hg. zur Erinnerung an die Erhebung Aalens zur Freien Reichsstadt vor 600 Jahren, Aalen 1960

*Aalen im Jahre 1848/49,* zum 50jährigen Jubiläum des Jahres 1848 hg. vom Bezirksvolkverein Aalen, 1898

Baumhauer, H. (Hg.), *125 Jahre Zeitung in Aalen.* Sonderbeilage der Schwäb. Post, Aalen, 1963

Baumhauer/Honold (Hg.), *Aalener Volksbank 1868—1968,* Aalen, 1968

Bleif, J., *Die Revolution von 1848/49 in der Stadt Aalen und der Landgemeinde Essingen,* Vervielf. Zul. Arbeit, 1969

Fischer, J., *Ellwangen, die gute Stadt, Ein Heimatbuch,* Ellwangen 1961

Hafner, E., *Die Entwicklung der Kocher-Zeitung aus den Anfängen der Aalener Presse und ihre Geschichte bis zum Jahre 1914,* Vervielf. Diss. Univ. München 1954

Haug, E., *Geschichte der Friedrichsuniversität Ellwangen, 1812—1817,* Ellwangen 1917

—, *50 Jahre Musikverein Ebnat,* hist. Teil von L. Kieninger, Festschrift Ebnat 1969

Mangold, M., *Heimatbuch Hohenstadt,* Hohenstadt 1953

Mutschler, K., *Die Hitlerbewegung im Kreis Aalen,* Aalen, o. J. (1935)

Miller, M., *Neuwürttemberg unter Herzog und Kurfürst Friedrich,* Stuttgart 1934

*Neresheim,* Festschrift zum 600jährigen Stadtjubiläum, Neresheim 1950

Neukamm, F., (Hg.) Aalen, *Beiträge zur Heimatkunde,* Gemeinschaftsarbeit, 2 Bde., Aalen 1957/58

Nowotny, P., *Vorbereitung der Machtübernahme durch die Hitlerbewegung in der Stadt Aalen im Spiegel der Aalener Volkszeitung,* Studienarbeit, Aalen 1968

Rettenmaier, H., *Unterschneidheim in Vergangenheit und Gegenwart,* Heimatbuch, Unterschneidheim 1958

Seidel, K., *Brücke zum Härtsfeld,* Schwäbisch Gmünd 1962

Theiss, K. und Baumhauer, H., (Hg.) *100 Jahre Industrie- und Handelskammer Heidenheim 1867—1967,* Aalen 1967

Theurer, H., *Aalen in der Vergangenheit,* Aalen o. J.

Theurer, H., *Aalen im Zweiten Weltkrieg,* Aalen 1951

# Das Vermächtnis der Künste

*von Dr. Hermann Baumhauer*

Die Kunstkarte des Kreises Aalen ist in ihrem überwiegenden Bestand die Beerberin der geistlichen Fürstenresidenz Ellwangen. Hervorgegangen aus dem ältesten Benediktinerkloster auf später württembergischen Boden hat diese größte und reichste der 1802/03 säkularisierten geistlichen Territorien vornehmlich in der Barockzeit das Gebiet befruchtet. Städtebauliches Herzstück dieses Erbes ist Ellwangen, eine nach 1130 planmäßig gegründete Stadtanlage von seltener Vollkommenheit, deren romanische Basilika die ehrwürdige Initiale jeder rückblickenden Darstellung bilden muß, denn sie ist als „dreitürmiger, im Innern dreigeschossiger Gewölbebau eines der bedeutendsten, eindruckvollsten Zeugnisse der spätromanischen Architektur rechts des Rheins“ (Bruno Bushart). Die künstlerische Höchstleistung verdankt der Kreis jedoch dem Benediktinerkloster Neresheim auf dem Härtsfeld: die Abteikirche auf dem Ulrichsberg, eine Schöpfung des großen Barockbaumeisters Balthasar Neumann. Sie ist das einzige Baudenkmal von europäischem Rang im Landkreis Aalen.
Zwischen diesen beiden Polen Ellwangen und Neresheim haben der Zisterzienserorden in Kirchheim-Ries, die Reichsstadt Bopfingen und einige örtliche Herrschaften achtbare Leistungen hinterlassen. So hat die Kunstkarte dieses Landkreises Bemerkenswertes aus allen kunstgeschichtlichen Perioden vorzuweisen. Reich bedacht wie wenig andere, belegt er vor allem durch die Streuung von künstlerisch belangvollen Arbeiten über das ganze Kreisgebiet hin die stete, lebendige Teilhabe der sogenannten Provinz an den Bemühungen der Generationen, dem Geist ihrer Zeit im Kunstwerk Gestalt zu geben, zur Ehre Gottes, der adligen Grundherrschaft und der geistlichen Residenz, der Stadt oder der Gemeinde.

## *Die staufische Initiale*

Die dreischiffige Ellwanger Pfeilerbasilika St. Veit ist der „bedeutendste romanische Gewölbebau Schwabens“ (Dehio). Der dreischiffige Sandsteinquaderbau mit

dem mächtigen Querschiff und dem Fünfapsidenchor erhebt sich bereits als der dritte steinerne Kirchbau auf dem sanft gewölbten Hügel, den schon ein halbes Jahrtausend vor der Grundsteinlegung das in seiner Nähe gegründete Benediktinerkloster zum Fluchtpunkt aller künftigen Lebenslinien für Konvent, bürgerliche Siedlung und Umland gewählt hatte. Doch nur ein bedeutendes Kunstzeugnis aus dieser Frühzeit seit der Klostergründung (764) blieb erhalten. Es ist ein vergoldetes Reliquienkästchen westfränkischen Charakters aus dem späten 9. Jahrhundert; es wurde 1959 im Bauschutt der Krypta gefunden (Württ. Landesmuseum).
St. Veit wurde unter Benutzung älterer Teile nach dem Kirchen- und Klosterbrand von 1182 erbaut und empfing 1233 durch Bischof Engelhard von Naumburg die Schlußweihe. Das war in der Zeit der Staufer. In der herrscherlichen Epoche Kaiser Barbarossas, Friedrichs II. und der Kreuzzüge; Heinrich des Löwen und der Ostkolonisation; des mächtigen Innozenz des Dritten, der die päpstliche Macht zur Höhe führte und des armen Franz von Assisi, dessen Prediger der Zeit der Bürgerkirchen den Weg bereiteten. Doch so fest die staufische Macht damals noch schien, so tatkräftig sich ihre ritterlich-mönchisch bestimmte Kultur in Kloster- und Burgenbau (Lauterburg vor 1128, Flochberg staufisch seit 1150, Schloß Ellwangen um 1200, Hohenstadt vor 1235, Kochenburg vor 1240) oder in Stadtgründungen (Aalen bald nach 1241, Bopfingen staufisch seit 1150) und im zähen Festhalten an der romanischen Stiltradition manifestierte, überall waren weltliche und geistliche Machtträger dabei, alte Königsrechte in eigene Regie überzuleiten und das Reichsgefüge zu schwächen.
Abt Kuno I. (1188–1221), der Bauherr von St. Vitus in Ellwangen, der ersten Burg auf dem Schloßberg und wohl auch der Propsteikirche des Klosters in Hohenberg, zählte nicht zu ihnen. Als erster Ellwanger Abt, der den Titel eines Reichsfürsten trug, war er ein Freund der Staufer, und die diplomatischen Dienste, die er noch 1220 für Friedrich II. in Italien übernahm, kennzeichnen den reichischen Geist des Ellwanger Klosters, dessen ausgeprägt freiherrlicher Charakter nur Söhnen des hohen Adels die Zugehörigkeit erlaubte. Ob das Kloster auch von der hirsauischen Reformbewegung berührt worden ist und ob die 1100—1224 erbaute Vorgängerkirche nach hirsauischem Schema erbaut war, ist ungewiß. Doch erst mit der Weihe dieser Vorgängerkirche trat „die Abtei an die Schwelle ihrer ersten geschichtlich faßbaren kulturellen Glanzperiode in der Stauferzeit“ (Max Miller), so daß die Annalen den bei Friedrich Barbarossa hochangesehenen Abt Adalbert I. (1136–1173) geradezu als den Neubegründer des Klosters ehren. Die spätromanische Basilika des Abtes Kuno ist daher stets als Verkörperung dieser Tradition interpretiert und als „das wichtigste Baudenkmal der staufischen Kaiserzeit in ihrem Stammland“ (Eugen Gradmann) gewürdigt worden.

Das quadratische Grundriß-Schema der im Mittelalter als Münster (monasterium) bezeichneten Basilika hält sich an die alte romanische Tradition, Wandgliederung und Dachstuhlöffnungen erinnern an die Dome von Mainz und Worms und an die mittelrheinische Zisterzienserarchitektur. Bruno Bushart schreibt daher den Bau einer auch in Schwäbisch Hall, auf der Komburg und in Feuchtwangen tätigen einheimischen Hütte zu, die schwäbische Tradition mit fortschrittlichen elsässischen und mittelrheinischen Baugedanken verschmolz. Der Bau ist in seinen Maßen bescheiden: größte Länge 76 m, Breite des Mittelschiffs 10,5 m, Breite der Vierung 38 m.

Von besonderer Schönheit ist die Ostansicht. Flankiert von zwei 48 m hohen Vierecktürmen, die, einzigartig in Schwaben, in den Ecken der Vierung stehen, schiebt sich der Ostteil des Langhauses kraftvoll aus dem östlichen Querhaus vor und läßt schon von außen die Mächtigkeit der inneren Vierungszone erkennen, in der die Kreuzbalken der beiden Hochschiffe einander durchdringen und wo auch die Krypta eingebaut wurde. Doch die Strenge der Symmetrie, der Kuben und Giebelflächen ist mit Betonung aufgelockert durch die runden Formen der Apsiden, durch Lisenen, Rücksprünge und Friese, so daß sich der Eindruck der Monumentalität verbindet mit dem einer sorgsam gestuften Plastik.

Auf der Westseite antwortet den Osttürmen ein der zweigeschossigen, heute ummantelten Vorhalle aufsitzender Turm. Und zwischen hier und dort erstreckt sich, straff und machtvoll, der dreischiffige Leib des aus großen Quadern gefügten Bauwerks und läßt an den Dächern seiner Hauptschiffe erkennen, daß die Höhe der Gewölbe – acht Meter über dem Kämpferansatz – den besonderen Stolz der Bauleute ausgemacht hat. An diesem Leib ist alles auf die knappste geometrische Formel gebracht, die Südflanke am Marktplatz zeigt es am deutlichsten. Lisenen gliedern die Flächen, die dekorativen Elemente wie Friese und geometrische Ornamente treten zurück zugunsten der architektonischen Wirkung, im Gegensatz zu den gleichzeitigen spätromanischen Bauten in Faurndau, Brenz, Schwäbisch Gmünd und Murrhardt.

## *Gotische Vielfalt*

Über dem inneren Hauptportal in der Westvorhalle erhielt sich eine lateinische Inschrift mit der herrischen Sprache jener Tage: „Ihr aber, die ihr dieses Haus verwaltet, hütet euch, daß es nicht untergehe. Wenn ihm sein Recht nicht wird, werdet ihr es büßen." Die Basilika hat dieses Recht zu allen Zeiten erhalten. Zwar veränderte der ständische und wirtschaftliche Umschichtungsprozeß, der nach dem Untergang der Staufer die alten Ordnungen rasch und heftig in Mitleidenschaft zog, auch die Zusammensetzung des Ellwanger Konvents und ließ offensichtlich seine geistige Spannkraft erlahmen. Als symbolisch mag dafür gelten, daß zwar die Marienkirche der Bürgerstadt 1427 neu aufgebaut wurde, die Abtei aber keine wesentlichen baulichen Leistungen vollbrachte. Der Prozeß führte schließlich 1460 zur Umwandlung der Benediktinerabtei in ein weltliches Chorherrnstift, mit einem Fürstpropst an der Spitze und einem Stiftskapitel aus zwölf adligen Chorherrn, denen ein Stiftsdekan vorstand. Doch das Jahr 1460, in dem der erste Propst den letzten der 48 Äbte ablöste, bezeichnet bereits wieder den Beginn einer zweiten, der spätgotischen Blütezeit.

1443 hatte ein Brand Basilika und Klostergebäude heimgesucht; Fürstpropst Albrecht von Rechberg (1461–1502) ließ sie wieder instandsetzen. An der Nordflanke der Basilika wurde der gotische Kreuzgang, die Liebfrauenkapelle und die zweischiffige Kapitelstube aufgeführt; phantasievolle Maßwerk- und Fensterformen rahmten von nun an das stimmungsvolle Blumengärtchen, das heute eine Studienfibel der Kunststile darstellt. Zwischen 1470 und 1480 erhielt auch die Vorhalle der Stiftskirche eine gotische Ummantelung mit einem neuen Portal. Während in der Basilika die Zahl der Altäre auf 20 anwuchs, gesellten sich in der Vorhalle, dem Alten Stift, neue Epitaphien zu dem bedeutenden gotischen Hochrelief des Ritters Ulrich von Ahelfingen (gest. 1339). Zu den wertvollsten Neuerwerbungen um 1500 zählen die zwei wohl in der Nürnberger Werkstatt Peter Vischers d. Ä. gegossenen Bronze-Gedächtnisreliefs für die Klostergründer Hariolf und Erlolf (um 1490) und für den 1502 verstorbenen Albrecht von Rechberg, dann das Armreliquiar des hl. Vitus für den Kirchenschatz und eine große gotische Monstranz (heute in der Schönenbergkirche). Weiterhin sind bemerkenswert: Das ausdrucksstarke Vesperbild der Eichkapelle (um 1490), das sein Gegenstück im Vesperbild von Wagenhofen (heute Westhausen) hat, eine Gnadenstuhlplastik und ein um 1480 geschaffener Erbärmde-Christus für die Heiligblutwallfahrtskirche in Schwenningen, sowie das sogenannte Salwirck-Missale (aus Günzburg) und die Corvinus-Handschrift, die heute die Württ. Landesbibliothek verwahrt.

Der Baumeister der Liebfrauenkapelle, in der eine Sandsteinmadonna aus der Mitte des 14. Jahrhunderts Aufstellung gefunden hat, der Kapitelstube und der Ummantelung der Vorhalle war der Steinmetz Hans Stiglitz aus Miltenberg. Ihm verdankt das Ellwanger Stadtbild die spätgotische Wolfgangskirche, einen einschiffigen Bau mit eingezogenem, dreiseitig geschlossenem Chorraum und „mit gar schönen costlichen Gewelben". Im Auftrag von Fürstpropst Albrecht von Rechberg 1473 begonnen, konnte der „aus einem Guß" gestaltete Bau schon 1476 geweiht werden. Neben einigen gotischen Altarfiguren beherbergt er heute einen

*44. Bopfingen, Stadtkirche, Liebfrauenaltar*
*45. Wasseralfingen, St.-Stephans-Kirche, Flügelaltar von Martin Schaffner*

46. *Kloster Kirchheim am Ries, Epitaph*

47. *Kloster Kirchheim am Ries, Pietà*

bedeutenden Holzkruzifixus, der um 1520 geschnitzt wurde, just zu einem Zeitpunkt, als dieser spätgotische Kunsteifer der Fürstpropstei in den Bedrängnissen der reformatorischen Spannungen, der Bauernunruhen und der sich wandelnden Stiltradition offenbar wieder erlahmte und die Interessen sich auf wirtschaftliche Aufgaben verlagerten. Denn 1521 beklagt sich der Propst darüber, daß es in die Stiftskirche „gleich einer öden scheuren" hineinregne, so daß ganze Bäche „darin stan blyben", in die zu des Stiftes Schande Fische getan worden seien. Erst 1588/90 wurden unter Leitung des Nördlinger Festungsbaumeisters Wolfgang Waldberger jene gründlichen Erneuerungsarbeiten durchgeführt, die überleiten zum dritten Lebensabschnitt der Stiftskirche, der im Zeichen des Barocks stehen wird.

Doch zuvor ein Blick auf Ellwangens Umland. Denn wenngleich auch das Kloster Neresheim um diese Zeit bereits auf eine lange Geschichte zurückblicken konnte, so haben doch erst die Bauleistungen des 18. Jahrhunderts, die den größten Teil seines alten Kunsterbes getilgt haben, den Namen Neresheim groß gemacht.

## *Rund um Ellwangen*

Neben der Ellwanger Basilika würde unter den Kirchenbauten des Ellwanger Klosters vom 11.–13. Jahrhundert wohl nur die Basilika auf dem Hohenberg bei Rosenberg größere Beachtung verdienen, hätte sie die ursprüngliche, an die St.-Ägidien-Kirche der Kleinkomburg erinnernde Gestalt nicht nur in wenigen Resten des späten 12. Jahrhunderts erhalten dürfen. Die Michaelskirche zu Abtsgmünd an der Grenzlinie des ellwängisch-limpurgischen Wildbanns war eine Chorturmkirche von bescheidener Größe; ihr später gotisch gewölbtes Turminneres besitzt noch spätromanische Arkaturen. Von der ursprünglichen Michaelskirche in Hüttlingen, das 1024 als Grenzpunkt des klösterlichen Bannforstes beurkundet ist, blieb nichts erhalten; ebensowenig von der Kirche in dem gleichzeitig als östlicher Grenzpunkt genannten Stödtlen (Stedilium), geschweige denn von dem kleinen, 1170 gegründeten Frauenkloster Jagstzell. Auch die 1153 bezeugte „Basilica ze Snaeiten" (Unterschneidheim), die Nikolauskirche in Dalkingen oder die gewiß ansehnliche St.-Peter-und-Pauls-Kirche in Röhlingen sprechen nur noch aus Patrozinium und Urkunden. Doch eine Reihe von spätromanischen und frühgotischen Bauteilen in Kirchen des östlichen Kreisgebiets (St. Georg in Dirgenheim, St. Michael in Goldburghausen, St. Andreas in Unterwilflingen, St. Veit in Nordhausen, St. Nikolaus in Sechtenhausen, St. Leonhard in Pflaumloch), vor allem aber die um 1300 sich mehrenden Nachrichten über

Schenkungen an den Deutschen Orden lassen auf eine bemerkenswerte Kirchenbautätigkeit im östlichen Kreisgebiet schließen. Es meldete sich darin die kirchliche Aktivität des aus den ehemaligen Dienstmannengeschlechtern erblühten Landadels an, dessen Stiftungen die ganze gotische Periode begleiten und sich gewiß auch in vielen „kleinen", urkundlich nie vermerkten Leistungen wie dem Ankauf von Heiligenfiguren usw. äußerte. Das eindrucksvollste Kunstdenkmal dieser Periode ist das Kloster Kirchheim am Ries.

### *Kloster Kirchheim am Ries*

Das Frauenkloster Kirchheim wurde 1267 von Graf Ludwig III. von Oettingen und seiner Gemahlin Adelheid gegründet, im Jahr darauf wurde es als Kloster Maria Kirchheim in den Orden der Zisterzienser aufgenommen und dem Abt von Kaisheim zur Visitation unterstellt. Das rasch aufblühende, gut ausgestattete Kloster (1296: 50 Nonnen, dazu 10 Konversen für den Wirtschaftsbetrieb) konnte schon im Gründungsjahr 1267 seine erste Kirche weihen: Die „Stiftskapelle" am Südende des heutigen Westflügels der Konventbauten. Die mit einem Ostchörlein versehene Kapelle ist ein quadratischer Raum von 8,5 m Länge und Breite, den vier auf Wandkonsolen und einer Mittelsäule aufsitzende Kreuzrippengewölbe überspannen. An diese geistliche Zelle schließt sich nördlich ein hochgestellter 11,7 m langer flachgedeckter Frauenchor an, der durch zwei offene vierbahnige Maßwerkfenster mit der Stiftskapelle verbunden ist und ein künstlerisches Hauptstück des Klosters darstellt, da er noch den größten Teil seiner Ausmalung (1398) und das schöne Doppelfreigrab einer Äbtissin und ihrer Schwester (1403) besitzt.

Die zweite Klosterkirche, Mittelpunkt der heutigen Anlage, die man durch die spätgotische Münsterkapelle betritt, entstand vom Beginn des 14. Jahrhunderts an fünfzig Meter nördlich der alten Stiftskapelle. Die hochgotische Kirche ist ein 50 m langer, sehr hoher Saalbau von sieben Jochen und einem nicht eingezogenen Altarraum, den schöne Maßwerkfenster auszeichnen; ein westlicher Dachreiter entspricht der zu Einfachheit verpflichtenden zisterziensischen Bauregel. Die Grabdenkmäler des lebensgroßen Stifterpaares (1358) hinter dem Choraltar sind die edlen Spiegelbilder des ritterlichen Ideals der Zeit, dessen Wandlungen die späteren Epitaphe vorzüglich verfolgen lassen.

Eine Besonderheit der Kirche ist eine tiefe Westempore, der Nonnenchor, unter dem sich die Stephanskapelle mit einem Ziborienaltar des 14. Jahrhunderts befindet. Nicht minder bemerkenswert ist die Ausstattung, die der Bau in spät-

gotischer und barocker Zeit erfahren hat. Dem üppigen Hochaltar von 1756, einem Werk des Kaisheimer Konversen Michael Schmid, dessen Mittelstück eine um 1500 entstandene Muttergottesfigur bildet, antworten zwei reich dekorierte schwarz-goldene Seitenaltäre und eine ebenso reich verzierte Kanzel, drei Schöpfungen aus dem letzten Drittel des 17. Jahrhunderts, als mit der ersten Barockisierung der Kirche begonnen und auf ihrer Westflanke, in rechtem Winkel zu ihr, der zweigeschossige Abteiflügel erbaut wurde (1662–83). 1720 unterzog das Kloster die Kirche einer zweiten Barockisierung, wobei über die vier westlichen Joche eine dezente Stuckdekoration gebreitet wurde, und gegen 1730 wurde schließlich, nachdem auch die Wirtschaftshöfe innerhalb des ummauerten Klosterbezirks ihre endgültige Gestalt erhalten hatten, der Prälatensaal mit farbigen Stuckdecken ausgezeichnet.
Die Säkularisierung des Klosters im Jahre 1802 zog nicht nur den Abbruch alter Bauteile nach sich, sie führte auch wertvolle Kunstwerke an andere Plätze. Unter den am Ort verbliebenen sind das „Sechta-Kreuz“ (14. Jahrhundert), zwei um 1500 gefertigte Holzbildwerke, „Die Krönung Mariens“ und „Anna Selbdritt“, hervorzuheben. Wertvoll ist ein zartes Vesperbild aus Steinguß aus dem frühen 15. Jahrhundert, Gegenstück zu einer Tonplastik-Pieta von 1420/30 noch ungeklärter Herkunft, die sich in der Schönenbergkirche befindet und gleichen Alters ist wie die Tonplastik der anmutigen Muttergottes mit Kind in Dirgenheim, die vielleicht aus einer Werkstätte des Klosters in Kirchheim hervorgegangen ist.

## *Beispiel der großen Bürgerkirchen*

Die gotische Münsterbauhütte in Schwäbisch Gmünd, vornehmlich aber die Hütten der spätgotischen Georgskirchen in den Reichsstädten Nördlingen und Dinkelsbühl, die kunsthandwerkliche Meisterschaft der Bürgerstädte und der Ausstattungseifer von Geschlechtern und Zünften, der aus Siedlungen städtische Kunstgebilde formte, setzten im 15. Jahrhundert verbindliche Maßstäbe für weite „Einzugsräume“. Ein edles ländliches Beispiel dafür ist die Pfarrkirche St. Lukas von Tannhausen.
Das Gebiet um Tannhausen ist Rodungsland, der Tannhausener Kirchturm steht darin wie eine Richtmarke. 1479 steht als Jahreszahl unter dem öttingischen Wappen, dem Weltgericht und der Meisterbezeichnung Claus Haßel auf seiner Südseite. Geschichtet aus schön behauenen Quadern, baut er sich auf aus zwei quadratischen Stockwerken und einem an den Diagonalseiten mit Strebepfeilern besetzten achteckigen Glockengeschoß, dem eine Galerie mit durchbrochener Maß-

werkbrüstung aufsitzt. Diesem markant durchformten Glockengeschoß, das über Doppelschrägen etwas eingezogen ist und hohe Schallfenster hat, fügte die Barockzeit noch ein schmäleres Achteck mit geschweifter Kuppel hinzu, ein Bild, das durchaus vergessen läßt, daß der Grundstock des Turms älter ist und ursprünglich sicher einer Wehrkirche des 14. Jahrhunderts zugehörte. Das Erdgeschoß dieses Turms ist auch bei seiner Neugestaltung im letzten Jahrhundertdrittel Chorraum geblieben. Und er blieb es auch für den Neubau des Langhauses im ersten Jahrzehnt des 16. Jahrhunderts, denn wohl nicht zuletzt dieser Gegebenheit wegen entschied sich der Langhausbaumeister für eine symmetrische zweischiffige Halle.
So entstand im abgelegenen Tannhausen ein Bau von hoher Eigenart, von dem Eugen Gradmann schrieb: „Diese zweischiffige Kirche mit ihren angenehmen Raumverhältnissen und feinen Einzelheiten ist eines der interessantesten Bauwerke des Landes aus der Spätgotik. Wie die ganze Anlage, so ist auch die Durchbildung im einzelnen eigentümlich und geistvoll."
Es weist manches darauf hin, daß der Baumeister des Schiffes in Stephan Weyrer zu suchen ist, der 1495–1505 das Schiff der Nördlinger Georgskirche eingewölbt hat und bis 1512 von Nördlingen aus auch Gmünd beriet. Aber wer war der Meister des in seinem Innern so plastisch durchformten Turms? Hieß er Claus Haßel, und stand ihm die Dinkelsbühler Eseler-Hütte nahe? Auch an Stiglitz von Miltenberg, den Meister der Ellwanger Wolfgangskirche, der wiederum der Nördlinger Hütte verbunden war, ist schon gedacht worden.
Auch der spätgotische Turm der Pfarrkirche St. Gangulf (1470/97) in Röttingen, eines Vermächtnisses der Schenken von Schenkenstein, erinnert an die großen Vorbilder der reichsstädtischen Nachbarschaft. Zwar läßt seine mächtige Barockhaube die 1769 erfolgte Barockisierung des Kirchenraumes erahnen. Doch die Ornamente, Wasserspeier und Fabelwesen um den Strebepfeiler des dreiseitig geschlossenen, netzgewölbten Chorraums und die feinfühlige Gestaltung und Dekoration des Glockengeschosses machen dieses auf dem Fundament einer romanischen Vorgängerkirche ruhende Bauwerk zu einem Geistesverwandten der Ellwanger Wolfgangskirche.

## *Lebendige Frömmigkeit*

Der Überblick über den Kunstbestand im Kreis Aalen läßt immer wieder über den Anteil der spätgotischen Bildwerke erstaunen, denn fast in jeder Kirche haben sich empfindsam gestaltete Holzplastiken erhalten. Die Madonnen in Unterschneidheim, in der Zöbinger Marienkapelle, in Gerau, in Westhausen, in Hohenstadt oder in Unterkochen, die Vesperbilder, deren wichtigste bereits genannt wurden, die lebensgroßen Kruzifixe von Essingen, Ebnat und der Wolfgangskirche in Ellwangen, die Heiligengestalten, wie sie von Tannhausen und Zipplingen bis Jagstzell, Rosenberg und Bronnen, von Westhausen-Reichenbach und Aufhausen bis zur Kapelle in Hohlenstein bei Neresheim zu finden sind: zusammen mit den spätgotischen Wandmalereien, die im Zuge der jüngsten Nachkriegsrestaurierungen beispielsweise im einstigen Turmchor von Kösingen, in der Barbarakapelle von Lauchheim, in Bopfingen, in Unterschneidheim, in Pflaumloch, in St. Margarethen zu Trochtelfingen wieder aufgefunden worden sind, zeichnen sie das Bild einer Provinz voll lebendiger Frömmigkeit.

Auf dem Hintergrund dieser bildfreudigen Volksfrömmigkeit sind auch die zwei schönsten spätgotischen Altäre zu würdigen, die unser Kreis in Bopfingen und in Wasseralfingen besitzt.

Bopfingens Kunstziel ist die St. Blasius geweihte alte Stadtkirche. In frühgotischer Zeit eine romanische Vorgängerkirche ablösend und mehrfach verändert, ist sie selbst kein Bauwerk von Rang. Aber ihr gerade geschlossener Chor, der schönes Fenstermaßwerk und ein auf gebündelten Wanddiensten ruhendes Kreuzrippengewölbe hat, bildet den Rahmen für zwei Kunstwerke der Spätgotik: den Liebfrauenaltar (1472) aus der Nördlinger Werkstatt des Friedrich Herlin und das filigranös gemeißelte Sakramentstürmchen (1510) des Hans Böblinger, über dem 1955/56 Wandmalereien aus einem Zyklus des 15. Jahrhunderts mit der St.-Blasius-Marter freigelegt worden sind. Auch am Chorbogen ist Wertvolles zu finden: der „Ritter von Bopfingen", eine gotische Asketengestalt aus der Mitte des 14. Jahrhunderts, und ihr nach 1524 gemeißeltes Gegenstück, das Rotmarmor-Epitaph eines Edelmanns von Emershoven, dazu über beiden eine erzählfreudige Weltgerichtsdarstellung, eine Wandmalerei des 16. Jahrhunderts. Doch das Hauptwerk der Kirche ist der Choraltar mit der Aufschrift: „Dis werk hat gemacht friderich herlein moler zuo nördlingen MCCCC.L.XXII."

Der spätgotische Schreinaltar zeigt bei geöffneten Flügeln, erhöht in der Schreinmitte sitzend, die Schnitzfigur der Madonna, deren Kind nach einer Traube greift. Zwei tuchhaltende Engel hinter ihr und zwei der Mutter eine mächtige Krone aufsetzende Engel über ihr unterstreichen die Würde der Szene. Die linke Nische zeigt den Titelheiligen der Kirche, St. Blasius, wie er einen Knaben heilt, in der Rechten trägt St. Christophorus den Jesusknaben durchs Wasser. Im Altaraufsatz befinden sich als kleine Schnitzfigürchen Christus und die zwölf Apostel. Ob Vollfiguren und Schrein von dem Nördlinger Hans Weidenlich stammen, ist Vermutung geblieben, für das Ganze zeichnete jedenfalls Friedrich Herlin, mit dem die Bopfinger Heiligenpflege auch die Kosten von 300 Gulden, teils in bar, teils in Raten bis 1499 abrechnete.

Die vier Tafelbilder der zwei Flügel sind weder gleichwertig, noch von derselben Hand. Sie zeigen bei geöffnetem Schrein links Christi Geburt, rechts die Anbetung der Könige, bei geschlossenem Schrein links den Einzug des heiligen Blasius und rechts dessen Martyrium. Die wertvollsten sind das Dreikönigsbild und das Einzugsbild; vor mittelalterliche Stadtbilder gestellte großfigurige Szenen, die in Realismus, Räumlichkeit und Farbkultur jener Phase Friedrich Herlins entsprechen, in der er sich in die große Gefolgschaft des Niederländers Rogier van der Weyden eingereiht hat. Ein heute losgelöst angebrachter sechsteiliger Bilderzyklus der Altarrückseite zeigt den Leidensweg des Herrn.
Friedrich Herlin starb im Jahre 1500 in Nördlingen. Dreißig Jahre später stiftete der letzte Ahelfinger, die Ellwanger Lehensleute waren, für die Stephanuskirche in Wasseralfingen „das vorzüglichste Werk altdeutscher Malerei im Gebiet der Fürstpropstei" (Bushart): einen Flügelaltar mit Malereien des Ulmer Meisters Martin Schaffner. Der Schrein besitzt drei Holzfiguren: Maria mit dem Kind und kleinen Stifterfigürchen, links St. Stephanus, rechts St. Matthäus. Bei geöffnetem Schrein zeigt die linke Tafel die „Anna-Selbdritt"-Darstellung, die rechte den Täufer Johannes. Ist der Schrein geschlossen, werden noch zwei schmale Standflügel mit Christophorus (links) und St. Georg (rechts) sichtbar, die Assistenzfiguren gleich die zwei weiblichen Heiligen der Flügelrückseiten, St. Margareta und St. Katharina, flankieren. In Programm und Gestalten dieses Altars gibt sich die Wandlung des Mittelalters, der Geist der Renaissance zu erkennen: gotische Frömmigkeit, eingebunden in die welthaltige Würde edlen und beispielgebenden Menschentums ist sein Signum. Mit diesem Vermächtnis verabschiedete sich die gotische Kunst in unserem Kreis.

## *Übergangszeit*

Reformation und Bauernkrieg zogen auch das Gebiet des heutigen Landkreises Aalen in Mitleidenschaft. Die Freie Reichsstadt Aalen wurde eine evangelische Stadt innerhalb des fürstpröpstlich-ellwangischen Territoriums, die Freie Reichsstadt Bopfingen, in der sich ein bemerkenswerter reformatorischer Eifer entfaltete, desgleichen. In Bopfingen war es auch, wo die neue Baugesinnung der Renaissance das Stadtzentrum umgestaltete durch die Errichtung eines wohlgestaltigen Rathauses (1585/86). Sein Baumeister ist Wolfgang Waldberger aus Nördlingen, unter dessen Leitung 1588/90 auch eine durchgreifende Erneuerung der Ellwanger Stiftskirche und des Schlosses in Wasseralfingen erfolgte und den auch die Deutschordenskommende Kapfenburg für die Umgestaltung ihrer mittelalter-

lichen Burg in eine imposant über Lauchheim thronende Schloßanlage verpflichtete. 1591/93 führte Waldberger dort neben dem Alten Bau und dem Hohenlohebau (1538) den sogenannten „Westernachbau" auf.
Unbekannt geblieben ist dagegen der Baumeister des Ellwanger Schlosses. Unter Kardinal Otto Truchseß von Waldburg, dem bedeutendsten aller Ellwanger Fürstpröpste, hatte in Ellwangen nach der Jahrhundertwende ein geistiger Aufwind eingesetzt, dem die gegenreformatorische Aktivität der Jesuiten besondere Kraft verlieh. 1561 hatte der Fürstpropst sogar den ihm befreundeten Petrus Canisius, den „zweiten Apostel Deutschlands", nach Ellwangen gebracht. Unter dem Nachfolger des Kardinals, dem dynamischen Johann Christoph von Westerstetten, fand diese Neubelebung ihren Ausdruck in der Renovierung und Neuausstattung der Stiftskirche und in der Umwandlung der mittelalterlichen Burg in ein fürstliches Schloß (1602/08). Die Vierflügelanlage mit ihren drei Türmen und einem dreigeschossigen Innenhof bildete von nun an die markante Bekrönung der Stadt an der Jagst. Ihr folgte 1625 in Hohenstadt der viergeschossige Vierflügelbau der Grafen Adelmann nach, der zusammen mit der Kirche eines der eindrucksvollsten Schaubilder des Kreisgebietes darstellt.
Dem westlichen Kreisgebiet gab der reformationsbegeisterte Hans Sigmund von Woellwarth die einfachen, charaktervollen Landkirchen Fachsenfeld (1591) und Leinroden (1604); beide besitzen als besondere Kennzeichen lebensgroße Steinkruzifixe der Zeit; als ihr geschnitztes Gegenstück wurde ein edler lebensgroßer Kruzifixus im spätgotischen Chor der evangelischen Kirche von Adelmannsfelden aufgestellt. Auch der Neubau des Schlosses Laubach im Leintal, Musterstück eines kleinen Landsitzes an einem alten Verkehrsweg, ist ein Werk dieses Fachsenfelder Grundherrn.
Einen Sonderfall stellt der Umbau der Burg Niederalfingen in ein ländliches Erholungsschloß der Augsburger Fugger dar. In offenkundig romantischer Begeisterung für den mittelalterlichen Charakter einer Burg wurde dieser von 1575 an mit Renaissance-Mitteln erneuert; verantwortlicher Gestalter dieser eindrucksvollen, leider z. T. abgetragenen Burg war der Augsburger Baumeister Veit Miser.
Auf dem Härtsfeld zollte das Kloster Neresheim der neuen Baugesinnung seinen Tribut, indem es 1618/26 den „Wächter des Härtsfelds" errichtete: einen von Peter Schwarz aus Sonthofen im Julius-Echter-Mischstil aufgeführten Kirchturm, der mit Recht den Abbruch der alten Klosterkirche überlebt hat, als der allesbezwingende Sturm der Barockbaukunst auch den Ulrichsberg über Neresheim ergriff.

## Die Fülle des Barock

Bereits 1661/62 tastete der neue Kunstgeschmack nach der inneren Strenge der staufischen Basilika des Klosters Ellwangen und unterzog sie einer ersten Barockkisierung. Da diese von der Barockisierung des 18. Jahrhunderts fast völlig aufgesogen wurde, gehört das barocke Erstgeburtsrecht der Schönenbergkirche. In ihrem Gründungsakt verschwisterte sich das nach langer Kriegs- und Notzeit überall erwachende Wallfahrtsbedürfnis des Volkes mit dem Gründerpathos kleiner Territorialstaaten.

Unter dem Eindruck einer unmittelbaren Brandgefahr für die Stadt Ellwangen beschwor am 14. September 1681 der Jesuitenpater Philipp Jeningen, ein Volksmann voll missionarischen Eifers und sozialer Energie, den Fürstpropst Johann Christoph Adelmann, der seit der dreißigjährigen Kriegsnot auf dem Schönenberg verehrten Loreto-Madonna eine Kirche zu geloben. Johann Christoph war von Kindheit an dem Hügel zugetan; als Säugling hatte ihn einst die Mutter von Hohenstadt herübergebracht, um in der Loreto-Kapelle sein Gewicht in Wachs aufzuopfern, ein Tag, den der Fürstpropst sein Leben lang festlich beging. Schon 1682 wurde der Grundstein gelegt. Den Bauplan entwarf Michael Thumb aus Bezau, sein Bruder Christian baute, der Jesuitenbruder Heinrich Mayer griff verändernd ein und der Wessobrunner Melchior Haudt schuf die Stuckdekoration. Das Ergebnis war eine große Wandpfeilerkirche mit weitgespannter Längstonne und umlaufenden Emporen, die im Ostteil die alte Loreto-Kapelle in sich einbezog und deren weithin sichtbare westliche Zweiturmfassade die Siegesgewißheit eines erneuerten Glaubens demonstrativ in den Virngrund und in das Albvorland hinein verkündete.

Die Schönenbergkirche, die nach einem Brand von 1709 im Innern neugestaltet wurde und dabei die Fresken des Tirolers Melchior Steidl erhielt, ist der Erstling in der Reihe der Wandpfeilerkirchen, die unter dem Stichwort „Vorarlberger Münsterbauschema" zusammengefaßt werden und für die Entwicklung des schwäbischen Barockkirchenbaus grundlegend geworden sind. Sie lenkte die Aufmerksamkeit von Künstlern und Bauherrn auf Ellwangen, wo übrigens schon 1688 mit dem Palais Adelmann auch der erste barocke Profanbau entstanden war, und gab den Anstoß zur Entwicklung einer „Ellwanger Schule", deren Meister weithin gefragt waren. Als erste „Tochter" der Schönenbergkirche darf die 1707/11 im Schloßbezirk der Familie Adelmann in Hohenstadt errichtete Kirche bezeichnet werden, eine aller Wahrscheinlichkeit nach von Christian Thumb gebaute, pompös stuckierte Wandpfeilerkirche.

Genau im Jahr der Grundsteinlegung für die Schönenbergkirche übernahm im

*48. Schloß Baldern*

*49. Röttingen, spätgotische Pfarrkirche mit Pietà aus der Barockzeit*

*50. Tannhausen, gotisches Kirchenschiff*

Benediktinerkloster Neresheim ein Mann den Abtstab, der ebenfalls der neuen Baugesinnung Rechnung zu tragen entschlossen war, den Folgen lähmender Armutsjahre zum Trotz: Abt Simpert Niggl. 1692 begann er, die alte Klosterkirche „aus ihren finstern Alterthumben in die schönst Gepäu“ zu verwandeln, indem er sie neu ausstatten ließ. 1699 legte er den Grundstein für den heutigen Klosterneubau, den Michael Wiedenmann aus Unterelchingen als Baumeister betreute. Doch da wurde der Abt, der eben erst in ehrenvoller diplomatischer Mission am Sultanshof in Konstantinopel gewesen war, vom Erbfolgekrieg als Flüchtling nach Ellwangen vertrieben, und sein Kloster drückten die Kontributionen. Erst 1714, unter Abt Amandus Fischer, konnte der Konvent seinen Neubau beziehen, für den in der Folge Johannes Schmuzer, Melchior Paulus und Dominikus Zimmermann als Stukkateure tätig waren. Auch die Nachbarschaft des Klosters begann damals ersten barocken Glanz zu erfahren: 1716 dekorierte Johann Michael Zink die neue Neresheimer Stadtkirche mit Fresken, und für die neue Dorfkirche von Kösingen schuf Dominikus Zimmermann 1720/21 einen seiner originellsten kleinen Altäre.

## *Sternstunden der Kunst*

Waren die Jahre von 1682 bis 1715 Jahre des Knospens, so folgten nun Jahrzehnte der Fülle. Von 1715 an vollendete der Ellinger Deutschordensbaumeister Franz Keller in barockem Geist, was Wolfgang Waldberger auf der Kapfenburg begonnen hatte: die Verwandlung der Feste in ein Höhenschloß. In Sichtweite von dort ließ von 1718 bis 1737 der Graf von Baldern seine Höhenburg Hohenbaldern durch den Eichstätter Baumeister Gabriel Gabrieli zu einer imponierenden Anlage umgestalten; die feinfühlig gestaltete Schloßkirche und den hochgelegenen Kaisersaal stuckierten die Degginger Brüder Schweizer. Unweit davon erstellte Gabrieli 1718/23 auch die Marienwallfahrtskirche von Zöbingen, einen mit unzulänglichen Mitteln errichteten, später veränderten Zentralbau.

Am erstaunlichsten aber erblühte Ellwangen. Unter der Leitung von Franz Keller entstand aus dem Renaissanceschloß über der Stadt ein Barockpalast mit Treppenhaus und Thronsaal, der von Franz Joseph Roth stuckiert und von Christoph Thomas Scheffler freskiert wurde. Westlich den Block der Stiftskirche berührend, wuchsen nun in rascher Folge das Jesuitenkollegium (1720), das Gymnasium (1722) und die Jesuitenkirche (1724) der Ordensbrüder Jakob Amrhein und Josef Guldimann empor. Im mächtigen Saalraum dieser Kirche legte der Asamschüler Christoph Thomas Scheffler seine erste große Probe als Meister perspektivischer und plastischer Illusionstechnik ab. Der Schönenberg erhielt seine bergauf führenden Stationskapellen, die Marienkirche wurde neu ausgestattet (1735), und die Stiftskirche wurde umstellt mit den Kuriengebäuden der Stiftsherren, wodurch sie ihre vielgerühmte Rahmung erhielt. Ja, schließlich mußte sich auch die Stiftskirche selbst einer zweiten und durchgreifenden Barockisierung fügen: 1737 begannen der vom Ludwigsburger Schloßbau herbeigeholte Mailänder Donato Ricc. Retti und Emmanuel Pighini mit dieser Sünde des Eifers, bei der zwar viel Schönes verloren ging, einer genialen Sünde taktvoller Meister jedoch, neben der so manche Barockisierung der Zeit sich wie eine laienhafte Überkrustung ausnimmt. Als schließlich um 1750 der erste (und letzte) fürstpröpstliche Landbaumeister Arnold Friedrich Prahl in Ellwangen auch die Straßenzüge neu ordnete und im weiten Ellwanger Gebiet Landkirchen im neuen Geist aufführte, da war das in seiner Art vollkommene Bild einer „Civitas Dei" geprägt: klar und vornehm, doch mit einem guten Schuß ländlichen Sinns für das rechte Verhältnis von Zweckdienlichkeit und Repräsentation.

Erst jetzt kam die Stunde des Genies. Sie schlug für Neresheim, wo 1745 Balthasar Neumann mit dem Bau einer neuen Abteikirche begann. Er allein beherrschte alle Register jenes kosmischen barocken Spiels, das mit dem Bau der Schönenbergkirche auch für den Kreis Aalen just in Neumanns Geburtsjahr begonnen hatte.

Neumanns Genialität äußert sich in seiner schöpferischen Raumphantasie. Neben Vierzehnheiligen wurde dafür die Abteikirche von Neresheim das erhabenste Beispiel. In beiden Kirchen ging Neumann von einem Grundriß aus, der „mit allem Vergangenen nichts mehr zu tun hat; von einem Grundriß, der die Krümmung und Verschlingung, die malerische Windung, die bis dahin die schweren plastischen Wand- und Gewölbemassen bestenfalls in eine träge Bewegung zu versetzen in der Lage gewesen war, zu dem geschmeidigsten geistigen Tanze belebte" (Pinder). Hinreißend arbeitet dieser kühne Mathematiker und Statiker mit Linien, Verkröpfungen, Durchblicken und Abstoßungen, um eine Musik der ineinandergleitenden Räume zu erzeugen, die in Vierzehnheiligen von der Mittelachse aus entwickelt sind, in Neresheim aber auch die echt schwäbisch gefaßte Idee des mittleren Querraums zum beinahe gleichberechtigten Leitmotiv nahmen. So wurde die Abteikirche von Neresheim, die infolge von Neumanns frühem Tod andere vollendet haben, zu einer Krone des schwäbischen Barock, und kein Geringerer als Dehio hat das große Wort gesprochen, daß die Barockarchitektur nicht nur Deutschlands, sondern Europas wenig habe, was sich mit diesem „erschütternd großartigen" Bau messen könne.

Die Gestaltung des barocken Ellwangen, an der wiederholt auch Neumann mit seinem Rat beteiligt war, und der Bau der Abteikirche von Neresheim, die der Tiroler Martin Knoller 1770/75 mit sieben hervorragenden Kuppelfresken geschmückt hat, bedeuteten die Sternstunden der Kunst im Kreis Aalen. Noch manch Beachtenswertes entstand rundum. 1747 erbaute der Wiener Paul Ulrich Trientl die Marienwallfahrtskirche von Flochberg, einen Zentralbau über dem Grundriß eines griechischen Kreuzes. Im Jahr zuvor war die Kirche von Neuler mit Fresken von Johann Michael Zink entstanden, und 1757 wurde die Kirche in Jagstzell umgebaut. 1760 entstand die Martinskirche von Zipplingen, die der Augsburger Johann Georg Dieffenbrunner mit Fresken geschmückt hat. In Aalen begann 1765 der Bau der Stadtkirche, einer von Joh. Adam Gross und Joh. Michael Keller d. J. entworfenen Quersaalanlage, die in Württemberg Seltenheitswert besitzt. Derselbe Joh. Michael Keller errichtete 1780 auch die Deutschordenskirche in Westhausen, nachdem wenig zuvor in Unterkochen die Pfarrkirche St. Maria mit Deckengemälden von Johann Anwander ausgezeichnet worden war. Bildstöcke, Kniehalten, kunsthandwerkliche Leistungen wie die Wasseralfinger Eisenkunstgußplatten oder die Schrezheimer Fayencen, aus deren Werkstatt um 1780 das Schrezheimer Fayence-Altärchen als Sonderleistung hervorgegangen ist, kunstvolle Treppen, Stuhlwangen, Altargitter und vieles andere mehr bezeugen neben einer Fülle barocker Heiligenfiguren und wertvoller Ausstattungsstücke die überbordende Fruchtbarkeit dieser Zeit. Wenn der Kreis Aalen eine Kunstlandschaft von bemerkenswertem Reichtum geworden ist, dann dankt er es vor allem dem 18. Jahrhundert.

## *Verantwortung*

Der Verantwortung, die ein solches Erbe jeder Generation aufgibt, ist das 19. Jahrhundert nicht gerecht geworden; es suchte seine Verdienste auf anderen Gebieten. Sein Historismus war emsig, aber unschöpferisch, sein wirtschaftsorientierter Geist löschte die alten Stadtbilder Aalens und Bopfingens aus und lieferte manches, was 1802/06 durch die Säkularisierung an den württembergischen Staat übergegangen war, der schleichenden Verwahrlosung aus. Lichtblicke waren die Wiederbelebung des Wasseralfinger Eisenkunstgusses durch Konrad Weitbrecht und Christian Plock in der ersten Jahrhunderthälfte und der Aufbau der kunstgeschichtlich bedeutsamen Sammlungen im Schloß der Freiherrn von Koenig-Fachsenfeld in Fachsenfeld.
Es bleibt das wegweisende Verdienst des Ellwanger Geschichts- und Altertumsvereins, 1910 durch die Gründung des „Ellwanger Jahrbuchs“ die Bemühungen

um eine geistige Wiedererwerbung des reichen Erbes im altellwängischen Stiftsland begonnen zu haben. Das Ellwanger Schloßmuseum (1908), das Schubartmuseum in Aalen (1907) und das Aalener Limesmuseum (1964) als Zweigmuseum des Württembergischen Landesmuseums geben heute diesem Willen zur Bewußtmachung des Erbgutes Ausdruck, für dessen wissenschaftliche Erschließung P. Paulus Weissenberger OSB, Neresheim, den umfassendsten literarischen Beitrag geleistet hat.
Als die zwei Höhepunkte dieses Bemühens beanspruchen die Erneuerung der Ellwanger Basilika vor der 1200-Jahrfeier der Stadt (1964) und die Rettungsarbeiten für die Neresheimer Abteikirche (1967 ff.) geschichtliche Bedeutung. Nicht übersehen seien auch die Leistungen für das Ellwanger Schloß und Schloß Kapfenburg, für das Kloster Kirchheim und so manche schöne Kirche im Kreis. Vornehmlich das Landesamt für Denkmalspflege hat sich unter Leitung von Dr. G. S. Graf Adelmann überall im Kreisgebiet bleibende Verdienste erworben. Dankbar vermerkt seien auch Bemühungen der Stadt Aalen, das Stadtgebiet mit plastischen Kunstwerken auszustatten, sowie die Initiativen von Landratsamt, Kirchen und einigen Gemeinden bei der Schaffung moderner Zweckbauten der Kunst am Bau eine Chance zu geben, um so auf zeitgemäße Weise das Erbe zu mehren.

# Die Wirtschaft des Kreises

## Die Wirtschaft des Kreises Aalen heute

*von Walter L. Werner*

Die Wirtschaft des Kreises Aalen hat sich dank der Initiative, des Fleißes und des zähen Aufbauwillens aller Schaffenden nach 1945 relativ schnell erholt und in den letzten zwei Jahrzehnten einen bemerkenswerten Auf- und Ausbauprozeß erfahren. Besonders eindrucksvoll kommt das in der Tatsache zum Ausdruck, daß die Zahl der in der Industrie Beschäftigten mit rd. 6300 im Jahre 1936 auf annähernd 31 000 im November 1969 angestiegen ist.
Die angestammten Unternehmen der Industrie, des Handels und des Dienstleistungsgewerbes wurden vergrößert und modernisiert, die Produktionsprogramme erweitert; sie bildeten auch Kristallisationspunkte für neue Industrieansiedlungen. Der Flüchtlingsstrom aus dem Osten und aus Mitteldeutschland führte in dieses Gebiet frische unternehmerische Kräfte. Unter ihnen befanden sich viele wertvolle Fachleute, die ihre Fähigkeiten für den Wiederaufbau und den weiteren Ausbau der Wirtschaft zur Verfügung stellten. Die nach dem Kriege erreichte Leistungssteigerung der Wirtschaft und insbesondere der Industrie ist in hohem Maße auch dem Aufbauwillen dieser Menschen zu verdanken. Vor allem aber verdient hervorgehoben zu werden, daß von den Unternehmen unter den Vertriebenen und Flüchtlingen neue belebende Impulse ausgingen, die die Palette der Industrie um weltbekannte Unternehmen der Feinmechanik und Optik, der Elektroindustrie und des Maschinenbaus und um manche hochwertige Fertigung bereicherten.

### *Industrieller Verdichtungsraum*

In der großräumigen Betrachtung bildet der Landkreis Aalen zusammen mit dem Nachbarkreis Heidenheim einen eigenständigen Wirtschaftsraum, dessen

Gebiet wesentlich von der in Nord-Süd-Richtung verlaufenden Kocher/Brenz-Achse bestimmt wird, nämlich von dem industriellen Ballungsgebiet, das am Ostrand der Schwäbischen Alb von Niederstotzingen und Giengen über Herbrechtingen, Heidenheim, Königsbronn, Oberkochen, Unterkochen, Aalen und Wasseralfingen in Richtung Ellwangen verläuft. In diesem auch landschaftlich reizvollen und geologisch interessanten Raum, dem es eigentlich an allen herkömmlichen Standortvoraussetzungen mangelte, betätigten sich Gewerbefleiß und industrielle Leistung. Qualitätsarbeit, unternehmerische Weitsicht und Risikobereitschaft überwanden die Ungunst der Ausgangslage.

Der Landkreis Aalen ist zwar flächenmäßig der größte Kreis Baden-Württembergs, nicht aber der Bevölkerungszahl nach. Seine Bevölkerungsdichte liegt nämlich unter dem Landesdurchschnitt, was nicht zuletzt damit zusammenhängt, daß zwei Fünftel der Wirtschaftsfläche Waldgebiete sind. Trotz seiner weit unter dem Landesdurchschnitt liegenden Bevölkerungsdichte ist der Kreis Aalen im Verlauf der letzten zwei Jahrzehnte zu einem industriellen Verdichtungsraum von großer Bedeutung geworden.

In den Jahren nach 1945 erhielt die Kochertalachse in Oberkochen durch die Firma Carl Zeiss – heute mit Abstand der größte Industriebetrieb im Kreis – einen neuen Schwerpunkt, der dem traditionellen Schwerpunkt Wasseralfingen–Aalen ein zukunftsträchtiges Gegengewicht gegenüberstellt. Erstaunlich vielseitig entwickelte sich auch das industrielle Leben im östlichen Schwerpunkt des Kreises, im Raum Bopfingen. Selbst das so lange industriell vernachlässigte Ellwangen und insbesondere auch Neresheim konnten beträchtlich aufholen. Allein in der Zeit von 1953 bis 1969 stieg die Zahl der Industriebeschäftigten im Kreis um 53 Prozent. Als Folge dieser Entwicklung erhöhte sich die Industriedichte, d. h. der Anteil der Industriebeschäftigten in Prozent der Bevölkerung, bis Mitte 1969 auf 18,8 Prozent. Sie liegt damit merklich über dem Landesdurchschnitt von Baden-Württemberg, etwa bei der des Kreises Esslingen und noch vor Kreisen wie Ludwigsburg und Leonberg. Im Vergleich zu den benachbarten Industriegebieten der Kreise Heidenheim, Schwäbisch Gmünd und Göppingen hat der Kreis Aalen in den vergangenen Jahren stark aufgeholt und bietet – auch dank seiner inzwischen verbesserten Infrastruktur – beste Entwicklungschancen.

In dem Gegensatz einer niedrigen Bevölkerungsdichte zu einer relativ hohen Industriedichte kommt das Nebeneinander von Gebieten ganz verschiedener Wirtschaftsstruktur deutlich zum Ausdruck. Einige Zahlen mögen dies deutlich machen:

*Bevölkerungs- und Industriedichte*

| | Kreis Aalen | | Baden-Württemberg | |
|---|---|---|---|---|
| | 1960 | 1969 | 1960 | 1969 |
| Wohnbevölkerung | 140 515 | 157 393 | 7 649 860 | 8 822 060 |
| Fläche in qkm | 1 079 | 1 079 | 35 750 | 35 750 |
| Bevölkerungsdichte (Einwohner je qkm) | 130,2 | 145,9 | 213,9 | 246,8 |
| Industriebeschäftigte (in Betrieben mit 10 u. mehr Beschäftigten) | 26 765 | 30 462 | 1 394 321 | 1 581 975 |
| Industriedichte (Industriebeschäftigte in % der Bevölkerung) | 19,1 | 19,4 | 18,2 | 17,9 |

Die verfügbaren einheimischen Arbeitskräfte reichen seit Jahren nicht mehr aus. Ständig besteht ein außergewöhnlich hoher Bedarf an Fach- und Hilfskräften, wodurch dem Wirtschaftswachstum gewisse Grenzen gesetzt sind. Dies wird durch die hohe Zahl der offenen Stellen und auch durch die große Zahl der ausländischen Arbeitskräfte bestätigt. Abgesehen von einem leichten Einbruch während der Rezession 1966/67 stieg die Zahl der ausländischen Arbeitnehmer ständig an. Sie betrug im Januar 1970 4245, das sind etwa 4¹/₂mal soviel wie 1961. Das größte Kontingent stellen gegenwärtig nicht die Italiener, sondern die Jugoslawen mit einem Anteil von 31 Prozent.

*Regionale Verteilung der Industrie*

Bei einem Blick auf die Industriestandortkarte ist sofort erkennbar, daß die Industrie eindeutig ihren Schwerpunkt in dem Industrieband von Wasseralfingen über Aalen nach Unterkochen und Oberkochen hat. Die räumliche Konzentration der Beschäftigung auf diesem sich nur 12 km im Kochertal erstreckenden Bereich zeigt sich auch darin, daß in ihm über drei Viertel aller Industriebeschäftigten des Kreises ihrer Arbeit nachgehen, von denen allerdings eine große Anzahl

Einpendler aus anderen Kreisgemeinden sind. Der Anteil dieses Gebietes an der Gesamtbevölkerung ist nur etwas mehr als ein Drittel.
Trotz der Ballung der Industrie im Kochertal kann auch das übrige Kreisgebiet zum Teil beachtliche Industriekapazitäten aufweisen. Besonders zu nennen sind hier Ellwangen und der Raum Bopfingen/Westhausen. Das gesamte Härtsfeld ist dagegen industriell sehr schwach entwickelt. Insgesamt gesehen kann man jedoch noch von einer befriedigenden regionalen Verteilung der Industrie sprechen. Das kommt auch darin zum Ausdruck, daß sich in 35 der 63 Kreisgemeinden mindestens ein Industriebetrieb mit mehr als 10 Beschäftigten befindet.
Der östliche Teil des Landkreises ist im Landesentwicklungsplan als strukturschwaches Gebiet ausgewiesen. Unverständlich ist deshalb, warum das Härtsfeld seit einigen Jahren aus dem Förderprogramm des Landes herausgenommen worden ist. Hier wird deutlich, daß die kreisweise Abgrenzung der Fördergebiete den wirtschaftlichen Belangen und geographischen Zusammenhängen nicht gerecht wird. Die entsprechenden Durchschnittszahlen verdecken nämlich das starke Wohlstandsgefälle von den Industriebändern innerhalb des Kreises zu den vorwiegend landwirtschaftlich genutzten Gebieten.

## *Über 85 Prozent Bevölkerungszunahme seit 1939*

Die im Gebiet des Landkreises Aalen wohnende Bevölkerung hat sich im Lauf der letzten 100 Jahre mehr als verdoppelt. Diese Zunahme ist zum weit überwiegenden Teil in der Zeit nach dem Zweiten Weltkrieg eingetreten, während davor ein vergleichsweise geringes Wachstum zu verzeichnen war. Die letzte Volkszählung vor dem Kriege im Jahre 1939 erfaßte 85 048 Personen. Bei der nächsten Zählung im September 1950 waren es 125 918 Einwohner, also fast um die Hälfte mehr als vor dem Zweiten Weltkrieg. Ursache des starken Wachstums nach 1945 war die Zuwanderung von annähernd 35 000 Vertriebenen und Flüchtlingen, die im Kreisgebiet Aufnahme gefunden haben, so daß dieser Personenkreis über 27 Prozent der damaligen Kreisbevölkerung ausmachte. Bis zum Jahre 1961 ist die Bevölkerung um 16 200 und bis 1969 um weitere 15 300 gewachsen. In den letzten Jahren wurde die Bevölkerungsentwicklung in gewissem Umfang durch den Zuzug ausländischer Arbeitskräfte beeinflußt. Auch in den kommenden Jahren sind die Voraussetzungen für die Entwicklung der Bevölkerungszahlen dank des relativ starken natürlichen Bevölkerungszuwachses günstig.
Eine rasche Orientierung ermöglicht das Schaubild, das insbesondere den unterschiedlichen Anstieg deutlich erkennen läßt.

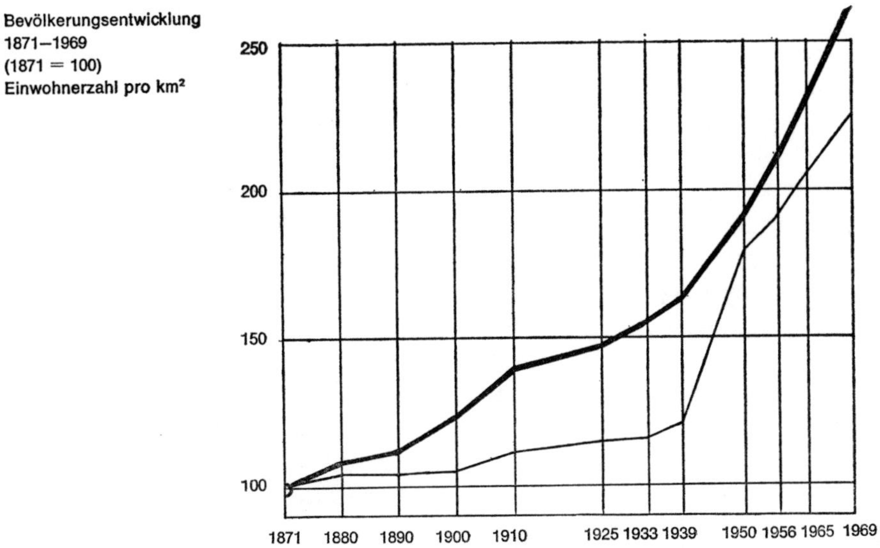


Von den 63 Gemeinden des Kreises Aalen haben 3 Gemeinden über 10 000 Einwohner, 9 Gemeinden über 3000 Einwohner, aber 44 Gemeinden weniger als 2000 Einwohner. In den sechs größten Kreisgemeinden Aalen, Ellwangen, Wasseralfingen, Oberkochen, Unterkochen und Hüttlingen wohnen mehr als die Hälfte aller Kreisbewohner. Im Osten und Nordosten des Kreises fällt die Einwohnerdichte sehr rasch ab. Im ganzen Nordostkreis östlich der Linie Jagstzell, Rindelbach, Röhlingen, Oberdorf leben insgesamt kaum mehr Menschen als in Ellwangen. Die Entwicklung in den einzelnen Gemeinden war naturgemäß sehr unterschiedlich. Von den größeren Gemeinden hatten seit 1939 den stärksten Zuwachs Oberkochen mit über 330 Prozent, den geringsten Essingen und Ellwangen, die nur knapp 90 Prozent gewachsen sind. Die Kreisstadt Aalen selbst hat von 1939 bis heute eine Bevölkerungszunahme um rund 120 Prozent zu verzeichnen.

## *Starker Wandel in der Erwerbsstruktur*

Noch bis ins erste Viertel des Jahrhunderts hinein waren Land- und Forstwirtschaft die Haupterwerbsquellen der Kreisbevölkerung. Obwohl die Landwirtschaft im nördlichen und östlichen Teil auch heute immer noch eine bedeutende Rolle spielt, hat sich der nicht landwirtschaftliche Bereich kräftig entwickelt, insbesondere nach dem Zweiten Weltkrieg. Dies wird deutlich, wenn wir die

Entwicklung der Erwerbstruktur von 1950 bis 1961 betrachten. Die Zahl der Erwerbspersonen ist von 1950 bis 1961 um fast 10 000 Personen von 59 700 auf 69 100 gestiegen. Bei einer Aufgliederung nach Wirtschaftsbereichen erhält man aber ein völlig unterschiedliches Bild. Der Anteil der in der Land- und Forstwirtschaft tätigen Erwerbspersonen ist in diesem Zeitraum von 32 Prozent auf 21,5 Prozent zurückgegangen, während die Zahl der im produzierenden Gewerbe Beschäftigten in der gleichen Zeit um über 10 000 zugenommen hat und der Anteil des produzierenden Gewerbes damit auf rd. 55 Prozent gewachsen ist. In dieser gegensätzlichen Entwicklung spiegelt sich der tiefe strukturelle Wandlungsprozeß des Kreises, der noch immer im Gange ist: einerseits zahlenmäßiger Rückgang der zum land- und forstwirtschaftlichen Sektor gehörenden Erwerbstätigen und auf der anderen Seite starke Zunahme vor allem der in der gewerblichen Wirtschaft tätigen Personen. Aus dem ursprünglich vorwiegend landwirtschaftlich bestimmten Kreis ist in der Nachkriegszeit ein Industriekreis mit vielen Schwerpunkten geworden, dessen Entwicklung noch keineswegs abgeschlossen ist. Trotz der fortschreitenden Industrialisierung ist bisher ein bemerkenswertes Kennzeichen schwäbischer Industriearbeiter gewahrt: ein großer Teil der in der Industrie tätigen Menschen hält an seinem kleinen Stück Landwirtschaft oder wenigstens an seinem „Gärtle“ fest. Im Hinblick auf die Verkürzung der Arbeitszeit und die Freizeitgestaltung in der modernen Wirtschaft hat diese Gewohnheit eine echte gesellschaftspolitische Bedeutung. Ein kleines Stück Land verleiht darüber hinaus ein gewisses Gefühl der Bodenständigkeit, Heimatverbundenheit und Sicherheit.

*Erwerbspersonen 1939–1961*

| | 1961 | Anteil in % | 1950 | Anteil in % | 1939 | Anteil in % |
|---|---|---|---|---|---|---|
| Erwerbspersonen insgesamt darunter: | 69 084 | 100 | 59 697 | 100 | 44 391 | 100 |
| Land- und Forstwirtschaft | 14 832 | 21,5 | 19 125 | 32,0 | 20 255 | 45,7 |
| Produzierendes Gewerbe | 38 074 | 55,0 | 27 662 | 46,3 | 15 445 | 34,8 |
| Handel und Verkehr | 6 953 | 10,2 | 5 306 | 21,7 | 3 828 | 19,5 |
| Dienstleistungen | 9 225 | 13,3 | 7 604 | | 4 853 | |

Die Abwanderung aus der Landwirtschaft wird auch künftig anhalten, nicht zuletzt infolge der Maßnahmen zu einer weiteren Steigerung der landwirtschaftlichen Arbeitsproduktivität, die das Ziel haben, die Einkommensverhältnisse der ländlichen Bevölkerung wesentlich zu verbessern und auf lange Sicht denen im gewerblichen Sektor anzupassen. Die Probleme, die sich aus diesem noch jahrelang anhaltenden Umschichtungsprozeß ergeben können, verdienen besondere Beachtung. Sie werden sich im Kreis Aalen um so mehr bemerkbar machen, als in ihm immer noch ein überdurchschnittlicher Anteil der Gesamtbevölkerung dem landwirtschaftlichen Sektor angehört. Andererseits sind damit nicht zu unterschätzende Reserven vorhanden.
Der tertiäre Sektor Handel, Verkehr, Dienstleistungen hat im Kreis Aalen ebenfalls laufend zugenommen, liegt aber immer noch beträchtlich unter dem Landesdurchschnitt; hierin kommt nicht zuletzt die unzureichende Verkehrserschließung zum Ausdruck.

*Erwerbspersonen nach Wirtschaftsbereichen im Kreis Aalen*

| | Land- und Forstwirtschaft | produzierendes Gewerbe | Handel, Verkehr Dienstleistungen |
|---|---|---|---|
| 1939 | 45,7 % | 34,8 % | 19,5 % |
| 1950 | 32,0 % | 46,3 % | 21,7 % |
| 1961 | 21,5 % | 55,0 % | 23,5 % |

## *Ein Drittel aller Erwerbspersonen sind Pendler*

Die Pendlerbewegung hat im Kreis Aalen schon immer eine große Rolle gespielt, nicht zuletzt wegen der Weiträumigkeit des Kreises und aufgrund der strukturellen Unterschiede. So wurden im Jahre 1966 nahezu 25 000 erwerbstätige Auspendler in den Gemeinden des Kreises gezählt. Rund ein Drittel aller Erwerbspersonen waren demnach Pendler zwischen Wohn- und Arbeitsort.

Die Pendler finden hauptsächlich in den Industriezentren des Kreises entlang der Kochertalachse, in Bopfingen, Ellwangen und Neresheim Arbeit. Es gibt fast keine Gemeinde mehr, aus der nicht täglich Einwohner zur Arbeit nach einem anderen Ort des Kreises und außerhalb des Kreises fahren.

So gibt es allein in der Stadt Aalen nach der Pendlerberechnung 1966 des Regierungspräsidiums 7497 Einpendler. Die Gemeinden mit den nächsthöheren Einpendlerzahlen sind Wasseralfingen (3934), Ellwangen (3637), Oberkochen (3552) und Bopfingen (1460).

Die größte Auspendlerzahl hat ebenfalls die Stadt Aalen mit 3594. Dann folgt die Gemeinde Wasseralfingen mit 1920 und die Gemeinde Hüttlingen mit 1137, Unterkochen mit 997 und Ellwangen mit 877 Auspendlern.

Die Gemeinden mit dem größten Einpendlerüberschuß sind Aalen (3903), Oberkochen (3155), Ellwangen (2760) und Wasseralfingen mit 2014 und Bopfingen mit 991. Einen hohen Auspendlerüberschuß haben vor allem die Gemeinden Hüttlingen (1036), Fachsenfeld (844), Hofen (681), Essingen (664), Schrezheim (576), Rindelbach (559), Röhlingen (527), Oberdorf (479), Jagstzell (450), Abtsgmünd (399), Ebnat (382) und Dewangen (349). In den Gemeinden Fachsenfeld, Flochberg und Hofen gehen über ein Drittel der Einwohner, in den Gemeinden Abtsgmünd, Aufhausen, Hülen, Hüttlingen, Lauterburg, Oberdorf, Schloßberg, Schrezheim, Schwabsberg und Zipplingen über ein Viertel außerhalb des Wohnortes ihrer Existenzgrundlage nach. Nur in den drei Gemeinden Ellwangen, Neresheim und Oberkochen liegt die Zahl der Auspendler unter 10 Prozent der Einwohner.

Interessanterweise haben zahlreiche Orte eine fast gleiche Zahl von Ein- und Auspendlern. Trotz hinreichendem Arbeitsangebot am Ort wird das Pendeln vorgezogen. Es ist nicht gesagt, daß man bei einer entsprechenden Vermehrung des Arbeitsplatzangebotes in den Auspendlergemeinden die Pendler am Wohnort halten kann. Persönliche Motive sind vielfach maßgebend, wie die Bindung an das „Häusle“, an die Heimatgemeinde, der Reiz der größeren Stadt, Unabhängigkeit von der Familie, der Wunsch „außerhalb“ zu wohnen und dort bei noch tragbaren Grundstückspreisen bauen zu können. Bessere Einkommensmöglichkeiten und andererseits Bindungen an den Betrieb sind weitere Beweggründe.

Im Kreis Aalen finden aber auch 2943 außerhalb des Kreises ansässige Pendler Arbeit. So kommen von Heidenheim täglich 1402 Personen vornehmlich nach Oberkochen, 465 Personen aus Schwäbisch Gmünd, 461 aus dem weniger industrialisierten Kreis Crailsheim und aus den benachbarten bayrischen Gebieten 306 Personen. Andererseits haben aber 3359 Personen ihre Arbeitsplätze außerhalb des Kreises, so daß sich für den Kreis Aalen nach wie vor ein Auspendlerüberschuß von 416 ergibt. 541 „Hinauspendler" gingen nach Stuttgart, 564 nach Bayern, 1027 in den Kreis Schwäbisch Gmünd (davon allein 356 nach Heubach) und 527 in den Kreis Heidenheim.

## *Ausgewogene Branchenstruktur der Industrie*

Der industrielle Bereich der Wirtschaft im Kreis Aalen umfaßt eine Vielzahl von Industriegruppen und -zweigen. Das Produktionsprogramm ist vielfältig und differenziert; vorherrschend ist die Verarbeitung und Veredelung. Dies ist im wesentlichen auf die große Zahl der mittelständischen Unternehmen zurückzuführen, die auf die Produktion von Gütern des Massenkonsums weitgehend verzichteten und sich auf die Herstellung von Präzisions- und Qualitätserzeugnissen, vor allem auch von Investitionsgütern, verlegt haben. Dadurch konnten sich viele Firmen auf ihrem Gebiet einen guten Ruf erwerben und erfolgreich im Kampf um die Märkte des In- und Auslands bestehen.

Wie aus nachfolgender Übersicht hervorgeht, liegt das Schwergewicht bei der Eisen- und Metallindustrie, in der fast drei Viertel der Industriebeschäftigten des Kreises tätig sind und auf die über 70 Prozent des Industrieumsatzes entfallen. Vorherrschend in diesem Bereich sind der Maschinenbau sowie die Feinmechanik und Optik. Der Leistungsstand dieser Branchen, in der manche Firma von Weltgeltung vertreten ist, dokumentiert sich nicht zuletzt in einer Exportquote von durchschnittlich über 30 Prozent, bei einzelnen Firmen bis zu 70 Prozent der jährlichen Fertigung.

Das Produktionsprogramm des Maschinenbaus reicht vom einfachen Ersatzteil über Präzisionswerkzeuge und Bearbeitungsmaschinen für industrielle und handwerkliche Bereiche bis zu Kurbelwellen, Transferstraßen und Großmaschinen.

Die Erzeugnisse der feinmechanischen und optischen Industrie, in der 20 Prozent aller Industriebeschäftigten des Kreises Aalen beschäftigt sind, haben in der Medizin, in Wissenschaft und Forschung, in der Produktion und im täglichen Gebrauch hervorragenden Ruf in der ganzen Welt.

Auch die übrigen Zweige der Eisen- und Metallindustrie sind mit wichtigen Fertigungen vertreten, mit Walzwerk- und Gesenkschmiedeerzeugnissen, Erzeugnissen der Elektroindustrie (Batterien), Armaturen, Tresor- und Geldschrankanlagen, Büromöbeln, Ketten und Drahtstiften.

Neben der Eisen- und Metallindustrie hat der Kreis eine leistungsfähige Textil- und Bekleidungsindustrie, auf die knapp 15 Prozent aller Industriebeschäftigten des Kreises entfallen. Würde man die Erzeugnisse dieser Betriebe einmal zusammen zeigen können, so wäre mancher von ihrer Eleganz und Mannigfaltigkeit überrascht. Von der Textilveredlung bis zur Herstellung von vielerlei Arten von Wäsche und anspruchsvollen Bade- und Freizeitmoden reicht die Skala dieser Produkte.

Erwähnenswert sind ferner vor allem die papier- und pappeerzeugende und -verarbeitende Industrie und die Schuhindustrie. In allen übrigen Industriegruppen und -zweigen des Kreises hält sich die Zahl der Beschäftigten in engen Grenzen. Hier sind die Holzindustrie, die Ernährungsindustrie, die Industrie der Steine und Erden sowie die chemische Industrie zu nennen.

Dieser Überblick zeigt, daß der Kreis Aalen Monostrukturen, d. h. das regional ungünstige Vorherrschen einer Industriegruppe in einem bestimmten Raum nicht kennt. Ein gewisser Nachteil besteht allerdings darin, daß einige in der Regel kapitalintensive Wachstumsindustrien wie z. B. die Chemie, die Kunststofftechnik, die Elektrotechnik und Elektronik weitgehend fehlen.

Die industrielle Aufwärtsentwicklung in der Nachkriegszeit nahm in den einzelnen Industriebereichen einen ungleichen Verlauf. Dies hat zu Umschichtungen in der Branchenstruktur geführt. Der größte Teil des Beschäftigungszuwachses entfiel auf die Eisen- und Metallindustrie. Am stärksten ausgedehnt hat sich der Maschinenbau, dessen Beschäftigtenzahl von 2168 im Jahre 1954 auf 8485 im Jahre 1968 angestiegen ist.

Der kräftige Aufschwung im Investitionsgütersektor ist dem Zusammentreffen mehrerer Faktoren zu verdanken. Einmal waren umfangreiche Investitionen nach dem wirtschaftlichen Zusammenbruch im Jahre 1945 Voraussetzung des wirtschaftlichen Wiederaufbaus. Weiterhin war die wirtschaftliche Aufwärtsentwicklung in den letzten Jahren insofern eine Investitionsgüterkonjunktur, als der ständige technische Fortschritt laufend zu Neuinvestierungen mit dem Ziel einer Rationalisierung der Produktion zwang. Bei dem allgemeinen Aufschwung des Exports hat der Investitionsgüterbereich in besonderem Maße davon profitiert, daß sich die Auslandsnachfrage überwiegend auf Investitionsgüter erstreckte.

Auch die übrigen Zweige der Eisen- und Metallindustrie einschließlich der Feinmechanik und Optik verzeichneten einen beachtlichen Zuwachs der Beschäftigtenzahlen. Sehr unterschiedlich war dagegen die Entwicklung in den übrigen Industriezweigen. Mit Ausnahme der Textil- und Bekleidungsindustrie, die ähnlich hohe Zuwachsraten wie die Eisen- und Metallindustrie aufzuweisen hat, standen die meisten Industriegruppen etwas im Schatten der Konjunktur und hatten entweder nur eine geringe Zunahme der Beschäftigtenzahlen oder sogar eine rückläufige Tendenz zu verzeichnen. Letzteres trifft vor allem für die Holzindustrie einschließlich der Sägewerke und für die chemische Industrie zu. Besonders bemerkenswert ist die positive Entwicklung der Textilindustrie im Kreis Aalen, die als Folge eines fortlaufenden intensiven Rationalisierungsprozesses zu einer sehr kapitalintensiven Branche geworden ist, wodurch es ihr gelang, sich gegenüber einer scharfen, vielfach durch unverhältnismäßig niedrige Löhne begünstigten ausländischen Konkurrenz voll zu behaupten, ja ihre Umsätze sogar laufend zu erhöhen. In der gesamten Holzindustrie forderte die Konzen-

*Die Industrie im Landkreis Aalen*

(Betriebe insgesamt, ohne Versorgungsbetriebe und Baugewerbe, * = geschätzt)

| | Betriebe | | | Beschäftigte | | | |
|---|---|---|---|---|---|---|---|
| Industriegruppen | 1968 | 1964 | 1954 | 1968 | 1964 | 1954 | 1968 gegen 1954 Veränderungen in % |
| Gesamte Industrie | 238 | 247 | 197 | 28 997 | 28 353 | 18 820 | + 54,1 |
| darunter | | | | | | | |
| Eisen- und Metallindustrie | 74 | 70 | 53 | 20 704 | 19 735 | 11 991 | + 72,7 |
| darunter | | | | | | | |
| Maschinenbau | 31 | 24 | 15 | 9 475 | 8 485 | 2 168 | +337,0 |
| Feinmechanik und Optik | 2 | 3 | 2 | 5 600* | 4 969 | 2 800* | +100,0 |
| Stahlverformung, Eisen-, Blech- und Metallindustrie | 19 | 18 | 12 | 2 799 | 2 894 | 2 120 | + 32,0 |
| Elektrotechnische Industrie | 5 | 5 | 6 | 1 839 | 1 802 | 1 061 | + 73,3 |
| Ziehereien u. Kaltwalzwerke | 4 | 7 | 4 | 541 | 1 180 | 606 | — 10,7 |
| Textil- und Bekleidungsindustrie | 32 | 33 | 25 | 4 188 | 4 566 | 2 605 | + 60,8 |
| Papier und Pappe erzeugende und verarbeitende Industrie, Druckereien | 11 | 12 | 15 | 1 125 | 1 207 | 1 200 | — 6,3 |
| Leder erzeugende und verarbeitende Industrie, Schuhindustrie | 11 | 12 | 10 | 1 112 | 942 | 822 | + 35,3 |
| Sägewerke, holzbe- und verarbeitende Industrie | 42 | 44 | 36 | 577 | 626 | 709 | — 18,6 |
| Ernährungsindustrie | 33 | 36 | 25 | 495 | 530 | 476 | + 4,0 |
| Industrie der Steine u. Erden | 20 | 22 | 13 | 280 | 284 | 252 | + 11,1 |
| Chemische und verwandte Industrie | 9 | 10 | 10 | 322 | 284 | 440 | — 26,8 |

trationsbewegung und das Ausweichen auf andere Materialien Opfer. Dasselbe trifft für die Gruppe Steine und Erden zu, die im Kreis Aalen von jeher keine starke Ausbreitung gefunden hatte. Beachtlich ist die Entwicklung in der Ledererzeugung und -verarbeitung, ein beredtes Zeugnis für die Wirksamkeit der Unternehmen in der Lederstadt Bopfingen. Die wenigen Beschäftigten in der eisen- und metallschaffenden Industrie haben fast nur noch einen Erinnerungswert an die einstmalige große Bedeutung dieses Zweiges in den Schwäbischen Hüttenwerken in Wasseralfingen.
Aus dieser Entwicklung wird deutlich, daß die industrielle Struktur nicht als festgefügt betrachtet werden darf, sondern als das jeweilige Ergebnis eines ständigen Wandels. Keine industrielle Struktur ist für die Dauer geschaffen. Die Nachfrage und der Markt haben ihre eigenen Gesetze. Fortschreitende Techniken, neue Ideen und Materialien setzen neue Ziele und es ist keiner Branche gestattet, an der Stelle zu verharren, an der sie angetreten ist, mag sie sich auch auf eine durch viele Jahrzehnte oder Jahrhunderte bewährte Tradition stützen.

### *Gesunde Mischung von Betriebsgrößen*

Der Mannigfaltigkeit der Art der Erzeugnisse entspricht auch eine Mannigfaltigkeit der Betriebsgrößen. Der Kreis Aalen zeigt eine glückliche Mischung von Groß-, Mittel- und Kleinbetrieben. Der Betriebsgröße nach dominieren noch die kleinen Betriebe; vier Fünftel der Industriebetriebe weisen nämlich weniger als 100 Beschäftigte auf, die Hälfte sogar weniger als 20 Beschäftigte. Die Stärke dieser Unternehmen liegt in der Herstellung spezialisierter Erzeugnisse, die in kleinen Stückzahlen benötigt werden. Der wirtschaftliche Schwerpunkt im Kreis Aalen liegt jedoch eindeutig bei den Mittel- und Großbetrieben.
Nach dem Stand vom September 1968 befinden sich unter den 238 Industriebetrieben des Kreises ein Großbetrieb mit über 5000 Beschäftigten, 3 Betriebe mit über 1000 Beschäftigten und 19 Betriebe mit mehr als 300 Beschäftigten. Wenn auch die Großbetriebsdichte im Kreis Aalen nicht so stark ausgeprägt ist wie im Kreis Heidenheim, so umfassen die Betriebe mit über 300 Beschäftigten doch 8,9 Prozent aller Industriebetriebe gegenüber 5,4 Prozent im Landesdurchschnitt. In diesen Betrieben sind 67,7 Prozent aller Industriebeschäftigten des Kreises (im Landesdurchschnitt 57,8 Prozent) beschäftigt.
Diese gesunde Mischung von Größenordnungen und Betriebsarten gewährt dem Kreis Aalen eine relativ gute Krisenfestigkeit im Vergleich zu Städten und Kreisen mit einheitlicherem Industriecharakter (wie z. B. Schwäbisch Gmünd). Sie

ermöglicht es im Falle struktureller Krisen, Arbeitskräfte relativ reibungslos anderweitig unterzubringen und damit die Auswirkungen solcher Erscheinungen in Grenzen zu halten. Ein besonderer Vorteil und ein geradezu glücklicher Umstand für die Ostalb liegt darin, daß auch die großen Betriebe noch überwiegend in der Hand von ansässigen Unternehmern sind.

## *Industrieumsatz in 15 Jahren fast vervierfacht*

Die erstaunliche Aufwärtsentwicklung der Industrie unseres Kreises wird deutlich durch den Anstieg der Industrieumsätze illustriert. Im Jahre 1953 setzte die Industrie Erzeugnisse im Wert von 334 Mio. DM um; 1968 waren es 1093 Mio. DM und nach vorläufigen Ergebnissen 1969 sogar 1270 Mio. DM. Zu dieser Umsatzausweitung auf das 3½fache trug neben der Erhöhung der Beschäftigtenzahl, der Ausweitung und ständigen Verbesserung der Produktionsanlagen sowie der Preissteigerungen ganz wesentlich der unternehmerische Ideenreichtum

Ind.-Umsatz, Export, Beschäftigte und Arbeitsstunden
1960–1961 (1960 = 100)

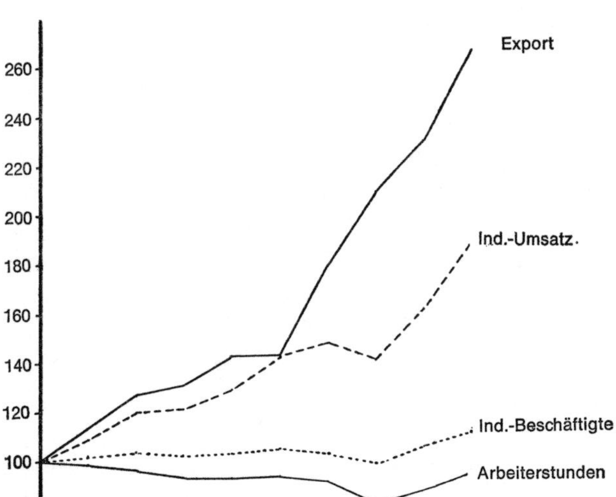

bei, der immer wieder mit höheren Qualitäten und mit neuen Erzeugnissen aufzuwarten wußte.
Die Entwicklung darf auch in Zukunft nicht sich selbst überlassen bleiben. Der technische Fortschritt zwingt zu laufenden Investitionen, neue Werkstoffe und Fertigungsverfahren führen zu strukturellen Wandlungen. Nicht zuletzt bringt auch der wachsende Wettbewerb auf dem Weltmarkt die Notwendigkeit mit sich, modernste technische Erkenntnisse bei der Produktion zu berücksichtigen.

### *Weltweite Verbindungen der Industrie*

Zu den wichtigsten Aufgaben unseres Landes in der Nachkriegszeit gehörte die Wiedereingliederung in die Weltwirtschaft, von der es nach Kriegsende so gut wie völlig abgeschnitten war. Trotz vielfältiger und größter Schwierigkeiten konnten dank der Anstrengungen aller Kräfte in Staat und Wirtschaft die ausländischen Absatzmärkte neu erschlossen und die Ausfuhrergebnisse von Jahr zu Jahr gesteigert werden.
Wenn man sagt, „die Industrie in Baden-Württemberg lebt vom Export“, dann trifft dies auch ganz besonders auf den Kreis Aalen zu. Infolge der Vielzahl von Qualitäts- und Spezialerzeugnissen unserer Industrie war sie schon immer stark exportorientiert und hatte vielfältige Beziehungen praktisch mit der ganzen Welt. Dies hat sich in den letzten Jahren sogar noch verstärkt. Ein zahlenmäßiges Entwicklungsbild vermittelt die ununterbrochene Erhöhung der Auslandsumsätze von 41 Mio. DM im Jahre 1953 auf 244 Mio. DM im Jahre 1968 und voraussichtlich 290 Mio. DM im Jahre 1969. Die Auslandsumsätze gingen dabei noch rascher in die Höhe als die Inlandsumsätze, dies geht auch daraus hervor, daß die sogenannte Exportquote, d. h. der Anteil des Auslandsumsatzes am Gesamtumsatz in den genannten 15 Jahren von rd. 12 Prozent auf 22 Prozent zugenommen hat. Die höchste Exportquote der Industrie des Kreises war 1967 mit 23,2 Prozent erreicht. Jeder 4. Industriebeschäftigte arbeitete somit für den Export. Der Grad der Verflechtung der Industrie mit der Weltwirtschaft hat damit einen Höhepunkt in der Nachkriegszeit erreicht.
Diese Zahlen machen deutlich, wie stark das Wohlergehen der heimischen Wirtschaft von einem ungestörten weltweiten Exporthandel abhängig ist. Massive Eingriffe in den Wirtschaftsablauf, wie sie die Veränderung der Währungsparitäten in Form von Auf- und Abwertungen darstellen, stellen die heimische Wirtschaft jeweils vor besonders große Belastungen. Auch in Zeiten konjunktureller Abschwächung erwies sich der Export für unsere Industrie als Aus-

gleichskraft. So wurde z. B. die Mitte 1966 einsetzende konjunkturelle Abschwächung von den stark intensivierten Außenhandelsbemühungen der Industrieunternehmen gemildert. Die systematische Erschließung der Weltmärkte hat sich also gelohnt.
Aber nicht nur die Firmen haben enge Verbindungen mit der Weltwirtschaft aufgenommen, auch Kaufleute, Ingenieure, Monteure sind immer wieder auf kürzere oder längere Zeit im Ausland tätig. Weltoffener Sinn und weitsichtige Einstellung zu industriellen und sozialen Problemen prägen dadurch in weiten Bereichen unsere Erwerbswelt.

### *Dienstleistungsgewerbe noch unterdurchschnittlich*

Die Industrie bildet zwar das Rückgrat unserer Wirtschaft, aber sie allein kann die Existenz und das Gedeihen eines Raumes nicht gewährleisten. Ohne den großen Bereich des Dienstleistungssektors wäre ein reibungsloser Ablauf des Wirtschaftslebens immer undenkbarer; infolgedessen haben auch Handel und Verkehr, Banken und Versicherungen in unserem Kreis höchst wichtige Aufgaben zu erfüllen. Es ist ihnen gelungen, ihre Leistungsfähigkeit immer wieder den gesteigerten Ansprüchen, die durch die zunehmende Industrialisierung gestellt wurden, anzupassen. Trotzdem bleibt im Kreis Aalen noch eine gewisse Unterbesetzung im Bereich des Dienstleistungsgewerbes festzustellen.

### *Tiefgreifender Wandel im Handel*

Auch der Handel als Bindeglied zwischen Erzeuger und Verbraucher hat mit der Industrie, der Bevölkerungszunahme und dem rasch wachsenden Bedarf einen beachtlichen Aufschwung genommen. Die wichtigsten Zweige bilden der Nahrungsmitteleinzelhandel sowie der Einzelhandel mit Bekleidung und Textilien. Eindrucksvoll äußert sich die Entwicklung des Handels nicht nur in gesteigerten Umsatzziffern, sondern noch mehr in dem Bestreben der Firmen, moderne, leistungsfähige, den Bedürfnissen und höheren Ansprüchen der rasch wachsenden Bevölkerung angepaßte Läden zu errichten, die mit den Einkaufszentren der weiter entfernt liegenden Großstädte zu konkurrieren in der Lage sind.
Die Handelskaufleute im Kreis Aalen haben den Trend der allgemeinen Entwicklung rechtzeitig erkannt und sich in vollem Umfang in den Strukturwandel

eingeschaltet. Den ersten Einbruch in die konventionellen Absatzmethoden des Handels brachten die Supermärkte, Filialbetriebe und Warenhäuser. Die kleineren Einzelhändler betraten Neuland, als sie vom Bedienungssystem zur Selbstbedienung übergingen. Um den Wettbewerbsvorsprung der Supermärkte und Großbetriebe aufzuholen, schlossen sich zahlreiche herkömmliche Einzelhändler und Großhandelsbetriebe freiwillig zu Ketten und Gruppen zusammen.
Vergleichen wir z. B. ein typisches Einzelhandelsgeschäft aus der Zeit vor dem Zweiten Weltkrieg mit seinem heutigen Erscheinungsbild, so wird deutlich, wie sehr sich das Bild der Läden und die Verkaufsmethoden des Handels gewandelt haben. Dadurch hat sich nicht nur das städtische Bild der größeren Gemeinden des Kreises bedeutend verbessert, auch viele kleinere Gemeinden haben ihren stark ländlich geprägten Charakter zugunsten städtischer Züge verändert.
Nach der letzten Handelszählung aus dem Jahre 1960 haben die Betriebe des Handels 1959 Waren im Werte von mehr als 115 Mio. DM umgesetzt. Fast die Hälfte dieser Umsätze wurde im Nahrungs- und Genußmittelhandel, weitere 20 Prozent im Textileinzelhandel (einschließlich Schuhen) getätigt, so daß auf diese beiden wichtigen Handelssparten rd. zwei Drittel aller Handelsumsätze entfielen. Die Zahl der Betriebe ist inzwischen durch den ständigen Strukturwandel im Handel zurückgegangen; neue Einkaufsstätten in vielfältigen Formen mit modernen Betriebseinrichtungen wie sie überall in den Großstädten zu finden sind und Einkaufszentren auf der „grünen Wiese" haben das Angebot für den Konsumenten wesentlich bereichert. Die Umsätze des Einzelhandels haben sich in den letzten 20 Jahren fast vervierfacht. Das Umsatzergebnis für 1969 dürfte bei rd. 250 Mio. DM liegen.
Nach wie vor ist der typische Familienbetrieb vorherrschend, so daß insgesamt eine relativ gesunde Mischung von Groß-, Mittel- und Kleinbetrieben auch im Einzelhandel erhalten blieb. Vielfach besitzen die ansässigen Firmen eine lange und reiche Tradition. Dies hätten die Unternehmen nicht erreicht, wären sie nicht stets von begabten und geschickten Kaufleuten geleitet worden, die sich nicht nur durch den sprichwörtlich gewordenen schwäbischen Fleiß, sondern auch durch schwäbische Sparsamkeit auszeichneten; Tradition und Fortschritt hat man hier immer als untrennbare Begriffe verstanden.
Auch der Großhandel ist als Auftraggeber, Lieferant und Lagerhalter für Industrie, Handwerk, Landwirtschaft und Einzelhandel zu einem wichtigen Faktor der Wirtschaft unseres Kreises geworden. Eine Bestätigung dafür liefern die Ergebnisse der Handelszählung von 1960. In den 191 Großhandelsbetrieben wurden 1689 Mitarbeiter beschäftigt. Die Umsätze des Großhandels übertrafen damals mit 144 Mio. diejenigen des Einzelhandels nicht unerheblich. Über ein

Drittel dieser Gesamtumsätze entfielen auf den sogenannten Landproduktenhandel mit Getreide, Futter und Düngemittel sowie Tieren. Das Umsatzvolumen im Großhandel dürfte bis zum Jahre 1969 auf rd. 200 Mio. DM gestiegen sein. Der sich im Handel vollziehende Strukturwandel stellte auch die Unternehmen des Großhandels fortwährend vor Umstellungs- und Anpassungsprobleme. Am bekanntesten sind hier die Maßnahmen des Lebensmittelgroßhandels; seine Kooperation mit dem Einzelhandel in Form der freiwilligen Ketten sowie der genossenschaftlichen Zusammenarbeit und ein Einsteigen in das Verbrauchermarktgeschäft seien hier als Beispiel erwähnt.

### *Weitgespanntes Netz der Kreditinstitute*

In diesem Gebiet wirtschaftlicher Aktivität fehlt es naturgemäß nicht an einem weitgespannten Netz von Kreditinstituten. Wachsende Einkommen breitester Bevölkerungsschichten sowie der hohe Stand der allgemeinen Wirtschaftstätigkeit gaben auch Banken und Sparkassen einen kräftigen Auftrieb. Sie haben eine große Zahl von Filialen und Zweigstellen in den Städten und Gemeinden errichtet. Im Spar-, Giro- und Effektengeschäft haben sie sich neue Kundenkreise erschlossen und ihre Umsätze erheblich ausgeweitet.

### *Handwerk hat immer noch goldenen Boden*

Eine große Bedeutung kommt im Rahmen der Gesamtwirtschaft dem Handwerk zu, das immer noch goldenen Boden zu haben scheint. Seine Tätigkeit erstreckt sich von der Herstellung gewerblicher Güter über die Ausführung von Arbeiten ohne direkte Gütererzeugung bis zur reinen Dienstleistung. Die Industrie arbeitet intensiv mit dem Handwerk zusammen. Die Verbindung zwischen Industrie und Handwerk rührt schon davon her, daß die industriellen Betriebe in der Regel aus dem Handwerk hervorgegangen sind und selbst größte Unternehmungen handwerklichen Ursprungs sind. Die intensive Zusammenarbeit mit dem Handwerk zeigt sich in den von der Industrie dem Handwerk übertragenen Vor- und Zulieferungen sowie in Reparaturaufträgen. Der Verarbeitungs- und Verfeinerungscharakter der industriellen Produktion ermöglicht hierbei der handwerklichen Betätigung einen weiten Spielraum; dies trifft namentlich in der Eisen- und Metall- sowie in der Holzverarbeitung zu.

Im Mai 1963 wurden im Kreis Aalen 2039 Handwerksbetriebe mit 9751 Beschäftigten einschließlich Meistern, mithelfenden Familienangehörigen und Lehrlingen ermittelt. Die Zahl der Handwerksbetriebe in den letzten Jahren hat nicht zugenommen, sondern sogar abgenommen. Dagegen ist der handwerkliche Einzelbetrieb im Durchschnitt größer geworden. Diese betriebliche Ausdehnung ist in der Hauptsache ein Ergebnis der fortschreitenden Mechanisierung der handwerklichen Fertigung und der Anpassung an die moderne Technik. Der Handwerksbetrieb kann seine Wettbewerbsfähigkeit nur dann erhalten, wenn seine Werkzeuge und technischen Anlagen jeweils dem technischen Fortschritt angepaßt werden und die Leistungsfähigkeit durch rationelle Fertigungsmethoden erhöht wird.

Das Baugewerbe hat sich zu einem wichtigen Faktor der gewerblichen Wirtschaft des Kreises entwickelt. Bei der Totalerhebung des Statistischen Landesamtes Baden-Württemberg von 1969 wurden im Bauhauptgewerbe 216 Betriebe mit über 4000 Beschäftigten innerhalb unseres Kreises festgestellt. Die Zahl der Beschäftigten ist damit in rd. 10 Jahren nur geringfügig angestiegen, was im wesentlichen auf die starke Mechanisierung und Rationalisierung im Baugewerbe zurückzuführen ist.

## *Gute Ansätze für Fremdenverkehr*

Wenn auch die Ostalb von Klima und Witterung nicht besonders begünstigt ist, so bietet sich das Gebiet mit seiner reizvollen und abwechslungsreichen Landschaft, der Abgeschiedenheit seiner ausgedehnten Wälder, seiner künstlichen Stauseen und seiner zahlreichen natürlichen Gewässer und Seen und auch durch eine beachtenswerte kulturelle Bausubstanz nicht nur zur Entspannung und Naherholung für Gäste aus dem mittleren Neckarraum an, sondern es bietet auch genügend Voraussetzungen für die Entwicklung eines Fremdenverkehrs. Dazu ist allerdings eine sinnvolle Koordinierung staatlicher und privater Maßnahmen erforderlich. Einige Gemeinden, vor allem im Ellwanger Raum, werden schon seit Jahren regelmäßig als Ferienziel gewählt. Auch die Bemühungen um Ferien auf dem Bauernhof zeigen die ersten Erfolge. In diesem Zusammenhang ist es sehr erfreulich, daß der Landesentwicklungsplan unseren Raum nun nicht mehr nur als Naherholungsgebiet, sondern auch als Raum für die Ferienerholung einstuft.

Als Wintersportgebiet hat sich die Ostalb durch die Anstrengungen privater Unternehmen und auch einzelner Gemeinden in wenigen Jahren schon einen bedeutenden Namen gemacht. Das Skigebiet um Essingen und Lauterburg mit

Skilift, Flutlichtanlagen usw. ist schon regelmäßig Ziel vieler Wintersportler aus dem Stuttgarter Raum. Die neuerstellte Ostalbpiste am Rand der Stadt Aalen wird diesen guten Ruf noch weiter festigen.

## *Heraus aus dem Verkehrsschatten*

Im Jahre 1950 muß es noch ein Vergnügen gewesen sein, sich mit dem Kraftfahrzeug im Kreis Aalen fortzubewegen. Dies lassen die kaum 5000 Fahrzeuge vermuten, die damals zugelassen waren. Demgegenüber hat sich der Kraftfahrzeugbestand im Jahre 1969 mit 40 000 zugelassenen Fahrzeugen verachtfacht. Am stärksten gestiegen ist der Bestand an Personenkraftwagen. Trotz dieser zweifellos raschen Motorisierung in den letzten 20 Jahren gehört der Landkreis Aalen zu den noch verhältnismäßig schwach motorisierten Gebieten des Landes. Auf 1000 Einwohner kommen 253 Kraftfahrzeuge gegenüber 268 im Landesdurchschnitt Baden-Württemberg. Die Motorisierung wird weitere Fortschritte machen und die Gemeinden, der Kreis und auch das Land und der Bund müssen im Lauf der nächsten Jahre besondere Anstrengungen unternehmen, um die Voraussetzungen für diese Steigerung der Motorisierung zu schaffen. Dabei darf nicht übersehen werden, daß trotz einiger großer Straßenbaumaßnahmen, die in den letzten 20 Jahren im Kreis fertiggestellt wurden, der Kreis Aalen als Folge einer langen verkehrspolitischen Benachteiligung, die auch mit der „Grenz"-lage zu Bayern zusammenhängt, immer noch einen beträchtlichen Nachholbedarf hat. Die sich daraus ergebenden Nachteile für alle Wirtschaftsbereiche müssen sowohl durch bessere Ost-West- als auch Nord-Süd-Verbindungen behoben werden. „Die Ostalb muß endlich aus dem Verkehrsschatten heraus!", so formulierte es der Präsident der Industrie- und Handelskammer Heidenheim, Dr. Konrad Theiss, auf einer Veranstaltung mit Bundesverkehrsminister Leber am 18. April 1968 in Heidenheim. Kein Wirtschaftsraum kann gedeihen, wenn er nicht von den großen Arterien des Wirtschaftskreislaufs erreicht und befruchtet wird. Und das sind heute die Bundesfernstraßen.

Die wichtigsten Maßnahmen sind der Bau der Autobahn Würzburg–Ellwangen –Aalen–Heidenheim–Ulm, der vierspurige Ausbau der B 29 bis Aalen als Verbindung zu dem großen Wirtschafts- und Verwaltungszentrum des mittleren Neckarraumes und darüber hinaus bis zum Schnittpunkt mit der Autobahn Würzburg–Ulm bei Westhausen und weiter über Nördlingen in den Raum Ingolstadt. Beide Verkehrslinien haben nicht nur für Ostwürttemberg eine große regionale Bedeutung, sondern verbinden wichtige wirtschaftliche Schwerpunkte in Süddeutschland. Für den Beginn der Baumaßnahmen der Autobahn im Jahre 1971 bestehen verbindliche Zusagen sowohl von Bundesverkehrsminister Leber als auch vom Innenministerium Baden-Württemberg und vom Autobahnamt Baden-Württemberg, so daß damit gerechnet werden kann, daß die Autobahn von Ulm kommend voraussichtlich 1975/76 den Raum Aalen erreichen wird.

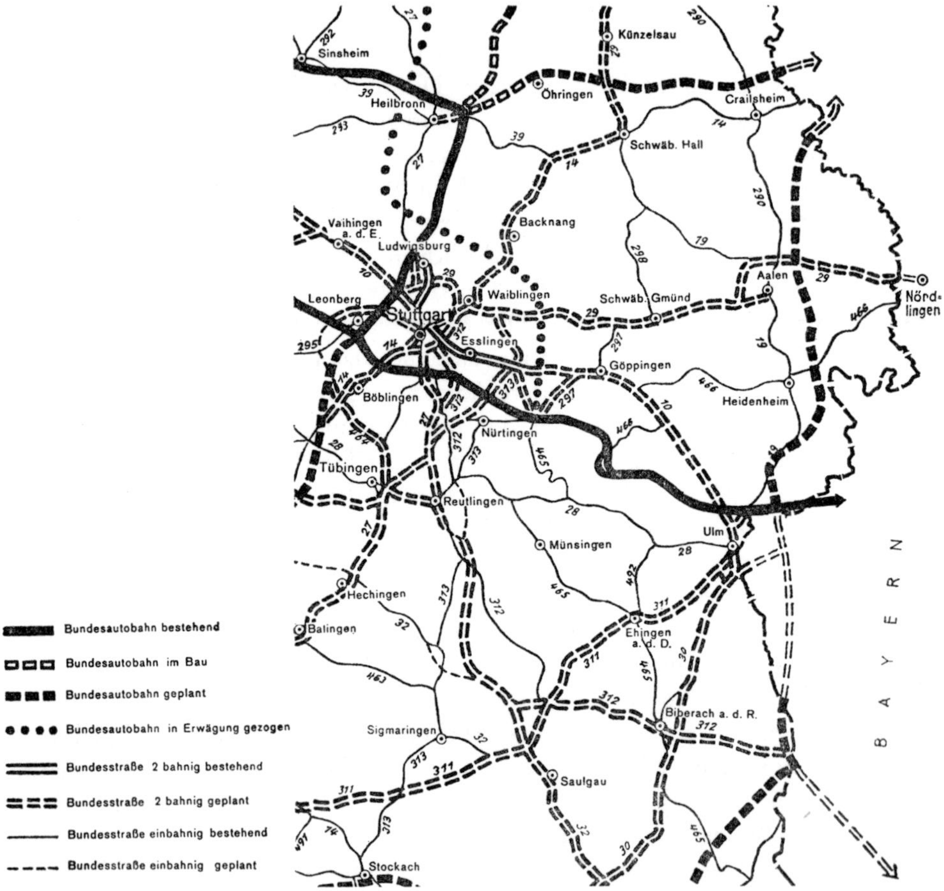


Wenn einmal die Autobahn von Würzburg bis Ulm durchgehend befahrbar ist, wird endlich ein guter Anschluß an den in der Bundesrepublik dominierenden Nord-Süd-Verkehr erreicht und der Kreis Aalen einen neuen, nicht zu unterschätzenden Auftrieb erhalten. Eine Verzögerung der notwendigen Verkehrsinvestitionen muß zwangsläufig zu einer nachhaltigen Schwächung der Wirtschaft des ostwürttembergischen Raumes führen. Neben diesen ins Auge springenden Verkehrsachsen darf jedoch die entscheidende Verbesserung des gesamten Straßenbaunetzes nicht außer acht gelassen werden.

### *1971 Anschluß an das elektrifizierte Bahnnetz*

Gute Aussichten bestehen für die Verbesserung des Eisenbahnverkehrs. Im Jahre 1970 soll mit der Elektrifizierung der Strecke Schorndorf–Aalen begonnen werden. Mit der Fertigstellung rechnet man bis zum Fahrplanwechsel im Herbst 1971. Auch die anschließende Fortführung der Elektrifizierung über Nördlingen nach Donauwörth–München ist inzwischen beschlossen. Diese Maßnahmen der Deutschen Bundesbahn bringen nicht nur bedeutende Verbesserungen im Güterverkehr, sondern dadurch können vor allem die Beförderungszeiten im Personenverkehr wesentlich verkürzt und günstigere Anschlüsse an die großen Fernverkehrsverbindungen erreicht werden. Von der in Aalen vorgesehenen Errichtung eines Container-Bahnhofes werden ebenfalls neue Impulse ausgehen.

### *Im Jahre 1975 voraussichtlich ein Bruttoinlandsprodukt von 10 000 DM je Kopf*

Für Angaben über die wirtschaftliche Gesamtleistung eines Gebietes stehen heute als beste Grundlagen die Werte des Bruttosozialproduktes zur Verfügung, die von den Statistischen Landesämtern in größeren Abständen für alle Landkreise errechnet werden. Diese Rechnung schließt nicht nur die produzierenden Bereiche ein, zu denen Land- und Forstwirtschaft, Energiewirtschaft, das produzierende Gewerbe und das Baugewerbe zählen, sondern sie umfaßt auch den Handel, den Verkehr, Nachrichtenübermittlung, Kreditinstitute und sonstige Dienstleistungen und die öffentliche Verwaltung. Damit gibt das Bruttosozialprodukt zu Marktpreisen ein Spiegelbild für den Marktwert der Güter und Dienste, die von innerhalb des Kreises ansässigen Arbeitsstätten und Verwaltungseinheiten erzielt und geleistet werden; so sind auch für kleinere Regionen bedeutsame Aussagen über Leistungsniveau und Struktur möglich.
Im Kreis Aalen wurde 1966 ein Bruttoinlandsprodukt von 1031 Mio. DM erarbeitet. Dies entspricht gegenüber 1964 einer Zunahme von 17,4 Prozent (Baden-Württemberg 17,5 Prozent) und gegenüber 1957 von 113,9 Prozent (Baden-Württemberg 130,2 Prozent).

*Bruttoinlandsprodukt im Kreis Aalen*
*mit Vergleichszahlen von Baden-Württemberg (1957–1966)*

| | | Kreis Aalen | Baden-Württ. |
|---|---|---|---|
| 1. Bruttoinlandsprodukt in Mio. DM | 1957 | 482 | 31 134 |
| | 1961 | 688 | 47 064 |
| | 1964 | 880 | 60 990 |
| | 1966 | 1 031 | 71 668 |
| Zunahme | | | |
| 1957 bis 1964 in % | | + 82,6 | + 95,9 |
| 1961 bis 1964 in % | | + 27,9 | + 29,6 |
| 1964 bis 1946 in % | | + 17,2 | + 17,5 |
| 2. Anteile der Wirtschaftsbereiche in % | | | |
| Land- und Forstwirtschaft | 1957 | 11,6 | 7,4 |
| | 1961 | 8,0 | 5,6 |
| | 1964 | 7,6 | 4,9 |
| | 1966 | 6,7 | 4,1 |
| Warenproduzierendes Gewerbe | 1957 | 59,6 | 56,1 |
| | 1961 | 62,9 | 58,6 |
| | 1964 | 61,0 | 58,3 |
| | 1966 | 60,7 | 57,4 |
| Handel und Verkehr | 1957 | 13,2 | 16,7 |
| | 1961 | 12,8 | 15,9 |
| | 1964 | 12,8 | 15,6 |
| | 1966 | 12,0 | 15,4 |
| Dienstleistungen | 1957 | 15,6 | 19,8 |
| | 1961 | 16,3 | 20,0 |
| | 1964 | 18,6 | 21,2 |
| | 1966 | 20,6 | 23,1 |
| 3. je Kopf der Wohnbevölkerung in DM | 1957 | 3 590 | 4 310 |
| | 1961 | 4 840 | 6 070 |
| | 1964 | 5 913 | 7 442 |
| | 1966 | 6 738 | 8 424 |
| 4. je Kopf der Wirtschaftsbevölkerung in DM | 1957 | 3 610 | 4 290 |
| | 1961 | 4 840 | 6 010 |
| | 1964 | 5 911 | 7 410 |
| | 1966 | 6 775 | 8 365 |
| Anteil am Landesdurchschnitt 1966 in % | | 81 | 100 |

Die einzelnen Wirtschaftsbereiche wie z. B. das warenproduzierende Gewerbe oder die Landwirtschaft beeinflussen die Höhe und das Wachstum des Inlandsproduktes wesentlich. In der wirtschaftlichen Struktur des Kreises liegt die wichtigste Ursache der unterschiedlichen Leistungskraft.

Das ungleiche Wachstumstempo der Wirtschaftsleistungen in den vier genannten Sektoren hat zu einer Verschiebung ihrer relativen Beiträge zum gesamten Bruttoinlandsprodukt geführt. Das warenproduzierende Gewerbe, auf das schon 1957 mit einem Anteil von 59,6 Prozent mehr als die Hälfte der gesamten Wirtschaftskraft unseres Kreises entfiel, hat seine Quote 1966 auf über 60 Prozent erhöhen können. An zweiter Stelle folgt der Bereich übrige Dienstleistungen, die 1966 20,6 Prozent des Bruttoinlandsproduktes gegenüber 15,6 Prozent im Jahre 1957 erbrachten. Etwas rückläufig war hingegen die Entwicklung des Bereiches Handel und Verkehr, da die Anteilsquote von 13,2 Prozent im Jahre 1957 auf 12 Prozent im Jahre 1966 abnahm. Besonders stark ausgeprägt war die rückläufige Entwicklung bei der Land- und Forstwirtschaft; während sie 1957 immerhin noch 11,6 Prozent der gesamten Wirtschaftsleistungen des Kreises erwirtschaftet hat, war ihr Beitrag 1966 um fast die Hälfte auf 6,7 Prozent abgefallen. Er lag damit allerdings immer noch über dem Landesdurchschnitt von Baden-Württemberg (4,1 Prozent). In dieser ungleichen Entwicklung der Leistungswerte in den vier Hauptsektoren wird die Abhängigkeit der gesamten Wirtschaftskraft von der Wirtschaftsstruktur erkennbar.

Um die nach ihrer Gebietsgröße und Bevölkerungszahl sehr unterschiedlichen Kreise in ihrer Wirtschaftskraft besser vergleichbar zu machen, wurde das Bruttoinlandsprodukt auch je Kopf der Wirtschaftsbevölkerung errechnet (die Wirtschaftsbevölkerung entspricht der Wohnbevölkerung zuzüglich des Einpendlerüberschusses einschließlich Angehörige). Es betrug im Jahre 1966 im Kreis Aalen 6775 DM, was 81 Prozent des Landesdurchschnittes entspricht. Im Jahre 1964 erreichte der Kreis Aalen 79,8 Prozent.

Die Wertschöpfung der Wirtschaftskraft des Landkreises Aalen wird nach einer Berechnung des Institutes für angewandte Wirtschaftsforschung an der Universität Tübingen im Jahre 1975 rd. 10 000 DM je Kopf erreichen. Diese Projektion bis ins Jahr 1975 basiert auf der Annahme eines gleich hohen Bevölkerungszuwachses durch Geburtenüberschuß und Wanderungsgewinne wie in den Jahren 1957 bis 1966.

## *Ingenieurschule Aalen ist Wirklichkeit geworden*

Mit der Ingenieurschule Aalen ist im Zentrum des ostwürttembergischen Raumes eine Ausbildungsstätte für den Nachwuchs an graduierten Ingenieuren entstanden, welche nicht nur die im weiteren Umkreis benötigten Fachkräfte heranbildet, sondern auch zu einem Kristallisationspunkt des Erfahrungsaustausches und der Weiterbildung in vielen technischen Disziplinen werden kann. Sie bietet auch Gelegenheit für die schon im Berufsleben stehenden Ingenieure, mit Forschung und Lehre verbunden zu bleiben.

Die Ingenieurschule Aalen, deren Umwandlung in eine Fachhochschule sich schon abzeichnet, verbindet zwei Vorzüge glücklich miteinander: die Lage mitten in einem hoch entwickelten Industriegebiet und die weite Ausstrahlung in ein noch wenig entwickeltes förderungsbedürftiges Gebiet in Baden-Württemberg und Bayern. Entsprechend den in Ostwürttemberg hauptsächlich vertretenen Industriezweigen dominieren an der Ingenieurschule die Fächer Maschinenbau, Feinwerktechnik, Metallveredlung und Werkstoffkunde, jedoch können auch der Zug Kunststofftechnik, Umformtechnik und Elektrotechnik oder ab Sommersemester 1970 sogar Chemie gewählt werden.

Um ihre Bedeutung für die Stadt, den Landkreis Aalen und ganz Ostwürttemberg zu kennzeichnen, hat Landrat Dr. Huber bei der Einweihung die Frage gestellt: „Was würde unser Gebiet heute darstellen, wenn im Jahre 1817 die damalige württembergische Regierung sich entschlossen hätte, die Universität Ellwangen nicht aufzuheben, sondern auszubauen“. Es ist sicher, daß die Ingenieurschule Aalen sich als wichtiger Entwicklungsfaktor in der Zukunft erweisen wird. Die lebendigen Wechselbeziehungen zwischen Ingenieurschule und Region werden wachsen. Erste Ansatzpunkte sind die enge Verbindung der Industrie und der Schule durch den Verein der Freunde und Förderer der Ingenieurschule Aalen, der die Schule auch durch materielle Zuwendungen unterstützen kann.

Der technische Fortschritt wird Kennzeichen unseres Zeitalters bleiben. Auf allen Gebieten der naturwissenschaftlichen und geisteswissenschaftlichen Forschung werden Jahr für Jahr neue, vielfach umwälzende Erkenntnisse gwonnen. Diese Erkenntnisse werden von einem Millionenheer von Wissenschaftlern und Technikern in die Entwicklung neuer Produkte und neuer technischer Anwendungsformen umgesetzt. Der Prozeß beschleunigt sich unaufhörlich und bewirkt, daß sich unsere Umwelt rasch verändert. Aufgabe der Betriebe ist es, ihrerseits alle neuen Erkenntnisse und Forschungsergebnisse zu nutzen, um nicht zurückzubleiben und sich im immer härter werdenden Wettbewerb behaupten zu können. Das wiederum setzt voraus, daß alle in der Wirtschaft Tätigen sich einem

ständigen Lernprozeß unterziehen. Wer glaubt, mit dem auf der Schulbank und in der Berufsausbildung gelernten Wissen auskommen zu können, bleibt zurück und gerät in Gefahr, im Wettbewerb zu unterliegen.
In den siebziger Jahren wird danach auch für die heimische Wirtschaft die Erwachsenenbildung und der Kontakt zwischen Wissenschaft und Praxis eine ständig steigende Bedeutung erlangen. Die Unternehmer und ihre Mitarbeiter werden mehr und mehr wieder regelmäßig auf die Schulbank zurückkehren müssen, um sich in Kursen und Seminaren mit dem neuesten Stand wissenschaftlicher und praktischer Erfahrung vertraut zu machen. Damit erhalten für die wirtschaftliche Gesamtentwicklung die vorhandenen oder geplanten Ausbildungs- und Bildungseinrichtungen eine noch größere Bedeutung als zuvor. Es ist deshalb außerordentlich wichtig, im engeren Raum alle schulischen, ingenieurwissenschaftlichen und Hochschuleinrichtungen zur Verfügung zu haben, die sich als geistige Brükken zur weiteren Entfaltung der Fähigkeiten tätiger Menschen und der Leistungshöhe der Betriebe anbieten.

## *Moderne Ausbildungswerkstätten*

Die technische Weiterentwicklung unserer Industrieerzeugnisse benötigt nicht nur Ingenieure und Konstrukteure, sondern in vermehrtem Umfang auch Facharbeiter. Die Industrie hat deshalb schon seit vielen Jahren modern eingerichtete Lehrlingsausbildungswerkstätten geschaffen, die jetzt auch zur Umschulung berufsfremder Arbeitskräfte dienen sollen, um ihnen den Übergang von wachstumsarmen in wachstumsträchtige Industrien zu ermöglichen und um dadurch die gesamte Struktur zu verbessern.
Das soeben begonnene Jahrzehnt wird keine Revolutionierung der Berufsausbildung bringen. Man braucht kein Prophet zu sein, um vorauszusagen, daß für das kommende Jahrzehnt die auf breiter Grundlage aufgebaute betriebliche Lehre mit begleitendem Berufsschulunterricht das Kernstück der Berufsausbildung bleiben wird. Unsere Aufgabe wird es sein, das bisher Bewährte weiter auszubauen, nicht weil es früher gut war, sondern nur insoweit, als es auch in Zukunft unter den veränderten Verhältnissen gute Ergebnisse bringen wird. Wir werden uns ständig den Änderungen technologischer und ökonomischer Art anpassen müssen, schneller und intensiver als es früher notwendig war.
Wesentlich anders ist die Situation bei der beruflichen Fortbildung. Hier ist ein völliges Umdenken notwendig. Die große Masse der berufstätigen Jugend darf nicht der Meinung sein, daß mit dem Lehrabschluß die Notwendigkeit des Ler-

nens und der geistigen Anstrengungen zu Ende sei; hier bieten sowohl schulische als auch betriebliche und überbetriebliche Einrichtungen genügend Möglichkeiten.

## *Gesamtbild*

Das Gesamtbild, das die Wirtschaft des Kreises Aalen heute bietet, kann als erfreulich bezeichnet werden. Das ständige Wirtschaftswachstum in den vergangenen zwei Jahrzehnten ist aber nicht einem Wunder, sondern dem Weitblick und Wagemut sozial aufgeschlossener Unternehmer und der Tüchtigkeit, der Vitalität und dem Fleiß pflichtbewußter Mitarbeiter zu verdanken. Der hohe Entwicklungsstand und die strukturelle Anpassungsfähigkeit der Wirtschaft sowie eine glückliche Synthese schwäbischer Grundelemente mit wertvollen neu hinzugezogenen Kräften haben ihren Teil zu einer vielseitigen und zukunftsorientierten Wirtschaftsstruktur beigetragen. Da die Entwicklungsmöglichkeiten einer Region wesentlich von ihrer Attraktivität für die dort arbeitenden Menschen abhängen, ist der „Freizeitwert“ des ostwürttembergischen Raumes nicht zu unterschätzen.

Für das nächste Jahrzehnt die Fortschritte des Kreises im einzelnen vorausberechnen zu wollen, ist problematisch. Die Faktoren der Aufwärtsentwicklung sind jedoch unverändert gegeben und dies berechtigt, der Zukunft mit Zuversicht entgegenzusehen.

# Die Landwirtschaft im Kreis Aalen

## Struktur, Entwicklung und Erzeugungsbedingungen

*von Oberregierungslandwirtschaftsrat Friedrich Marte*

### *Die Bodennutzung*

Der Landkreis Aalen, zugleich flächenmäßig größter Landkreis des Bundeslandes Baden-Württemberg, umschließt eine Gesamtwirtschaftsfläche von 109 645 Hektar. Im Vergleich zur Größe des Bodensees mit 53 900 Hektar ist er etwas mehr als doppelt so umfangreich. Das Land Baden-Württemberg mit seinen 63 Landkreisen und 10 Stadtkreisen ist vierunddreißigmal und der Regierungsbezirk Nordwürttemberg nur zehnmal größer.

Den Nutzungsarten entsprechend gliedert sich die Gesamtwirtschaftsfläche auf in:

| Nutzungsart | Fläche in ha | Prozent der Ges.-Wirtschaftsfläche |
|---|---|---|
| Landw. Nutzfläche | 57 604 | 52,2 |
| Wald- und Forstfläche | 43 478 | 40,0 |
| Öd- und Unland | 1 580 | 1,4 |
| Gebäude- und Hofflächen | 2 909 | 2,6 |
| Wegeland und Eisenbahnen | 3 438 | 3,2 |
| Gewässer | 444 | 0,4 |
| Friedhöfe, Sportplätze und militärische Übungsplätze | 255 | 0,2 |
| | 109 708 | 100,0 |

### *Klima und Boden*

Die klimatischen Verhältnisse werden im wesentlichen durch die Höhenlage und die jährliche Niederschlagsmenge beeinflußt. Die mittlere Niederschlagsmenge erreicht durchschnittlich 800 mm. Sie steigt in der Südwestecke des Kreises bis auf 1000 mm an und sinkt in den Regenschattengebieten des Rieses und des hinteren Härtsfeldes mit Neresheim bis auf 500 mm ab. Entsprechend der Höhenlage schwankt die mittlere Jahreswärme zwischen 6,5 und 8,0 Grad Celsius und pendelt sich auf der mittleren Höhenlage des Kreises von 500 mm über NN auf 7,6 Grad Celsius ein. Zu den rauheren Lagen zählen die Gebiete über 550 m über NN, nämlich Lauterburg (höchstgelegener Kreisort mit 670 m über NN), das Härtsfeld, Röttingen, Baldern und Ellenberg im Gegensatz zum Kochertal mit Abtsgmünd (tiefstgelegener Kreisort mit 375 m über NN), das sich gegenüber den vorgenannten Gebieten durch eine um 14 Tage bis drei Wochen verlängerte Wachstumszeit auszeichnet.

Im Zusammenwirken von Klima, Bodenbeschaffenheit und Geländegestaltung wird die natürliche Ertragsfähigkeit der landwirtschaftlichen Nutzfläche über die amtliche Bodenschätzung im gewogenen Mittel der festgestellten Acker- und Grünlandzahlen als Bodenklimazahl ermittelt. Die Bodenklimazahl ist ein im relativen Vergleichsystem gegenüber dem damaligen Reichsspitzenbetrieb in Eickendorf bei Magdeburg, dem sogenannten „Hunderterbetrieb", gültiger Ertragswertmaßstab. Die Bodenklimazahl 39 für den Landkreis Aalen ist somit auf den Hunderterbetrieb bezogen ein aussagekräftiger Beurteilungsmaßstab über den durchschnittlichen Ertragswert der hiesigen landwirtschaftlichen Nutzflächen. Im Vergleich zum Landkreis Aalen besitzt der Landkreis Heilbronn die Bodenklimazahl 79, der Stadtkreis Ludwigsburg die Bodenklimazahl 77 und der Stadtkreis Stuttgart die Bodenklimazahl 70. Innerhalb des Landkreises Aalen schwanken jedoch die Bodenklimazahlen ebenfalls sehr erheblich und liegen in den Riesgemeinden Pflaumloch mit 57, Goldburghausen mit 58, Benzenzimmern mit 55, sowie in dem angrenzenden Unterwilflingen mit 52 und Trochtelfingen mit 51 annähernd doppelt so hoch wie in Waldhausen mit 33, in Hülen und Jagstzell mit je 31 und Neresheim mit 29.

Innerhalb der vergangenen zwanzig Jahre hat sich die landwirtschaftliche Nutzfläche des Kreises um 2100 Hektar zu Gunsten der Gebäudeflächen und sonstigen Liegenschaften und insbesondere auch der Waldflächen verkleinert. Diese Verringerung der landwirtschaftlichen Nutzfläche vollzog sich überwiegend zu Lasten der Ackerfläche, die im gleichen Zeitabschnitt von 33 576 Hektar auf 30 691 Hektar absank und an der landwirtschaftlichen Nutzfläche noch zu 54 Prozent beteiligt ist.

## *Die Ertragsleistung des Acker- und Grünlandes*

| Feldfrüchte | Anbaufläche in Hektar | Korn- bzw. Heuertrag je ha/dz | Korn- bzw. Heuertrag insges. dz |
|---|---|---|---|
| Brotgetreide | 8 983 | 36,6 | 328 181 |
| Futter- und Industriegetreide | 9 468 | 30,8 | 291 597 |
| Körnermais | 73 | 34,7 | 2 533 |
| Hülsenfrüchte | 265 | 23,3 | 6 186 |
| Kartoffeln | 3 234 | 276,1 | 892 858 |
| Zuckerrüben | 92 | 387,3 | 35 632 |
| Futterrüben | 1 860 | 1 103,5 | 2 052 510 |
| Ölfrüchte | 36 | 18,5 | 666 |
| Rauhfutter | 28 718 | 80,6 | 2 315 600 |
| Grün- und Silomais | 804 | 407,5 (Grünmasse) | 327 630 |

## *Der Getreidebau*

Mit 18 524 Hektar beansprucht der Getreidebau drei Fünftel der Ackerfläche. Davon nimmt der Wintergetreideanbau knapp die Hälfte der Getreidefläche mit 7647 Hektar Winterweizen, 1126 Hektar Winterroggen und 220 Hektar Wintergerste ein. Während noch vor Jahren in größerem Umfange Wintermenggetreide und vereinzelt auch Dinkel zum Anbau kamen, ist dieser Getreidebau inzwischen fast gänzlich aufgegeben worden.
Beim Sommergetreide wird nach wie vor der ertragssichere Menggetreidebau mit nahezu 4000 Hektar bevorzugt, dem sich eine Sommergerstenfläche von 2942 Hektar und eine Haferfläche von 2329 Hektar anschließt. Während Sommermenggetreide und Hafer ausschließlich in der tierischen Veredlung eingesetzt werden, liefern das Ries und seine angrenzenden Gebiete, darunter insbesondere auch das Härtsfeld, begehrte Braugersten. Unbedeutend ist vorerst noch die Anbaufläche von 191 Hektar Sommerweizen, obwohl Sommerweizen wegen seiner besseren Backqualität eine Anbauausweitung rechtfertigt. Klimatisch bedingt liegt der Anbau von Körnermais mit 73 Hektar noch im Versuchsstadium. Sollten in den nächsten Jahren jedoch frühreife und ertragssichere Maissorten verfügbar werden, fehlt es nicht an Interessenten.

## *Die Hackfrüchte*

Der Anbau von Hackfrüchten einschließlich des in starkem Zunehmen begriffenen Anbaues von Silomais erfolgt mit 6000 Hektar auf einem Anteil von 20 Prozent der Ackerfläche und hat sich innerhalb von 20 Jahren verdoppelt. Trotz erheblicher Abnahme der Kartoffelanbaufläche, die allein seit dem Jahre 1960 um 14 Prozent von 3756 auf 3254 Hektar zurückging, behauptet sie auch heute noch 54 Prozent der Hackfruchtfläche. Wenn auch die Einschränkung des Kartoffelanbaues mit dem zunehmenden Mangel an Arbeitskräften und der verminderten Nachfrage nach Speisekartoffeln zu begründen ist, darf erwartet werden, daß die neuerliche Preisanhebung bei Speisekartoffeln, sowie die verbesserte Großvermarktung von Tüten-Kartoffeln über die landwirtschaftliche Bezugs- und Absatzgenossenschaft in Aalen ebenso wie die Inbetriebnahme eines genossenschaftlichen Trocknungswerkes im Herbst 1969 in Aufhausen/Bopfingen zu einer Festigung des Kartoffelanbaues beitragen wird. Das Kartoffeltrocknungswerk, das eine erstmalige Pionierleistung in Baden-Württemberg darstellt und mit erheblichen Förderungsmitteln von Bund und Land ausgestattet wurde, ermöglicht die hohen, natürlichen Konservierungsverluste bei Futterkartoffeln zu vermeiden und im Kartoffelschrot ein haltbares, dem Getreideschrot gleichwertiges Wirtschaftsfutter, vor allem zum Einsatz in der Schweinehaltung, zu liefern. Die Flächenleistung einer stärkereichen Futterkartoffel erbringt über die Trocknung das Zweieinhalbfache gegenüber Getreide.

Da die natürlichen Voraussetzungen zur Erzeugung einer gesunden Pflanzkartoffel auf dem Albuch, dem Härtsfeld und im Gebiet der Ellwanger Berge bevorzugt gegeben sind, werden dort auf einer Fläche von 150 Hektar Pflanzkartoffeln als Sonderkultur erzeugt. Die damit befaßten Pflanzkartoffelerzeugungsgemeinschaften verfügen hierzu über 4 Gemeinschafts-Lagerscheunen und 20 private Kartoffellagerräume.

Die kontingentierte Zuckerrübenanbaufläche von nur 92 Hektar sollte zu Lasten der übrigen Hackfrüchte, insbesondere der Futterrübenfläche mit 1860 Hektar, auf rübensicheren Böden noch eine beträchtliche Ausweitung über die Trocknung erfahren, zählt doch die Zuckerrübe zur ergiebigsten Ackerfrucht.

Die anerkennenswerte Ertragssteigerung der Flächenerträge des gesamten Pflanzenbaues wurde erreicht durch:

a) die züchterische Bereitstellung leistungsfähiger Sorten,
b) eine durch den Übergang zur motorischen Zugkraft ermöglichte intensivere Bodenbearbeitung, und vor allem
c) ein höheres Nährstoffangebot über die Handelsdünger.

| | Handelsdüngeraufwand je ha/LN in kg Reinnährstoffen | | |
|---|---|---|---|
| | N | $P_2O_5$ | $K_2O$ |
| 1953/54 | 22,6 | 23,9 | 36,7 |
| 1962/63 | 41,8 | 45,3 | 58,9 |
| 1967/68 | 52,0 | 55,0 | 70,0 |

### *Die Entwicklung in der Nutztierhaltung*

Eine stark rückläufige Bewegung verzeichnet die Pferdehaltung, nachdem die motorische Zugkraft das Arbeitspferd inzwischen weitgehend abgelöst hat. Während noch im Jahre 1950 ein Pferdebestand von 4921 Pferden vorhanden war, ist dieser inzwischen auf einen Bestand von 812 Pferden in 594 pferdehaltenden Betrieben abgesunken. Dabei läßt der Altersaufbau von nur 126 Pferden in der Altersstufe bis zu 5 Jahren und 319 Pferden in der Altersstufe von 14 Jahren und älter erkennen, daß diese Entwicklung anhält und sich künftig auf eine fast ausschließliche Haltung von Sportpferden einspielen wird.
Das Schwergewicht der Nutztierhaltung liegt in der Rindviehhaltung mit dem Nutzungsziel Milch- und Fleischleistung. Mit einer Anzahl von 76 629 Tieren hat sich der Rindviehbestand in den letzten 10 Jahren um weitere 12,5 Prozent erhöht und steht nach wie vor an der Spitze unter den zweiundzwanzig Stadt- und Landkreisen des Regierungsbezirkes Nordwürttemberg.
Während noch im Jahr 1949 in 6355 landwirtschaftlichen Betrieben 25 400 Milchkühe mit einer Molkereianlieferung von 27 229 929 kg Milch gehalten wurden, betrug im Jahr 1958 bei annähernd gleichbleibender Kuhzahl von 25 871 Kühen in 5800 landwirtschaftlichen Betrieben die Molkereianlieferung 47 870 320 kg Milch. In den Jahren 1967/68 stieg die Molkereianlieferung bei einer Kuhzahl von 29 551 Kühen in nur noch 4800 landwirtschaftlichen Betrieben auf rund 71 944 715 kg Milch. Dieser Trend kann jedoch noch nicht als abgeschlossen betrachtet werden; er läßt vielmehr vermuten, daß in wenigen Jahren mit weiter erhöhter Kuhzahl in wahrscheinlich nur noch 2500 Betrieben die Molkereianlieferung die Höhe von 100 Millionen kg Milch erreichen wird.
Der Leistungsunterschied der unter Leistungsprüfung stehenden 6362 Milchkühe mit 3765 kg Jahresmilchertrag gegenüber den 23 189 Kühen ohne Leistungsprüfung mit 2916 kg Jahresmilchertrag zeigt die noch bestehenden Leistungsreserven, zumal, wenn die Spitzenleistungen in Betracht gezogen werden, die in Züchterbetrieben des Kreises Stalldurchschnitte von 6000 kg Milch pro Kuh erreichten und sogar überschritten.

Neben der Milchproduktion ist die Fleischproduktion über die Rindviehhaltung nicht weniger bedeutungsvoll. Die 54 266 Rindvieh-GV (GV = 500 kg Lebendgewicht) liefern eine jährliche Fleischproduktion von etwa 80 000 dz Lebendgewicht.

In ähnlicher Weise bedeutungsvoll entwickelte sich die Schweinehaltung mit einem Bestand von 87 234 Schweinen in noch 5202 Betrieben, der sich bei ebenfalls abnehmenden Haltungen in den vergangenen Jahren mehr als verdoppelt hat. Die Schweinehaltung gründet auf einem Mutterschweinebestand von 8060 Zuchtsauen mit einer jährlichen Ferkelproduktion von 130 000 Stück, wovon etwa 90 000 innerhalb des Kreises gemästet werden, während der übrige Teil, soweit er nicht der Bestandserneuerung dient, der übergebietlichen Verwertung zugeführt wird. Über die Schweinehaltung liefert der Kreis Aalen eine jährliche Fleischproduktion von etwa 100 000 dz lebenden Mastschweinen.

Die Intensivierung der Schweinehaltung geschieht sowohl auf dem züchterischen Gebiet, wobei neuerdings insbesondere der fettarme Fleischtyp angestrebt wird, als auch über rationellere Haltungs- und Fütterungsmaßnahmen, deren sich die Beratung und der Schweinemastkontrollring annehmen.

Unter der übrigen Nutztierhaltung spielt die Legehennenhaltung mit 194 179 Tieren noch eine bedeutungsvolle, marktwirtschaftliche Rolle, nachdem die Legeleistung vor allem über die in starker Zunahme begriffenen Intensivhaltungen eine sehr beachtliche Steigerung von 120 Eiern je Huhn und Jahr noch im Jahr 1950 auf inzwischen 204 Eiern erfuhr.

Demgegenüber ist die Haltung von 3064 Gänsen, 4081 Enten, 1594 Truthühnern geringfügig. Auch soll die Bienenhaltung mit 6719 Völkern nicht unerwähnt bleiben, denn ihr Nutzen liegt neben dem Honigertrag vor allem in der Blütenbestäubung.

Nur einen gewissen Erinnerungswert besitzen die Ziegenhaltung mit 292 Ziegen in 159 Ställen und die Schafhaltung mit 2109 Schafen in 164 Betrieben. Die Schafhaltung dürfte ihren Tiefstpunkt überschritten haben und in Zukunft über die Nutzung von Grenzlandböden, was auch im Bestreben der Landschaftspflege liegt, wieder aufholen.

### *Die Landtechnik*

Die moderne Landtechnik brachte dem Bauern nicht nur Entlastung von schwerer körperlicher Arbeit, sondern stellt an ihn auch neue, früher ungewohnte, Anforderungen.

Schlepperbesatz und Schlepperdichte im Landkreis Aalen:

| Jahr | Anzahl Schlepper | auf 100 ha LN | auf 100 Betriebe |
|---|---|---|---|
| 1949 | 192 | 0,3 | 2,8 |
| 1960 | 3899 | 6,5 | 64,0 |
| 1968 | 5820 | 9,6 | 123,0 |

Das umfangreiche Maschinenkapital in 4635 erfaßten Betrieben des Landkreises findet seinen Ausdruck in 5820 für die Landwirtschaft zugelassenen Schleppern, mit denen folgende Landmaschinen gezogen oder betrieben werden: 4943 Pflüge, 3197 Drillmaschinen, 1198 Feldspritzen, 1961 Stallmiststreuer, 845 Gülletankwagen, 7064 luftbereifte Ackerwagen, 5411 Ladewagen, 7698 Heubearbeitungsmaschinen, 253 gezogene Feldhäcksler, 81 Aufsaugpressen, 899 Mähdrescher, 931 Kartoffelroder, 94 Vollernter für Zucker- und Futterrüben, 519 Frontlader, 345 Anbaufräsen, 1624 Hackmaschinen.

Hinzu kommt die nicht weniger kapitalaufwendige, innerbetriebliche Mechanisierung, seien es Elektromotoren, Melkmaschinen, Unterdachtrocknungs- und Entmistungsanlagen und sonstige Förder- und Transporteinrichtungen mit der Zielsetzung alle regelmäßig wiederkehrenden Arbeiten und Transporte mit einem Minimum an Aufwand zu belasten.

Die technische Einrichtung der Außen- und Innenlandwirtschaft bedarf in Gegenwart und Zukunft einer noch sorgfältigeren Planung, weil begangene Investitionsfehler sehr nachteilig wirken und mitunter existenzgefährdend werden können. In dem Bestreben, die betriebswirtschaftliche Organisation der kleineren und mittleren Betriebe durch das Nutzbarmachen überbetrieblicher Zusammenarbeit zu verbessern, entstanden im Kreis Aalen mehrere Landmaschinenringe, die sich zunehmend steigenden Interesses erfreuen dürfen.

## *Maßnahmen der Agrarstrukturverbesserung*

Die umfassendste und wirkungsvollste agrarstrukturelle Maßnahme bildet die Flurbereinigung. Auf der Rechtsgrundlage des Flurbereinigungsgesetzes vom 14. 7. 1953 ordnet sie die landwirtschaftlichen Fluren hinsichtlich der wirtschaftlichen Gestaltung, der Größe und Form der Grundstücke, des Wegfalls aller Trepp- und Überfahrtslasten unter gleichzeitiger Verbesserung und dem Ausbau der Wirtschaftswege, sowie der Durchführung aller erforderlichen wasserwirtschaftlichen Belange (Wassergräben, Dränagen) und von Planierungen.

Seit 1949 wurden im Kreis 10 Umlegungsverfahren mit 4230 Hektar, 10 kleinere

Zusammenlegungsverfahren mit 829 Hektar und 3 vereinfachte Verfahren mit 525 Hektar nebst 22 Flurbereinigungsverfahren mit 17 589 Hektar durchgeführt. Einer bereinigten Fläche von 23 000 Hektar steht eine noch unbereinigte landwirtschaftliche Nutzfläche von 33 000 Hektar gegenüber, wovon 20 000 Hektar in die Dringlichkeitsstufe I eingereiht sind. Der bisherige Gesamtaufwand in Höhe von 25 Millionen DM, ohne die Verfahrenskosten, die das Land trägt, wurde mit einer Beihilfe zwischen 40 und 80 Prozent von Bund und Land in einer Höhe von 16 Millionen DM gefördert.
An wasserwirtschaftlichen Maßnahmen wurden in den Jahren 1949 bis 1969 die Dränage auf einer landwirtschaftlichen Nutzfläche von ca. 5900 Hektar mit einem Aufwand von 18 Millionen DM bei einer staatlichen Förderung von 5,4 Millionen DM durchgeführt. Des weiteren wurden im Feldwegebau 380 Kilometer mit einem Aufwand von 22,2 Millionen DM bei einer staatlichen Förderung von 8,8 Millionen DM fertiggestellt.
Zur Beseitigung der Überflutungsgefahr und zur Regelung eines ausgeglichenen Wasserablaufes von Jagst, Kocher und Lein erhielt der Landkreis 11 Stau- und Rückhaltebecken mit einem Stauraum von 5 Millionen Kubikmetern. Der dazu erforderliche Finanzierungsaufwand von 16 Millionen DM wurde mit 14,4 Millionen DM überwiegend durch staatliche Förderung getragen.
Neben sehr zahlreichen Althofsanierungsmaßnahmen wurden seit 1949 rund 90 freie und behördlich gelenkte Aussiedlungen erstellt, denen noch weitere 200 Aussiedlungen folgen sollten.

## *Die Betriebs- und Besitzverhältnisse*

Der Vergleich zwischen der Betriebszählung 1949 und den Erhebungen des Jahres 1968 macht die besonders starke Abnahme der Betriebe unter 10 Hektar und die Zunahme der Betriebe über 10 Hektar deutlich.

| Betriebsgrößen | Anzahl der Betriebe 1949 | Anzahl der Betriebe 1968 | Veränderung |
|---|---|---|---|
| bis unter 2 ha | 947 | 683 | — 264 |
| 2 bis unter 5 ha | 1753 | 995 | — 858 |
| 5 bis unter 10 ha | 2229 | 1718 | — 511 |
| 10 bis unter 20 ha | 1594 | 1781 | + 187 |
| über 20 ha | 459 | 478 | + 19 |
| | 6982 | 5655 | — 1327 |

Da sich in der Größenklasse bis 2 Hektar tatsächlich nur noch 129 Betriebe mit einer landwirtschaftlichen Nutzfläche von 170 Hektar finden, die der Marktproduktion dienen, können diese ebenso, wie die noch vorhandenen 995 Betriebe in der Größenklasse 2 bis 5 Hektar mit einer landwirtschaftlichen Nutzfläche von 3007 Hektar als landwirtschaftliche Nebenerwerbsbetriebe bezeichnet werden, die im überwiegenden Maße ihr Arbeitseinkommen aus nichtlandwirtschaftlicher Tätigkeit beziehen.

Auch die Größenklasse von 5 bis 10 Hektar muß noch als sehr kritisch betrachtet werden. Hier wird sich in den kommenden Jahren der bereits eingeleitete Strukturwandel weiter verstärkt fortsetzen, denn mit steigenden Löhnen im außerlandwirtschaftlichen Bereich müssen zwangsläufig die Nutzflächen und damit die Betriebszweige ausgeweitet werden. Dies wird zu einer fortlaufend weiteren verstärkten Betriebsabnahme in dieser Betriebsstruktur führen, die als Gruppe der Zuerwerbsbetriebe im Wandel begriffen ist abzustocken, um ihr Land den Betrieben, die weitgehend im Hauptberuf ihre Landwirtschaft betreiben, über Tausch oder Kauf zur Verfügung zu stellen.

Zweifellos wird auch in Zukunft im Landkreis Aalen der Familienbetrieb die Betriebsform sein, in der landwirtschaftliche Produkte am rentabelsten erzeugt werden können. Der Familienbetrieb hat die Elastizität, sich anzupassen und bietet auch in Zukunft Einkommenschancen, die es ihm ermöglichen, sich gemeinsam mit den „Nicht-Geldwerten“ wie „Freiheit der Entscheidung“, „Herr im eigenen Haus sein“ auch sozial in einer Welt immer größerer Abhängigkeit zurechtzufinden. Unter dem Begriff Familienbetrieb wird die Betriebsform verstanden, in der die anfallenden Arbeiten überwiegend von der Familie, d. h. von Vater und Sohn erledigt werden und die entsprechend der Betriebsgröße mit bereinigten Roherträgen von heute mit DM 35 000,– je Arbeitskraft und Jahr beginnt. Die Bäuerin soll dabei nur noch gelegentlich als „Spitzenbrecher“ wirken. Wenn als unterste Grenze dieser hauptberuflichen Familienbetriebe im Kreis Aalen eine Bewirtschaftungsfläche von 15 Hektar landwirtschaftliche Nutzfläche zu unterstellen ist, erreicht ihre Anzahl heute schon nicht mehr die volle Zahl 2000. Ihr gegenüber stehen weitere 2000 Zuerwerbsbetriebe, deren Inhaber, oder zumindest deren Hofnachfolger, zu entscheiden haben, ob sie zum Vollerwerbsbetrieb aufstocken, Zuerwerbsbetrieb bleiben, oder zum Nebenerwerbsbetrieb abstocken wollen. Die derzeit noch vorhandenen 1600 Nebenerwerbsbetriebe sind in starker Auflösung begriffen und werden sich mit der Abstockung vieler Zuerwerbsbetriebe in Kürze auf eine noch wesentlich kleinere Anzahl einpendeln, wozu die Schlachtprämie für Milchkühe gleichfalls beschleunigend beitragen möchte.

Der Fortgang der damit eingeleiteten Gesundung der Besitz- und Agrarstruktur ist jedoch entscheidend davon abhängig, in welchem Umfange weitere außerlandwirtschaftliche Arbeitsplätze über eine erfolgreiche, regionale Wirtschaftspolitik zur Verfügung gestellt werden können. Durch die Übernahme einer außerbetrieblichen Tätigkeit sind bereits 70 Prozent unserer Landwirte der Gefahr einer unproduktiven Unterbeschäftigung in ihren durch den technischen Fortschritt zu klein gewordenen Betrieben entgangen. Es wird aber noch mehr Aufgabe in Gegenwart und Zukunft sein müssen, unserer landwirtschaftlichen Kreisbevölkerung wirtschaftliche Entfaltungsmöglichkeiten zu bieten, um ihrer Abwanderung entgegenzusteuern. Dazu ist erforderlich, jeder ländlichen Arbeitskraft einen Vollerwerb zu ermöglichen und zwar unabhängig davon, ob dieser Vollerwerb in einer rein landwirtschaftlichen Tätigkeit, in einer landwirtschaftlich gewerblichen Berufskombination, oder in einer gewerblichen Beschäftigung besteht.

## *Ausbildung und Beratung*

Die unerläßliche betriebswirtschaftliche Voraussetzung für eine rationelle Wirtschaftsweise im Hauptberuf der Landwirtschaft entscheidet vor allem die Fähigkeit des Betriebsleiters, der mit Freude und Befriedigung als selbständiger Unternehmer wirtschaftet. Dieser Bauer, im Blick auf die Zukunft, muß vor allem über eine hervorragende Ausbildung in Schule und Praxis verfügen. Er muß mehr kennen als nur seinen Hof, auf dem er groß geworden ist, weshalb der Fremdlehre mit Gehilfenprüfung und dem Besuch der Landwirtschaftsschule mit nachfolgender Meisterprüfung eine entscheidende Bedeutung zukommt.
Die dafür vorhandene Aufgeschlossenheit beweist der einstweilen gute Fachschulbesuch an den beiden Kreislandwirtschaftsschulen in Aalen und Ellwangen mit 98 Schülern in der Abteilung Landbau und 28 Schülerinnen in der Abteilung Hauswirtschaft im Winterhalbjahr 1969/70. Darüber hinaus obliegt es der Landwirtschaftsberatung, Einfluß auf allen einschlägigen Gebieten zu nehmen, um die gesunden und leistungstüchtigen Betriebe zu befähigen, die ihnen vom Markt gebotenen Chancen zur Gewährleistung einer vollen und nachhaltigen Existenz zu nutzen, sofern die Agrar- und Preispolitik auch das ihrige dazu beitragen.

# Forstwirtschaft und Naturschutz im Kreis Aalen

*von Oberforstrat Wilhelm Koch*

## *Nutzung und Bedeutung des Waldes einst und heute*

Am Anfang der heute das Wirtschaftsleben des Kreises Aalen bestimmenden Industrie standen Funde von Eisenerz auf der Ostalb und – der Reichtum des Gebietes an Wald. Dieser Reichtum an Holz gab erst die Möglichkeit, die Erze zu verhütten, das Eisen aus dem Gestein herauszuschmelzen und es so zu einem Rohstoff zu machen, dessen Weiterverarbeitung Brot und Gewinn brachte. Steinkohlenlager gibt es nicht im Gebiet und darum mußte früher alle Hüttenkohle als Holzkohle in den Wäldern gewonnen werden. Da der Bedarf an Kohle außerordentlich groß war, wurden die Wälder rücksichtslos genutzt und zwar so sehr, daß es in einer Waldbeschreibung von 1817 heißt, auf der – doch zu rund 70 Prozent bewaldeten – Markung Unterkochen stehe kein Baum, der „stärker gewesen als eines Mannes Arm". Zu dieser starken, ja übermäßigen Nutzung des Waldes kam, daß man früher alle pflanzenfressenden Haustiere, Pferde und Rinder, Schafe und Ziegen, zur Weide in den Wald trieb. Stallhaltung und Winterfütterung waren ja kaum bekannt. In einigen Gebieten wurde dazu noch ein starker Hochwildbestand gehalten. Bei so rücksichtsloser Nutzung mußte der Ertrag der Wälder zurückgehen. Mehr als einmal finden wir ja auch in alten Urkunden den Vermerk, daß ein Hochofen im Kocher-Brenz-Gebiet nicht angeblasen oder nicht weiter betrieben werden konnte, weil die nötige Holzkohle fehlte. Steinkohlen von der Saar und Ruhr kamen erst mit dem Bau der Eisenbahn ins Land. Damit verlor dann allerdings bald nach dem Bahnbau, in den Jahren um 1870, der Wald seine Bedeutung für das Verhütten des Erzes aus den Flözen des Eisensandsteines und aus den Bohnerzen der Albhochfläche.

Die Bauern und die kleinen Herrschaften im Bezirk, die eigenen Waldbesitz hatten, köhlerten auf eigene Rechnung und verkauften ihre Holzkohle an die Hüttenwerke. In den Herrschaftswäldern, besonders im Ellwanger Besitz, wurden Staatsbetriebe errichtet. Noch 1842 wurde im Rechenhölzle unweit von Abtsgmünd eine ständige Köhlerei angelegt. 30 bis 40 Meiler waren hier – im Auftrag der Hüttenverwaltung – dauernd in Betrieb. Die Rot herab wurden jährlich über 3000 Klafter (zu je 3,38 Raummeter) Holz geflößt. Ein Meiler enthielt 12–18 Klafter buchenes oder 15–25 Klafter tannenes Holz. Die Köhler hatten dort ein Lagerdorf aus Blockhütten errichtet und unterhielten sogar eine eigene, als Ausflugsgaststätte viel besuchte Schankwirtschaft. In vielen Wäldern des Kreises finden wir noch die alten Kohlplätze, kreisrunde Flächen von 15 bis 20 Meter Durchmesser, welche längst wieder mit Bäumen bestockt sind. Das Köhlergewerbe ist bis auf ganz geringe Reste verschwunden.

Doch, aufbauend auf den Rohstoffen Eisen und Holz, hatte sich verhältnismäßig früh eine Industrie entwickelt, welche nach der Zufuhr der Steinkohle rasch weiter ausgebaut wurde und immer neue Betriebe anlockte. Längst spielte der Wald für deren Weiterentwicklung keine Rolle mehr. Nach dem Zweiten Weltkrieg wurde dann auch das Verhütten der Eisenerze aus den Bergwerken bei Wasseralfingen eingestellt. Entscheidend für die Weiterentwicklung der alten Betriebe und für die Ansiedlung von neuen war, daß ein ausgezeichneter Stamm von Facharbeitern zur Verfügung stand, hervorgegangen aus dem Arbeiterstamm der alten Eisenwerke. Jeder fähige Unternehmer fand hier die Arbeitskräfte, welche nach seinen Ideen wertvolle Industriegüter schufen, auch wenn natürliche Rohstoffe und Wasserkräfte fehlten.

Seit dem Bahnbau hatte der Wald keine Kohle mehr zu liefern und, da um die Mitte des vorigen Jahrhunderts auch die Stallfütterung aufkam, wurde er auch als Weidefläche bedeutungslos. Es schien zunächst, als sei er künftig ein fast wertloses Gelände. Doch unerwartet rasch wuchs mit der Entwicklung der Industrie die Nachfrage nach Nutzholz und zwar so sehr, daß trotz eines vollständigen Umbaus des Waldes von der Brennholzerzeugung auf Nutzholzproduktion die Nachfrage heute immer weniger befriedigt werden kann. Der Bedarf steigt rascher als die Erzeugung und diese, das dürfen wir nicht übersehen, braucht eben nun einmal runde hundert Jahre. Darum wurde ja auch das weniger begehrte Laubholz durch das rascher wachsende und auch vielseitiger verwendbare Nadelholz ersetzt.

Von Natur aus kommen Fichte und Tanne nicht auf der Alb vor und noch um 1800 gab es dort nur wenige Nadelbaumbestände. Weithin erstreckten sich dichte Wälder aus Stockausschlägen. Laubholzstöcke haben ja die Kraft, immer wieder auszuschlagen, wenn die Bäume gefällt werden. Buchen, Eichen und Hagenbuchen, Birken und Haselbüsche bildeten die Wälder zur Zeit der Köhler. Auf der Alb herrschte die Buche, im Vorland mehr die Eiche, stets waren andere Laubhölzer beigemischt, Birken, Hagenbuchen und Linden, dazu Eschen und Ulmen, die drei Ahornarten und mancherlei Buschwerk. Im Norden des Kreises, im Keupergebiet, waren Forchen und Tannen ihres Nutzholzwertes wegen stets bevorzugt worden, ihr Anteil nahm zu. Um den Forderungen nach Bauholz und Schnittholz, nach Grubenholz und Faserholz nachkommen zu können, pflanzten die Forstleute in den Staats- und Gemeindewäldern mehr und mehr die Fichte an und die Bauern folgten in ihren Wäldern dem Beispiel des Großbesitzes. Zuerst legte man reine Fichtenwälder an, möglichst auf großen Flächen. Das Getreide wuchs ja auch rein und ungemischt am besten und brachte so die höchsten Erträge. Man nennt den Reinbau von Fichten und Kiefern auf großen Flächen „Holzackerbau". Bald aber zeigte sich, daß der großflächige Anbau reiner Nadelhölzer eine erhebliche Steigerung der Gefahren durch Insekten und Pilze, aber auch durch Schneedruck und Sturmbruch zur Folge hatte. Die schweren Sturmschäden der beiden letzten Jahrzehnte sind ja noch lebhaft in unserer Erinnerung. Trotz dieser scheinbar so schlechten Erfahrungen mit dem Nadelholz dürfen wir nicht etwa annehmen, daß hier eine Fehlentwicklung der Forstwirtschaft vorliege. Der überwiegende Teil der Wälder wird alt und schlagreif, ohne daß je ein Schaden eintritt und selbst bei schweren Windwürfen, wenn ganze Waldteile vernichtet werden, bleiben doch wertvollere Holzmassen als etwa in den Wäldern zur Zeit der Köhlerei erzeugt wurden. Durch den Anbau von Nadelbäumen sind aus den geplünderten, ausgeschundenen Wäldern in wenigen Jahrzehnten wertvolle, ertragreiche Forste herangewachsen.

Das Bild der Landschaft ist jedoch durch die Einführung und den Anbau der Fichte völlig verändert worden, wenn man auch von dem Pflanzen reiner, gleichalteriger Fichtenwälder längst abgegangen ist und im Mischwald mehr der Natur gemäße Formen des Waldbaus sucht. Das Nadelholz, die Fichte vor allem, bestimmt den Ertrag und das Aussehen unserer Wälder. Aus dem Albuch ist nahezu ein Allficht geworden. Im Mischwald sollen Laubhölzer künftig wieder einen beachtlichen Anteil erhalten. Die Steilhänge des Albrandes dürfen sogar ganz dem Laubholz verbleiben, da dieses hier besser als Nadelholz in gefährdeten Lagen den Boden zu halten vermag. Landschaftliche Gründe kommen dazu: das frische Grün des Frühjahres wie die Buntheit des Herbstes verleihen den Albhängen besonderen Reiz.

Seit jeher waren Wald und Industrie im Kreis Aalen besonders eng verbunden. Heute zeichnet sich ein neues, wichtiges Verklammern ab: der Wald wird mehr und mehr zum fabriknahen Erholungsgebiet. Er kann diese neue Aufgabe neben dem Schutz des Bodens, neben dem Erhalten der Quellen und dem Ausgleich des Klimas, neben dem Erzeugen des wertvollen Rohstoffes Holz gleichzeitig und ohne Mindern seiner Leistung erfüllen. Besonders im Bereich der Kreisstadt wurde die Bedeutung des Waldes für die Erholung frühzeitig erkannt. Hier entstand bereits 1952 der erste, inzwischen vielfach nachgeahmte Waldpfad Württembergs. Im Stadtwald Aalen wurde der bis heute in Europa einzigartige Geologische Pfad angelegt, der aus der Stadt heraus durch den Wald zur Höhe des Aalbäumles führt. Vor kurzem wurde beim Mahnmal im Koniferengarten der Wald in die Stadt zurückgeholt. Es wurden Parkplätze am Waldrand gebaut, zusätzliche Wanderwege geschaffen, Aussichtspunkte freigelegt. 1969 kam zu der Ostalbschanze (Markung Unterkochen) am Nordhang des Langerts eine große Skiabfahrt, die „Ostalbpiste Aalen". Zahlreiche kleinere Pisten bieten die Möglichkeit, den Wintersport in der Heimat auszuüben. Im verhältnismäßig eng zusammengedrängten Industriegebiet des Kocher-Brenz-Tales entstanden so beachtliche Erholungseinrichtungen. Die Bevölkerung macht von diesen Möglichkeiten, sich übers Wochenende wie auch während des Jahresurlaubes in der Heimat zu erholen, immer mehr Gebrauch. Damit steigt der Bedarf an neuen und verbesserten Anlagen.

Einen ganz großen Aufschwung der Erholungsmöglichkeiten brachte die Anlage zahlreicher Stauseen. Schwere Hochwasserschäden im Unterlauf der im Kreisgebiet entspringenden Flüsse Kocher und Jagst legten den Gedanken nahe, bei rascher Schneeschmelze und ungewöhnlich hohen Niederschlägen die Wasser schon im Oberlauf der Flüsse in Seen aufzufangen und sie gleichmäßig und langsam, wohlverteilt über das ganze Jahr, dem Fluß zuzuführen. Das Wasserwirtschaftsamt Ellwangen hat diesen Gedanken in vorbildlicher Weise zur Ausführung gebracht. In abgelegenen, ruhigen Waldtälern wurden Stauseen angelegt, welche nicht nur den Wasserhaushalt der Flüsse regulieren, sondern mehr und mehr in der Verbindung von Wald und Wasser den ganzen Bereich zu einem reizvollen Erholungsgebiet machen. Nahe am Industriegebiet gewinnt dieses um so mehr an Bedeutung, je größer die Beanspruchung des Menschen im Arbeitsprozeß wird. Zugleich zeichnen sich Möglichkeiten ab, Schwierigkeiten in der Landwirtschaft durch die Förderung des Fremdenverkehrs zu begegnen – Urlaub auf dem Lande.

## *Bewaldung, Besitzverhältnisse, Holzarten*

Der Wald ist im Kreisbereich nicht gleichmäßig verteilt. Neben Bezirken mit wenig Wald finden sich große, nahezu geschlossene Waldgebiete: der Albuch, der West- und Nordrand des Härtsfeldes. Der Virngrund und die Ellwanger Berge sind ganz vom Wald bestimmt. Das Welland westlich der Kreisstadt und die Braunjuraebene zwisch Alb und Keupergebiet sowie große Teile des östlichen Härtsfeldes sind Gebiete, in welchen die landwirtschaftlich benutzte Fläche das Waldland weit überwiegt.

Nach den Zahlen des Forstlichen Fachentwicklungsplanes von 1965, dem neuesten Zahlenwerk, das zur Verfügung steht, sind von den 107 904 ha der Kreisfläche 42 035 gleich 39 % mit Wald bestanden. Von dieser Waldfläche gehören 17 286 ha gleich 41 % dem Staat (in ganz Baden-Württemberg sind es 24 %), 8495 ha gleich 20 % gehören Körperschaften (41 % in Baden-Württemberg), 7948 ha gleich 19 % dem Großwaldbesitz (12 %) und 8306 ha gleich 20 % (23 %) sind Bauernwald. Die Verteilung des Waldbesitzes in unserem Gebiet ist geschichtlich bedingt. Die Staatswälder bei Oberkochen stammen von dem in der Reformationszeit verweltlichten Kloster Königsbronn, die napoleonische Zeit brachte mit den Wäldern der Fürstpropstei Ellwangen und der Deutschordenskommende Kapfenburg dem württembergischen Staatswald erheblichen Zuwachs, sein Anteil wuchs durch den Ankauf ritterschaftlicher Wälder. Den früher reichsunmittelbaren Häusern Öttingen und Thurn und Taxis sowie den reichsritterschaftlichen Familien blieb bei der Mediatisierung der Wald als Privatbesitz.

Eine besondere Form bäuerlichen Privatwaldbesitzes – geschichtlich sehr alt, wirtschaftlich erfreulich modern –, sind die Realgenossenschaften. Es sind dies alte, deutschrechtliche Genossenschaften mit gemeinsamer Waldbewirtschaftung und flächenmäßig nicht ausgeschiedenen Besitzanteilen. Ihr Ursprung geht noch in die germanische Zeit zurück. Essingen hat die größte Realgenossenschaft (1150 ha Waldbesitz), Realgenossenschaften mit ansehnlichem Waldbesitz sind auch in Oberkochen, Unterkochen und Röttingen. Die Besitzzersplitterung, welche im kleinparzellierten Wald häufig den Ertrag mindert und den so notwendigen Wegebau erschwert, ist im gemeinsam bewirtschafteten Wald glücklich vermieden. Aus diesem Grunde werden heute allgemein ähnliche Zusammenschlüsse angestrebt, wie sie sich in den Realgenossenschaften so vorteilhaft erhalten haben.

Große Gemeindewälder haben folgende Gemeinden: Aalen (875 ha), Bopfingen 334, Lauchheim 209, Neresheim 241 und Rosenberg 209 ha.

Markungen mit hohem Waldanteil an der Markungsfläche sind Abtsgmünd 53 %, Adelmannsfelden 53 %, Aufhausen 53 %, Ellenberg 61 %, Essingen 51 %, Hülen 60 %, Jagstzell 62 %, Lauchheim 51 %, Oberkochen 71 %, Pommertsweiler 51 %, Rindelbach 53 %, Rosenberg 63 %, Schweindorf 58 und Unterkochen 70 %. Wenig oder gar keinen Wald haben Benzenzimmern 3 %, Dirgenheim 1 %, Fachsenfeld 2 %, Laubach 9 %, Pflaumloch 0 %, Schloßberg 0 %, Unterwilfingen 0 % und Zipplingen 4 %. Die Randgemeinden des Rieses zeichnen sich durch besondere Waldarmut aus.

Die wichtigste Holzart im Kreis ist die Fichte, sie nimmt 68 % der Fläche ein, die Tanne hat 4 % der Waldfläche, ihre Heimat sind der Virngrund, die Ellwanger Berge und die unterhalb Hüttlingen zum Kocher führenden Täler. Auf der

Alb fallen der Tanne zu wenig Niederschläge. 5 % gehören der Forche und der Lärche, wobei erstere besonders im Gebiet des Stubensandes beheimatet ist. Die Buche nimmt immerhin noch 19 % der Waldfläche ein, sie kommt besonders am Albrand und auf der Albhochfläche vor, im Keupergebiet ist sie nur von geringer Bedeutung, doch wird aus waldbaulichen Gründen – die Buche festigt den Bestand gegen Stürme und pflegt mit ihrem Laub den Boden –, gerade im Keupergebiet eine Ausweitung des Buchenanteils angestrebt. Die Eiche nimmt nur mehr 2 % der Fläche ein, Eichenwälder finden sich noch auf den schweren Tonböden des Braunen Jura. Die sonstigen Laubbäume: Ahornarten, Esche, Linden, Kirschbäume, Erlen, Pappeln und Aspen haben ebenfalls etwa 2 % der Fläche, sie sind im allgemeinen den Buchen und Eichen beigemischt, kleine Reinbestände dieser sogenannten Bunthölzer finden sich in den Schluchten des Albrandes und in den zu Kocher und Lein führenden, tief eingeschnittenen Seitentälchen.

Den ausgedehnten Waldflächen im Kreis und den guten Erträgen der Wälder entspricht die Bedeutung der holzverarbeitenden Industrie, besonders die der Sägewerke mit angeschlossener Weiterverarbeitung des Schnittholzes. Viel Rundholz geht auch an Käufer außerhalb des Kreises. Die Holzmühle bei Jagstzell ist Westeuropas größte Holzmehlfabrik. Nadelstangen werden in Ellwangen und in einigen anderen Gemeinden verarbeitet. Im Kreis findet sich kein Betrieb mehr, welcher direkt Papier aus Holz erzeugt (früher Papierfabrik Unterkochen). Faserholz zur Papierherstellung und zur Fertigung von Spanplatten findet guten Absatz, die Nachfrage steigt noch immer und gleicht den Rückgang des Brennholzverbrauchs mehr als aus.

Eine wesentliche Änderung an den Waldflächen ist bei der jetzigen Wirtschaftslage nicht anzunehmen. In abgelegenen Gebieten wird aufgeforstet, im industrienahen Bereich verlangen Siedlungen, Straßen, Sportplätze und Skipisten nach Waldflächen.

## *Naturschutz und Landschaftsschutz*

Trotz vieler landschaftlicher Schönheiten hat der Kreis Aalen nur wenige besonders geschützte Gebiete. Zahlreiche einzelne Naturdenkmale sind jedoch dem Schutz des Gesetzes anvertraut. Heute ist jedoch die Pflege der freien Landschaft wichtiger als die gewiß nicht nebensächliche Erhaltung besonderer Naturdenkmale. Denn nicht nur der Wald, die ganze Landschaft ist Stätte der Arbeit wie der Erholung, ist unsere liebenswerte Heimat.

Landschaftsschutzgebiete im Kreis Aalen sind:

Der Ipf auf Markung Bopfingen und Oberdorf als ausgeprägter Kegelberg aus weißem Jura. Auf der Kuppe des Berges sind vorgeschichtliche Wallanlagen aus der Hallstattzeit (207 ha).
Der Schloßberg und der Schönenberg auf Markung Ellwangen – 138 ha –, das Gelände soll von aller Bebauung freigehalten werden, um die Bauwerke auf den Bergen besonders hervorzuheben.
Das Tal der Blinden Rot, 126 ha auf den Markungen Abtsgmünd, Adelmannsfelden, Neuler und Pommertsweiler. Das Tal der Blinden Rot ist landschaftlich sehr reizvoll.
Die Weiherwiesen auf Markung Essingen, 74 ha Streuwiesen.
Der Tonnenberg auf Markung Aufhausen und Röttingen, 60 ha Steppenheide mit Wacholder.
Der Sandberg auf Markung Bopfingen als nordöstlicher Ausläufer des Härtsfeldes mit Wacholderheide, 50 ha.
Das Dossinger Tal auf Markung Dorfmerkingen, 35 ha Trockental mit besonders markanten Felspartien.
Kleinere Landschaftsschutzgebiete sind das Dellenhäule bei Aalen-Waldhausen (27 ha), das Barrenholz bei Röttingen (24 ha), 14 ha Schafweide bei Stödtlen, 12 ha in der Zwing bei Neresheim, 11 ha im Steinernen Meer des Wentales, 8 ha am Karkstein bei Oberdorf und 5 ha um die Ruine Flochberg.

*51/52. Die Kochertalachse macht den Kreis Aalen zur Drehscheibe der Ostalb. Viadukt zwischen Unter- und Oberkochen, umseitig aus der Frosch-, hier aus der Vogelperspektive*

# Der Kreis Aalen gestern, heute, morgen

*von Landrat Dr. Anton Huber*

## Die Ausgangslage

Als der Landkreis Aalen am 1. Oktober 1938 durch die Zusammenlegung der drei früheren Oberämter Aalen, Ellwangen und Neresheim gebildet wurde, stand dieser bedeutungsvolle Akt einerseits im Zeichen faszinierender, man kann auch sagen hochmütiger Zukunftspläne – Großkreis, Großdeutschland –, andererseits befand er sich bereits im Schatten des bevorstehenden Weltkriegs und des Sturzes des deutschen Volkes in seine größte Katastrophe. Zur Erfüllung der Versprechungen, die mit der Aktion verbunden waren, vor allem für die ehemaligen Kreisstädte, war keine Zeit und Gelegenheit mehr gegeben. Im Gegenteil – nachdem schon seit 1914 Krieg, Umsturz, Währungsverfall, Wirtschaftskrise und Massenarbeitslosigkeit nur wenige Jahre eines eigentlichen Aufbaues übrig gelassen hatten, war bereits seit 1936 wieder alle Kraft des Volkes auf die Kriegsvorbereitung konzentriert. Den Gemeinden und Landkreisen war nur ein spärlicher Spielraum für fortschrittliches Wirken gelassen.
Gebiete, die ohnedies nach dem Verlust ihrer jahrhundertealten politischen Positionen durch die napoleonische Flurbereinigung als Randgebiete eine Art kolonialen Daseins fristeten, waren davon in besonderer Weise betroffen.
Es war für den Landkreis Aalen ein schwacher Trost, daß er mit dem Gebiet der drei ehemaligen Oberämter Aalen, Ellwangen und Neresheim in der räumlichen Ausdehnung von 1079 qkm der größte des Landes geworden war. Er hat auch die Probleme und Lasten der drei Landkreise übernommen, so z. B. die Unterhaltungslast für 297 km Kreisstraßen, von denen im Jahre 1945 nur 30 km eine Teerdecke hatten. Am Beginn eines Zeitabschnittes, der durch die Motorisierung des Straßenverkehrs gekennzeichnet ist, hatte der Landkreis ein Straßennetz, das – ohne Unterschied ob Bundes-, Landes-, Kreis- oder Gemeindestraßen – in völlig unzureichendem Maße auf die bevorstehenden Beanspruchungen vorbereitet war.

Ein Krankenhaus, das diesen Namen verdient, gab es in Ellwangen. In Aalen galt dies allenfalls für die Chirurgische Abteilung; die Innere Abteilung war in der Landwirtschaftsschule notdürftig untergebracht. Ein dem Krankenhaus benachbartes Wohnhaus diente als Wöchnerinnenheim. Neresheim hat ein „Krankenhaus" mit 18 Betten in die Ehe mitgebracht; in Bopfingen sah es nicht viel anders, in Lauchheim ein wenig besser aus; das kleine Krankenhaus von Abtsgmünd, eine fortschrittliche Einrichtung dieser Gemeinde, kann hier nur der Vollständigkeit halber erwähnt werden.

Industrie von nennenswertem Umfang gab es im Zeitpunkt der Bildung des Landkreises Aalen an der Kocherachse – Wasseralfingen, Aalen, Unterkochen, Oberkochen – und in Bopfingen. Zwei Neugründungen in Ellwangen und Westhausen, die dann für die Nachkriegsentwicklung von großer Bedeutung wurden, sind der Kriegsrüstung zu verdanken. Das ganze übrige Kreisgebiet war, wenn man von einigen ausgesprochenen Arbeiterwohngemeinden in der Nähe von Aalen absieht, reines Agrarland.

Die Landwirtschaft selbst befand sich nicht in der besten Verfassung. Ungünstige natürliche Bedingungen und Marktferne schmälerten die Erlöse und Erträge und zwangen zu extensiver Betriebsweise. Man sah es den Dörfern und Häusern von weitem an.

Das Bild rundet sich durch einen Blick auf die Wohnverhältnisse der damaligen Zeit. Sie waren in Stadt und Land, vor allem aber in vielen Dörfern primitiv. Vielfach lebten große Familien und mehrere Generationen auf engem Raume zusammen, teils ohne geordnete Wasserversorgung – von dem technischen Komfort, der heute in Stadt und Land selbstverständlich geworden ist, ganz abgesehen.

Die neueren Schulen stammten hauptsächlich aus der Zeit unmittelbar vor dem Ersten Weltkrieg, in zahlreichen Gemeinden waren jedoch Schulhäuser in Betrieb, die hundert Jahre und älter waren. In vielen einklassigen und zweiklassigen Volksschulen mühten sich die Lehrer mit großem persönlichem Einsatz, aber unter unzulänglichen Bedingungen um die Erziehung der Kinder. Außerhalb der Städte fanden nur wenige Schüler den Weg zu weiterführenden Schulen; kirchliche Internate in Ellwangen waren die einzigen Einrichtungen, die dem Bildungsgefälle Stadt–Land entgegenwirkten. Auch im sozialen Bildungsgefälle bot der Landkreis das allgemein übliche negative Bild.

## Im Sog des allgemeinen Aufschwungs

In der Zwischenzeit haben sich die Verhältnisse grundlegend geändert. Zu den Erfolgen und Fortschritten, die diese Veränderung bewirkten, haben viele Gründe beigetragen: Wir haben den Segen einer 25jährigen ununterbrochenen Friedenszeit erfahren dürfen. In der sozialen Marktwirtschaft verbinden sich in glücklicher Weise das Streben nach sozialer Sicherheit und Gerechtigkeit mit einem weiten Spielraum für die Entfaltung aller erdenklichen Initiativen auf allen Gebieten des wirtschaftlichen und gesellschaftlichen Lebens. In der gleichen Richtung wirken der föderative Staatsaufbau und die kommunale Selbstverwaltung. Die Starthilfe des Marshallplans hat die Initialzündung gegeben. Rascher als wir hoffen durften, öffneten sich die nach dem Kriege verschlossenen Tore zur Welt. In einem stetigen, von krisenhaften Erschütterungen verschonten Wachstum der Wirtschaftstätigkeit standen von Jahr zu Jahr steigende Mittel einerseits für den Konsum, andererseits für private und öffentliche Investitionen zur Verfügung. In der Technik überschlagen sich Entdeckungen und Erfindungen. Alles in allem ist eine ungeheure Dynamik das Kennzeichen dieser Jahre. Das Tempo der Entwicklung war bisweilen atemberaubend. Alle Gebiete des menschlichen Lebens wurden davon erfaßt.

Was ist bei alledem für den Landkreis Aalen herausgekommen?

Als erste Aufgabe der Nachkriegszeit – noch vor der Ordnung der Währungsverhältnisse – stellte sich die Aufnahme der Vertriebenen und Flüchtlinge. Wenn es dabei nur auf die Weite des Raumes angekommen wäre, hätten sich im Landkreis Aalen die denkbar besten Voraussetzungen geboten. Lebten doch damals auf einem Quadratkilometer weniger als 80 Menschen. Es kam aber auf die Wohnverhältnisse und die Arbeitsplätze an. Da sah es ganz anders aus. Trotzdem wurde der Landkreis Aalen, bedingt u. a. durch seine geographische Lage, zu einem bevorzugten Aufnahmekreis. Während die Bevölkerung im Land Baden-Württemberg von 1939 auf 1950 um 17,4 Prozent anstieg und im Regierungsbezirk Nordwürttemberg um 26 Prozent, verzeichnet der Landkreis Aalen in derselben Zeit einen Zuwachs von 47 Prozent.

### *Integration der Heimatvertriebenen und Flüchtlinge*

Die Eingliederung der Vertriebenen und Flüchtlinge war wie überall eine Frage der Existenz- und Unterbringungsmöglichkeiten.
Eine berufsgerechte Eingliederung in das Wirtschaftsleben konnte trotz angestrengter Bemühungen nur teilweise gelingen. Für die Landwirte fehlte das Land, für die Geschäftsleute das Kapital. Für die meisten blieb nur die Hoffnung auf einen Arbeitsplatz in der Industrie. Glücklicherweise setzte bald eine kräftige Industrialisierung ein, teils durch Neuansiedlungen – deren bedeutendste die Firma Carl Zeiss in Oberkochen ist –, teils durch Erweiterung der vorhandenen Industriebetriebe. So stieg die Zahl der industriellen Arbeitsplätze – in Betrieben mit mehr als 10 Beschäftigten – von 6800 im Jahre 1939 auf fast 29 000 im Jahre 1966 und nunmehr rund 31 000 an. Ungefähr um das Jahr 1956/57 war im Kreis Aalen die Arbeitslosigkeit im großen und ganzen überwunden. Bald trat an ihre Stelle ein Mangel an Arbeitskräften, der mit geringer Unterbrechung seitdem den Arbeitsmarkt kennzeichnet und auch hier zur Einstellung zahlreicher ausländischer Arbeitskräfte führte. Aus diesem sprunghaften Anwachsen der industriellen Arbeitnehmer ist neben der Abwanderung von Arbeitskräften aus der Landwirtschaft die radikale Umwälzung der Erwerbsstruktur zu erklären, die an anderer Stelle dieses Buches eingehend dargestellt wird.

### *Lebhafter Wohnungsbau*

Nicht weniger schlimm als die Existenznot war nach der Aufnahme der Vertriebenen und Flüchtlinge die Wohnungsnot. Die Zunahme der Bevölkerung um 70 000 Menschen bedingt einen Bedarf von 20 000 neuen Wohnungen. Der tatsächliche Wohnungsbau der vergangenen 20 Jahre läßt diese Zahl noch hinter sich. Diese Tatsache wirft ein bezeichnendes Licht auf die Wohnungsversorgung von 1945 nach Quantität und Qualität. Die Entfremdung von Wohnungen für andere Zwecke und der Verlust von Wohnungen im Zusammenhang mit dem Straßenbau und anderen Vorgängen vermehrten ebenfalls den Neubaubedarf. Die Städte und Gemeinden, die Industriebetriebe, die gemeinnützigen Wohnungsunternehmen, die staatliche Förderung des Wohnungsbaus durch Gewährung zinsloser und zinsvergünstigter Darlehen für den sozialen Wohnungsbau und steuerliche Vergünstigungen, wirkten zusammen, daß im Kreis Aalen die Wohnungsbewirtschaftung schon nach 15 Jahren aufgehoben werden konnte. Entsprechend der Siedlungsstruktur hat das Eigenheim im Kreis einen sehr hohen Anteil am Gesamtwohnungsbau.

Durch die Lastenausgleichsämter wie auch die Flüchtlingsaufnahme-, -betreuungs- und -eingliederungsstellen haben die Landkreise einen wichtigen Beitrag zur Erfüllung einer der größten Aufgaben geleistet, die je einem Volk gestellt war.

## *Dynamische Entwicklung im Kochertal*

Die Veränderung der Siedlungsstruktur des Kreises im Zuge der geschilderten Entwicklungen und ihre Bedeutung für die Zukunft darzustellen, ist in diesem Rahmen nicht möglich. Es können nur einige wichtige Punkte herausgestellt werden.

Den Löwenanteil des Bevölkerungszuwachses haben sich die Kreisstadt und ihre unmittelbaren Nachbarstädte und Gemeinden Wasseralfingen, Unterkochen, Oberkochen gesichert. Sie sind um rund 35 000 Einwohner gewachsen, was der Hälfte des Wachstums des gesamten Landkreises entspricht.

Die Stadt Aalen ist aus einer unscheinbaren Kleinstadt zu einer modernen, leistungsfähigen und dynamischen Mittelstadt aufgestiegen. Bedeutende zentrale Einrichtungen, die Staatliche Ingenieurschule, das Schwerpunktkrankenhaus I. Ordnung, ein voll ausgebautes Schulwesen, Stadthalle, Hallenschwimmbad u. a. kennzeichnen die neue Würde und Bürde der Kreisstadt. Die ihr im Landesentwicklungsplan zugedachte Rolle eines Oberzentrums für Ostwürttemberg wird ihr zwar noch streitig gemacht, die Anwartschaft darauf ist aber angesichts der unbestreitbaren geographischen und verkehrsmäßigen Zentralität, der Größe des Landkreises Aalen und des Gewichtes ihres unmittelbaren Umlandes als sehr real anzusehen. In den Kreis dieser Betrachtung muß ferner die Stadt Ellwangen einbezogen werden. Denn dort befinden sich bereits wichtige für ein großes Gebiet von Ostwürttemberg zuständige Gerichte und Behörden. In Anbetracht dieser Tatsachen fordert der Kreistag für den Landkreis Aalen in seiner Stellungnahme zum Landesentwicklungsplan, daß die Städte Aalen und Ellwangen gemeinsam das Oberzentrum für Ostwürttemberg bilden sollen.

Wasseralfingen und Oberkochen sind aufgrund ihres Wachstums und ihrer Bedeutung als Industrieplätze zu Städten erhoben worden. Auch an dieser Stelle muß auf den besonderen Gewinn hingewiesen werden, den die Niederlassung des Weltunternehmens Carl Zeiss in Oberkochen für das Industriegebiet um Aalen, für den Kreis und für ganz Ostwürttemberg bedeutet.

Auch die Gemeinde Unterkochen, durch ihre Papierfabriken eine der ältesten Industriegemeinden des Kreises, ist nicht stehengeblieben. Die vorhandenen Betriebe haben sich kräftig entwickelt, neue bedeutende sind dazugekommen.

## *Ellwangen: Moderne Entwicklung, traditionsreicher Mittelpunkt*

Eine spürbare Verdichtung – wenn auch mit erheblichem Abstand von Aalen – hat sich auch für die Stadt Ellwangen und ihr Umland ergeben. Die Stadt hat gegenüber 1939 ihre Einwohnerzahl verdoppelt. Ihr Wachstum und das der unmittelbar angrenzenden Gemeinden Schrezheim, Rindelbach, Röhlingen, drückt sich in einer Zunahme um 9300 Einwohner aus.
Die Stadt Ellwangen – von den politischen Ereignissen der napoleonischen Zeit hart getroffen – hat es verstanden, sich als Sitz eines Landgerichts, als bedeutender Verwaltungsmittelpunkt und angesehene Schulstadt, als Garnisonsstadt und Wallfahrtsort einen beachtlichen Rang unter den Städten des Landes zu sichern. Nach dem Kriege ist Ellwangen zudem zu einer Industriestadt geworden, die ihren Bürgern und den Bewohnern eines weiten Umkreises Arbeitsmöglichkeiten bietet. Bedeutende Baudenkmäler als Erbe einer großen geschichtlichen Vergangenheit verleihen der Stadt Anziehungskraft, wie andererseits wichtige soziale Einrichtungen – das Kinderdorf Marienpflege, ein Schwerpunkt-Krankenhaus, Schülerinternate und Altersheime – ihr Bild entscheidend prägen. Der Industrialisierung verdankt Ellwangen den Erfolg, daß es sich die enge Verbindung und Verflechtung mit der weiten Umgebung erhalten konnte.

## *Neresheim und die Entwicklungsachse Aalen–Nördlingen*

Eine weitere Gruppe von Gemeinden ist für die Entwicklung einer ausgeglichenen Siedlungsstruktur im Landkreis Aalen von großer Wichtigkeit. Es sind dies die Stadt Neresheim, die an der Entwicklungsachse Aalen–Nördlingen liegenden Städte und Gemeinden Westhausen, Lauchheim, Bopfingen, Pflaumloch sowie Abtsgmünd und Unterschneidheim.
Die Stadt Neresheim, bis 1938 Kreisstadt, aber mit ihren 900 Einwohnern vom Standard einer anderen Härtsfeldgemeinde kaum zu unterscheiden, hat ihre Einwohnerzahl verdreifacht. Durch Industrieansiedlungen konnte sie die Abwanderung aus der Landwirtschaft des Härtsfelds teilweise auffangen, was nicht nur der Stadt Neresheim zugute kam, sondern auch den Härtsfeldgemeinden für ihre eigene Entwicklung einen gewissen Rückhalt bot. Unter größten Anstrengungen schafft die Stadt Neresheim die Voraussetzungen für ihre künftige Aufgabe, in einem modernen Sinne ein zentraler Ort des Härtsfelds, Bildungszentrum und ein attraktiver Fremdenverkehrsort zu werden.
Ein Strang wachstumskräftiger Industrieorte hat sich an der mitten durch den

Kreis führenden „Entwicklungsachse" Aalen–Nördlingen herausgebildet. Sie sind dazu berufen, einem weiten ländlichen Gebiet industrielle Arbeitsplätze anzubieten. Der bevorstehende Zusammenschluß der Stadt Bopfingen mit den Nachbargemeinden wird dazu im Osten des Kreises einen neuen entwicklungsfähigen Schwerpunkt schaffen, der geeignet und fähig ist, die bereits bestehende Verflechtung mit einer weiten ländlichen Umgebung zum Nutzen aller zu aktivieren.

### *Industrieansiedlung im ländlichen Raum*

Besonders zu begrüßen ist die Entwicklung einiger Industriegemeinden abseits der Entwicklungsachsen, tief im ländlichen Raum. Das spontane Echo, das die Industrieansiedlung in Unterschneidheim bei der Bevölkerung von sechs bis sieben umliegenden Gemeinden gefunden hat, beweist dieses Bedürfnis in eindrucksvoller Weise. Die vorhandene Realschule wird dieser Entwicklung sicher förderlich sein. In westlicher Richtung entwickelt sich mit der Gemeinde Abtsgmünd ein Industrieort, der den Bewohnern mehrerer umliegender Gemeinden Arbeitsplätze anbietet. Die Gemeinde mußte lange auf die Entwicklung der seit langem vorhandenen Ansätze warten; die Kocher- und Leinkorrektion war eine der unerläßlichen Voraussetzungen. Das sich herausbildende Schulzentrum wird der Entwicklung weiteren Auftrieb geben.
In der Gemeinde Rosenberg, die auch als Fremdenverkehrsort einen guten Namen hat, hat sich eine ehemalige Mühle zu einem führenden Unternehmen der Holz- und Zellulosemehlherstellung entwickelt.
Ist nun auch Industrie weit in den ländlichen Raum des großen Kreises vorgedrungen, so kann doch nach wie vor nicht von einer ausgeglichenen Struktur gesprochen werden. Das Hauptindustriegebiet und der Entwicklungsschwerpunkt liegt zu sehr an der Peripherie. Es bleibt ein ausgedehntes strukturschwaches Gebiet; seine Kennzeichen sind Mangel an Erwerbsmöglichkeiten außerhalb der Landwirtschaft in vertretbarer Entfernung vom Wohnort, weite Pendlerwege für einen Großteil derjenigen, die einen Arbeitsplatz in der Industrie haben oder suchen, daraus resultierend ständige Abwanderungsneigung und abnehmende Gemeinden.

### *Entwicklung des „strukturschwachen" Raums*

Der Entwurf des Landesentwicklungsplans grenzt im Landkreis Aalen ein strukturschwaches Gebiet ab, das in seiner Ausdehnung ungefähr der Größe des Landkreises Crailsheim entspricht.

Das Programm des Landesentwicklungsplans für die strukturschwachen Gebiete verlangt die Ansiedlung von Industrie und anderen Gewerbebetrieben. Dies soll geschehen durch Schaffung günstiger Standortvoraussetzungen, Erschließung von Gewerbegebieten, Förderung des Wohnungsbaus, Ausbau der Verkehrs-, Versorgungs-, Sozial- und Bildungseinrichtungen. Der Ausbau bestehender sowie die Ansiedlung weiterer Industrie- und anderer Gewerbebetriebe soll durch Finanzhilfen gefördert werden. Schwerpunkte bei der Vermehrung nichtlandwirtschaftlicher Arbeitsplätze sollen die zentralen Orte und andere Gemeinden in den Entwicklungsachsen sowie geeignete zentrale Orte außerhalb der Entwicklungsachsen sein. Strukturschwache Gebiete, in denen eine industrielle Entwicklung nicht möglich oder nicht zweckmäßig ist, die aber klimatisch und landschaftlich besonders begünstigt sind, sollen dem Fremdenverkehr erschlossen werden.
Über einen Zeitraum von 10 Jahren wurden die strukturschwachen Gebiete des Landkreises Aalen im Rahmen des Hohenlohe-Härtsfeldprogramms besonders gefördert. Just zu dem Zeitpunkt des Erscheinens des Landesentwicklungsplans wurden sie aus dem Förderungsprogramm ausgeschieden, mit der Begründung, daß die strukturschwachen Gebiete zu einem Landkreis gehören, der in seiner Gesamtheit die Merkmale der Förderungsbedürftigkeit nicht erfülle. Sowohl hinsichtlich der Höhe des Sozialprodukts je Einwohner wie auch hinsichtlich der Industriedichte liege der Landkreis Aalen über dem Landesdurchschnitt. Bei der Größe des strukturschwachen Gebietes kann diese Entscheidung nicht befriedigen. Es ist unmöglich, ein strukturschwaches Gebiet von 70 000 ha in dem einen Fall zu fördern, weil es mit dem Gebiet eines Landkreises identisch ist, in dem andern Fall von der Förderung auszuschließen, weil es Teil eines Landkreises ist.
Verheißungsvolle Ansätze für eine Fortentwicklung der Siedlungsstruktur des Landkreises im Sinne des Landesentwicklungsplanes sind vielerorts vorhanden. Bei den Gemeinden an den Entwicklungsachsen, ganz besonders in Bopfingen, dem Mittelpunkt der Entwicklungsachse, in Neresheim, Abtsgmünd und Unterschneidheim. Das reicht aber für den Landkreis Aalen längst nicht aus. Wenn man auch nicht der Meinung ist, daß jedes Dorf oder jede Gemeinde einen Industriebetrieb haben muß, so verlangt doch die besondere Situation dieses Grenzkreises, daß auch alle anderen Ansätze einer industriellen Entwicklung – sei es in Essingen, Jagstzell, Tannhausen, Röhlingen, Ebnat, Elchingen usw. bejaht und gefördert werden. Es ist deshalb zu begrüßen, daß sich neue Initiativen regen, so in Adelmannsfelden und in Wört, also an der äußersten Peripherie und tief im strukturschwachen Raum.

# Im Zeitalter der Planungen

Die ersten Nachkriegsjahre waren eine Zeit des Improvisierens. Der Wohnungsbau stand im Zeichen der Massenwohnungsnot; es galt mit möglichst wenig Geld und möglichst wenig Land möglichst viele Wohnungen möglichst rasch bereitzustellen. Eine Krankenhausplanung des Landes gibt es erst seit 1960; sowohl der erste Bauabschnitt des Kreiskrankenhauses Aalen, wie auch der Ausbau des Kreiskrankenhauses Ellwangen liegt vor diesem Zeitpunkt. Weder der Bund noch das Land noch die Kreise hatten die Möglichkeit, die Straßenbauten mit jahrelangen verkehrswirtschaftlichen Untersuchungen vorzubereiten. Man mußte ohne diese Hilfen aus dem Übermaß der Baubedürfnisse die wichtigsten herausfinden.
Um so stärker meldete sich jedoch bald das Bedürfnis nach Vorausschau und Planung.
Heute liegt uns in den Generalverkehrsplänen, der Krankenhausplanung des Landes, dem Landesentwicklungsplan, den Schulentwicklungsplänen, dem Strukturentwicklungsplan, der Agrarstrukturrahmenplanung und den Landschaftspflegeplänen sowie den Verwaltungsreformplänen ein Planungswerk gigantischen Ausmaßes vor, das uns allerdings manchmal eher erdrücken und verwirren, als in den notwendigen Entscheidungen Hilfe und Orientierung geben kann.
Es ist kaum möglich, im Rahmen eines Aufsatzes eine erschöpfende Übersicht darüber zu geben, was in diesen ganzen Plänen über den Landkreis Aalen ausgesagt ist. Sie sind aber in vielen Dingen von großer Bedeutung für die künftige Entwicklung des Landkreises, wobei man sich jedoch dessen bewußt sein muß, daß nach wie vor die eigenen Entwicklungskräfte und ihre Entfaltung der entscheidende Faktor bleiben.

*Voraussichtliche Bevölkerungsentwicklung*

Ausgangspunkt aller Vorausschau und Planung ist die Annahme eines weiteren Wachstums der Bevölkerung.
In den Jahren 1960–1969 verzeichnet der Landkreis Aalen ein Wachstum von

8,1 Prozent (rd. 11 500 Einwohner, ohne Berücksichtigung der Gastarbeiter). Bei Zugrundelegung einer unveränderten Zuwachsquote ergibt sich ein Bevölkerungsstand des Landkreises im Jahre 1980 von rd. 170 000, im Jahre 1990 von rd. 185 000 Einwohnern. Das Statistische Landesamt rechnet für das Land Baden-Württemberg mit einer jährlichen Zuwachsquote von 1 Prozent. Wenn der Landkreis Aalen hinter dem Landesdurchschnitt nicht zurückbleiben will, bedeutet dies ein Anwachsen um rd. 16 000 Einwohner bis 1980 und weiteren ca. 20 000 Einwohnern bis 1990. In einer Untersuchung von Herrn Dr. Hans-Gilg Nägele, der eine Dissertation geschrieben hat über das Thema „Vorausschau auf das wirtschaftliche Wachstum der Kreise Nordwürttembergs 1961–1980" liegen die Zahlen sogar noch etwas höher. Er kommt auf eine Bevölkerung des Landkreises Aalen im Jahre 1980 von 174 000 Einwohnern.

### *Arbeits- und Berufsmöglichkeiten*

Ein solches Anwachsen der Bevölkerung bedingt und setzt voraus eine entsprechende Vermehrung der Arbeits- und Berufsmöglichkeiten. Dabei müssen in Gang befindliche und zu erwartende Verschiebungen in der Erwerbsstruktur berücksichtigt werden.
Im gegenwärtigen Zeitpunkt weist der Kreis eine Industriedichte von 194 Industriebeschäftigten je 1000 Einwohner auf. Bei Zugrundelegung dieser Zahl würde ein Anwachsen der Bevölkerung um 16 000 Einwohner mehr als 3000 neue industrielle Arbeitsplätze bedingen. In Wirklichkeit liegt diese Zahl höher, denn für die neu hinzukommenden rund 8000–9000 Erwerbstätigen (bei einem Anteil der Erwerbstätigen an der Bevölkerung von 55 Prozent – 1961 lag dieser Anteil noch bei rund 62 Prozent, im Jahre 1966 bei 58 Prozent) wird nicht eine einzige zusätzliche Beschäftigungsmöglichkeit in der Landwirtschaft auftreten, ja die Zahl der in der Landwirtschaft Tätigen ist weiterhin rückläufig. Wahrscheinlich wird auch die Zahl der in Handel und Gewerbe Tätigen nicht wesentlich zunehmen. Der weit überwiegende Teil der neu hinzukommenden Erwerbstätigen wird deshalb auf Beschäftigungsmöglichkeiten in der Industrie und im Dienstleistungssektor angewiesen sein. Bei Berücksichtigung aller dieser Umstände ist mit einem zusätzlichen Bedarf von 5000–7000 Industriearbeitsplätzen in den nächsten 10 Jahren zu rechnen. Diese Feststellung ist von grundlegender Bedeutung für alle Planungen und Zukunftsprognosen. Sie ist um so wichtiger, als die Möglichkeit und die Notwendigkeit einer weiteren Industrieexpansion durch Erweiterung bestehender Betriebe oder Neuansiedlungen von den

Beteiligten im allgemeinen aus der Sicht des augenblicklichen Arbeitskräftemangels beurteilt wird.
Die angeführten Zahlen können sich noch verändern, wenn mit der Zielsetzung des Landesentwicklungsplans ernst gemacht wird, die Sanierung der übermäßig verdichteten Industriegebiete durch eine stärkere Entwicklung der ländlichen Räume zu bewerkstelligen. Andererseits ist eine mögliche Verminderung des Anteils der Erwerbstätigen an der Gesamteinwohnerzahl durch längere Berufsausbildung und frühere Pensionierung nicht in Rechnung gestellt. Das zu erwartende Wachstum sollte im Kreis Aalen für einen echten Struktureffekt genutzt werden. Er hat ja, wie bereits dargetan, sein eigenes Strukturproblem. Im Kreis Aalen wiederholt sich gewissermaßen im kleinen Maßstab die Gesamtsituation des Landes. Zwar sind die typischen Auswirkungen der Ballung: Verkehrsverstopfung, Luftverschmutzung, Steigerung der Grundstückspreise in unserem Verdichtungsraum noch durchaus beherrschbar; aber es ist doch für die Zukunft die Aufgabe gestellt, es nicht zu den Erscheinungen kommen zu lassen, deren Bewältigung in den Ballungsgebieten Milliarden verschlingt. Die Entwicklung unseres Verdichtungsraumes wird um so gesünder sein, je mehr sie von einer Gesundung der strukturschwachen Gebiete, der Verdichtung ihrer Bevölkerung, einem gesunden Wachstum der Gemeinden und der Herausbildung leistungsfähiger zentraler Orte begleitet ist. Ellwangen, Bopfingen und Neresheim, Abtsgmünd, Westhausen, Lauchheim, Pflaumloch, Unterschneidheim und ihre Verflechtungsbereiche sollten mindestens den natürlichen Bevölkerungszuwachs halten können. Es wäre ein Gewinn, wenn immer weniger Menschen zum Arbeitsplatz weite Pendlerwege zurückzulegen hätten. Dieses Ziel ist um so erstrebenswerter, als in vielen Gemeinden des Kreises noch lange Zeit günstige Siedlungsmöglichkeiten bei annehmbaren Grundstückspreisen gegeben sind.
Neben der Schaffung von Industriearbeitsplätzen sollten im Kreis Aalen auch die da und dort gegebenen günstigen Voraussetzungen für Ferien- und Naherholung genützt werden. Im Entwurf des Landesentwicklungsplans ist richtig erkannt, daß die vielgestaltige Landschaft mit den ausgedehnten Wäldern im Albuch, auf dem Härtsfeld und in den Ellwanger Bergen, die reizvollen Flußtäler am Oberlauf von Kocher und Jagst, die natürlichen und künstlichen Seen wirtschaftlich genutzt werden können. Dazu kommt der nicht überall vorhandene Reichtum an historischen Sehenswürdigkeiten und berühmten Kulturdenkmälern, angefangen vom Limes über die ehemalige fürstpröpstliche Residenz Ellwangen bis zur Abtei Neresheim, den ehemaligen Freien Reichsstädten Aalen und Bopfingen und der Kapfenburg. Die eigenen und die rings herum wachsenden Industriegebiete, die verkehrsmäßig immer näher heranrückenden Ballungsgebiete sowie

die Lage an künftigen großen Reise- und Ferienstraßen, eröffnen vielerorts im Kreis ungeahnte neue Möglichkeiten.
Der in Gang befindliche und zu erwartende weitere Rückgang des Anteils der in der Landwirtschaft Tätigen an der Gesamtzahl der Erwerbstätigen, kann leicht zu einer Fehleinschätzung der Landwirtschaft führen. Vor dieser Gefahr möge die Feststellung schützen, daß in der Bundesrepublik Deutschland die Landwirtschaft seit dem Jahr 1950 bei einer Verringerung der Arbeitskräfte auf die Hälfte ihre Produktion verdreifacht hat. Die Landwirtschaft wird im Kreis Aalen auch künftig eine große Bedeutung haben. Es sei hierzu auf den besonderen Beitrag über die Landwirtschaft verwiesen und nur hinzugefügt, daß die ganze Kreisbevölkerung an einer gesunden und leistungsfähigen Landwirtschaft das größte Interesse haben muß.

## Die „Infrastruktur" des Kreises

Wie ist es im Landkreis Aalen nun um die Infrastruktur, um die Voraussetzungen und Folgemaßnahmen der aufgezeigten Entwicklung bestellt?
Auch dazu nur einige Hinweise:

*Heraus aus dem Verkehrsschatten*

Glücklicherweise ist die Lösung der großen Verkehrsprobleme in Sicht. Drei wichtige Entscheidungen sind gefallen: Die Elektrifizierung der Haupteisenbahnstrecke, der Bau der Autobahn Würzburg–östlicher Bodensee über Ellwangen–Aalen–Heidenheim, und der vierspurige Ausbau der Bundesstraße 29 Stuttgart–Schwäbisch Gmünd–Aalen–Nördlingen.
Bereits in einem Jahr wird nicht nur die langjährige Forderung der Elektrifizierung der Eisenbahn von Stuttgart bis Aalen erfüllt sein, man wird vielmehr von Stuttgart über Aalen nach Augsburg und München elektrisch reisen. Zu gleicher Zeit erfolgt die Verdieselung der Nord-Süd-Strecke Frankfurt–Lauda –Aalen–Ulm–Friedrichshafen. Der Eisenbahnknotenpunkt Aalen wird durch diese Maßnahmen erheblich an Bedeutung gewinnen.
Für die Zukunft wird vor allem eine Intensivierung des Schienenverkehrs zwischen Ellwangen und Heidenheim im Sinne der Ausbildung eines Vorortverkehrs, vorerst mit Dieselbetrieb, später elektrisch, erforderlich sein.
Die Autobahn Würzburg–Aalen–Heidenheim–Ulm–östlicher Bodensee und der autobahnähnliche Ausbau der Bundesstraße 29 bringen mitten im Kreis Aalen ein Autobahnkreuz, das unser Gebiet nach allen Himmelsrichtungen öffnet und erschließt. Ostwürttemberg tritt aus dem Verkehrsschatten, der Kreis Aalen wird eine große Drehscheibe im östlichen Landesteil. Nicht nur für das Industriegebiet um Aalen, auch für den östlich davon gelegenen weiten ländlichen Raum und seine Gemeinden ergibt sich eine völlig neue Verkehrssituation.
Auch die Beseitigung von zwei Bahnübergängen in Aalen, die Südumgehung im Zuge der B 19 und die Westumgehung im Zuge der B 29, die Überwindung des

Engpasses zwischen Aalen und Wasseralfingen durch den Bau der Kreisstraße 650, werden einen bedeutenden Effekt haben. Das gilt auch für den Neubau der B 290 zwischen dem Kellerhaus und Schwabsberg, wodurch der Bahnübergang bei Goldshöfe umgangen und die Verbindung zwischen Aalen und Ellwangen erheblich abgekürzt wird. Die Weiterführung der neuen Kreisstraße 650 bis Hüttlingen schafft praktisch eine zweite abgekürzte, von keinem Bahnübergang behinderte Verbindung zwischen Aalen und Ellwangen. In Ellwangen selbst werden die sog. Westtangente im Zuge der B 290 und die Nordtangente als neue die Stadt umgehende Verbindung der B 290 mit der L 2220 zu einer wesentlichen Entlastung der Stadt führen.
Das Land und der Landkreis werden die Aufgabe haben, das großräumige Verkehrsnetz unter dem Gesichtspunkt der Verbindung mit den Nachbarkreisen wie auch der Erschließung der strukturschwachen Gebiete des Kreises durch raschen und zweckentsprechenden Ausbau der Landes- und Kreisstraßen zu ergänzen. Von besonderer Dringlichkeit ist der Ausbau der Straßen von Ellwangen nach Dinkelsbühl und nach Wallerstein sowie der Straße von Aalen nach Neresheim und Dillingen. Die Bedeutung der letzteren hängt mit dem noch ungewissen Schicksal der Härtsfeldbahn zusammen. Der volle Ausbau dieser Strecke würde der Stadt Neresheim die Stellung eines interessanten Straßenknotenpunktes verschaffen, was ihrer Entwicklung zum Fremdenverkehrsort sehr zugute käme.

## *Vordringliche Aufgabe: Schul- und Bildungswesen*

Das Schulwesen versteht sich als eigenständiger Bereich, der bei seiner organisatorischen Ausgestaltung ausschließlich wesenseigenen, d. h. pädagogischen Gesichtspunkten folgen möchte. Die Spannung, die daraus zwischen den Schulbehörden und den traditionellen Trägern des Schulwesens erwächst, spüren wir täglich mehr. Es ist jedoch keine Frage, daß das Schulwesen gerade unter dem Gesichtspunkt der Infrastruktur, d. h. als Voraussetzung für die allgemeine Entwicklung eines Gebiets, von Bedeutung ist. Zur Illustration dieser Feststellung sei auch hier die Frage gestellt, welche Entwicklung unser Gebiet genommen hätte, und was nicht nur die Stadt Ellwangen, sondern ganz Ostwürttemberg im Lande heute darstellen würde, wenn die Friedrich-Universität zu Ellwangen im Jahre 1817 nicht aufgehoben, sondern in der Folgezeit ausgebaut worden wäre. So betrachtet war die Staatliche Ingenieurschule Aalen, die künftig Fachhochschule sein wird, nicht nur ein bedeutender Beitrag zum Ausbau des Hochschulwesens des Landes, sondern auch ein echter Gewinn und Fortschritt für Stadt und Kreis Aalen. Für die Stadt Ellwangen allerdings ist die Sache damit nicht abgetan. Es würde

nahe liegen, bei der Gründung weiterer Bildungseinrichtungen Ellwangens Tradition wieder aufzunehmen.
Die Bildungspolitik mit dem Ziel der Verwirklichung gleicher Bildungschancen hat den gymnasialen Schulbereich grundlegend verändert. Der verstärkte Zustrom kommt nicht nur aus den Städten, sondern nunmehr auch aus den entferntesten Landgemeinden. Der Erfolg ist, daß nicht nur in den bisherigen Schulstädten neue und größere Gymnasien notwendig werden, sondern neue Schulstädte wie Wasseralfingen und Oberkochen entstehen und die bisherigen Progymnasien in Bopfingen und Neresheim die Chance haben, zu Vollgymnasien ausgebaut zu werden.
Dasselbe gilt für das Netz von Realschulen, zweijährigen Berufsfachschulen und Berufsaufbauschulen. In Abtsgmünd, Lauchheim, Bopfingen und Unterschneidheim sind die Realschulen echte Infrastruktureinrichtungen, sie fördern die Entwicklung von Industrieorten, die der Abwanderung der Menschen vom Land in die Städte entgegenwirken. Manche dieser Realschulen ist auf diesen Effekt angewiesen, um sich auf die Dauer ihre Existenz zu sichern.
Bei der Volksschule wird dieser Zusammenhang nicht minder stark empfunden. Nicht zufällig kämpfen die Gemeinden verbissen um die Hauptschule. Sie befürchten vom Verlust der Hauptschule schwerwiegende Entwicklungsstörungen. Es zeichnet sich deutlich ab, daß die Schulorganisation auf die Gestaltung der künftigen Kommunalstruktur und die Entwicklung der Gemeinden Einfluß haben wird. Dies gilt ungeachtet der Tatsache, daß manche rührige Gemeinde diese These widerlegen und zeigen wird, daß die Hauptschule nicht unter allen Umständen ein entscheidender Standortfaktor für eine Industrieansiedlung ist, vor allem nicht in Anbetracht der sich ständig verbessernden Verkehrsverhältnisse auf dem Lande.
Die künftige Entwicklung und endgültige Gestalt des Berufsschulwesens im Landkreis läßt sich erst absehen, wenn der Schulentwicklungsplan II vorliegt. Sicher ist, daß bei der Bedeutung der Industrie im Kreis Aalen, bei dem Vorhandensein bedeutender Lehrwerkstätten großer Betriebe und bei der zunehmenden Bedeutung des zweiten Bildungsweges gerade dieser Schulzweig in den kommenden Jahren größte Beachtung verdient.

## *Die Wasserversorgung und das Abwasserproblem*

Ein weiterer Schwerpunkt künftiger Aufgaben des Landkreises liegt auf dem Gebiet der Wasserwirtschaft.
Im Kreis Aalen kann man nicht, wie etwa im Allgäu, an jeder beliebigen Stelle

einwandfreies Wasser gewinnen. Die Trinkwasserversorgung erfolgt deshalb überwiegend durch überörtliche Wasserversorgungsunternehmen. Der größte Wasserlieferant ist wohl die Landeswasserversorgung; sie schöpft ihr Wasser zu einem erheblichen Teil aus dem Karstsee des Härtsfelds, was zur Folge hat, daß fast das ganze Gebiet des Härtsfelds Wasserschutzgebiet geworden ist. Ein zweites großes Unternehmen, das sich auf Wasservorkommen im Landkreis stützt, ist die Rieswasserversorgung, die, wie der Name sagt, vor allem die Riesgemeinden versorgt. Darüber hinaus ist sie Lieferant zahlreicher anderer Gemeinden innerhalb und außerhalb des Kreises und dazu der Nordostwasserversorgung. Auch die Crailsheimer Jagstgruppe schöpft aus Wasservorkommen im Kreis Aalen. Weitere Gruppen sind die Egergruppe, die Härtsfeld-Albuch-Wasserversorgung und die Egauwasserversorgung.

Sorgen bereitet die Abwasserreinigung und Abwasserbeseitigung. Als Quellgebiet der Jagst, des Kochers, der Rems und der Eger besitzt der Landkreis zwar zahlreiche Gewässer, die jedoch der Belastung durch die Industrieabwässer nicht gewachsen sind. Es bedarf enormer Anstrengungen und Aufwendungen, um die am meisten belasteten Gewässer zu sanieren, bzw. gesund zu erhalten. Einzelne Unternehmungen haben bereits Vorbildliches geleistet; andere müssen mit Nachdruck dazu angehalten werden. Einen bedeutenden Beitrag leistet der Wasserverband Obere Jagst, dessen zahlreiche Rückhaltebecken die Wasserführung der Jagst auf die Dauer günstig beeinflussen. Dasselbe gilt für einen kleinen Teil des Kreisgebietes für den Kocher-Lein-Verband.

### *Energieversorgung*

Auf diese Situation ist es auch zurückzuführen, daß im Landkreis Aalen weder der Bau einer Erdölraffinerie noch eines Atomkraftwerkes oder eines sonstigen großen Kraftwerkes zu erhoffen bzw. zu befürchten ist. Der Strom kommt aus den großen Kraftwerken am Neckar, das Öl wird überwiegend vom Neckarhafen Stuttgart aus mit Lastwagen oder per Eisenbahn angeliefert. Eine Ölleitung führt zwar mitten durch das Kreisgebiet; aber sie transportiert nur Rohöl zu den Raffinerien.

Die Gasfernleitung hat den Kreis Aalen noch nicht erreicht; ihre Endstellen sind vorläufig Heidenheim und Schwäbisch Gmünd. Die Weiterführung bis Aalen und Ellwangen kann jedoch rasch spruchreif werden, wenn das Ferngas noch billiger wird und die Gaswerke von Aalen und Ellwangen einmal vor die Notwendigkeit größerer Investitionen gestellt werden.

*53. Unterkochen, aufstrebende Industriegemeinde am Zusammenfluß des Schwarzen und Weißen Kochers (Luftaufnahme)*

*54. Staatliche Ingenieurschule Aalen, im Vordergrund rechts die Mensa, im Hintergrund der Stadtpark Rohrwang*

*55. Schwesternschule des Kreiskrankenhauses in Aalen*

*umseitig: 56. Elchingen, Flugplatz    57. Dalkingen, Luftaufnahme*

## *Die Krankenhäuser des Landkreises*

Zu den dringlichsten Aufgaben des Landkreises in der Nachkriegszeit gehörte die Schaffung eines leistungsfähigen modernen Krankenhauswesens. In der Kreisstadt Aalen entstand ein neues Krankenhaus, das als Schwerpunktkrankenhaus I. Ordnung alle dazugehörigen Fachabteilungen und eine Kapazität von 475 Betten aufweist. In Ellwangen entstand durch Erweiterung und Ausbau der vorhandenen Anlage ein weiteres Schwerpunktkrankenhaus mit 216 Betten und den Fachabteilungen Chirurgie und Innere Krankheiten sowie Belegabteilungen für Hals-, Nasen-, Ohren- und Augenkrankheiten. Zu dem Haus gehört das Alterspflegeheim Waldkrankenhaus Dalkingen mit 30 Betten. Auch das Krankenhaus Neresheim hat durch Erweiterung und Umbaumaßnahmen eine Erweiterung seiner Kapazität und eine Verbesserung seiner Einrichtung erfahren.
Die Dringlichkeit der ersten Maßnahmen, die finanzielle Situation des Landkreises, die Abstimmung zwischen Aalen und Ellwangen und andere Umstände verlangten die Ausführung des Gesamtvorhabens in Bauabschnitten. Unvermeidliche Nachteile dieses Verfahrens, eine gewisse Uneinheitlichkeit und Weitläufigkeit der Krankenhausanlage in Aalen mußten in Kauf genommen werden.
Von größter Bedeutung wurden für die Kreiskrankenhäuser die Schwesternschulen, die in Aalen und in Ellwangen jeweils nach der Durchführung des ersten Bauabschnittes errichtet wurden. In Aalen besteht auch eine Kinderkrankenpflegeschule; eine Vorschule zur Vorbereitung von Volksschülerinnen auf die Krankenpflegeschule hat in den vergangenen Jahren gute Dienste getan. Obwohl an den Krankenhäusern in Ellwangen und Neresheim noch Ordensschwestern tätig sind und in Aalen die Caritasschwesternschaft für den Pflegedienst gewonnen werden konnte, wäre eine ausreichende Versorgung mit Schwestern ohne die Schulen undenkbar. Sie sind ein Segen für die Häuser.
Die raschen Fortschritte der Medizin und der Technik wie auch die ständige Steigerung der Ansprüche sorgen dafür, daß die Bautätigkeit bei den Krankenhäusern kein Ende nimmt. In Ellwangen steht als weitere Stufe die Erstellung einer Schwesternschule mit Schülerinnenheim und Personalunterkünften unmittelbar vor Baubeginn. Durch die mit diesem Bauvorhaben verbundene Freimachung eines Bettentraktes erhöht sich die Aufnahmefähigkeit um 40 Betten. Es ist aber bereits die Vergrößerung der OP-Abteilung und des Laboratoriums sowie die Errichtung einer Intensiv-Pflege-Station als weiterer dringlicher Bedarf angemeldet. In Aalen sind tiefgreifende Anpassungs- und Modernisierungsmaßnahmen vorgesehen. Das Programm des nächsten Abschnittes, das bereits Gegenstand eines Architektenwettbewerbes war, beinhaltet den Ersatz des bisherigen

Behandlungstraktes durch einen neuen, der die OP-Abteilungen, die Röntgenabteilung, das Laboratorium und die Ambulanzen sowie eine neu zu errichtende Anästhesieabteilung mit Intensiv-Pflege-Station aufnehmen soll. In Vorbereitung ist auch die Erstellung einer neuen Wäscherei, die so anzulegen ist, daß sie früher oder später zur Zentralwäscherei für alle Einrichtungen des Landkreises entwickelt werden kann.

Auf dem Tisch liegt auch ein Programm für den weiteren Ausbau des Kreiskrankenhauses Neresheim. Zwar ist im Entwurf des Landesentwicklungsplanes in Neresheim nur noch ein Pflegeheim vorgesehen; dies entspricht jedoch nicht den Vorstellungen des Landkreises; Kreisrat und Kreistag haben in der Stellungnahme zum Landesentwicklungsplan ausgesprochen, daß das Kreiskrankenhaus in Neresheim als Leichtkrankenhaus weitergeführt und weiterentwickelt werden soll.

Eine neue bedeutende Aufgabe auf dem Gebiet des Krankenhauswesens kommt auf den Landkreis zu durch den Antrag der Stadt Bopfingen auf Übernahme des dortigen städtischen Krankenhauses in die Unterhaltung des Landkreises. In seiner jetzigen Gestalt genügt es den Ansprüchen eines Schwerpunktkrankenhauses nicht, als das es im Landesentwicklungsplan vorgesehen ist. Nach Lage der Dinge ist ein großes Bauprogramm nur eine Frage der Zeit und der Mittel; die Erstellung eines neuen Krankenhauses ist wahrscheinlicher als der Ausbau des bestehenden.

Welche Entwicklung das Krankenhauswesen des Landkreises in einer ferneren Zukunft, in den 80er und 90er Jahren nehmen wird, ist heute schwer vorauszusagen. Hält das bisherige Wachstum der Bevölkerung an, so wird in den 80er Jahren allmählich ein zusätzlicher Bettenbedarf auftreten. Ob er durch einen weiteren Ausbau der bestehenden Krankenhäuser befriedigt werden kann, oder ob ganz neue Planungen erforderlich werden, ist heute noch nicht vorauszusehen. Bis dahin werden auch andere wichtige Faktoren, wie z. B. Zusammenschluß oder Zusammenarbeit mit den Nachbarkreisen, die Auswirkungen der nahen Universität Ulm u. a. eine Rolle spielen und die Planungen und daraus folgenden Maßnahmen beeinflussen.

## *Moderne Freizeitgestaltung und Bildungsgesellschaft*

Ein moderner Landkreis muß auch den Bedürfnissen und Ansprüchen der Freizeitgestaltung und der Bildungsgesellschaft gerecht werden. Man spricht geradezu vom Freizeitwert und Bildungswert eines Wohnorts oder Standorts und denkt dabei an die gebotenen Möglichkeiten für Unterhaltung, Bildung im weitesten Sinne des Wortes und sportliche Betätigung.

Was anspruchsvolle Unterhaltung angeht, so kann auf die reichhaltigen Theater- und Konzertprogramme vor allem der Stadt Aalen, aber auch der Städte Ellwangen und Oberkochen hingewiesen werden. Die Oratorienvereinigung Aalen, die sich auch außerhalb des Kreises einen Namen gemacht hat, beging dieser Tage den 25. Geburtstag. In zahlreichen weiteren Städten und Gemeinden bestehen leistungsfähige Chöre, Singkreise und Musikkapellen, die für Unterhaltung sorgen und das kulturelle Leben befruchten.

Vielfalt und Niveau kennzeichnen das Angebot an außerschulischen Bildungsmöglichkeiten. Die Volkshochschule Aalen hat sich in mehr als 20jähriger Arbeit einen großen Hörerkreis verschafft. Das Volksbildungswerk Unterkochen hat sich durch seine regelmäßigen Kunstausstellungen einen Namen gemacht. Die ausgesuchten Vortragsreihen des Bildungswerks der Stadt Oberkochen und der Firma Carl Zeiss werden aus dem ganzen Kreisgebiet besucht; die Vorträge werden veröffentlicht. Der Stiftsbund Ellwangen erreicht mit seinen Vortragsveranstaltungen Akademieniveau. Das Volksbildungswerk für den Landkreis Aalen ist in der Mehrzahl der Gemeinden durch lebendige Zellen vertreten und erfreut sich der Mitarbeit zahlreicher Lehrer. Dazu kommt die Betätigung der Kirchen, verschiedener Organisationen und Verbände, vor allem im Bereich der beruflichen Fortbildung. Die Jugendmusikschulen in Aalen und Ellwangen finden großen Anklang und leisten wertvolle Ausbildungsarbeit.

Auch in der Sportwelt hat der Name Aalen einen guten Klang, zur Zeit vielleicht nicht so sehr im Fußball, um so mehr bei der Turnerei, beim Kraftsport und bei der Gymnastik.

In Stadt und Land entstehen moderne Sportanlagen, Sportplätze, Turnhallen, Schwimmbäder. Größere Städte und Gemeinden sind dabei, Großsportanlagen zu schaffen. Es gibt im Landkreis Gelegenheit zum Segeln und zum Fischen. Es gibt städtische und ländliche Reitervereine, sogar eine Reiterferienpension. Die Schützenvereine sind sehr rege. Vier Sportfliegergruppen in Aalen/Oberkochen, Ellwangen, Bopfingen und Neresheim entfalten einen regen Flug- und Ausbildungsbetrieb. Der Flugplatz Aalen/Heidenheim bei Elchingen, den sich die Fliegergruppe Aalen/Oberkochen geschaffen hat, gewinnt auch als öffentlicher Landeplatz zunehmend an Bedeutung. Die natürlichen und künstlichen Seen der Ellwanger Gegend sind längst in einem weiten Umkreis als günstige Badegelegenheit entdeckt; der eine oder andere könnte durch entsprechende Investitionen noch mehr dem Sport und der Erholung dienstbar gemacht werden. Bei dem Stausee bei Buch/Schwabsberg, der eben in Angriff genommen wird, wird man sich diese Gelegenheit nicht entgehen lassen. Auch für den Wintersport ist günstige Gelegenheit geboten; am Albuch ist durch Privatinitiative ein Wintersport-

gebiet mit Skiliften und Skiwanderwegen entstanden, das eine große Entwicklung verspricht.
Ob es gelingen wird, all diese Möglichkeiten für die Ausbildung attraktiver Erholungsgebiete zu nützen, wird sich zeigen. Jedenfalls gibt es an einigen Punkten günstige Voraussetzungen für den systematischen Ausbau von Fremdenverkehrsorten.

## *Die sozialen Aufgaben des Landkreises*

Die Vollbeschäftigung, die wachsenden Einkommen, die dynamische Rente und viele andere Maßnahmen und Einrichtungen, die mit dem Begriff des Sozialstaates oder der Wohlstandsgesellschaft verbunden sind, können den Eindruck erwecken, als ob in unserer Zeit für soziale Hilfstätigkeit nur noch wenig Platz sei. So mag es manchen überraschen, daß im Haushaltsplan des Landkreises Aalen die Ausgaben für Sozialhilfe die Summe von beinahe 4,5 Millionen DM erreichen. Die Hälfte davon entfällt auf Sozialhilfeleistungen, die der Landkreis über das Kreissozialamt unmittelbar erbringt. Nicht mitgerechnet sind hier noch ungefähr 4,3 Millionen DM, die als Kriegsfolgeleistungen von Bund und Land getragen und vom Kreissozialamt nur verwaltet werden. Die andere Hälfte der den Landkreis belastenden 4,5 Millionen DM sind als Umlage an den Landeswohlfahrtsverband zu zahlen. Daraus werden die Leistungen bestritten, die überörtlich für die ursprünglich verpflichteten Landkreise und Stadtkreise erbracht werden. Im Landkreis Aalen ist z. B. das Landesaltersheim Rabenhof eine Einrichtung des Landeswohlfahrtsverbandes.
Die Sozialhilfe hat vor allem dadurch einen grundlegenden Wandel erfahren, daß auf ihre Leistungen bei gegebener Voraussetzung ein Rechtsanspruch besteht. Wer seinen Lebensunterhalt nicht in einer dem allgemeinen Lebensstandard entsprechenden Weise aus eigenen Kräften bestreiten kann, hat Anspruch auf die Hilfe der Gesellschaft, er ist nicht auf das zufällige Wohlwollen und Nichtwohlwollen irgendwelcher Stellen angewiesen.
Ein zweiter wichtiger Grundsatz des neuen Sozialhilferechts ist der der Nachrangigkeit (Subsidiarität) der öffentlichen Sozialhilfe gegenüber der privaten Hilfeleistung, z. B. der freigemeinnützigen Wohlfahrtsorganisationen. Die dadurch gegebene gewisse Wahlmöglichkeit will dem Hilfsbedürftigen ein größeres Maß von Unabhängigkeit gewährleisten.
Die Sozialhilfe ist für die Landkreise eine verantwortungsvolle und große Aufgabe geworden. Es geht um die Menschen auf der Schattenseite der Wohlstands-

gesellschaft, sei es, daß sie von Schicksalsschlägen getroffen wurden – z. B. durch dauernde Erkrankung aus dem Arbeitsleben ausscheiden, ehe sie ausreichende Versorgungsansprüche erworben haben –, sei es, daß sie an den Leistungsansprüchen unserer Gesellschaft scheitern oder auch durch eigene Schuld um Existenz und Verdienst kommen. Die Hilfe soll nicht nur der Erhaltung des Lebens dienen, sondern soweit als möglich einen neuen Anfang ermöglichen. Das Kreissozialamt ist deshalb mehr als eine Verteilungs- und Verrechnungsstelle; es ist Zufluchtsort und hat eine pädagogische Aufgabe. In einer guten Zusammenarbeit mit den gemeinnützigen Wohlfahrtsorganisationen liegt eine Chance zur Aktivierung einer betreuenden und stützenden Hilfe, die von der Behörde nicht ohne weiteres angenommen wird.

Aus derselben Überlegung unterstützt der Landkreis mannigfache soziale Werke, deren Träger er nicht selbst ist. Eine Untersuchung über die Versorgung des Landkreises mit Altersheimplätzen führte zu dem Entschluß, zusammen mit der Stadt Ellwangen dem Hospital zum Heiligen Geist in Ellwangen die Erstellung eines neuen Altersheimes mit über 120 Plätzen zu ermöglichen. Eine namhafte finanzielle Unterstützung erhält auch die Genossenschaft der Canisius-Schwestern in Schwäbisch Gmünd, die in Wasseralfingen ein Altersheim erstellt. Eine Stiftung für das Kinderdorf in Ellwangen hatte weniger den Charakter einer Finanzhilfe als einer dankbaren Anerkennung für das vorbildliche Werk. Ein Beitrag an das Samariterstift Neresheim sollte der Einrichtung einer beschützenden Werkstatt für geistig behinderte Jugendliche dienen.

In diesen Zusammenhang gehören auch die regelmäßigen Beiträge an das Rote Kreuz und andere gemeinnützige Wohlfahrtsunternehmen, wie z. B. die Unfallrettung und die Altenbetreuung. Und schließlich will der Landkreis durch namhafte Beiträge den Wirkungsbereich des Hauswerks und des Dorfhelferinnenwerkes ausweiten. Eine tatkräftige Förderung all dieser hochherzigen Werke steht dem Landkreis, der der Träger der Sozialhilfe ist, wohl an. Diese Förderung hat um so mehr Berechtigung, als die Empfänger es verstehen, die Wirkung durch Anregung privater Initiative und tätiger Nächstenliebe oft in ungeahntem Maße zu vervielfältigen.

Für die dem Landkreis obliegende Aufgabe der Jugendhilfe und Jugendpflege gilt dies nicht minder. Die von Anfang an sehr nachdrückliche Förderung der Arbeit des Kreisjugendrings und die Errichtung und Unterhaltung einer Erziehungsberatungsstelle sind Ausfluß dieser Erkenntnis. Aber auch hier ist der Landkreis an einem Punkte angekommen, wo es gilt, neue Möglichkeiten zu erkunden und der veränderten Einstellung der Menschen zu behördlicher Hilfestellung Rechnung zu tragen.

# Aspekte für die Zukunft

## *Aalen: Schwerpunkt und Zentralität*

Der Umstand, daß sich die Stadt Aalen und das sie umgebende Industriegebiet nicht in der Mitte des großen Landkreises, sondern ganz an seiner Peripherie befinden, ist mit mancherlei Nachteilen verbunden; man denke nur an die weite Entfernung der an der bayerischen Grenze liegenden Gemeinden zu ihrer Kreisstadt. Noch schwerer wiegen die weiten Pendlerwege, die diejenigen täglich und zu jeder Jahreszeit zurückzulegen haben, die aus abgelegenen Gemeinden den Arbeitsplatz im Industriegebiet um Aalen aufsuchen.

Eine neue Beurteilung dieses Sachverhalts ergibt sich nun durch die großräumigen Strukturpläne, insbesondere durch den Plan zur Schaffung von größeren Landkreisen. Denn nun ist die Stadt Aalen der geographische Mittelpunkt des Planungsgebiets Ostalb und des im Denkmodell der Landesregierung zur Kreisreform vorgesehenen neuen Landkreises, der aus dem Gebiet der bisherigen Landkreise Aalen, Heidenheim und Schwäbisch Gmünd bestehen soll. Niemand kann bestreiten, daß die Stadt Aalen der zentralste Punkt dieses Gebietes ist. Die Schienenwege und die überörtlichen Straßenverbindungen des Gebietes kreuzen sich in Aalen.

Auf diesen Umstand ist der Vorschlag des Landesentwicklungsplans zurückzuführen, der Stadt Aalen die Aufgabe zuzuweisen, sich zu dem Schwerpunkt zu entwickeln, der das Gebiet der Ostalb zu einem wirksamen Gegengewicht und Entlastungsraum zu dem Ballungsgebiet am Mittleren Neckar, einem der größten und problemreichsten Verdichtungsgebiete der Bundesrepublik, macht. Soviel der Vorschlag auch Widerspruch findet, er hat eine Realität sichtbar gemacht, die sich nicht wegdiskutieren läßt.

Der Vorschlag eines Zusammenschlusses der drei Landkreise Aalen, Heidenheim und Schwäbisch Gmünd – oder von zweien dieser drei Landkreise – geht nicht von Aalen aus. Der Landkreis Aalen hat sich bisher selbst als Großkreis verstanden; er ist ja erst vor 30 Jahren durch den Zusammenschluß von drei

Landkreisen zustandegekommen. Seine Bevölkerung hat sich in dieser Zeit beinahe verdoppelt. Das Bedürfnis für den geforderten Zusammenschluß liegt deshalb nicht in den Verhältnissen des Landkreises Aalen; er entspricht für sich allein in vollem Umfang den für die neuen Landkreise aufgestellten Maßstäben. Er hat genug eigene, spezifische Probleme, deren Lösung vielleicht durch einen Zusammenschluß mit anderen Landkreisen nicht unbedingt erleichtert wird.

Wenn aber ein Zusammenschluß in dieser oder jener Form aus übergeordneten Gründen kommt, so ist die Zentralität der Stadt Aalen eine Tatsache, an der man nicht vorbeikommt.

Das soll und kann nicht heißen, daß der Zusammenschluß den Charakter einer Angliederung der anderen Landkreise an den Landkreis Aalen haben soll. Die einheitliche demokratische Volksvertretung eines neuen Kreises wird sich der Aufgabe stellen, für eine gesunde, ausgeglichene Struktur, für eine gleichmäßige Entwicklung aller Teile des neuen Landkreises und die richtige Verteilung der Gewichte zu sorgen. Der Tragweite dieser Aussage ist man sich hier wohl bewußt; hat der Kreis Aalen doch in einer dreißigjährigen Erfahrung die Probleme und Belastungen des Zusammenschlusses mehrerer Landkreise zur Genüge kennengelernt.

## *Die Zukunft unserer Gemeinden*

Die künftige Entwicklung wird nicht unwesentlich durch die im Gemeindebereich vor sich gehenden Veränderungen beeinflußt werden. Es fällt nicht leicht, in diesem Rahmen darauf einzugehen, wenn man sich die hintergründigen Ambitionen und Motivationen vor Augen hält, die hier leider allzu sehr mit im Spiele sind. Wer hält sich heute nicht für legitimiert, den kleineren Gemeinden das Daseinsrecht abzusprechen?

An die Spitze einer Betrachtung über dieses Thema gehört deshalb die Feststellung, daß gerade auch die kleineren Gemeinden in der Nachkriegszeit bewundernswerte Leistungen vollbracht haben. Sie haben es verstanden, Selbständigkeit und Selbstverwaltung in Initiativen umzusetzen. An zahlreichen Beispielen können sie besonders effektvollen Einsatz ihrer bescheidenen Mittel nachweisen. Mit vollem Recht dürften sie bezweifeln, ob in ihrem Gemeindegebiet dieselbe Entwicklung stattgefunden hätte, wenn sie in den vergangenen 20 Jahren Bestandteil einer größeren Gemeinde gewesen wären.

Das Gesagte gilt für „fachmännisch verwaltete“ und „nicht fachmännisch verwaltete“ Gemeinden. Das Instrument des Verwaltungsaktuars hat sich gerade in dieser Zeit gesteigerter Investitionstätigkeit bestens bewährt. Kein Bürgermeister und kein Gemeinderat hat daran Anstoß genommen, daß der Verwaltungsaktuar Kreisbeamter ist. Zu bedauern ist nur, daß man nicht auch den „Gemeinsamen Fachbeamten für das Bauwesen" allgemein eingeführt hat. Auch den fachmännisch verwalteten Gemeinden hätte er gute Dienste getan. Nun ist es dafür wohl zu spät; um so mehr als auch der Gemeinsame Fachbeamte für das Finanzwesen eine rein württembergische Einrichtung darstellt. Die Reformer gehen nun andere Wege. Sie fordern den Finanzfachbeamten und den Baufachbeamten als unmittelbare Gemeindebedienstete. Dieses Ziel ist auf zweierlei Weise zu erreichen:

a) Gemeinden tun sich unter Aufrechterhaltung ihrer Selbständigkeit zusammen, um gemeinsame Fachbeamte anzustellen,
b) Gemeinden vereinigen sich unter Aufgabe ihrer Selbständigkeit zu neuen größeren Gemeinden, die in der Lage sind, Fachbeamte zu beschäftigen und zu besolden.

Alle Gemeinden sind über die „Zielplanung" unterrichtet, die das Innenministerium im Zusammenhang mit dem Gesetz zur Stärkung der Verwaltungskraft kleinerer Gemeinden herausgegeben hat. Sie haben auch die Leitsätze der sog. Dichtel-Kommission in Händen. Das Landratsamt hat die Angelegenheit mit den Bürgermeistern erörtert, in vielen Gemeinden hat sich der Gemeinderat damit befaßt, vereinzelt wurde in Bürgerversammlungen darüber diskutiert.
Es ist im gegenwärtigen Zeitpunkt schwer, eine Zwischenbilanz zu machen und eine Entwicklungsrichtung festzustellen. Neben bemerkenswerter Aufgeschlossenheit für die neuen Gedanken begegnet man unbeirrbarem Festhalten an der angestammten Gemeinde.
Zu echten Zusammenschlüssen von Gemeinden wird es zunächst nur in einigen wenigen Fällen kommen. Durch die Vereinigung von Flochberg mit Bopfingen ist der schon lange fällige Zusammenschluß der vier Gemeinden Bopfingen, Flochberg, Schloßberg und Oberdorf eingeleitet worden. Auch hier gilt, daß das Bedürfnis für den Zusammenschluß nicht aus einem Versagen der einzelnen Gemeinden kommt. Man muß diesen Zusammenschluß aber wünschen, weil zu der Entwicklung einer gesunden Struktur des Landkreises eine leistungsfähige Stadt im östlichen Gebiet entscheidend beitragen kann.
Schwierig ist die Situation im Bereich der Stadt Ellwangen. Sie hat es bei ihren Nachbarn mit weit ausgedehnten Gemeinden in der Größenordnung zwischen 2000 und 3000 Einwohnern zu tun, die sich zunächst weder zur Abtretung von Gemeindeteilen noch zum vollständigen Zusammenschluß mit Ellwangen bereitfinden können. Doch muß jedermann sehen, daß über kurz oder lang eine Än-

*58. Das Limesmuseum in Aalen, in dem die römische Vergangenheit lebendig wird. Im Vordergrund Reste des Nordtors des römischen Reiterlagers.*

*59. Aalen, Stadthalle. Nachtaufnahme mit Flötenspielerin und Wasserspielen*

*60. Fachsenfeld, das neue Rathaus* *61. Utzmemmingen, neue Schule*

derung unausbleiblich ist. Solange eine Vergrößerung des Stadtgebiets nicht zustandekommt, bleibt als einziger Ausweg eine intensive und umfassende Zusammenarbeit. Alle Beteiligten sollten sich dabei von der Sorge freimachen, daß ein Erfolg dieser Zusammenarbeit den Zusammenschluß in unerwünschter Weise verzögern oder beschleunigen könnte.
Zu größeren Verwaltungsgemeinschaften kann es im Landkreis Aalen rasch kommen, wenn ein Verwaltungsaktuar sein Amt abgibt. Es ist nicht anzunehmen, daß der Landkreis in diesem Falle einen neuen Gemeinsamen Fachbeamten für das Finanzwesen (Verwaltungsaktuar) anstellen wird. Für die Aktuariatsgemeinden ist in diesem Fall der Zeitpunkt gekommen, sich andere Lösungen zu überlegen.
Die Erörterungen des Landratsamtes mit den Bürgermeistern haben das Bedürfnis nach einer gemeindeeigenen fachmännischen Betreuung des Bauwesens sichtbar gemacht. Man kann annehmen, daß – nachdem wohl eine Lösung mit Hilfe des Landkreises nicht mehr in Frage kommt, man da und dort versuchen wird, das Problem durch Bildung von Verwaltungsgemeinschaften zu lösen.
Nicht zuletzt sei noch einmal darauf hingewiesen, daß die Gestaltung der Schulorganisation einen zunehmenden Einfluß auf die Gestaltung der kommunalen Organisation ausübt. Es zeichnet sich ab, daß die Schulverbände die Wegbereiter und Veranlasser von Gemeindezusammenschlüssen dieser oder jener Art werden.

## *Ausgleichsfunktionen des Landkreises*

In der Landkreisordnung ist den Landkreisen als Gebietskörperschaften ausdrücklich eine Ausgleichsfunktion zugedacht. „Der Landkreis fördert das Wohl seiner Einwohner, unterstützt die kreisangehörigen Gemeinden in der Erfüllung ihrer Aufgaben und trägt zu einem gerechten Ausgleich ihrer Lasten bei." Der Kreis Aalen könnte ein dankbares Betätigungsfeld eines solchen Lastenausgleichs sein, wenn der Landkreis dazu in der Lage wäre. Denn das Gefälle zwischen leistungsstarken und leistungsschwachen Gemeinden und ihren Lasten ist – wie oben ausgeführt – hier außerordentlich groß.
Eine gewisse Ausgleichswirkung liegt in der Kreisumlage, mittels derer sich der Landkreis einen großen Teil der zur Erfüllung seiner Aufgaben erforderlichen Mittel beschafft. Die Kreisumlage wird nach der Steuerkraft der Gemeinden erhoben. Zum Teil wird diese Ausgleichswirkung allerdings wieder dadurch aufgehoben, daß der Einsatz der Mittel zwangsläufig schwerpunktmäßig erfolgt.

Dies gilt z. B. im Krankenhauswesen. Wenn das Krankenhaus auch eine gemeinnützige soziale Einrichtung darstellt und allen Kreiseinwohnern dient, bedeutet es für seine Standortgemeinde doch einen nicht gering zu schätzenden wirtschaftlichen Faktor.

Bedeutender und effektiver ist die Ausgleichswirkung bei der Unterhaltung der Kreisstraßen. Über Jahre hin waren lange Straßenstrecken in den ländlichen Räumen und Gemeinden die Schwerpunkte des Straßenhaushalts des Landkreises. Andererseits sind gerade die Kreisstraßen für die Gemeinden und ihre Einwohner die wichtigsten Verkehrsverbindungen, vor allem in einem Kreis mit so umfangreichem Pendlerverkehr.

Eine Aussage über die Ausgleichswirkung der Sozialhilfe würde eingehende Untersuchungen über die Beteiligung der leistungsstarken und leistungsschwachen Gemeinden an den Leistungen der Sozialhilfe erfordern.

Auch die Betätigung der Landkreise im Schulbereich kann unter dem Gesichtspunkt der Ausgleichsfunktion betrachtet werden. Eindeutig war und ist sie gegeben bei der Unterhaltung der landwirtschaftlichen Fachschulen, sie kommt aber auch bei den Berufsschulen und den Sonderschulen zur Geltung. Denn die Mittel für die Unterhaltung hebt der Landkreis nicht nach den Schülerzahlen, sondern nach der Steuerkraft der Gemeinden ein.

Durch Beiträge an Gemeinden nimmt der Landkreis Aalen bis jetzt seine Ausgleichsfunktion in bescheidenem Maße wahr. Immerhin werden für die Zuchttierbeschaffung, Beschaffung von Feuerlöschfahrzeugen, zur Anlage von Wanderparkplätzen und für das Volksbüchereiwesen über 100 000 DM ausgegeben. In diesen Zusammenhang gehören aber auch die erheblichen Beiträge aus der Mitgliedschaft beim Wasserverband Obere Jagst und Wasserverband Kocher-Lein sowie die beträchtlichen Investitionszuschüsse an die Gemeindekrankenhäuser von Bopfingen und Lauchheim.

Wenn das Gefälle zwischen leistungsstarken und leistungsschwachen Gemeinden weiter wächst, wenn einzelne Gemeinden durch gewisse Aufgaben übermäßig belastet werden und wenn den strukturschwachen Gebieten des Landkreises auf die Dauer die Entwicklungshilfe des Landes versagt bleibt, kann in der Zukunft sehr wohl die Frage eines stärkeren kreisinternen Ausgleichs zur Diskussion gestellt werden.

## *Schlußbetrachtung*

Über Gegenwart und Zukunft des Landkreises zu schreiben, ist unter den gegebenen Umständen eine schwierige Aufgabe. Es gibt zwei Möglichkeiten. Die eine ist der Versuch, sich auf der Grundlage der Reformpläne mit den Auswirkungen und der Situation zu befassen, die sich für den Landkreis bzw. sein Gebiet und seine Bevölkerung aus dem Zusammenschluß mit anderen Landkreisen ergeben. Die andere Möglichkeit ist die, unter der Voraussetzung des Weiterbestehens des Landkreises in seiner bisherigen Gestalt Ansätze für die zu erwartende und anzustrebende Entwicklung aufzuzeigen.
Beide Möglichkeiten schließen sich nicht gänzlich aus; denn es gibt zahlreiche Probleme, die in dem einen oder anderen Fall gleich dringlich sind, z. B. das einer positiven Entwicklung der strukturschwachen Gebiete.
Wenn in der gewählten Darstellung mehr der Glaube an den Weiterbestand des Landkreises Aalen als die Begeisterung für eine neue großräumige Organisation zum Ausdruck kommt, so möge das dem Verfasser nicht als Beweis einer wenig fortschrittlichen Gesinnung ausgelegt werden. Der weiter oben getroffenen Feststellung, daß die Anregung zu den Zusammenschlußplänen nicht vom Landkreis Aalen ausging, kann abschließend hinzugefügt werden, daß auch der Widerstand dagegen nicht vom Landkreis Aalen kommt.
Mit dieser Feststellung wiederum soll keine Aussage über die Einschätzung der Bedeutung der Verwaltungsorganisation für eine fortschrittliche Entwicklung der Gesellschaft verbunden sein, ebensowenig wie eine Aussage über die Bedeutung der Gebietsorganisation für die Effektivität, Zweckmäßigkeit, Leistungsfähigkeit und die Wirtschaftlichkeit der Verwaltung.

*Zusammenfassend läßt sich sagen:* Der Landkreis Aalen hat nicht nur aufgrund seiner räumlichen Ausdehnung, seiner Einwohnerzahl und seines Wachstums – ohne Ergänzung oder Anlehnung – seine volle Daseinsberechtigung. Der Landkreis hat auch aufgrund seiner geographischen Lage, seiner Siedlungsstruktur und seines Entwicklungsstandes seine eigene spezifische Problematik. Er ist damit voll beschäftigt und kann seine Chancen wahrnehmen. Für den Fall aber, daß er doch in einem größeren Landkreis aufgeht, braucht er sich seiner Mitgift nicht zu schämen, weder in wirtschaftlicher noch in kultureller, weder in landschaftlicher noch in gesellschaftlicher Hinsicht.

# Die Gemeinden des Kreises

## Wissenswertes aus den Kreisgemeinden

Die Unterlagen für diese Beiträge wurden von den Bürgermeisterämtern zur Verfügung gestellt. Für einzelne Ergänzungen wurden benutzt: „Daheim im Kreis Aalen“ von Hermann Baumhauer, 1965, und „Einwohnerbuch von Stadt und Land Ellwangen (Jagst), Ausgabe 1968“.

*Große Kreisstadt Aalen* Am Steilabfall der Schwäbischen Nordostalb präsentiert sich in einer Höhenlage von 429–725 m ü. d. M. die ehemalige Freie Reichsstadt Aalen (5470 ha Gemarkung). Sie verdankt ihre Entstehung einer besonders günstigen Verkehrslage, die heute vom Schnittpunkt zweier Bundesstraßen und von Eisenbahnlinien mit zum Teil internationaler Bedeutung gekennzeichnet ist. Schon die Römer hatten hier, unweit des Limes, seit der Mitte des zweiten Jahrhunderts n. Chr. das größte Reiterlager rechts des Rheins. Die Stadt hat viele erfolgreiche Anstrengungen unternommen, die Verbindung zu ihrer Geschichte nicht zu verlieren. Der Besucher begegnet ihr in der restaurierten Nordtoranlage des Römerkastells ebenso wie in dem aus dem 13. Jahrhundert stammenden St.-Johannis-Kirchlein, der evangelischen Stadtkirche mit ihren prächtigen Deckengemälden von Anton Wintergerst, der romantischen Altstadt und den Geburtshäusern geistiger Größen unseres Landes, unter denen vor allem Schubart zu nennen ist. Im Aalen der Moderne mit seinen rund 37 000 Einwohnern herrscht pulsierende Geschäftigkeit. Betriebe der Metall-, Textil-, Tonwaren-, Leder-, Lebensmittel-, Genußmittel-, Getränke-, Bau-, Holz-, Papier-, Glaswaren-, optischen, chemischen und graphischen Industrie haben sich insbesondere nach dem Zweiten Weltkrieg angesiedelt und sich zum Teil Geltung auf dem Weltmarkt verschafft.

*Abtsgmünd* Am Zusammenfluß von Kocher und Lein in landschaftlich reizvoller Lage, eingebettet in ein breites Wiesental und von bewaldeten Höhenzügen umrahmt, liegt Abtsgmünd (375 m ü. d. M., 2052 ha). Es wird erstmals 1251 als Grenzpunkt des limpurgischen Wildbanns urkundlich erwähnt. 1377 wird der Ort mit der Burg Wöllstein vom Kloster Ellwangen an die von Hürnheim verkauft. 1585 fällt es wieder an Ellwangen zurück und kommt 1803 an Württemberg. Die Kirche zum hl. Michael wurde 1328 dem Kloster Ellwangen inkorporiert und 1472 neu erbaut. Der Chorturm weist spätromanische Arkaturen auf. Schiff und Turmobergeschoß wurden 1751 bzw. 1885 völlig umgestaltet. Erwähnenswert sind in dieser Kirche Grabdenkmäler des 16. und 17. Jahrhunderts und die Messing-Grabplatte der Ytta von Geroldseck (1430). Die Marienkapelle, östlich des Hauptortes, wurde 1735/71 erbaut. Sie verdankt ihre Entstehung der Angst eines Viehhändlers um seine verlorene Geldkatze. Der Ort zählt heute 2550 Einwohner. 1951/52 wurden die Flußläufe von Kocher und Lein korrigiert. Die Gemeinde erstellte ein neues Schulgebäude sowie eine Turn- und Festhalle. Zur Zeit (1970) ist ein großes Schul- und Sportzentrum im Bau.

*Adelmannsfelden* Der Ort liegt zwischen den Limpurger und Ellwanger Bergen (490 m ü. d. M., 2290 ha Gemarkung). Urkundlich

wird Adelmannsfelden erstmals 1136 erwähnt. 1361 verkaufen die Grafen von Öttingen die Herrschaft der Abtei Ellwangen. Kurz darauf wird sie an die Schenken von Limpurg veräußert und gerät 1493 durch Erbteilung in den Besitz der Vohenstein. 1748 wurde hier Franziska Theresia von Benerdin, die spätere Gräfin von Hohenheim, geboren. 1829 kam die Gemeinde zu Württemberg. Das Schloß wurde 1882 von den Grafen Adelmann zurückerworben. Der romanische Turm der Pfarrkirche St. Nikolaus steht unter Denkmalschutz, ebenso die Friedhofskapelle, das sogenannte „Schlößle" und einige Räume des Schlosses.
Die Erwerbsstruktur der Gemeinde wird noch von kleinen landwirtschaftlichen Betrieben geprägt. Die Zahl der Handwerker und Arbeitnehmer nimmt jedoch ständig zu. Sie sind zum Teil in den zwei Industriebetrieben tätig, die sich 1969 hier angesiedelt haben. Für die rund 1600 Einwohner zählende Gemeinde wurden ein neues Schulhaus mit Lehrerwohnhaus, eine Turn- und Festhalle gebaut sowie ein neuer Sportplatz angelegt.

*Aufhausen* Eingeschlossen in die kleine Talweitung beim Zusammentreffen des Egertales und des Schenkenbachtales liegt der Ort Aufhausen (495 m ü. d. M., 920 ha). Als fränkische Siedlung wahrscheinlich im 7. Jahrhundert gegründet, gehörte Aufhausen zur Herrschaft Gromberg, kam dann später in den Besitz der Herren vom Stein und wurde von diesen an die Öttinger Grafen veräußert.
Die idyllisch gelegene Burgruine Schenkenstein – die Zerstörung geht auf die Bauernkriege zurück – steht unter Denkmalschutz. Der Ort mit seinen 1100 Einwohnern ist heute eine Arbeiterwohngemeinde. Der bäuerliche Einfluß wurde sehr stark zurückgedrängt. Die Gemeinde verfügt über eine zentrale Wasserversorgung, eine Abwasserbeseitigung sowie ein renoviertes Rathaus und einen neuen Kindergarten. Schulhausneubau und Festhalle sollen folgen.

*Baldern* Beherrschend auf einem Jurakegel liegt Schloß Baldern, eine seit dem 12. Jahrhundert bezeugte einstige Höhenburg (628 m ü. d. M., 744 ha). Sie gelangte in der 2. Hälfte des 13. Jahrhunderts in den Besitz des Hauses der Grafen und späteren Fürsten zu Oettingen, die sie bis heute innehaben. In der 1. Hälfte des 18. Jahrhunderts wurde sie in zwanzigjähriger Bauzeit umgestaltet zum repräsentativen Residenzschloß, der Burgberg selbst verwandelt in einen Park.
Der Gang durch die Fest- und Wohnräume des Schlosses, die mit Mobiliar des 18. Jahrhunderts reich ausgestattet sind, vermittelt dem Besucher einen Einblick in die höfische Kultur jener Epoche. Daneben bietet sich hier Gelegenheit, eine reichhaltige Waffensammlung zu besichtigen, die etwa 800 Objekte – Harnische, Blankwaffen, Stangenwaffen, Geschütze, Pistolen und Gewehre – umfaßt.
Auf dem schmalen Sattel im Nordwesten, etwa 50 m unterhalb der Burg, entstand in deren Schutz eine Ansiedlung, die um 1450 als „Baldern der Weiler" bezeugt ist. Das Dorf – überwiegend aus landwirtschaftlichen Nebenerwerbsbetrieben bestehend – ist Hauptort einer Gemeinde, die (1969) 485 Einwohner zählt. 1968 wurde ein neuer Kindergarten gebaut. Zentrale Wasserversorgung, Ortskanalisation sind vorhanden, die Ortsstraßen werden ausgebaut.

*Benzenzimmern* Die Gemeinde (437 m ü. d. M., 385 ha) gehört zu dem Naturraum Nördlinger Ries. In einer päpstlichen Bulle um 1190 wurde Benzenzimmern erstmals erwähnt. Durch die Mediatisierung der kleinen Fürsten und Reichsstädte wurde Benzenzimmern im Jahre 1802 bayerisch, fiel dann aber 1810 an Württemberg. Der Turm der in der Ortsmitte gelegenen Johanneskirche aus dem Jahre 1450 steht unter Denkmalschutz.
Der Ort hat auch heute noch ein stark bäuerliches Gepräge, obwohl von den 220 Einwohnern immer mehr ihr Auskommen in der Industrie der benachbarten Städte Nördlingen und Bopfingen finden. Die Flurbereinigung wurde in den Jahren 1950 und 1959 durchgeführt, eine zentrale Wasserversorgung 1953, die Kanalisation, der Bau der Kläranlage und der Ausbau der Straßen in den Jahren 1967–1970 kamen hinzu.

*Stadt Bopfingen* Zu Füßen des vorgeschichtlich interessanten Ipf mit seiner Ringwallbefe-

stigung und der Burgruine Flochberg liegt Bopfingen (468 m ü. d. M., 1955 ha). Die erste urkundliche Erwähnung des Ortes findet sich in den Fuldaer Klosterakten des achten und neunten Jahrhunderts. 1274 wird Bopfingen unter Rudolf von Habsburg Freie Reichsstadt. Im Dreißigjährigen Krieg wird die Stadt schwer geschädigt und die Burg Flochberg von den Schweden zerstört. 1803 wird Bopfingen kurbayrisch und kommt 1810 an Württemberg. 1811 besucht König Friedrich I. die Stadt und stiftet die heute noch weithin bekannte alljährliche Ipfmesse.
Die evangelische Stadtkirche St. Blasius reicht in ihren ältesten Bauteilen (romanisches Südtor) ins 11. Jahrhundert. Sie war eine alte Wallfahrtskirche (Ablaßbrief 1299, Mirakelbuch). Sehenswert sind in ihr ein Sakramentshäuschen von 1510, der Liebfrauenaltar von 1472 aus der Werkstatt des Nördlinger Meisters Friedrich Herlin und mittelalterliche Fresken. Ein barockes Kleinod ist die im Stadtteil Flochberg gelegene Wallfahrtskirche „Maria auf dem Roggenacker".
Die 5100 Einwohner zählende Stadt besitzt Leder- und Textilindustrie, chemische Fabriken, eine Seifenfabrik sowie zahlreichen gewerblichen Mittelstand. Im neuen Landesentwicklungsplan für Baden-Württemberg ist Bopfingen als Unterzentrum eingeteilt. Das Progymnasium ist zum Ausbau als Vollanstalt vorgesehen. Neben einer modernen Grund- und Hauptschule ist eine sechsklassige Realschule und eine land- und hauswirtschaftliche Kreisberufsschule vorhanden.

*Dalkingen* Im Tal der Röhlinger Sechta, etwa sechs km südöstlich von Ellwangen, liegt Dalkingen (449 m ü. d. M., 1105 ha). Zusammen mit Weiler und dem Waldkrankenhaus bildet es die 930 Einwohner zählende Gemeinde. In den alten Urkunden wird Dalkingen erstmals 1136 erwähnt. Der Ort ist alter ellwangischer Besitz. Seit dem 14. Jahrhundert war auch das Spital zu Dinkelsbühl an Grundbesitz und Obrigkeit beteiligt. 1810 kam der Ort an Württemberg und gehörte bis 1938 zum Oberamt Ellwangen. Der Turm der Pfarrkirche St. Nikolaus stammt aus dem Jahr 1514 und steht unter Denkmalschutz. Der Teilort Weiler hatte 1253 mit den Rittern von Wiler eine eigene Dorfherrschaft, die im 14. Jahrhundert ausgestorben ist.
Der ursprünglich rein landwirtschaftliche Charakter der Gemeinde hat sich seit Ende des Zweiten Weltkriegs stark verändert. Bevorzugte Arbeitsplätze sind jetzt die umliegenden Industrieorte. Rege Bautätigkeit hat das alte Ortsbild gesprengt. Seit 1948 sind durch 70 Wohnhausneubauten mehrere Siedlungen entstanden.

*Dewangen* Mitten im Welland liegt geschützt in flachen Talmulden und luftigen Höhen die Gemeinde Dewangen (465 m ü. d. M., 1653 ha). Von den 2000 Einwohnern leben 1400 im Ort Dewangen, die übrigen wohnen in 27 ringsum verstreuten Weilern und Höfen. Im 13. Jahrhundert erstmals genannt, stand Dewangen bis zum 14. Jahrhundert unter der Lehensherrlichkeit des Klosters Ellwangen. Dann kam es durch Kauf an das „Heilig-Geist-Spital" in Schwäbisch Gmünd. Anno 1803 ist das Dorf dem damals neu errichteten Oberamt Aalen eingegliedert worden. Mittelpunkt der Gemeinde ist die Pfarrkirche zur „Himmelfahrt Marias", die im Jahre 1820 erbaut wurde. Der Turm stammt noch aus dem 13. Jahrhundert und erinnert in seiner wuchtigen Gestalt an die Zeiten des ritterlichen Burgenbaus. Aus der Ulmer Schule birgt die Pfarrkirche ein großes Kreuz auf dem Hochaltar aus dem Jahre 1490 und eine Madonna aus dem Ende des 17. Jahrhunderts.
Die Gemeinde hat in den Teilorten bäuerliches Gepräge, während die Bewohner im Hauptort durch die stark wachsenden Siedlungen ihr Auskommen meist in Gewerbe und Industrie der Nachbarstädte Aalen und Wasseralfingen finden. Durch Ortssanierungen in allen Teilorten, Straßenneubauten und Schulhausbauten in Reichenbach und Dewangen wurde der Gemeinde ein zeitgemäßes Bild gegeben.

*Dirgenheim* Am westlichen Riesrand liegt Dirgenheim, eine der kleinsten Kreisgemeinden (487 m ü. d. M., 338 ha). Urkundlich wird der Ort im 13. Jahrhundert erwähnt. Im Dreißigjährigen Krieg wurde das Dorf dreimal fast gänzlich zerstört. Auch Krankheiten und Seuchen entvölkerten den Ort wiederholt.

Die alte Kirche mit romanischem Wehrturm und gotischem Kreuzrippengewölbe steht unter Denkmalschutz. Die Gemeinde mit ihren 340 Einwohnern ist überwiegend bäuerlich geprägt. Immer mehr Einwohner suchen jedoch ihren Arbeitsplatz in der Industrie der Nachbarstadt Bopfingen. In den letzten Jahren wurden eine moderne Zweiklassenschule und eine neue Kirche errichtet, die Ortskanalisation gebaut und die Ortsstraßen mit Teerdecken versehen.

*Dorfmerkingen* Im hinteren Härtsfeld, verborgen zwischen großen Wäldern und umgeben von Heidelandschaft liegt Dorfmerkingen (550 m ü. d. M., 2345 ha). Schon seit dem 13. Jahrhundert gehört das Dorf zu dem Besitz des Klosters Neresheim, nachdem es zeitweilig von den Fürsten Öttingen-Wallerstein beherrscht worden war. 1810 kam das Dorf zu Württemberg. Künstlerisch wertvoll sind die Fresken von Michael Zink (1748/49) in der kath. Pfarrkirche St. Mauritius.
Das Dorf zählt mit den Teilorten Dossingen, Weilermerkingen und Hohenlohe 1053 Einwohner, die teilweise ihren Erwerb in der Landwirtschaft, teilweise in der Industrie der Nachbarstädte suchen. Für den Fremdenverkehr sind besonders das Dossinger und Dorfmerkinger Tal gern besuchte Anziehungspunkte. Für die Besucher des Dossinger Tales stehen zwei Wanderparkplätze zur Verfügung. Dem neuen Schulhaus und Kindergarten sollen eine Turnhalle und ein Gymnastikplatz als nächste Projekte folgen.

*Ebnat* Die Gemeinde liegt auf der Härtsfeldhochfläche am Rande zum Kochertal (613 m ü. d. M., 2102 ha). Das Dorf ist weitläufig in einer Mulde der Ebene angelegt und von Tannenwäldern eingesäumt. Es kam mit seinen Teilorten aus dem Besitz der Grafen von Dillingen zum Kloster Neresheim, dem es 1298 durch Papst Bonifaz VIII. bestätigt wurde. Nach kurzer Herrschaft der Thurn und Taxis kam Ebnat 1810 an Württemberg. Als bemerkenswertes Bauwerk gilt die 1723 errichtete Marienkirche (Wallfahrt) mit ihrem schönen Zwiebelturm, der noch von der alten Kirche (1481) stammt und als Vorbild für die späteren Kirchtürme des Härtsfeldes diente. Nach der ersten größeren Erweiterung der Gemeinde durch den Bau von 30 „Gnadenhäuslein“ unter Abt Benedikt Maria von Neresheim, wurde nach 1948 durch Siedlungsbau die Zahl der Wohnungen verdreifacht. Die Zahl der Einwohner stieg auf 2250 an (1969). Die Wandlung von der bäuerlichen zur Arbeiterwohngemeinde ging parallel mit der Entwicklung ortsansässiger Industrie (Textil, Ketten, Beton, Steinbrüche). Das alte bodenständige Handwerk der Häfner ist leider eingegangen.
In den letzten Jahren wurden eine Sporthalle, ein Kindergarten und ein Schulhaus mit Lehrschwimmbecken gebaut. Ebnat ist Kreuzungspunkt der beiden Landstraßen Aalen–Unterkochen–Neresheim und Lauchheim–Heidenheim. Der Nahverkehr wird außer den Omnibuslinien auch von der Härtsfeldbahn getragen.

*Elchingen* Auf einer der höchsten Stellen des Härtsfeldes liegt die Gemeinde Elchingen (612 m ü. d. M., 2257 ha). Sie wird 1144 erstmals genannt (Alchingen) als teilweise zum Zehentbezirk der Ohmenheimer Kirche gehörig. Später waren die Herren von Hürnheim die Hauptbesitzer. Conrad vom Hohenhause verkaufte dann an die Grafen von Öttingen, welche 1311 ihren Besitz an das Kloster Neresheim veräußerten. Mit Neresheim wurde auch Elchingen 1803 thurn und taxisch, ab 1810 württembergisch. Die 1725 unter Abt Amandus Fischer im Barockstil erbaute Kirche St. Ottmar steht unter Denkmalschutz. Ein vom Kloster Neresheim nach hier versetzter Taufstein aus gelbem Marmor, die vier Evangelisten zeigend, ist beachtenswert.
Von den 1090 Einwohnern sind heute noch rund die Hälfte in der Landwirtschaft beschäftigt. Etwa 250 Pendler arbeiten in der auswärtigen Industrie. Der Luftlandeplatz Elchingen ist mit jährlich 9000 Starts (Motorflug) und 3000 Starts (Segelflug) der meist frequentierte in Württemberg. 1962 wurde ein neues Schulgebäude erstellt, 1967 ein neuer Sportplatz und ein Kindergarten.

*Ellenberg* Auf dem höchsten Punkt des Virngrunds, je 10 km von Ellwangen und von

62. *Ebnat, neue Gartenschule* 63. *Ebnat, Leichenhalle*

*64. Westhausen, modernes Freibad in idyllischer Lage. Erstes beheiztes Schwimmbad im Kreis Aalen*

*65. Trochtelfingen, Hermann-Hahn-Bad, reizvoll eingebettet im Egertal*

*66/67. Oberdorf am Ipf, Schulgebäude mit Schulsport- und Spielpark, unten: Dorfansicht*

*68. Kirchheim am Ries, Alemannenschule mit Turnhalle. Im Vordergrund Ehrenmal für die Kriegsopfer*

*69. Ellenberg, Volksschule mit angebauten Lehrerwohnungen. Dahinter Pfarrhaus mit Barockkirche „Zur Schmerzhaften Mutter"*

*70. Hüttlingen, Ortsansicht mit Kirche, Schulzentrum und neuerbauter Limessporthalle*

*71. Abtsgmünd, Marienkapelle* *72. Jagstzell mit Schulneubau auf der Höhe*

*73. Walxheim, evangelische Pfarrkirche*

Dinkelsbühl entfernt, liegt die Gemeinde Ellenberg. Am östlichen Ortsausgang markiert ein Findling die Wasserscheide zwischen Donau und Rhein (576 m ü. d. M., 3017 ha). Von der Aussichtsplatte des Wasserturms schweift der Blick weit ins bayrische Land, auf die Randberge der Alb und über die Hohenloher Ebene. Ausgedehnte Waldungen, die zu erholsamen Spaziergängen einladen, geben der Landschaft ihr Gepräge. Am Ostrand des Dorfes steht die Barockkirche „zur Schmerzhaften Mutter", die im Jahr 1726 erbaut wurde. Im Ortsteil Breitenbach steht eine gotische Sebastianskapelle mit wertvollen Barockfiguren. Die Gemeinde zählt mit ihren 19 Ortsteilen 1400 Einwohner. Durch den Bau der Rückhaltebecken an den Quellflüssen der Jagst entwickelten sich die Ortsteile Häsle und Haselbach in den letzten Jahren mehr und mehr zu Ausflugszielen für Zelt- und Campinggäste.

*Stadt Ellwangen* In die Hügellandschaft des Virngrunds eingebettet liegt die 1200jährige Stadt Ellwangen an der Jagst (430 m ü. d. M., 1031 ha). Die Gründung des Klosters durch die burgundischen Brüder Hariolf und Erlolf ist um 760 anzusetzen. Das Benediktinerkloster erlangte bald danach die Stellung einer Reichsabtei und gehörte mit Fulda und der Reichenau zu den bedeutendsten religiösen Zentren in Süddeutschland. Nach 1100 begann südlich des Klosterhügels die weltliche Siedlung zu wachsen. Im Jahr 1460 wurde das Kloster in ein weltliches Chorherrenstift umgewandelt. 1802 kam die gesamte Fürstpropstei zum Königreich Württemberg. Bis 1924 war Ellwangen Sitz der Kreisregierung des Jagstkreises. 1938 wurde das Oberamt Ellwangen aufgehoben und in den Kreis Aalen eingegliedert. Sehenswert sind das schöne, klar gegliederte Stadtbild, die romanische Basilika von 1233, die barocke Wallfahrtskirche Schönenberg nach dem Vorarlberger Münsterbauschema und das Schloß, das den Fürstpröpsten als Residenz diente. Durch seine zahlreichen Behörden und die ausgezeichneten Schulen, durch die vielen kulturellen, kirchlichen und gewerblichen Einrichtungen hat die Stadt mit ihren 13 300 Einwohnern, rund 6000 Arbeitsplätzen (davon 3500 in der Industrie und 600 im öffentlichen Dienst), und mit der großen Garnison auch heute noch eine starke Ausstrahlungskraft im Kreis Aalen.

*Essingen* Die Gemeinde liegt am Fuße des Albuchs auf einem Braunjurahügel, der nach Westen, Norden und Osten hin abfällt (508 m ü. d. M.). Die Markungsfläche beträgt 4864 ha, darunter 2409 ha Wald, der sich im Besitz der Freih. v. Woellwarthschen Waldstiftung, der Realgenossenschaft und von Privaten, hauptsächlich Landwirten, befindet. Urkundlich erscheint Essingen gegen Ende des 11. Jahrhunderts. 1215 nahm Kaiser Friedrich II. die dort befindlichen Güter des Klosters Hirsau unter seinen Schutz. In der zweiten Hälfte des 16. Jahrhunderts ging Essingen durch Kauf von verschiedenen Grundherren in den Besitz der Freiherrn von Woellwarth über, die bereits in Lauterburg und Hohenroden ansässig waren. Diesen verlieh Kaiser Karl IV. Marktrecht und Blutbann. Die spätgotische evang. Kirche beherbergt ein wertvolles gotisches Kruzifix.

Das Dorf ist dabei, sein bäuerliches Gepräge zu verlieren, es wird mehr und mehr Arbeiterwohngemeinde. Die Zahl der Auspendler in Industriebetriebe der Umgebung beträgt rund 800. Ungefähr 200 Arbeitskräfte sind in mehreren in der Gemeinde ansässigen Betrieben beschäftigt. Seit 1939 ist die Zahl der Einwohner von 1629 auf 3300 (1970) angestiegen. Das in der Nähe des Remsursprungs gelegene Skizentrum Hirtenteich mit seinen Skiliften übt große Anziehungskraft auf Wintersportler der näheren und weiteren Umgebung aus. Die zwischen Tauchenweiler und Lauterburg gelegenen Weiherwiesen mit ihrem hochmoorähnlichen Charakter stehen unter Landschaftsschutz. Die einzügige Hauptschule, in einem 1963 bis 1965 erbauten Schulgebäude, wird auch von Kindern der Gemeinde Lauterburg besucht.

*Fachsenfeld* Am Rande des Wellands, etwa neun km nordwestlich der Kreisstadt Aalen, liegt die Gemeinde Fachsenfeld (472 m ü. d. M., 395 ha). Die geschichtlichen Anfänge sind eng mit der Familie von Woellwarth verbunden, die 1591 die ev. Pfarrkirche erbaut hat. Bemerkenswert sind in dieser Kirche ein Sandstein-

kruzifixus, Grabmäler und Wandmalereireste. Das Schloß der Freiherrn von Koenig-Fachsenfeld wurde um 1830 errichtet.
Noch vor dem letzten Krieg zählte die Gemeinde 1303 Einwohner und stand damit an 18. Stelle im Kreis Aalen. Heute ist Fachsenfeld mit 2840 Einwohnern an die 12. Stelle vorgerückt. In den zurückliegenden Jahren wurde ein großzügiger Wohnungsbau entwikkelt. Die Gemeinde erbaute 1957 eine Turn- und Festhalle und 1962 ein Schulhaus. Jüngste größere Bauprojekte waren das Rathaus und die Kläranlage (zusammen mit Wasseralfingen, Hofen und Hüttlingen). Die Ortskernsanierung ist weitgehend abgeschlossen. Weitere Vorhaben sind für die nächsten Jahre ein Altenwohnheim, eine großzügige Sportanlage und ein Schulhausneubau.

*Geislingen* Am Westrand des Rieses, östlich von Ellwangen, liegt Geislingen (479 m ü. d. M., 357 ha). Der Ortsname geht auf einen alemannischen Sippenführer Giselo zurück. Ortsadel ist 1153 urkundlich nachgewiesen. Die Ritter von Geislingen waren Dienstmannen der Grafen von Öttingen. Ortsherren waren zeitweilig auch die von Hürnheim, die Reichsgrafen von Königsegg und der Deutschorden, der den Ort samt Kirchenschatz 1509 an die Grafen von Öttingen verkaufte. Außerdem waren hier auch verschiedene Klöster begütert. Die 1768 neu aufgebaute kath. Pfarrkirche St. Nikolaus hat ihren einstigen Wehrcharakter bewahrt.
Ausgedehnte Waldungen mit Grabhügelgruppen aus der Hallstattzeit laden in der Umgebung von Geislingen zum Wandern ein. 90 Prozent der rund 360 Einwohner sind Vollbauern oder betreiben die Landwirtschaft im Nebenerwerb, die übrigen sind Arbeiter.

*Goldburghausen* Die Gemeinde liegt am westlichen Rande des Rieses, am vorgeschichtlich bedeutsamen Goldberg (452 m ü. d. M., 493 ha). Grundherr war das Spital zu Nördlingen, das den gesamten Besitz in Goldburghausen an sich brachte und bis zum Anfang des 19. Jahrhunderts die Herrschaft in der Gemeinde ausübte.
Die Struktur der Gemeinde ist überwiegend landwirtschaftlich. Die Bevölkerungsentwicklung war deshalb in den letzten Jahren rückläufig und steht heute bei 250 Einwohnern (1970).

*Hofen* Begrenzt durch Welland, Virngrund und Kochertal liegt am Fuße des Braunenberges die Gemeinde Hofen (428 m ü. d. M., 1260 ha). Der Ort ist vermutlich die erste und älteste Gründung der ahelfingischen Sippenführer und Grundherren. Im Ortsteil Oberalfingen (früher Hohenalfingen) liegt die Stammburg der Ahelfinger. Urkundlich wird der Ort 1392 als „Hofen das Dorf" erstmals genannt. 1553 kam Hofen an die Fürstpropstei Ellwangen und nach der Säkularisation an Württemberg.
Die kath. Pfarrkirche St. Georg und Laurentius von 1762 war ursprünglich die Mutterkirche des ahelfingischen Gebiets mit Wasseralfingen. Außen am Chor ist ein spätgotisches Grabmal. Sehenswert ist auch die stattliche Heimatsmühle, eine mittelalterliche Gründung vor 1399 (1969 im Mühlenbereich abgebrannt).
Hofen mit rund 2200 Einwohnern, davon etwa 600 Pendlern, ist heute eine Arbeiterwohngemeinde mit zunehmender Industrialisierung. Geplant ist ein größeres Gewerbegebiet im Bereich Goldshöfe mit idealen Wohn- und Erholungsmöglichkeiten. In den letzten Jahren wurde eine Grund- und Hauptschule mit Lehrerwohnungen gebaut, das alte Schulhaus zum Rathaus umgebaut und die Trinkwasserversorgung in sämtlichen Gemeindeteilen verbessert. Hofen ist am Zweckverband Gruppenklärwerk Niederalfingen beteiligt. Nach der Anlage eines Dorfplatzes und eines zentralen Kinderspielplatzes ist nun der Bau einer Großturnhalle (1970) an der Reihe.

*Hohenstadt* Am Rande eines steil ins Kochertal abfallenden Felsens, des Ausläufers des Frickenhofer Höhenzuges, liegt der Marktflecken Hohenstadt (497 m ü. d. M., 1266 ha). Wohl bis ins 11. Jahrhundert war die Hohenstadter Ebene unbewohnt. 1287 wird der Ort erstmals als bei der Herrschaft der Grafen von Öttingen befindlich genannt. 1407 gelangen Burg und Dorf Hohenstadt an die Adelmann von Adelmannsfelden, die mit kurzen Unterbrechungen im Besitz des Ortes bleiben, bis er

1805 zu Württemberg kam. Die kath. Pfarrkirche ist Ziel einer alten Patriziuswallfahrt. Die Kirche wurde vermutlich nach dem Entwurf des Vorarlberger Baumeisters Christian Thumb 1707–1711 erbaut. Bemerkenswert sind das pompös stuckierte Tonnengewölbe, die spätgotische Muttergottes im Hochaltar und Grabdenkmäler des 16. bis 18. Jahrhunderts. Das heutige Schloß der Grafen Adelmann ist im wesentlichen ein Bau von 1625, aufgestockt und neu ausgestattet um 1770. Interessant ist der Schloßgarten im Übergang vom französischen zum englischen Stil von 1756. Die Gemeinde mit ihren fast 700 Einwohnern hat noch überwiegend ländlichen Charakter.

*Hülen* Auf einem der nördlichsten Ausläufer des Härtsfeldes, ganz von Wald umgeben, liegt die Gemeinde Hülen mit Schloß Kapfenburg (629 m ü. d. M., 1013 ha). Die im 15. Jahrhundert erstmals genannte Gemeinde gehörte bis 1803 zum Deutschen Orden. Die Kapfenburg kam 1364 an die Deutschordenskommende Mergentheim und blieb bis zur Säkularisation Sitz eines Komturs. Künstlerisches Kernstück des Schlosses ist der Westernach-Bau von 1591–1593 mit volutengeschmücktem Renaissancegiebel. Sehenswert sind auch der Rittersaal, die Schloßkapelle mit ihren Fresken und die vorzüglichen Portale.
Der 475 Einwohner zählende Ort ist heute vorwiegend Arbeiterwohngemeinde. Die Landwirtschaft wird fast nur noch als Nebenerwerb betrieben. Die landschaftlich schöne Lage auf dem Härtsfeld bietet gute Möglichkeiten für den Wintersport, die von der Gemeinde weiter ausgebaut werden.

*Hüttlingen* In einem Talkessel am Kocherknie liegt Hüttlingen, eine der größten Gemeinden des Kreises (408 m ü. d. M., 1869 ha). Quer durch die Gemarkung des aus dem 3. Jahrhundert stammenden alemannischen Urdorfes führt der rätische Limes. In den Urkunden taucht Hüttlingen erstmals im Jahre 1024 auf. Unter Kaiser Heinrich II. wurde der Ort zum Grenzpunkt an dem zum Bannforst erhobenen Virngrundwald. Sehenswert und historisch interessant ist die Burg Niederalfingen, eine der drei Ahelfinger Burgen. Heute ist sie für den Jugendbund „Neudeutschland“ bedeutende Tagungsstätte und Schullandheim. Für den Kunstfreund bemerkenswert ist das ehemalige Vogteigebäude der Burg aus dem Jahre 1577, der Turm der Pfarrkirche St. Michael von 1501 und die Marienkapelle am Friedhof von 1413. Unter Landschaftsschutz steht das Filgenbachtal mit seinem Wasserfall, ein ebenso beliebtes Wanderziel wie das Erholungszentrum in Niederalfingen und das Waldbad mit Sportgelände Schlierbach.
Hüttlingen ist mit seinen 4600 Einwohnern eine aufstrebende Arbeiterwohngemeinde, während die Teilgemeinden noch landwirtschaftlich geprägt sind. Die Gemeinde hat eine zweizügige Hauptschule (Alemannenschule) und die Limessporthalle mit Sportgelände gebaut. Weiterer Siedlungsraum und Industriegelände sind bei Goldshöfe gegeben.

*Jagstzell* Zwischen Ellwangen und Crailsheim, beiderseits der oberen Jagst, liegt in einem engen Talgrund und auf fünf steil ansteigenden Anhöhen die Ortschaft Jagstzell (423 m ü. d. M., 3800 ha). Hervorgegangen aus einer kleinen Mönchsniederlassung (cella, Zelle), die vom Benediktinerkloster Ellwangen um 800 gegründet wurde, wird Jagstzell erstmals 1170 urkundlich erwähnt. Das Jagstzeller Gemeindewappen mit dem romanischen Klosterkirchlein, dem hl. Veit geweiht, spiegelt den Ortsnamen und die Ortsgeschichte wider.
Die heutige Dorfkirche wurde 1498 im spätgotischen Stil erbaut und 1747 barockisiert. Kunsthistorisch interessant ist auch die 1280 erbaute Nikolauskapelle von Keuerstadt im Waldgebiet östlich der Gemeinde.
Jagstzell, früher von stark bäuerlichem Gepräge, ist heute mit seinen rund 2200 Einwohnern überwiegend eine Arbeiterwohngemeinde, aus der täglich über 500 Menschen in die Industriestädte der Umgebung fahren.
Ausgedehnte Wälder und die reizvollen Stauseen im Orrottal und Fischbachtal bieten Erholung und Entspannung. 1950 wurde am Rothofberg ein Müttererholungsheim eingerichtet. Auf der Höhe des Badberges entstand eine neue Schule mit Turn- und Festhalle. Bei der günstigen Verkehrslage an der Entwicklungsachse Ellwangen–Crailsheim sind der Gemeinde lohnende Zukunftsaufgaben gestellt.

*Kerkingen* Am Riesrand, zu beiden Seiten des Kirchbaches, liegt Kerkingen (473 m ü. d. M., 1174 ha). Die spätgotische St.-Ottilien-Kirche von 1472 wurde barock umgebaut und wird derzeit renoviert und erweitert (1970). Patronatsherr ist der Fürst von Öttingen-Wallerstein.

Kerkingen zählt mit seinen drei Teilorten rund 850 Einwohner und ist mit etwa 100 bäuerlichen Betrieben noch landwirtschaftlich geprägt. In der auswärtigen Industrie arbeiten etwa 190 Einwohner. 1952 wurde die zentrale Wasserversorgung – Kerkingen gehört zur Wasserversorgung der Riesgruppe – eingerichtet. Eine schön gelegene Sportstätte mit Heim wurde gebaut und ein geräumiges Siedlungsgebiet „Im Brühl" erschlossen. Am Ort besteht eine Filiale der Bopfinger Bank, die Raiffeisen-Gesellschaft ist mit einem neuerbauten Lagerraum und einem Büro vertreten.

*Kirchheim am Ries* Am Rande des fruchtbaren Rieskessels liegt in hügeliger Landschaft die Gemeinde Kirchheim (447–618 m ü. d. M., 1382 ha). Zahlreiche Funde, die bis zur Jungsteinzeit zurückreichen, zwei Keltenschanzen, mehrere römische Gutshöfe und ein alemannisches Gräberfeld weisen auf uraltes Siedlungsgebiet hin.

Vier Kirchen der Gemeinde stehen unter Denkmalschutz: die Friedhofskapelle als ältestes Gotteshaus der ganzen Gegend, die evangelische Pfarrkirche aus dem 11. Jahrhundert, die Kapelle im Ortsteil Jagstheim (1399) und als bedeutendstes Kunstdenkmal die Anlage des ehemaligen Zisterzienserinnenklosters.

Die rund 1200 Einwohner zählende Gemeinde hat in den letzten 20 Jahren einen starken Strukturwandel erlebt. Etwa ein Drittel der landwirtschaftlichen Betriebe wurde aufgegeben. Gleichzeitig wuchs die Zahl der Zu- und Nebenerwerbsbetriebe, die teilweise überörtliche Bedeutung haben. In reger Bautätigkeit wurden in den vergangenen Jahren neue Siedlungsgebiete erschlossen, ein neues Schulgebäude sowie eine Turn- und Festhalle errichtet. Die beiden Pfarrgemeinden legten neue Kindergärten und Jugendheime an.

*Kösingen* Das Härtsfelddorf (572 m ü. d. M., 1335 ha) liegt am Rande des Kreises, an der Grenze zum Nachbarkreis Heidenheim und zu Bayern. Bereits zur Keltenzeit war die Gegend bewohnt, in der Waldabteilung Farzach liegt eine Viereckschanze aus der jüngeren Eisenzeit (etwa 400 v. Chr.). Nach dem Grafen von Oettingen und der Propstei Solnhofen gehörte die Gemeinde von 1619 bis 1764 dem Kloster Neresheim. 1764 übernahm das Haus Oettingen Kirche und Gemeinde. 1803 kam Kösingen zu Bayern, 1810 zu Württemberg.

Sehenswert ist die katholische Pfarrkirche St. Sola. Der untere Teil des Turms ist gotisch (12. Jahrhundert) und enthält eine reiche Ausmalung, die bei Restaurierungsarbeiten 1961 freigelegt wurde. Das Kirchenschiff wurde 1720 errichtet, den Altar gestaltete Dominikus Zimmermann.

Die Landwirtschaft wird jetzt vorwiegend als Nebenerwerbsbetrieb ausgeübt, nur ca. 20 Prozent der landwirtschaftlichen Betriebe sind noch Vollbauernhöfe. Ein großer Teil der 529 Einwohner arbeitet in Industriebetrieben in Neresheim, Dischingen und Heidenheim (u. a.). 1962 bis 1967 wurde am Südrand des Dorfes ein modernes Schulzentrum errichtet, mit Schulgebäude, Pausenhof, Spielplatz, Lehrerhaus und Turnhalle, die auch als Festhalle benützt wird. Eine gemeinsame Kläranlage von Ohmenheim, Schweindorf und Kösingen ist im Bau.

*Laubach* Die Gemeinde liegt am Einfluß des Reichenbachs, auch Laubach genannt, in die Lein (396 m ü. d. M., 144 ha). Der Ort ist seit dem 15. Jahrhundert Sitz eines Zweigs der Herren von Woellwarth. Das Schloß, 1599 durch Hans Sigmund von Woellwarth erbaut, auf einem Hügelvorsprung zwischen Lein und Reichenbach gelegen, beherrscht die alte Leintalstraße.

Größter Teilort ist Leinroden. Die Kirche wurde 1604 von Hans Sigmund von Woellwarth erbaut. Besonderes Interesse gilt einem lebensgroßen Kruzifix aus Sandstein. Auf einem Burghügel am Abhang des Leintals liegt der Teilort Lustenau; noch 1601 hieß der Ort Luschenau, der alte Name der Burg ist Roden. Ein gewisser Rudolf von Pfahlheim von Roden verkaufte die Turmhügelburg 1369 an die vielverzweigte Familie der Füchse, die sie bereits 1377 den Woellwarths überließ.

Die Gemeinde mit ihren 413 Einwohnern (1969) hat immer noch sehr starkes landwirtschaftliches Gepräge, obwohl zunehmend mehr Arbeitnehmer ihr Auskommen in der Kreisstadt Aalen finden. In der Zeit von 1961 bis 1964 konnte im Teilort Leinroden eine neue Schule fertiggestellt werden.

*Stadt Lauchheim* Mit ihren 2300 Einwohnern (490 m ü. d. M., 1751,5 ha) die kleinste unter den Städten des Kreises, liegt Lauchheim eingebettet in das von der stolzen Deutschordensfeste beherrschte Jagsttal. Die Geschichte Lauchheims ist sehr stark durch den Deutschorden geprägt. Dieser erwirkte 1398 vom Kaiser für Lauchheim die Abhaltung von drei Jahrmärkten, es wurde also Marktflecken. 1397 und endgültig 1430 erhielt Lauchheim das Recht der Ummauerung; es wurde Stadt. 1431 erhielt es unter Kaiser Sigismund dieselben Stadtrechte wie Bopfingen, und wurde so rechtlich einer kleinen Reichsstadt gleichgestellt, jedoch unter Oberhoheit des Deutschordens. Von den einstigen Stadtbefestigungen sind noch Teile der Mauer und ein Rundturm erhalten. Das obere Tor (gegen Bopfingen), ein gedrungener, achteckiger Turm mit Zwiebeldach vom Jahre 1621, ist heute noch vorhanden. In der gotischen Barbarakapelle wurden bei der Restaurierung wertvolle Wandfresken aus der Deutschordenszeit des 15. Jahrhunderts freigelegt.
Lauchheim wird nach den gegenwärtigen Landesplanungen als Mittelpunktgemeinde eingestuft. Die Stadt ist dabei, sich den Erfordernissen der Zukunft anzupassen und die erforderlichen öffentlichen Einrichtungen, insbesondere auf dem Gebiet des Schulwesens, zu schaffen. Die Versorgungseinrichtungen (Wasserversorgung, Entwässerung usw.) sind auf eine Bevölkerungszahl von 5000 Einwohnern ausgelegt. Das Städt. Krankenhaus, ein medizinisch-technisch sehr modern eingerichtetes Leichtkrankenhaus mit 60 Betten, hat ein Einzugsgebiet, das weit über Lauchheim und die umliegenden Gemeinden hinausgeht.

*Lauterburg* Am Steilrand des Albuchs, unweit vom Volkmarsberg und Rosenstein, liegt Lauterburg (671 m ü. d. M., 1107 ha). Das Dorf ging aus einer Ansiedlung um die Burg hervor, einer zum Schutz des Remstal-Brenztal-Wegs erbauten Feste. 1128 wurde diese zum Pfalzgrafensitz erwählt und kam 1413 in den Besitz der Freiherrn von Woellwarth-Lauterburg. In dieses Jahr fällt auch die erste urkundliche Erwähnung des Ortes. Während sich das Dorfbild im Wandel der Zeiten wesentlich verändert hat, blieb das hufeisenförmige Straßenbild bis auf den heutigen Tag erhalten. 1732 brannte die Burg ab, die Ruine ist zwischen zwei steil abfallenden Schluchten noch zu sehen. Die evang. Pfarrkirche, erbaut vor 1612, birgt in ihrem Innern ein gemaltes Stifterepitaph und ein Terrakottakruzifixus. Die Wälder in der Umgebung laden zu Spaziergängen ein. Die rund 480 Einwohner finden ihren Erwerb in der Landwirtschaft, zunehmend mehr jedoch in der Industrie.
Nahe dem Ort liegt das weitbekannte „Skizentrum Hirtenteich“. Dank seiner günstigen Lage und seiner beiden Lifte ist es das Ziel vieler Skifahrer aus nah und fern geworden.

*Lippach* 13 km südöstlich von Ellwangen liegt in dem langen, geradlinigen oberen Jagsttal das katholische Pfarrdorf Lippach (498 m ü. d. M., 946 ha).
Um 930 wurde gegen plötzliche Reiterüberfälle eine Feste auf der Stelle errichtet, wo heute das Gasthaus „Zum Kreuz“ steht. Der Abt von Ellwangen beauftragte einen Ministerialen mit ihrer militärischen Betreuung. So entstand der Ortsadel von Lippach, dessen erster urkundlich nachweisbarer Vertreter den Namen Liutfried führte.
Nacheinander erscheinen dann verschiedene Adelsgeschlechter als Burginhaber, zuletzt im ausgehenden 18. Jahrhundert die Herren von Oettingen-Wallerstein, aber immer als Lehensträger der Propstei Ellwangen.
Die 1899 im neuromanischen Stil erbaute Pfarrkirche birgt drei über halblebensgroße Holzbildwerke edelster Eichstätter Arbeit. Alljährlich findet am Sonntag nach Christi Himmelfahrt der traditionelle Blutritt mit Reitermesse und Flurumritt statt.
Der Ort hat auch heute noch ein stark bäuerliches Gepräge, obwohl viele Auspendler in Aalen, Bopfingen, Westhausen und Lauchheim

in der Industrie ihren Lebensunterhalt verdienen.
Großzügig angelegte Neubausiedlungen, eine zentrale Wasserversorgung und Erweiterung des Straßennetzes waren die Leistungen in der jüngsten Vergangenheit. Ein Leichenhaus und ein zweiklassiger Kindergarten sollen in den nächsten Jahren folgen.

*Stadt Neresheim* Inmitten einer reizvollen Landschaft liegt als zentraler Ort des Härtsfelds am Ursprung der Egau die Stadt Neresheim (500 m ü. d. M., 2398 ha). Die von den Alemannen gegründete Siedlung nimmt entscheidenden Aufschwung durch die Klostergründung im Jahr 1095. Die Erhebung zur Stadt erfolgt 1350. Bis zum Anfang des 19. Jahrhunderts bleibt sie öttingische Landstadt. 1803 wurde das Kloster aufgehoben, Neresheim kam zu Württemberg und war Oberamtsstadt bis 1938. Im Jahre 1920 wurde das Kloster von den Benediktinern wiederbezogen.
Weltberühmt ist die Abteikirche des Baumeisters Balthasar Neumann mit den Kuppelfresken des kongenialen Martin Knoller. Das Konventsgebäude hat wertvolle Kunstschätze aufzuweisen. Sehenswert sind auch die katholische Pfarrkirche von 1468 (1716 barockisiert) und die Friedhofskirche von 1597, beide mit Fresken von Joh. Mich. Zink.
Industriellen Aufschwung brachte der Stadt der Zustrom der Heimatvertriebenen. Heute hat Neresheim bei 2798 Einwohnern neun Industriebetriebe mit 630 Beschäftigten. An kommunalen Errungenschaften kann die Stadt auf den Bau der Härtsfeldhalle, auf eine abgeschlossene Flurbereinigung, das Progymnasium und die 1970 begonnene zentrale Grund- und Hauptschule hinweisen. Nach Abschluß der Renovierungsarbeiten an der Abteikirche wird ein starkes Ansteigen des Fremdenverkehrs erwartet. Neresheim bereitet sich durch Altstadtsanierung und Verschönerung des Stadtbildes darauf vor.

*Neubronn* Am Rande eines Seitentals der Lein liegt auf der Liashochfläche des Wellandes als eine der kleinsten Kreisgemeinden Neubronn (472 m ü. d. M., 473 ha). Ursprünglich war der Ort im Besitz des Abts von Ellwangen. Im Jahre 1385 wurde er jedoch schon an die Adelmann verkauft. Um 1638 fiel der Ort durch Heirat an die Woellwarth und um 1760 an die Werneck und Gemmingen.
Die Kirche, 1436 dem hl. Ambrosius geweiht, besitzt bemerkenswerte Grabdenkmäler. Unter Denkmalschutz steht das Schloß, heute in Privatbesitz, dessen äußere Gestalt besonders durch einen verzierten Renaissancegiebel hervorgehoben wird. Die 260 Einwohner zählende Gemeinde ist fast ausschließlich auf die Landwirtschaft ausgerichtet. An kommunalen Investitionen ist insbesondere der Neubau einer Schule (1965) zu nennen.

*Neuler* Die Gemeinde liegt auf der zwischen Kocher und Jagst sich ausbreitenden Liashochfläche, die von den tief eingeschnittenen Tälern unterbrochen wird. Darauf sind auch die erheblichen Höhenunterschiede (380 bis 569 m ü. d. M.) zurückzuführen. Von der großen Markungsfläche mit nahezu 3300 ha entfällt rund ein Drittel auf Wald.
Neuler wird urkundlich 1120 als schon älter genannt. Es kam allmählich ganz in den Besitz des Ellwanger Kapitels. Die dem heiligen Benedikt geweihte Pfarrkirche wurde 1746 im Barockstil neu erbaut. Unter Denkmalschutz steht auch die 1732 erstellte Friedhofskapelle, ebenso die spätromanisch-frühgotische Ägidiuskapelle in Bronnen mit Wandfresken des 15. Jahrhunderts.
Die früher stark landwirtschaftlich orientierte Gemeinde hat sich in den letzten Jahren zur Mischgemeinde (Arbeiterwohngemeinde/Landwirtschaft/kleinere Gewerbebetriebe) entwikkelt. Das landschaftlich reizvolle und abwechslungsreiche Gemeindegebiet mit schönen Aussichtspunkten lädt zum Wandern ein. Das Tal der Blinden Rot bei der Burghardsmühle ist Landschaftsschutzgebiet. Durch die günstige Lage der Gemeinde zu Ellwangen, Wasseralfingen und Aalen hat sich die Einwohnerzahl in den letzten Jahren zusammen mit den sechs Teilgemeinden auf rund 2000 (1970) erhöht. Zur Behebung der Schulraumnot wurde 1967/68 ein Schulhausneubau errichtet. Der Ausbau der zentralen Wasserversorgungsanlage mit neuem Wasserturm und Tiefenbrunnen steht vor dem Abschluß.

*Nordhausen* Auf der Liasfläche des „Vorderen Rieses", einer bereits in vorgeschichtlicher Zeit besiedelten Kulturlandschaft, liegt Nordhausen (494 m ü. d. M., 730 ha). Der Ortsname bedeutet „Häuser im Norden einer Muttersiedlung" und weist auf eine Tochtergründung eines südlich gelegenen älteren Alemannenortes hin. Der Ort tritt erstmals 1153 ins Licht der Geschichte mit dem Ortsadeligen Burkhard von Nordhausen. In der Ungarnzeit (10. Jahrhundert) wurden hier zur Sicherung der alten Ost-West-Straße von Geislingen nach Röhlingen zwei Burgställe, die Kirchenburg und der „Ölberg", errichtet. Die kath. Pfarrkirche St. Veit, in guten Barockformen (1751), birgt im Turm noch den alten Chorraum aus dem 13. Jahrhundert mit Kreuzrippengewölbe und Ecksäulen mit romanischen Blattkapitellen. Die überwiegend ländliche Gemeinde mit ihren rund 300 Einwohnern errichtete 1956 eine neue Schule und einen Kindergarten. 1962/63 wurde ein neues Rathaus gebaut.

*Oberdorf am Ipf* Unmittelbar am Fuße des Ipfs, ihres Wappenberges, liegt die Gemeinde Oberdorf (462 m ü. d. M., 623 ha). Aus der 4000 Jahre zurückliegenden Jungsteinzeit stammen die ältesten Siedlungsspuren, die man auf dem Ipf gefunden hat. Besondere Bedeutung muß die Bergsiedlung in der Bronzezeit und beginnenden Eisenzeit gehabt haben. Damals, etwa 1000–500 v. Chr., entstanden die gewaltigen Befestigungsanlagen, die man noch heute auf dem Berg sehen kann.
Erwähnenswert ist auch das am Ortsrand gelegene Römerkastell Opie, das um das Jahr 90 n. Chr. erbaut wurde und etwa 50 Jahre bestand. Das heutige Oberdorf war möglicherweise ein Teil der schon bald nach der Vertreibung der Römer durch die Alemannen gegründeten Siedlung Pophingen. Urkundlich erwähnt wird der Name Oberdorf erstmals 1238. Etwa um 1700 wurden in der Gemeinde Juden angesiedelt, die im 19. Jahrhundert rund ein Drittel der Bevölkerung ausmachten. Zu Beginn des Dritten Reiches waren es noch knapp 100, von denen fast alle in Konzentrationslagern umgebracht wurden. Heute ist Oberdorf eine Arbeiterwohngemeinde mit etwa 1800 Einwohnern.

*Stadt Oberkochen* Umgeben von den bewaldeten Abhängen der Ostalb und unweit der europäischen Hauptwasserscheide liegt am Ursprung des Schwarzen Kochers die Stadt Oberkochen (496 m ü. d. M., 2357 ha). Funde aus der Jungsteinzeit, Reste einer Römerstraße und alemannische Reihengräber beweisen, daß es sich um einen alten Siedlungsplatz handelt. Ab dem 12. Jahrhundert taucht der Name Kochen häufig in den Urkunden auf. Eine deutliche Unterscheidung zwischen Unter- und Oberkochen bringt erst das 14. Jahrhundert.
Aus dem von der Fürstpropstei Ellwangen im 17. Jahrhundert gegründeten Eisenwerk und aus späteren Häfnereien entwickelten sich nach 1850 nennenswerte Industriebetriebe. Das Gesicht der 1968 zur Stadt erhobenen Gemeinde, die 1945 nur 2000 Einwohner zählte, änderte sich stark durch die Ansiedlung der Zeiss-Werke, die 5000 Arbeitskräfte beschäftigen. Durch das Anwachsen auf 8700 Einwohner war Oberkochen bis vor kurzem größte Wachstumsgemeinde Baden-Württembergs und kann heute 7000 Arbeitsplätze bieten. Zahlreiche neue Industrie- und Verwaltungsgebäude, das Gymnasium sowie der in Bälde auf der „Heide", einem über Oberkochen gelegenen Waldstück, für 4000 Menschen entstehende neue Stadtteil bilden einen markanten Kontrast zu der herben und doch reizvollen Landschaft. Sie bietet dem Erholungssuchenden ausgedehnte Wandergebiete, vor allem um den unter Naturschutz stehenden 743 m hohen Volkmarsberg.

*Ohmenheim* liegt auf den Höhen des Härtsfelds (594 m ü. d. M., 2217 ha), an der Schwäbischen Albstraße, der B 466, zwischen Heidenheim und Nördlingen kurz hinter Neresheim. Es ist einer der ältesten Orte des Härtsfelds und dürfte Anfang des 9. Jahrhunderts entstanden sein. Zur Zeit des hl. Ulrich hatte Ohmenheim als die älteste Pfarrei des Härtsfelds für eine größere Anzahl umliegender Ortschaften und Gehöfte zentrale Bedeutung. Die Pfarrei ist in dieser Zeit vom Kloster Neresheim auf einer Anhöhe errichtet worden, damit sie weithin für die „Umwohner" des Klosters sichtbar war. Die Ortschaft hat davon ihren Namen erhalten und hieß früher „Ummenheim" (die ums Kloster herum daheim

waren). Ursprünglich übten die Grafen von Dillingen die Herrschaftsrechte aus, in der Zeit von 1282 bis 1806 die Herren von Wallerstein. Von 1806 bis 1810 war der Ort bayerisch, 1810 kam er zu Württemberg.
Ohmenheim hat seinen ländlichen Charakter bis heute erhalten. Zwei Drittel der Bevölkerung sind in der Landwirtschaft tätig, ein Drittel ist in auswärtigen gewerblichen Betrieben beschäftigt. Von den ca. 70 landwirtschaftlichen Betrieben sind knapp die Hälfte Vollerwerbsbetriebe. Die restlichen Betriebsinhaber üben noch einen Zuerwerb (vorwiegend in der Forstwirtschaft und im Baugewerbe) aus. Die Einwohnerzahl beträgt zur Zeit 850 und ist im Steigen begriffen. Ein reichhaltiges Angebot an besonders schön gelegenen und preiswerten Bauplätzen lockt ständig neue Bauinteressenten in die Gemeinde.
Die Gemeinde hat in den letzten zehn Jahren kommunale Bauvorhaben wie die Erstellung von zwei neuen Schulhäusern, Abwasserbeseitigungs-, Straßen- und Feldwegbaumaßnahmen durchgeführt. Zusammen mit der Nachbargemeinde Schweindorf wurde eine neue Wasserversorgungsanlage mit einem Aufwand von 1,4 Millionen DM geschaffen. Zur Zeit ist eine gemeinsame Gruppenkläranlage mit einem veranschlagten Bauaufwand von 1,8 Millionen DM für die Gemeinden Kösingen, Schweindorf und Ohmenheim im Entstehen. Diese Gemeinden beschreiten damit neue Wege der Zusammenarbeit.

*Pfahlheim* Am Fuße eines Hanges, der sich zur Röhlinger Sechta herabzieht, liegt die Gemeinde Pfahlheim (492 m ü. d. M., 2452 ha). Urkundlich wird der Ort erstmals 1218 genannt. Als Siedlungsplatz ist Pfahlheim jedoch wesentlich älter. Der Ortsname leitet sich von „Pfahl", der römischen Grenzmauer (Limes) her. Innerhalb der Gemeinde, und zwar auf Markung Halheim, befinden sich ein Römerkastell und eine Keltenschanze (Opferplatz). Sehenswert sind die kath. Pfarrkirche St. Nikolaus mit altem Turm und Chor, der gotische Bildwerke aufweist, und im Teilort Beersbach die spätgotische St.-Johannes-Kirche.
Pfahlheim mit seinen rund 1400 Einwohnern befindet sich in einem Strukturwandel, und zwar von einer früher rein bäuerlichen zu einer Arbeiterwohngemeinde. Kleinere Industriebetriebe und Gewerbebetriebe sind vorhanden. Die Gemeinde bietet sich mit den auf ihrer Gemarkung liegenden Stauseen als Erholungsgebiet an. 1964 wurde eine achtklassige Volksschule und 1967 eine Turn- und Festhalle erbaut.

*Pflaumloch* Am westlichen Rand des Rieskessels liegt die Gemeinde Pflaumloch (452 m ü. d. M., 340 ha). Im Mittelalter übten sowohl das Fürstenhaus Oettingen-Wallerstein als auch die Freie Reichsstadt Nördlingen Herrschaftsrechte in Pflaumloch aus. Die Leonhardskirche mit ihrem Turm aus dem 10. Jahrhundert und dem frühgotischen Altarraum mit Gewölbemalereien steht unter Denkmalschutz. Bemerkenswert ist das große Christophoruswandbild aus dem 16. Jahrhundert.
Die Erwerbsstruktur der 858 Einwohner zählenden Gemeinde richtet sich zunehmend nach der Industrie der Nachbarstadt Nördlingen aus. Auch das Dienstleistungsgewerbe wird, soweit nicht am Ort, in Nördlingen in Anspruch genommen.
An kommunalen Einrichtungen der letzten Jahre kann die Gemeinde auf einen Schulhausneubau, den Rathausumbau, den Anschluß an die Rieswasserversorgung, die Ortsentwässerung und ein Sammelklärwerk hinweisen. Zwei wichtige Ortsdurchfahrten wurden ausgebaut und drei Siedlungsgebiete erschlossen. 1970 kam ein neuer Kindergarten und mit der Friedhofserweiterung eine Aussegnungshalle hinzu.

*Pommertsweiler* Die am Ursprung der Bühler gelegene Gemeinde wird erstmals um das Jahr 1400 erwähnt (460 m ü. d. M., 1762 ha). Sie gehörte teils zur Herrschaft von Adelmannsfelden und teils zum Kapitel Ellwangen. Die Gemeinde mit ihren 850 Einwohnern trägt noch vorwiegend landwirtschaftliche Struktur, verändert sich jedoch zunehmend zur Arbeiterwohngemeinde. Leider fehlt die Industrie, so daß die Einwohner zu ihren Arbeitsstellen hauptsächlich nach Wasseralfingen und Aalen fahren müssen. Zur Beschäftigung weiblicher Arbeitskräfte ist ein kleiner Textilbetrieb ansässig. Auch solide Handwerksbetriebe nahezu aller Branchen sind am Ort vertreten. Durch die vorhandenen Badeseen bei der Hammerschmiede zeigen sich hoffnungsvolle Ansätze für den Fremdenverkehr. Außer den Gaststätten sind ein gut ausgestatteter Campingplatz sowie zwei Jugendheime zu nennen. Nahezu alle notwendigen kommunalen Einrichtungen sind ebenfalls gegeben.

*Rindelbach* Im Jagsttal, drei km von Ellwangen entfernt, liegt Rindelbach (400–530 m ü. d. M., 3174 ha). Urkundlich wird Rindelbach erstmals 1339 (Rinnelbach) erwähnt. Der Teilort Eigenzell, gegründet durch Ellwanger Mönche um 800, besitzt eine spätgotische Sebastianskapelle. Der Teilort Rattstadt, bereits 1292 erwähnt, kam 1670 zum Kapitel Ellwangen. Von künstlerischem Wert ist die spätgotische Kapelle „Maria in der Eich“ mit Pieta (um 1500) und schönem Altargitter (17. Jahrhundert). Das Rathaus der Gemeinde Rindelbach befindet sich in einem 1905 erworbenen und 1934 umgebauten Bauernhaus auf dem Schönenberg. Die Wallfahrtskirche Schönenberg ist zugleich die Pfarrkirche für den größten Teil der Gemeinde.
Rindelbach hat sich in den letzten Jahrzehnten von einem reinen Bauerndorf zu einer gemischten Bauern- und Arbeiterwohngemeinde entwickelt.

*Röhlingen* In dem Gebiet zwischen Ellwangen und dem Ries liegt die Gemeinde Röhlingen (450 bis 500 m ü. d. M., 4337 ha) mit neun Teilorten. Der Hauptort Röhlingen wird um 850 in der Vita Hariolfi erstmals genannt. Schon früh gelangt das ganze Gebiet der Gemeinde in ellwangischen Besitz. Mit der Säkularisation wird es dem Königreich Württemberg einverleibt. In fast allen Teilorten befinden sich alte Kapellen, die älteste, die Dietersbacher Kapelle, wird bereits im Jahre 1462 genannt.
Die Gemeinde, die 2819 Einwohner zählt (1970), ist mit einer landwirtschaftlichen Nutzfläche von 3148 ha die größte landwirtschaftliche Gemeinde des Kreises. Wegen der verhältnismäßig schlechten Böden geht der Ackerbau ständig zurück. An seine Stelle tritt mehr und mehr die Viehzucht. Die schon recht zahlreichen Arbeitskräfte, welche durch die Technisierung in der Landwirtschaft frei wurden, finden Arbeit in Ellwangen, Wasseralfingen, Aalen und Westhausen. In Röhlingen und in Neunheim stehen seit einiger Zeit auch Arbeitsplätze innerhalb der Gemeinde zur Verfügung. In den Jahren 1955 bis 1966 wurde die Kanalisation in den einzelnen Teilorten verlegt. 1959 wurde in Röhlingen ein sechsklassiges und 1964 in Neunheim ein dreiklassiges Schulhaus gebaut. Sehr hohe Kosten verursachten während der vergangenen Jahre auch der Ausbau der Orts- und Gemeindeverbindungsstraßen.

*Röttingen* An der Wasserscheide am nördlichsten Rand der Ostalb liegt Röttingen, das von herrlichen Tälern und bewaldeten Höhen umgeben ist (ca. 500 m ü. d. M., 1332 ha). Das Dorf ist nach dem Muster der schwäbischen Bauerndörfer sehr eng zusammengebaut und weist trotz seines hohen Alters große und stattliche Bauernhöfe auf. Ursache für den sichtlichen Wohlstand ist eine großherzige Schenkung der früheren Herren von Schenkenstein, die das Dorf bis zum 16. Jahrhundert beherrscht haben und nach ihrem Aussterben den 80 Bauern des Dorfes ihren gesamten Waldbesitz mit 325 ha hinterlassen haben. Nach den Herren von Schenkenstein waren es die Fürsten von Oettingen-Baldern und späteren Fürsten von Oettingen-Wallerstein, in deren Besitz das Dorf überging. 1810 kam das Dorf zum Königreich Württemberg. Röttingen zählt 550 Einwohner, die ihren Erwerb in der Landwirtschaft, in der Forstwirtschaft und in der Industrie der Umgebung suchen. An Kunstdenkmälern ist die Röttinger Pfarrkirche, die Grablege der Schenkensteiner, ein besonderes Kleinod. Die Stall-Eiche ist ein Naturdenkmal, das den Besuchern einen schönen Ausblick in die Umgebung bietet. An besonderen kommunalen Einrichtungen sind das neue Schulhaus, der Kindergarten, das Rathaus und die Kläranlage zu erwähnen.

*Rosenberg* In den Ellwanger Bergen und umgeben von Wäldern liegt die aus 32 Teilorten bestehende Gemeinde Rosenberg (503 m ü. d. M., 4102 ha Gemarkung). Der 1344 erstmals erwähnte Ort entstand an dem alten Verbindungsweg von Bühlertann nach Ellwangen, der nach Prof. Karl Weller zur „Nibelungenstraße“ gehört. Im Mittelalter bestanden entlang dieser Straße in Rosenberg („Adler“) und in Willa bekannte und beliebte Raststätten für die Reisenden. Auf dem benachbarten Hohenberg (568 m) erhebt sich die aus dem 12. Jahrhundert stammende dreischiffige Basilika, einst Propsteikirche der Abtei Ellwangen. Erwähnenswert ist auch die 1742 erbaute kath. Pfarrkirche von Rosenberg mit ihren künstlerisch wertvollen Deckenfresken und Altarbildern. Rosenberg mit seinen 2280 Einwohnern (1969) ist überwiegend Arbeitergemeinde und bietet am Ort selbst 120 Arbeitsplätze. Die Gemeinde hat sich durch ihre landwirtschaftlich schöne Lage zu einem vielbesuchten Fremdenverkehrsort entwickelt. Badegelegenheit bietet der Herlingsweiher und der Orrotstausee. Bekannt ist Rosenberg auch als Geburts- und Begräbnisort des schwäbischen Malerpoeten Karl Stirner (1882–1943). Viel investierte die Gemeinde in kommunale Einrichtungen, so in den Neubau einer Volksschule und Turnhalle, in die Gesamtwasserversorgung und in den Straßenbau.

*Schloßberg* Vor der Alb, am Berghang des alten Schlosses Flochberg (583 m ü. d. M., 22 ha), wurde die Gemeinde Anfang des 18. Jahrhunderts gegründet. Heute bereitet die Arbeiterwohngemeinde, deren 1427 Einwohner in den Industrieorten des Kreises Aalen arbeiten, den Zusammenschluß mit Bopfingen vor.

*Schrezheim* Vor den Toren Ellwangens, an der B 290 und an der Eisenbahnstrecke Crailsheim–Goldshöfe gelegen, erreicht man die Gemeinde Schrezheim (435 m ü. d. M., 1752 ha). Urkundlich wird die Gemeinde erstmals 1339 erwähnt. Seit ungefähr 150 Jahren gehört Schrezheim mit seinen 18 Teilorten zu Württemberg. Durch die von 1752 bis 1865 bestehende Fayencefabrik wurde der Ort bekannt. In der Antoniuskapelle steht der von Kunstkennern sehr geschätzte Fayencealtar.
Die 2300 Einwohner sind in der Landwirtschaft, vornehmlich jedoch in der Industrie und in Handwerksbetrieben tätig. 1960 wurde eine 20 Liter pro Sekunde spendende Quelle erbohrt, ein Wasserhochbehälter und eine über sechs km lange Wasserrohrnetzleitung angelegt. In den letzten Jahren wurden sechs Wohnsiedlungen erschlossen, eine neue Grund- und Hauptschule „St. Georg“ erstellt und das alte Schulgebäude zum Rathaus umgebaut. In Vorbereitung sind eine Gemeinde- und Turnhalle, zwei Kindergärten sowie weitere Wohnsiedlungen. Die Gemeinde will sich mit ihrer wald- und seenreichen Landschaft besonders für den Fremdenverkehr im Raum Ellwangen einsetzen.

*Schwabsberg* Die Gemeinde liegt hoch über dem Jagsttal, umgeben von den Nebenflüssen Sechta, Auerbach, Aalbach und Längenbach (452 m ü. d. M., 1778 ha Markungsfläche). Im Osten von Schwabsberg, auf der Höhe nördlich des Auerbachs, lag die Burg Schwabsberg, die fast spurlos verschwunden ist. Wesentlichen Einfluß auf die Besiedlungsgrenze im frühen Mittelalter hatte der Rätische Limes, den das Kastell Buch absicherte. Urkundlich wird erstmals Siegfried von Swabesberch um 1147 genannt. Anfang des 15. Jahrhunderts erscheinen Burgstall und Dorf urkundlich als Lehen der Schwabsbergischen Familie von Ellwangen, später als propsteilicher Besitz, bis sie 1802 Württemberg zufielen. Die im Jahre 1733 erbaute Kirche wurde 1954 erweitert und ist im Chor mit hübschen Fresken ausgemalt. Die Überreste des Rätischen Limes mit der Nachbildung eines römischen Wachtturms und das Kastell werden viel aufgesucht. Schwabsberg hat mit seinen Teilorten rund 1600 Einwohner und ist nur noch teilweise bäuerlich geprägt. Immer mehr Einwohner suchen ihr Auskommen in der Industrie der benachbarten Städte. Die Gemeinde ist dabei, ein Erholungszentrum aufzubauen. Im Jagsttal wird ein rund 30 ha großer Stausee entstehen, der zum Baden, Segeln und zur Erholung einladen wird.

*Schweindorf* Am Ostrand des Härtsfeldes, unweit der bayrischen Grenze, liegt die kleine Gemeinde Schweindorf (615 m ü. d. M., 1307 ha). Die evangelische Pfarrkirche behielt ihren romanischen Chorturm und besitzt spät-

gotische Figuren aus einer Nördlinger Werkstatt.
Die meisten der 311 Einwohner (1969) finden ihr Auskommen noch ganz in der Landwirtschaft. Industrieorte sind weit entfernt und ungünstig zu erreichen. Der abseits gelegene Ort übt gerade durch diese Lage auf Ruhe und Erholung Suchende eine gewisse Anziehung aus. Zwei Gasthöfe mit Fremdenbetten stehen zur Verfügung.

*Stödtlen* Im Virngrund, nordöstlich von Ellwangen, liegt die noch stark bäuerlich geprägte Gemeinde Stödtlen (461 m ü. d. M., 3118 ha). Der Ort wird erstmals 1024 als Grenzpunkt des Ellwanger Bannforstes genannt. Der Limes teilt die Gemeinde in zwei gleich große Hälften. Der Turm der in neugotischem Stil erbauten katholischen Pfarrkirche stammt aus dem Jahr 1697. Für den Kunstfreund bemerkenswert ist im Ortsteil Birkenzell die Liebfrauenkirche mit schöner Renaissance-Pieta und im Weiler Stillau die Laurentiuskapelle mit spätgotischen Schnitzfiguren. Gute Fernsicht bietet der Freihof, ein von grundherrlicher Gerichtsbarkeit freies mittelalterliches Freigut.
Die Gemeinde, mit ihren 23 Teilorten zusammen 1650 Einwohnern, hat in den letzten Jahren zwei neue Schulhäuser, ein Lehrerwohnhaus und ein Feuerwehrhaus gebaut. Zwei Fabrikfilialen verfügen über 75 Arbeitsplätze. Den Erholungssuchenden bietet das neue Ferienheim „Ferien auf dem Bauernhof" 80 Plätze. Es hat jährlich über 9000 Übernachtungen zu verzeichnen.

*Tannhausen* Die Gemeinde liegt am Oberlauf der Schneidheimer Sechta, nahe am Ries (513 m ü. d. M., 1773 ha). Erstmals 1215 (Tanhusen) genannt ist der jetzt noch bestehende Ortsadel, die freiherrliche Familie von Thannhausen, die im Besitz des hiesigen Schlosses ist und den Ort als Lehen von Öttingen, vielleicht auch vom Bistum Eichstätt, erhalten hatte. Die kath. Pfarrkirche St. Lukas mit ihrem wuchtigen Turm ist eine interessante Anlage aus der Schule Dinkelsbühl–Nördlingen, mit zweischiffigem Langhaus und reich figuriertem Netzgewölbe. Die 1459 erbaute Kirche und das Schloß stehen unter Denkmalschutz. Der Ort hat bäuerliches Gepräge, hat sich aber auch stark zu einer Arbeiterwohngemeinde entwickelt. Am Ort befindet sich eine Metallwarenfabrik und ein Zweigbetrieb der Susa-Werke Heubach. Die 1500 Einwohner zählende Gemeinde ist der Rieswasserversorgung angeschlossen. Der Kindergarten wurde 1968 von der Kirchengemeinde eingerichtet.

*Trochtelfingen* Die Gemeinde Trochtelfingen liegt landschaftlich reizvoll am Fuße der Ostalb und am Eingang zum Ries (448 m ü. d. M., 1270 ha). Die Entstehung des Ortes fällt in die Zeit der alemannischen Landnahme. Bei der Schlacht von Nördlingen im Dreißigjährigen Krieg mußte Trochtelfingen häufige Plünderungen und starke Bevölkerungsausfälle hinnehmen. An geschichtlich bemerkenswerten Bauwerken blieben vom alten Bestand nur das Stolchsche Wasserschloß sowie die dem hl. Andreas geweihte Kirche und die St.-Margareten-Kirche mit wertvollen Wandfresken erhalten. Die Bevölkerungsstruktur der Gemeinde ist gemischt. Immer mehr der 949 Einwohner (1969) suchen ihren Arbeitsplatz in der Industrie. Die Gemeinde besitzt ein landschaftlich schön gelegenes Freischwimmbad, eine neue Volksschule und Kindergarten. Eine Gemeindehalle ist in Planung.

*Unterkochen* Am Zusammenfluß des Schwarzen Kochers und des auf der Gemarkung entspringenden Weißen Kochers liegt Unterkochen (500 m ü. d. M., 2148 ha). Der Ort war Zubehör der im Jahre 1147 erstmals genannten Herren von Kochen mit mutmaßlichem Sitz auf der Kocherburg. Erste urkundlich erwähnte Besitzer der Kocherburg sind die Ritter von Ahelfingen, Lehensleute der Grafen von Öttingen. Seit 1518 werden die im braunen Jura vorkommenden Eisenerze verhüttet; zunächst durch private Unternehmer, seit 1557 durch Württemberg, das aber seine Werke 1614 an Ellwangen verkaufte. Der Fürstpropst von Ellwangen gründete die erste Papiermühle 1613. In Unterkochen wurde Karl Josef Hefele geboren (1809–1893), Professor für Kirchengeschichte in Tübingen und zuletzt Bischof von Rottenburg. Die 1248 erstmals erwähnte Pfarr-

kirche zur hl. Maria, 1328 dem Kloster Ellwangen inkorporiert, besitzt einen hochgotischen Chor und ein spätgotisches Schiff von 1511 und wurde 1765 barockisiert. Das Dekkengemälde in Rokoko stammt von Johann Anwander. Die neben der Kirche stehende Barbarakapelle von 1429 wurde 1852 zum Schulhaus umgebaut.
Unterkochen ist heute eine Industriegemeinde (6239 Einwohner) mit namhaften Unternehmen der eisenverarbeitenden Industrie, der Papier-, Textil- und Metallindustrie. An neueren kommunalen Einrichtungen sind die Friedensschule mit Erweiterungsbau, die Kläranlage und das Heselbachstadion zu erwähnen.

*Unterriffingen* Im nördlichen Teil des Härtsfeldes liegt das freundliche und schmucke Dorf Unterriffingen / Oberriffingen (626 m ü. d. M., 996 ha). Der Ort wird erstmals 1311 urkundlich erwähnt, als hier der Edelknecht Georg von Rüffingen Hauptgrundbesitzer war. In den Jahren 1805/06 kamen die beiden Riffingen zu Württemberg. Sehenswert in der kath. Pfarrkirche Mariä Himmelfahrt von 1744/64 sind neben den Deckenfresken das Vesperbild und der Erbärmde-Christus.
Obwohl der Ort noch einen überwiegenden bäuerlichen Charakter aufweist, ist eine steigende Tendenz zur Arbeiterwohnstätte unverkennbar. Ein Teil der 511 Einwohner findet sein Auskommen vorwiegend in der Industrie von Aalen und Oberkochen. Das neue Schulhaus, die Sammelkläranlage und die ausgebauten Ortsstraßen zeugen von den Leistungen der kleinen Gemeinde. 1965 begann der Ausbau des Kinderheimes St. Josef, einem Zweigheim der Genossenschaft der Franziskanerinnen vom Canisiushaus Schwäbisch Gmünd, zu einem Kinderdorf mit Kapelle sowie einem Kindergarten, der auch Kindern aus dem Dorf offensteht. Die Molkereigenossenschaft erstellte ein modern eingerichtetes Molkereigebäude und die Spar- und Darlehenskasse ein neues Lagerhaus.

*Unterschneidheim* Im „Vorderen Ries“, einer flachen Hügellandschaft zwischen Jura und Virngrund, liegt Unterschneidheim (459 m ü. d. M., 1340 ha). Der Ort wird erstmals 760 n. Chr. in einer Urkunde des Klosters Fulda unter dem Namen „Sniten“ erwähnt. In seiner wechselvollen Geschichte erlebte Unterschneidheim verschiedene Herren, bis es zum Großteil in den Besitz des Deutschen Ordens überging, worauf das Wappen der Gemeinde hinweist. Im Ortsgebiet zeugen noch vier gut erkennbare Turmhügelburgen von der Vergangenheit. Am besten erhalten ist das „Schlößle“, in welchem heute das Rathaus untergebracht ist. Spätgotische Kunstwerke in der Peter-und-Pauls-Kirche von 1458 sind der Betrachtung wert.
Durch die Ansiedlung mehrerer Industriebetriebe hat sich die vorher fast rein bäuerlich orientierte Gemeinde zu einer Industriegemeinde gewandelt. Die Schaffung neuer Wohngebiete ließ die Einwohnerzahl auf 1200 ansteigen. Die Einstufung der Gemeinde als kleines Bildungszentrum und als zentraler Ort lassen eine weitere Aufwärtsentwicklung erwarten.

*Unterwilflingen* Inmitten einer nahezu waldlosen Markungsfläche liegt am Riesrand die Gemeinde Unterwilflingen (449 m ü. d. M., 614 ha). Aus der alemannischen Landnahmezeit stammend, wird der Ort 1153 (Wulvelingen) erstmals in den Urkunden erwähnt. Die Unterscheidung zwischen Ober- und Unterwilflingen setzt erst um 1300 ein. Beide Orte sind altöttingischer Besitz. Seit 1280 erscheinen auch Kloster Kaisheim, später der Deutschorden, das Domkapitel zu Augsburg und schließlich noch Kloster Zimmern als Herrschaften.
Die kath. Pfarrkirche St. Andreas weist einen kreuzgewölbten, spätromanischen Turmchor und gotische Schnitzfiguren auf. Beachtenswert sind auch die Mariahilfkapelle (1699) auf dem Kapellenberg und die Leonhardskapelle (1756) in Oberwilflingen. Das Dorf mit seinen rund 350 Einwohnern hat noch bäuerlichen Charakter, obwohl 95 Prozent der Landwirtschaft nur noch als Nebenerwerb betrieben wird. 1961 wurde ein neues Schulhaus gebaut.

*Utzmemmingen* Am Rande des Rieses, nur fünf km vom bayrischen Nördlingen entfernt, liegt die Gemeinde Utzmemmingen (450 m ü. d. M., 963 ha). Der Ort wird erstmals im

9. Jahrhundert urkundlich genannt. Einst standen hier fünf feste, von den Grundherrschaften errichtete Häuser. Sehenswert die St.-Hyppolitus-Kapelle (13. Jahrhundert) im Ortsteil Altebürg und die Martinskirche, im Rokokostil erbaut 1729/39, mit schönen Deckengemälden von Joh. Mich. Zink. Die rund 1000 Einwohner der Gemeinde beziehen ihr Einkommen hauptsächlich aus der in Nördlingen sowie im Ort selbst ansässigen Industrie. Neben der Landwirtschaft und den Handwerksbetrieben spielt auch der Fremdenverkehr für die Gemeinde eine wichtige Rolle. Ein besonderer Anziehungspunkt sind die urgeschichtlich interessanten Ofnethöhlen.
Für die unmittelbar angrenzenden bayrischen Landgemeinden übt Utzmemmingen eine gewisse wirtschaftliche und kulturelle Zentralstellung aus. Fast die Hälfte der Gemarkung gehört im Landkreis Nördlingen ansässigen Eigentümern. Die ortsansässigen Betriebe, der umfangreiche Baulandmarkt und das Vereinswesen der Gemeinde sind für die bayrischen Nachbargemeinden recht attraktiv. Nicht umsonst beträgt auch durch den Zuzug von dort die Wachstumsrate der Einwohnerschaft im Dreijahresdurchschnitt 15 Prozent.

*Walxheim* Östlich der Quellen von Jagst und Aalbach liegt auf windoffener Hochfläche das evangelische Pfarrdorf Walxheim (527 m ü. d. M., 619 ha). 1314 erstmals genannt gehörte der Ort größtenteils zur Propstei Mönchsroth bei Dinkelsbühl. Durch die Aufhebung der Propstei in der Reformation kam Walxheim unter die Herrschaft der Grafschaft Öttingen. Das Patronat hatte bis 1806 der Fürst von Öttingen-Spielberg, dann die Krone Bayern, seit 1810 Württemberg abwechselnd mit dem Fürsten.
Für die Gemeinde, mit dem Weiler Hundslohe zusammen rund 200 Einwohner, wurde 1951 die Wasserleitung und die Kanalisation gelegt. Walxheim ist seitdem der Rieswasserversorgung angeschlossen.

*Stadt Wasseralfingen* Im Kochertal, am Fuße des 685 m hohen Braunenbergs, liegt die Stadt Wasseralfingen (425–557 m ü. d. M., Markungsfläche 1613 ha). Wohl in der Zeit der alemannischen Landnahme gegründet, wird Wasseralfingen oder, wie es damals hieß, Ahelfingen um 1200 urkundlich erwähnt. 1299 wird es als Gerichtsstätte des Grafen Ludwig von Öttingen genannt. 1353 stiftete Ulrich von Hohenalfingen die Kaplanei Wasseralfingen. Bis 1545 war die Wasserburg am Kocher der Stammsitz der Ritter von Ahelfingen. Nach ihrem Aussterben bildete die Fürstpropstei Ellwangen aus den reichsritterschaftlichen Besitzungen das ellwangische Oberamt Wasseralfingen. 1803 kam Wasseralfingen mit der Fürstpropstei Ellwangen an Württemberg.
Im 19. Jahrhundert, im Zeitalter der Industrialisierung, gelangte das 1671 von Ellwangen gegründete Hüttenwerk zu großer Blüte. 1911 entstand die heute ebenfalls weitbekannte Maschinenfabrik Alfing-Keßler. 1951 zur Stadt erhoben, sind heute etwa 6500 Personen in der Eisen- und Maschinenindustrie hier beschäftigt.
Sehenswerte Kunstdenkmäler birgt das hochgotische St.-Stephans-Kirchlein: einen Flügelaltar von Martin Schaffner, zwischen 1530 und 1540 entstanden, und eine Pieta eines unbekannten mittelalterlichen Meisters.
Für die 12 500 Einwohner steht ein modernes Sportzentrum mit Turnhalle, Tennisplätzen, Schwimmbad und Stadion zur Verfügung. Auch eine Sternwarte ist vorhanden. Im Kochertal entsteht 1970 ein Schulzentrum.

*Westhausen* Am Rande des Härtsfeldes, unweit der Kapfenburg, liegt an der Bahnlinie Stuttgart–Aalen–Nördlingen die aufstrebende Industriegemeinde Westhausen (492 m ü. d. M., 2654 ha). Urkundlich wird die Gemeinde erstmals 1147 erwähnt, als sich die Herren von Westhausen in den Schutz des Klosters Ellwangen stellten. Im 14. Jahrhundert beginnt der Deutschorden von der Kapfenburg aus hier Fuß zu fassen. Die 1780 in klassizistischem Stil erbaute Pfarrkirche zum hl. Mauritius birgt bemerkenswerte Kleinode. Die idyllisch gelegene Silvesterkapelle, eine Wallfahrtskirche aus dem 17. Jahrhundert, ist heute noch Mittelpunkt des jährlichen Silvesterritts.
Die Gemeinde steht seit 1936, wo sie noch rein bäuerlichen Charakter hatte, in einem großen Umwandlungsprozeß zu einer Industriege-

meinde. Bei heute 3600 Einwohnern verfügt Westhausen über 1200 Arbeitsplätze in der Industrie. Nach Abschluß der Flurbereinigung gibt es noch etwa 100 Vollbauernbetriebe (1970).
Die Gemeinde besitzt ein modernes Gemeindezentrum mit Turn- und Festhalle, die sich mit ihrer vollautomatischen Kegelbahn für Betriebsausflüge eignet, Sportanlagen, ein neues Schulhaus sowie ein Rathaus wurden errichtet. Das Freibad erhält in der Badesaison 1970 die erste Beheizungsanlage im Kreis Aalen.

*Wört* Im östlichen Virngrund, eingebettet in das Rotachtal, liegt die Gemeinde Wört (450 m ü. d. M., 1817 ha). Geschichtlich taucht der Ort erstmals in einer Urkunde von 1024 auf, ausgestellt zu Bamberg von Kaiser Heinrich II. Etwa 100 Jahre vorher, in der Zeit der Ungarneinfälle, war das Rotachtal durch eine Reihe von Burgställen befestigt, unter denen der zur Wasserburg ausgebaute Burstel in Wört, heute „Schlößle" genannt, wegen seiner Insellage dem Ort den Namen gegeben hat (Wört = Insel oder Halbinsel). Aus einer romanischen Kapelle zum hl. Nikolaus entstand 1725 die barocke kath. Pfarrkirche. Heute arbeiten etwa 300 der 1037 Einwohner der Gemeinde (1969) in ortsansässigen Unternehmen, weitere 100 in der auswärtigen Industrie. Kaum noch 100 Einwohner sind in der Landwirtschaft tätig. Seit 1950 ist Wört das Zentrum der Rieswasserversorgung, die in einem rund 40 qkm großen Gebiet 50 000 Menschen mit Trinkwasser versorgt. Zahlreiche Wassertürme, die den mittelalterlichen Bergfrieden ähneln, sind seither charakteristische Merkmale der Landschaft. Die Gemeinde hat in den letzten Jahren ein Lehrerwohngebäude gebaut, vier ha Baugelände erschlossen und zwei Sammelkläranlagen errichtet. 1969 wurde mit dem Rathausumbau und mit dem Bau einer Schule begonnen.

*Zipplingen* In markanter Lage am Riesrand findet sich die mittel- bis großbäuerliche Gemeinde Zipplingen (517 m ü. d. M., 1233 ha). Der Ortsname taucht 1153 erstmals auf (Zupelingen). Berühmte Vertreter des Ortsadels sind als Bischof von Eichstätt, als Abt von Neresheim und als Deutschordenskomtur in Öttingen, Ulm und Donauwörth genannt. Die Herrschaft übten hauptsächlich die Grafen von Öttingen und die Deutschordenskommende Kapfenburg aus. 1632 wurde Zipplingen von den Schweden niedergebrannt. Auf sehr altem Kirchhügel erhebt sich die Pfarrkirche St. Martin (1761–66) mit schönen Stukkaturen und Fresken von Joh. Georg Dieffenbronner. Bemerkenswert sind auch die spätgotischen Schnitzfiguren im Pfarrhaus. Im Teilort Sechtenhausen ist die Nikolauskirche (1741) mit romanischem Turmchor sehenswert und in Wössingen die spätgotische Bonifatiuskirche.
Die 818 Einwohner zählende Gemeinde ist noch stark landwirtschaftlich geprägt, obwohl 1969 immerhin schon 224 Auspendler ihre Arbeit in der auswärtigen Industrie suchten. Die 1968 gebaute Volksschule hat als Nachbarschaftsschule für die umliegenden Orte zentrale Bedeutung.

*Zöbingen* Zu Füßen des Hohenbaldern liegt die Gemeinde Zöbingen, der ein alemannischer Sippenältester „Zebo" den Namen gab (502 m ü. d. M., 1506 ha). Funde und Grabhügel im Nonnenholz und am Hornsberg weisen auf voralemannische Siedlungen hin. Die Pfarrkirche St. Mauritius ist ein barocker Umbau einer gotischen Kirche von 1394. Im Untergeschoß des Turmes befindet sich ein Tonnengewölbe, das von einer älteren im 14. Jahrhundert abgebrochenen Kirche stammt. Die Wallfahrtskirche St. Marien wurde auf älterer Grundlage 1718–23 von Gabriel Gabrieli, dem fürstbischöflichen Hofbaudirektor von Eichstätt, erbaut. Sie wurde vom Fürsten Öttingen-Wallerstein der Kirchengemeinde Zöbingen geschenkt.
Die noch stark landwirtschaftlich geprägte Gemeinde zählt heute (1970) nahezu 700 Einwohner.

Kreis und Gemeinden in Zahlen

zusammengestellt vom

Statistischen Landesamt Baden-Württemberg

Grundlage der Zahlen ist die Volks-, Berufs- und nichtlandwirtschaftliche Arbeitsstättenzählung vom 6. Juni 1961

| Gemeinden | Fläche am 6. Juni 1961 in ha | Wohnbevölkerung am[1] 17. 5. 1939 | 13. 9. 1950 | 6. 6. 1961 insg. | männl. | weibl. | 30. 6. 1969 | Bevölkerungszu- bzw. -abnahme (—) in % 17. 5. 1939 bis 6. 6. 1961 | 13. 9. 1950 bis 6. 6. 1961 | Religionszugehörigkei am 6. 6. 1961 ev. | rk. |
|---|---|---|---|---|---|---|---|---|---|---|---|
| | 1 | 2 | 3 | 4 | 5 | 6 | 7 | 8 | 9 | 10 | 11 |
| 1. Aalen, Stadt | 3 042 | 16 046 | 25 502 | 31 814 | 14 834 | 16 980 | 35 362 | 98,3 | 24,8 | 13 049 | 17 737 |
| 2. Abtsgmünd | 2 052 | 1 437 | 1 858 | 2 091 | 1 001 | 1 090 | 2 471 | 45,5 | 12,5 | 343 | 1 733 |
| 3. Adelmannsfelden | 2 290 | 1 172 | 1 659 | 1 502 | 701 | 801 | 1 588 | 28,2 | —9,5 | 1 009 | 437 |
| 4. Aufhausen | 912 | 654 | 993 | 892 | 426 | 466 | 1 100 | 36,4 | —10,2 | 172 | 71 |
| 5. Baldern | 744 | 381 | 518 | 454 | 211 | 243 | 474 | 19,2 | —12,4 | 29 | 42 |
| 6. Benzenzimmern | 385 | 192 | 271 | 226 | 102 | 124 | 223 | 17,7 | —16,6 | 191 | 3 |
| 7. Bopfingen, Stadt | 1 103 | 1 828 | 3 069 | 3 762 | 1 697 | 2 065 | 4 163 | 105,8 | 22,6 | 1 798 | 1 84 |
| 8. Dalkingen | 1 105 | 537 | 780 | 780 | 386 | 394 | 910 | 45,3 | — | 54 | 72 |
| 9. Dewangen | 1 654 | 959 | 1 347 | 1 228 | 607 | 621 | 1 916 | 28,1 | —8,8 | 202 | 1 02 |
| 10. Dirgenheim | 339 | 224 | 316 | 299 | 140 | 159 | 342 | 33,5 | —5,4 | 6 | 29 |
| 11. Dorfmerkingen | 2 345 | 721 | 1 028 | 930 | 450 | 480 | 1 011 | 29,0 | —9,5 | 81 | 84 |
| 12. Ebnat | 2 102 | 1 149 | 1 561 | 1 897 | 888 | 1 009 | 2 157 | 65,1 | 21,5 | 144 | 1 75 |
| 13. Elchingen auf dem Härtsfeld | 2 257 | 612 | 984 | 1 007 | 475 | 532 | 1 080 | 64,5 | 2,3 | 28 | 97 |
| 14. Ellenberg | 3 017 | 1 064 | 1 367 | 1 272 | 611 | 661 | 1 353 | 19,5 | —6,9 | 136 | 1 13 |
| 15. Ellwangen (Jagst), Stadt | 1 031 | 6 944 | 10 390 | 12 538 | 5 890 | 6 648 | 13 044 | 80,6 | 20,7 | 2 850 | 9 23 |
| 16. Essingen | 4 865 | 1 735 | 2 539 | 2 734 | 1 316 | 1 418 | 3 256 | 57,6 | 7,7 | 1 851 | 75 |
| 17. Fachsenfeld | 395 | 1 315 | 1 721 | 2 248 | 1 102 | 1 146 | 2 805 | 71,0 | 30,6 | 493 | 1 73 |
| 18. Flochberg | 853 | 596 | 788 | 813 | 401 | 412 | 854 | 36,4 | 3,2 | 72 | 73 |
| 19. Geislingen | 770 | 344 | 488 | 406 | 185 | 221 | 357 | 18,0 | —16,8 | 2 | 40 |
| 20. Goldburghausen | 493 | 298 | 483 | 342 | 147 | 195 | 250 | 14,8 | —29,2 | 284 | 5 |
| 21. Hofen | 1 260 | 1 121 | 1 516 | 1 910 | 928 | 982 | 2 120 | 70,4 | 26,0 | 251 | 1 64 |
| 22. Hohenstadt | 1 266 | 569 | 846 | 688 | 320 | 368 | 657 | 20,9 | —18,7 | 123 | 56 |
| 23. Hülen | 1 013 | 306 | 502 | 439 | 231 | 208 | 461 | 43,5 | —12,5 | 73 | 35 |
| 24. Hüttlingen | 1 866 | 2 002 | 2 886 | 3 656 | 1 786 | 1 870 | 4 460 | 82,6 | 26,7 | 441 | 3 18 |
| 25. Jagstzell | 3 797 | 1 325 | 2 011 | 2 132 | 992 | 1 140 | 2 209 | 60,9 | 6,0 | 192 | 1 93 |
| 26. Kerkingen | 1 176 | 624 | 920 | 784 | 374 | 410 | 785 | 25,6 | —14,8 | 112 | 66 |
| 27. Kirchheim am Ries | 1 382 | 679 | 1 140 | 1 055 | 484 | 571 | 1 130 | 55,4 | —7,5 | 400 | 64 |
| 28. Kösingen | 1 335 | 387 | 535 | 485 | 238 | 247 | 529 | 25,3 | —9,3 | 28 | 45 |
| 29. Laubach | 477 | 338 | 464 | 437 | 224 | 213 | 413 | 29,3 | —5,8 | 270 | 16 |
| 30. Lauchheim, Stadt | 1 752 | 1 025 | 1 638 | 1 881 | 873 | 1 008 | 2 209 | 83,5 | 14,8 | 285 | 1 56 |
| 31. Lauterburg | 1 107 | 411 | 563 | 441 | 214 | 227 | 477 | 7,3 | —21,7 | 407 | 2 |
| 32. Lippach | 1 193 | 519 | 699 | 654 | 317 | 337 | 774 | 26,0 | —6,4 | 33 | 61 |

[1] Gebietsstand 6. 6. 1961 [2] und Nachrichtenübermittlung [3] Landwirtschaftliche

Sie sind ergänzt worden durch die fortgeschriebene Zahl der Wohnbevölkerung vom 30. Juni 1969

| Erwerbspersonen (ohne Soldaten) am 6. 6. 1961 | | | | Berufspendler am 6. 6. 1961 (ohne Soldaten) | | Betriebszählung in der Land- u. Forstwirtschaft 31. 5. 1960 | | Nichtlandwirtschaftl. Arbeitsstättenzählung 6. 6. 1961 | | Gebäudezählung 6. 6. 1961 | |
|---|---|---|---|---|---|---|---|---|---|---|---|
| | darunter n. Wirtschaftsbereichen | | | | | | | | | | |
| insges. | Land- und Forst-wirtschaft | Produz. Gewerbe | Handel u. Verkehr[2] | Ein-pendler | Aus-pendler | Zahl der Betriebe | Nutzungs-fläche in ha[3] | Zahl der Arbeits-stätten | Beschäf-tigten | Zahl der Wohn-gebäude | Wohn. in Wohngeb. |
| 12 | 13 | 14 | 15 | 16 | 17 | 18 | 19 | 20 | 21 | 22 | 23 |
| 14 954 | 609 | 8 761 | 2 621 | 6 501 | 3 380 | 183 | 1 545 | 1 671 | 17 713 | 4 133 | 8 748 |
| 1 013 | 203 | 642 | 72 | 134 | 492 | 133 | 711 | 130 | 484 | 354 | 574 |
| 787 | 352 | 308 | 52 | 19 | 231 | 199 | 913 | 86 | 258 | 314 | 415 |
| 377 | 57 | 245 | 44 | 24 | 239 | 29 | 266 | 49 | 149 | 174 | 261 |
| 213 | 100 | 84 | 13 | 33 | 88 | 53 | 367 | 20 | 41 | 108 | 117 |
| 111 | 79 | 21 | 8 | — | 20 | 35 | 317 | 11 | 19 | 52 | 61 |
| 1 744 | 115 | 1 033 | 289 | 1 467 | 324 | 62 | 437 | 277 | 2 727 | 592 | 1 106 |
| 416 | 198 | 173 | 10 | 8 | 167 | 83 | 751 | 28 | 68 | 126 | 167 |
| 653 | 321 | 239 | 44 | 4 | 248 | 133 | 1 335 | 59 | 109 | 218 | 278 |
| 134 | 79 | 44 | 8 | 3 | 42 | 36 | 313 | 17 | 32 | 52 | 75 |
| 460 | 253 | 164 | 19 | 16 | 150 | 93 | 1 364 | 45 | 127 | 188 | 200 |
| 947 | 242 | 574 | 66 | 78 | 458 | 109 | 957 | 81 | 382 | 359 | 498 |
| | | | | | | | | | | | |
| 509 | 246 | 216 | 17 | 15 | 203 | 91 | 1 280 | 41 | 89 | 216 | 269 |
| 673 | 339 | 232 | 42 | 20 | 237 | 163 | 1 069 | 62 | 148 | 239 | 311 |
| | | | | | | | | | | | |
| 5 172 | 173 | 2 580 | 669 | 2 912 | 667 | 54 | 532 | 603 | 7 195 | 1 453 | 3 214 |
| 1 353 | 378 | 714 | 116 | 53 | 575 | 174 | 2 036 | 129 | 492 | 485 | 732 |
| 1 034 | 109 | 753 | 66 | 21 | 758 | 55 | 340 | 85 | 213 | 374 | 564 |
| 384 | 116 | 218 | 28 | 49 | 202 | 50 | 450 | 39 | 165 | 149 | 211 |
| 205 | 138 | 48 | 11 | 10 | 46 | 61 | 449 | 28 | 49 | 72 | 76 |
| 180 | 132 | 39 | 2 | 8 | 32 | 57 | 475 | 18 | 38 | 77 | 88 |
| 938 | 142 | 607 | 94 | 50 | 654 | 60 | 583 | 56 | 187 | 308 | 530 |
| 394 | 193 | 153 | 15 | 30 | 102 | 82 | 626 | 38 | 143 | 144 | 186 |
| 241 | 115 | 100 | 8 | 17 | 97 | 37 | 379 | 17 | 27 | 75 | 100 |
| 1 776 | 323 | 1 143 | 128 | 71 | 1 106 | 163 | 1 235 | 118 | 470 | 578 | 955 |
| 965 | 334 | 454 | 76 | 27 | 440 | 188 | 1 334 | 78 | 195 | 369 | 510 |
| 439 | 256 | 143 | 17 | 5 | 147 | 104 | 842 | 48 | 81 | 146 | 175 |
| 505 | 224 | 202 | 33 | 14 | 159 | 92 | 875 | 59 | 168 | 204 | 258 |
| 264 | 166 | 77 | 7 | 15 | 50 | 55 | 799 | 29 | 62 | 97 | 120 |
| 269 | 127 | 116 | 10 | 2 | 112 | 57 | 390 | 24 | 52 | 73 | 83 |
| 906 | 135 | 546 | 102 | 326 | 303 | 70 | 673 | 127 | 792 | 332 | 567 |
| 285 | 139 | 129 | 7 | 7 | 120 | 61 | 682 | 23 | 39 | 111 | 130 |
| 373 | 185 | 159 | 16 | 6 | 144 | 81 | 776 | 29 | 68 | 125 | 157 |

Grundlage der Zahlen ist die Volks-, Berufs- und nichtlandwirtschaftliche Arbeitsstättenzählung vom 6. Juni 1961

| Gemeinden | Fläche am 6. Juni 1961 in ha | Wohnbevölkerung am[1] 17. 5. 1939 | 13. 9. 1950 | 6. 6. 1961 insg. | männl. | weibl. | 30. 6. 1969 | Bevölkerungszu- bzw. -abnahme (—) in % 17. 5. 1939 bis 6. 6. 1961 | 13. 9. 1950 bis 6. 6. 1961 | Religionszugehörigkeit am 6. 6. 1961 ev. | rk. |
|---|---|---|---|---|---|---|---|---|---|---|---|
| | 1 | 2 | 3 | 4 | 5 | 6 | 7 | 8 | 9 | 10 | 11 |
| 33. Neresheim, Stadt | 2 398 | 1 143 | 1 949 | 2 228 | 1 046 | 1 182 | 2 798 | 94,9 | 14,3 | 364 | 1 830 |
| 34. Neubronn | 472 | 241 | 426 | 282 | 137 | 145 | 258 | 17,0 | —33,8 | 236 | 46 |
| 35. Neuler | 3 293 | 1 413 | 1 967 | 1 790 | 885 | 905 | 1 969 | 26,7 | —9,0 | 126 | 1 661 |
| 36. Nordhausen | 723 | 297 | 381 | 326 | 153 | 173 | 291 | 9,8 | —14,4 | 13 | 313 |
| 37. Oberdorf am Ipf | 623 | 935 | 1 640 | 1 634 | 769 | 865 | 1 731 | 74,8 | —0,4 | 843 | 701 |
| 38. Oberkochen | 2 357 | 2 002 | 3 681 | 7 979 | 3 959 | 4 020 | 8 623 | 298,6 | 116,8 | 3 377 | 4 088 |
| 39. Ohmenheim | 2 217 | 574 | 816 | 694 | 323 | 371 | 828 | 20,9 | —15,0 | 19 | 669 |
| 40. Pfahlheim | 2 452 | 1 092 | 1 561 | 1 291 | 625 | 666 | 1 358 | 18,2 | —17,3 | 22 | 1 265 |
| 41. Pflaumloch | 340 | 377 | 631 | 706 | 338 | 368 | 858 | 87,3 | 11,9 | 352 | 342 |
| 42. Pommertsweiler | 1 755 | 584 | 895 | 742 | 364 | 378 | 797 | 27,1 | —17,1 | 407 | 327 |
| 43. Rindelbach | 3 174 | 1 417 | 1 959 | 2 406 | 1 228 | 1 178 | 2 639 | 69,8 | 22,8 | 408 | 1 962 |
| 44. Röhlingen | 4 335 | 1 585 | 2 363 | 2 324 | 1 104 | 1 220 | 2 806 | 46,6 | —1,7 | 138 | 2 171 |
| 45. Röttingen | 1 332 | 449 | 645 | 552 | 282 | 270 | 543 | 22,9 | —14,4 | 15 | 537 |
| 46. Rosenberg | 4 103 | 1 664 | 2 202 | 2 136 | 1 017 | 1 119 | 2 221 | 28,4 | —3,0 | 482 | 1 642 |
| 47. Schloßberg | 25 | 1 158 | 1 259 | 1 373 | 663 | 710 | 1 427 | 18,6 | 9,1 | 47 | 1 306 |
| 48. Schrezheim | 1 752 | 1 478 | 2 112 | 2 087 | 1 002 | 1 085 | 2 248 | 41,2 | —1,2 | 256 | 1 816 |
| 49. Schwabsberg | 1 778 | 864 | 1 241 | 1 519 | 719 | 800 | 1 579 | 75,8 | 22,4 | 168 | 1 325 |
| 50. Schweindorf | 1 307 | 280 | 423 | 307 | 152 | 155 | 311 | 9,6 | —27,4 | 279 | 27 |
| 51. Stödtlen | 3 117 | 1 388 | 1 839 | 1 569 | 742 | 827 | 1 644 | 13,0 | —14,7 | 535 | 1 025 |
| 52. Tannhausen | 1 773 | 1 080 | 1 428 | 1 218 | 581 | 637 | 1 459 | 12,8 | —14,7 | 47 | 1 164 |
| 53. Trochtelfingen | 1 270 | 625 | 983 | 927 | 448 | 479 | 924 | 48,3 | —5,7 | 685 | 238 |
| 54. Unterkochen | 2 148 | 3 229 | 4 877 | 5 843 | 2 822 | 3 021 | 6 239 | 81,0 | 19,8 | 1 245 | 4 539 |
| 55. Unterriffingen | 996 | 395 | 488 | 409 | 184 | 225 | 499 | 3,5 | —16,2 | 15 | 394 |
| 56. Unterschneidheim | 1 340 | 929 | 1 210 | 1 027 | 480 | 547 | 1 151 | 10,5 | —15,1 | 33 | 993 |
| 57. Unterwilflingen | 614 | 325 | 430 | 340 | 170 | 170 | 346 | 4,6 | —20,9 | — | 340 |
| 58. Utzmemmingen | 963 | 553 | 790 | 839 | 396 | 443 | 912 | 51,7 | 6,2 | 38 | 801 |
| 59. Waldhausen | 2 428 | 961 | 1 386 | 1 242 | 609 | 633 | 1 358 | 29,2 | —10,4 | 86 | 1 151 |
| 60. Walxheim | 619 | 451 | 448 | 242 | 112 | 130 | 189 | —46,3 | —46,0 | 223 | 17 |
| 61. Wasseralfingen, Stadt | 1 613 | 6 141 | 8 841 | 10 903 | 5 333 | 5 570 | 12 385 | 77,5 | 23,3 | 2 671 | 7 980 |
| 62. Westhausen | 2 653 | 1 768 | 2 599 | 3 022 | 1 443 | 1 579 | 3 538 | 70,9 | 16,3 | 536 | 2 426 |
| 63. Wört | 1 817 | 891 | 1 232 | 1 030 | 495 | 535 | 1 037 | 15,6 | —16,4 | 350 | 679 |
| 64. Zipplingen | 1 233 | 654 | 958 | 685 | 343 | 342 | 818 | 4,7 | —28,5 | 5 | 677 |
| 65. Zöbingen | 1 506 | 591 | 876 | 657 | 330 | 327 | 669 | 11,2 | —25,0 | 20 | 637 |
| Kreis-Summe | 107 904 | 85 048 | 125 918 | 142 126 | 67 805 | 74 321 | 157 393 | 67,1 | 12,9 | 39 450 | 99 483 |

[1] Gebietsstand 6. 6. 1961 [2] und Nachrichtenübermittlung [3] Landwirtschaftliche

e sind ergänzt worden durch die fortgeschriebene Zahl der Wohnbevölkerung vom 30. Juni 1969

| Erwerbspersonen (ohne Soldaten) am 6. 6. 1961 | | | | Berufspendler am 6. 6. 1961 (ohne Soldaten) | | Betriebszählung in der Land- u. Forstwirtschaft 31. 5. 1960 | | Nichtlandwirtschaftl. Arbeitsstättenzählung 6. 6. 1961 | | Gebäudezählung 6. 6. 1961 | |
|---|---|---|---|---|---|---|---|---|---|---|---|
| | darunter n. Wirtschaftsbereichen | | | | | | | Zahl der | | Zahl der | |
| insges. | Land- und Forst-wirtschaft | Produz. Gewerbe | Handel u. Verkehr[2] | Ein-pendler | Aus-pendler | Zahl der Betriebe | Nutzungs-fläche in ha[3] | Arbeits-stätten | Beschäf-tigten | Wohn-gebäude | Wohn. in Wohngeb. |
| 12 | 13 | 14 | 15 | 16 | 17 | 18 | 19 | 20 | 21 | 22 | 23 |
| 1 117 | 210 | 532 | 121 | 244 | 178 | 76 | 1 266 | 132 | 932 | 350 | 566 |
| 172 | 112 | 43 | 5 | — | 41 | 41 | 377 | 22 | 37 | 59 | 74 |
| 993 | 512 | 362 | 45 | 9 | 345 | 216 | 1 843 | 80 | 167 | 308 | 412 |
| 202 | 142 | 46 | 3 | 3 | 44 | 53 | 429 | 14 | 32 | 66 | 68 |
| 740 | 93 | 492 | 82 | 64 | 478 | 40 | 344 | 66 | 239 | 273 | 484 |
| 4 266 | 106 | 3 486 | 337 | 3 371 | 437 | 56 | 414 | 260 | 7 100 | 960 | 2 141 |
| 352 | 203 | 108 | 15 | 3 | 116 | 80 | 1 053 | 34 | 65 | 135 | 151 |
| 714 | 418 | 195 | 51 | 22 | 182 | 165 | 1 694 | 58 | 147 | 237 | 266 |
| 339 | 90 | 193 | 34 | 234 | 96 | 35 | 336 | 39 | 426 | 120 | 194 |
| 400 | 221 | 117 | 30 | 13 | 119 | 102 | 761 | 43 | 113 | 143 | 176 |
| 1 122 | 399 | 536 | 69 | 39 | 557 | 173 | 1 323 | 77 | 229 | 377 | 521 |
| 1 136 | 626 | 366 | 49 | 17 | 350 | 269 | 3 024 | 99 | 255 | 409 | 504 |
| 279 | 184 | 81 | 6 | 4 | 79 | 72 | 675 | 24 | 46 | 103 | 119 |
| 1 114 | 509 | 458 | 50 | 39 | 285 | 240 | 1 410 | 87 | 383 | 413 | 526 |
| 588 | — | 479 | 82 | 15 | 465 | 1 | 1 | 87 | 132 | 275 | 339 |
| 1 028 | 283 | 551 | 76 | 64 | 566 | 142 | 973 | 89 | 324 | 382 | 556 |
| 725 | 267 | 332 | 79 | 46 | 354 | 104 | 1 024 | 58 | 261 | 225 | 345 |
| 179 | 131 | 34 | 5 | 2 | 29 | 50 | 508 | 14 | 23 | 65 | 73 |
| 844 | 561 | 221 | 27 | 11 | 164 | 232 | 2 097 | 72 | 140 | 291 | 359 |
| 582 | 293 | 225 | 25 | 1 | 182 | 147 | 1 303 | 72 | 129 | 246 | 293 |
| 485 | 228 | 185 | 42 | 21 | 166 | 99 | 741 | 46 | 123 | 202 | 263 |
| 2 914 | 78 | 2 339 | 221 | 992 | 1 204 | 51 | 322 | 202 | 2 625 | 849 | 1 622 |
| 237 | 151 | 50 | 14 | 5 | 64 | 54 | 518 | 28 | 61 | 89 | 101 |
| 539 | 323 | 151 | 31 | 16 | 130 | 132 | 1 065 | 59 | 145 | 203 | 231 |
| 182 | 154 | 21 | 3 | 2 | 16 | 58 | 566 | 17 | 29 | 68 | 72 |
| 396 | 103 | 223 | 40 | 6 | 217 | 46 | 364 | 39 | 77 | 170 | 231 |
| 680 | 286 | 330 | 24 | 43 | 285 | 118 | 1 342 | 58 | 168 | 213 | 314 |
| 133 | 94 | 22 | 6 | 4 | 21 | 49 | 485 | 19 | 29 | 57 | 60 |
| 5 087 | 225 | 3 650 | 575 | 4 135 | 1 760 | 126 | 975 | 387 | 7 277 | 1 548 | 3 090 |
| | | | | | | | | | | | |
| 1 527 | 382 | 884 | 132 | 354 | 506 | 151 | 1 386 | 133 | 1 051 | 522 | 836 |
| 568 | 310 | 185 | 27 | 3 | 146 | 136 | 869 | 60 | 146 | 192 | 270 |
| 397 | 312 | 55 | 13 | 1 | 60 | 111 | 1 111 | 28 | 46 | 130 | 132 |
| 347 | 230 | 82 | 16 | 8 | 75 | 98 | 899 | 41 | 81 | 126 | 139 |
| 69 058 | 14 814 | 37 951 | 7 045 | 21 736 | 21 710 | 6 426 | 56 599 | 6 669 | 55 820 | 22 103 | 37 264 |

# Wirtschaft im Bild

## Unternehmen stellen sich vor

*(Firmenkurzbiographien ab Seite 277)*

*(1) Zu den klassischen Fertigungsbetrieben des Werkes Wasseralfingen der* SHW-GmbH *zählt der Weichenbau. Hier werden im Auftrag der Bundesbahn sowie anderer Auftraggeber des In- und Auslandes Gleis- und Weichenanlagen hergestellt. Ein eigenes Planungs- und Konstruktionsbüro ermöglicht die Ausarbeitung auch komplizierter Anlagen und Lösung schwieriger Aufgaben. Das Bild zeigt die Innenansicht der Weichenbauhalle.*

*(2) Der Werkzeugmaschinenbau im Werk Wasseralfingen der* SHW-GmbH *zählt zu den modernsten Fertigungsstätten des Unternehmens. Dieser Fertigungszweig symbolisiert den Fortschritt der SHW bei der Wandlung vom ursprünglich eisenerzeugenden zum eisen- und stahlverarbeitenden Betrieb. Unser Foto zeigt die Montagehalle für die Universal-Werkzeugfräsmaschinen SHW-UF 1/1 K.*

*(3) Ein Wahrzeichen der mit modernen Bauwerken sich ein neues Gesicht formenden Kreisstadt ist das Wohnhochhaus der Schwesternschule Aalen. Auch hier führte die Leistungsfähigkeit der Bauunternehmung* Franz Traub, *Ebnat, zum Erfolg.*

*(4) Diese größte Papiermaschine für Wellpappen- und Verpackungspapiere in Deutschland steht bei der* Papierfabrik Palm KG *in Neukochen bei Aalen. Die Produktionsstraße wurde 1968 erstellt und erzeugt täglich 200 t Papier.*

(5) *Die Hauptzweigstelle Ellwangen der* Kreissparkasse.

(6) *Das moderne Hauptgebäude der* Kreissparkasse *in Aalen.*

*(7) Die junge Stadt Oberkochen im Durchbruchtal der Schwäbischen Alb, zwischen Aalen und Heidenheim gelegen, änderte mit dem Aufbau der Zeiss-Werke ihr inneres Gefüge und äußeres Bild.*

*Der damalige Bundespräsident Theodor Heuss rief der Belegschaft des Werkes anläßlich der Wiedereinführung des Statuts der Carl-Zeiss-Stiftung zu „Die Verpflanzung ist geglückt, Ihr habt wieder Wurzeln gefaßt.“ Die Carl-Zeiss-Stiftung beschäftigt heute ca. 34 000 Menschen.*

*(8) Seit 1955 stellt die* Bau-Stahlgewebe GmbH *in ihren Produktionsstätten in Aalen Matten jeder Stärke und Größe her. Tausende von Tonnen verlassen monatlich das Werk.*

*(9) Seit 1957 befindet sich der Verkauf Süddeutschland auf dem Gelände des Betriebes in Aalen/Württ. Von hier aus wird sowohl bautechnisch wie auch verkaufsmäßig der gesamte süddeutsche Markt bearbeitet. Für die Kunden der* Bau-Stahlgewebe GmbH *ist dadurch Aalen zu einem Begriff geworden.*

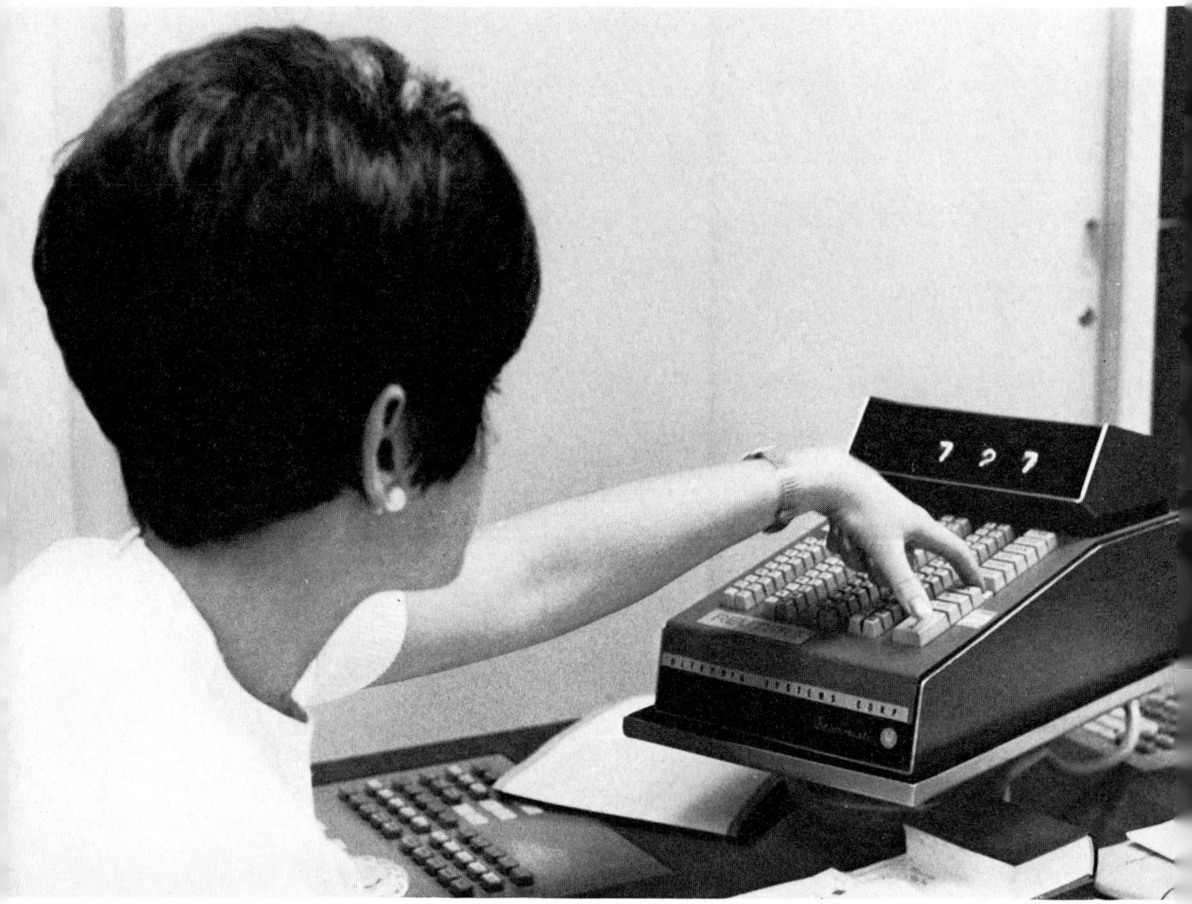

*(10) Für die Kunden der* Dresdner Bank, *Aalen, stehen in wenigen Sekunden über diesen Stockmaster die neuesten Kurse der an den führenden in- und ausländischen Börsen notierten Aktien zur Verfügung. Die Angaben werden von einer zentralen elektronischen Anlage über direkte Leitungen geliefert. Moderne technische Einrichtungen unterstreichen die bedeutende Rolle und Leistungsfähigkeit der Dresdner Bank im deutschen Bankwesen.*

*(11) Wo Bier, Milch oder andere Getränke fließen, werden hygienische, korrosionsfeste Armaturen und Leitungen benötigt. Die* Südmo-Armaturenfabrik Leonhard Schleicher, *Pflaumloch, fertigt diese von der einfachen Verschraubung bis zum ferngesteuerten Ventil aus Chromnickelstahl in einer Qualität, die in vielen Ländern begehrt ist.*

*(12) Zentrallagerhaus (Südostseite) der* Landwirtschaftlichen Bezugs- und Absatzgenossenschaft Bopfingen *mit dem 1600-t-Getreidesilo und dem Heizöllager für 50000 l.*

*(13), (14) Das Stammhaus Oberkochen der Werkzeugfabrik* Gebr. Leitz *bildet die kaufmännische und technische Zentrale des Gesamtunternehmens. Von hier aus erfolgt die Leitung aller in- und ausländischen Tochtergesellschaften. Das Zweigwerk Unterschneidheim (unteres Bild) wurde 1965 in Betrieb genommen, die Produktionsfläche bis heute vervierfacht. In diesem Betrieb sind zur Zeit 220 Mitarbeiter beschäftigt.*

(15) *Fabrikationsgebäude der* Aktiengesellschaft Union, Nachfolger Hermann Naegele, *Aalen.*

(16) *Teilansicht einer Blankstahl-Lagerhalle der Firma* Günther & Schramm KG *Eisengroßhandel, Oberkochen.*

*(17) Paket-Förder- und Verteilanlage in einem Postamt, Hersteller* Eisenwerk Gebr. Wöhr KG, *Unterkochen.*

*(18) Spezialisten haben mehr Erfahrung, leisten mehr. Mit dieser Forderung an die eigene Leistung schuf sich die Firma* Gesenkschmiede und Hammerwerk Carl Schneider GmbH, *Aalen, ihre heutige bedeutende Marktstellung.*

*(19) Harmonische Eingliederung von Industriebauten in die Landschaft zeigt das Bild von den Werkanlagen der Firma* Lindenfarb-Textilveredlung, Julius Probst *in Unterkochen. Architekt: Dipl.-Ing. Horn, Aalen.*

(20) *Teilansicht der 4000 qm großen Fertigungshalle Nord der* Lindenfarb-Textilveredlung, Julius Probst *in Unterkochen, links Warenkontrolle, rechts Spannrahmen.*

*(21) Die* Handelsbank Wiedmann & Co. *ist mit dem 1969 bezogenen Neubau mit seinem Autoschalter - dem ersten im Kreis Aalen - mit einbruchsicheren Tresoranlagen, Nachttresor und vielen anderen technischen Erleichterungen in der Lage, jenen Bankservice zu bieten, den eine in Gelddingen nahezu mündige Gesellschaft braucht.*

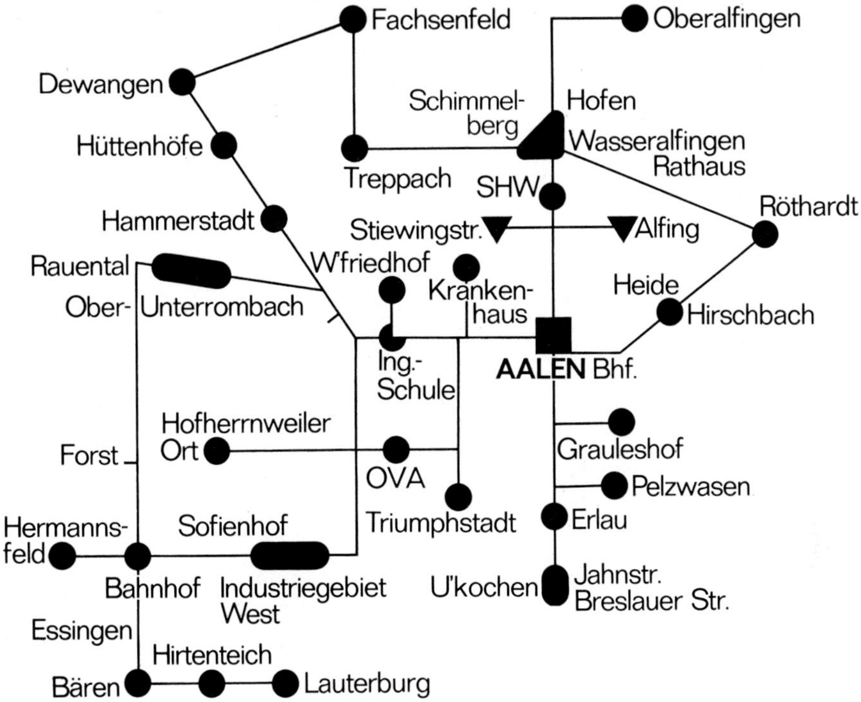


(22) *Das Liniennetz der Firma* Omnibusverkehr Aalen *umfaßt den gesamten Stadtverkehr in Aalen und Wasseralfingen, sowie den überwiegenden Teil des Nahverkehrs im Raum Aalen und einige Schülerlinien im Raum Bopfingen. An einem normalen Arbeitstag werden hier bei 360 Einsätzen bis zu 20 000 Personen befördert. Dabei werden in 190 Fahrstunden nahezu 4000 km gefahren.*

(23) *Diese 5 Standard-Stadtlinienbusse wurden im Frühjahr 1970 in Dienst gestellt. Sie sind, wie alle im Linienverkehr fahrenden Busse für die automatische Fahrgastabfertigung ausgestattet.*

*(21) Die Modemacher aus Aalen machen Damenmoden, Bade- und Freizeitmoden und Kindermoden. Sie machen Damenwäsche, Herrenwäsche und Kinderwäsche - eines so chic wie das andere. Doch Chic allein genügt nicht, wenn Mode richtig Spaß machen soll.*

*Deshalb leistet man sich bei* Hengella *auch heutzutage noch etwas fast Altmodisches: Qualität.*

*(25) Der Bau von großen Wasserbehältern ist ein Spezialgebiet der Industriebaufirma* Aisslinger *(Wasserbehälter Amstetten bei Geislingen/Steige).*

(26) *Die Firma* Röchling & Co. *Kaltwalzwerk Oberkochen, ein Werk des Röchling-Konzerns, stellt kaltgewalzten Bandstahl für Stanz-, Biege- und Tiefziehteile her. Die Bänder in Ring- und Streifenform finden im In- und Ausland ihren Absatz in der Metallwaren-, Baubeschlag-, Uhren-, Büro- und Spielwarenindustrie.*

*(27), (28) Unter dem Firmenzeichen May stellt die Firma* Dörrenberg & Co. *in den modernen Fertigungshallen der Werke Lauchheim (oberes Bild) und Neresheim (unteres Bild) Präzisionsschneidwerkzeuge her.*

(29) *Die* Koepf Brauerei KG *als größte Aalener Brauerei mit ihrem Absatzgebiet weit über die Grenzen des Landkreises Aalen hinaus, sieht in ihrer jahrhundertealten Tradition die Verpflichtung zur Herstellung von Spitzenerzeugnissen, welche nach alter schwäbischer Braukunst in moderner Aufmachung zum Verkauf kommen.*

*(30) Tag für Tag informiert die* „Schwäbische Post“, *mit 21 000 verbreiteter Auflage die größte Tageszeitung im Kreis Aalen, ihre Leser über das Geschehen in Stadt und Land, in der weiten Welt und der engeren Heimat. Gedruckt auf einer der modernsten Zeitungs-offsetmaschinen in Deutschland, verbindet sie verantwortungsvolle, aktuelle Information mit den Vorzügen einer ausgezeichneten Druckqualität.*

*(31) Die* Grafischen Betriebe Süddeutscher Zeitungsdienst, Druckerei- und Verlagsgesellschaft mbH *genießen einen hervorragenden Ruf als modern eingerichtete Druckerei. Qualitätsdrucksachen werden termingerecht mit hohem fachlichen Können und Sorgfalt ausgeführt. Ein besonderer Schwerpunkt liegt in der Offset- und Reproabteilung.*

*(32) Beitrag der* Gebrüder Spiegler *zur Motorisierung in Aalen. Aufnahme J. Spiegler um 1910.*
*(33) Gebrauchtwagenhalle der Firma* Gebr. Spiegler *in Aalen.*

*(34) Eine neu eingerichtete Schalterhalle eines Geldinstituts.* Ostertag *bietet solche und ähnliche Gesamtlösungen vom Tresorraum im Keller bis zum obersten Geschoß für Geldinstitute, Verwaltungen, Industrie. Zahlreiche Verkaufsbüros und Vertretungen erstrecken sich über das In- und Ausland.*

*(35)* Vereinigte Lagerhausgesellschaft mbH. W. M. Maier, *Aalen, Mühlstraße 32. Teilaufnahme mit Lagerhaus, Tankstelle und Verwaltungsgebäude.*

*(36)* Elke-Technik, *Ellwangen, Werkzeugbau.*

*(37) Der Neubau der Firma* Lipp, *Aalen, mit der langen Reihe der Kundendienst-Fahrzeuge.*

*(38) Die große Werkstatt der Firma* Lipp *neben der Fahrzeughalle. Auch hier helfen zahlreiche Spezial-, Meß- und Prüfgeräte bei der Arbeit.*

*(39), (40)*
Sand- und Betonwerk
Hermann Spengler KG
*in Rindelbach.*

(41) *Auf dem früheren Eisweihergelände der* Grünbaumbrauerei *Aalen wurde ein Hubschrauberlandeplatz geschaffen.*

(42) *Die Internationale Möbel- und Güterspedition* Transport-Siegmann GmbH, *Aalen, mit Niederlassungen in Bopfingen und Schwäbisch Gmünd und Spezialverkehr Frankreich-Spanien-Portugal gehört zur Gruppe Internationaler Möbelspediteure.*

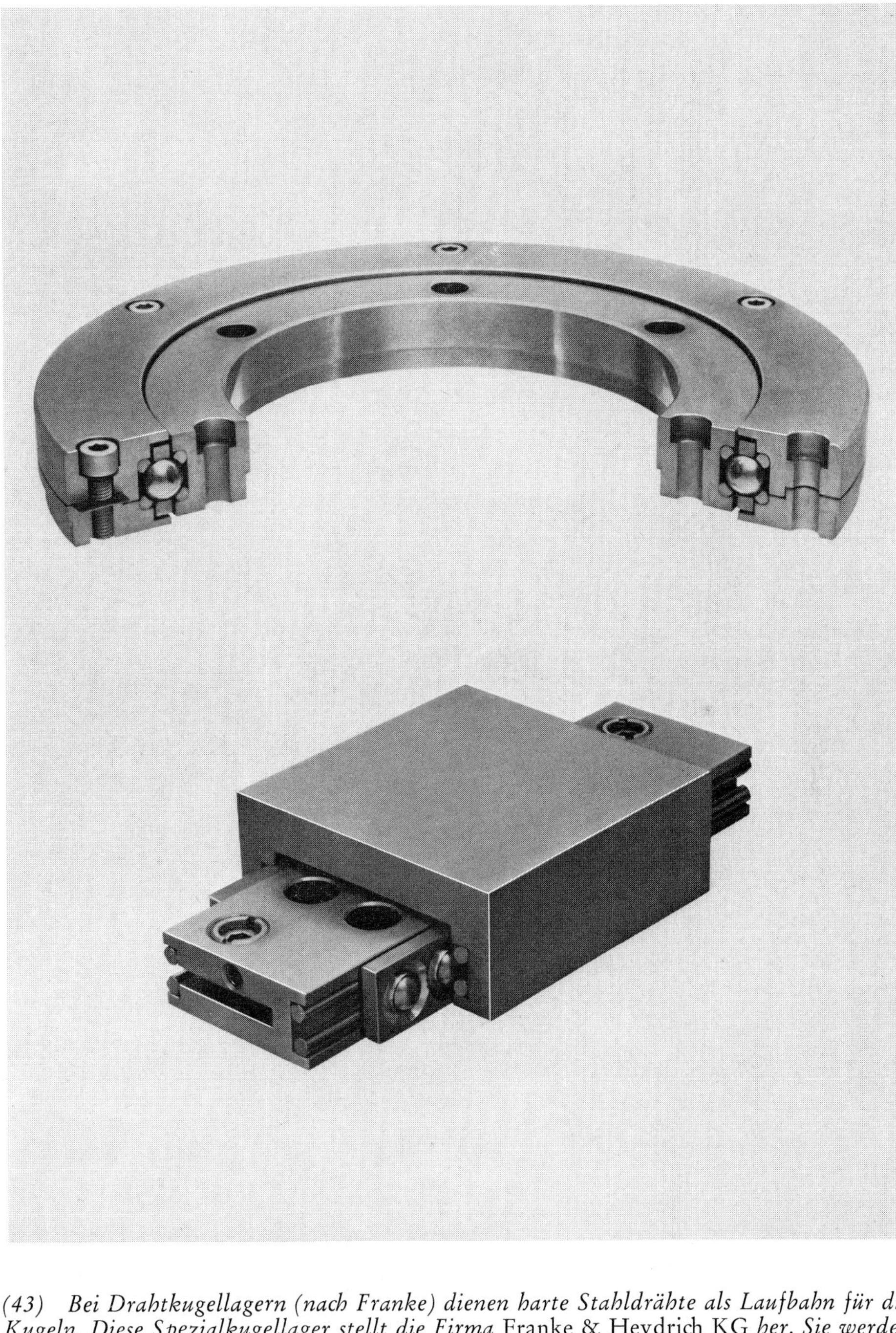

*(43) Bei Drahtkugellagern (nach Franke) dienen harte Stahldrähte als Laufbahn für die Kugeln. Diese Spezialkugellager stellt die Firma* Franke & Heydrich KG *her. Sie werden im Maschinen-, Geräte- und Vorrichtungsbau des In- und Auslandes verwendet.*

(44) *Die* UJAG - Ueberlandwerk Jagstkreis AG, *Ellwangen (Jagst), liefert elektrische Energie für Haushalt, Landwirtschaft, Gewerbe und Industrie. Ihr Stromverteilernetz ist aufgebaut aus 2 150 km Hochspannungs- und 2 450 km Niederspannungsleitungen. Die Versorgung der Kunden mit elektrischem Strom erfolgt aus diesem Netz über 1 400 Ortsnetzstationen. Die Zahl der Stromkunden beträgt einschließlich der Industrieabnehmer und Wiederverkäufer 88 503. Der Gesamtstromumsatz war 1959 338 Millionen kWh, 1969 839 Millionen kWh.*

*(45) Einige modische Tücher aus der etwa 1000 Muster umfassenden Kollektion der* Gustav Winkler Taschentuchwerke, *Aalen.*

(46) *Die neue Werkstatt mit Tankstelle und Waschhalle der Firma* Autohaus Bauer. *Hier befindet sich auch die Fabrikvertretung der bedeutenden Autofirmen BMW und NSU.*

(47) *Maler- und Autolackierbetrieb* Josef Bader *mit 45 langjährigen guten Mitarbeitern in den verschiedenen Spezialabteilungen. Erbaut 1963 auf dem Trümmergrundstück des ehemaligen Heeresnebenzeugamtes.*

*(48) Die Metzgerei* Barth & Seibold, *Aalen unterhält in und um Aalen Ladengeschäfte. Über 300 in- und ausländische Auszeichnungen bestätigen das ständige Qualitätsstreben der Firma.*

*(49) Teilansicht der Gaststättenräume* „Alter Löwen“, *Einrichtung im Schwarzwälder Stil.*

*(50)* Rheinelektra-*Geschäftsstellen planen und beraten Installationsanlagen jeder Art, die Rheinelektra Fachgeschäfte führen eine moderne, umfassende Auswahl, sie bieten Fachberatung und Kundendienst.*

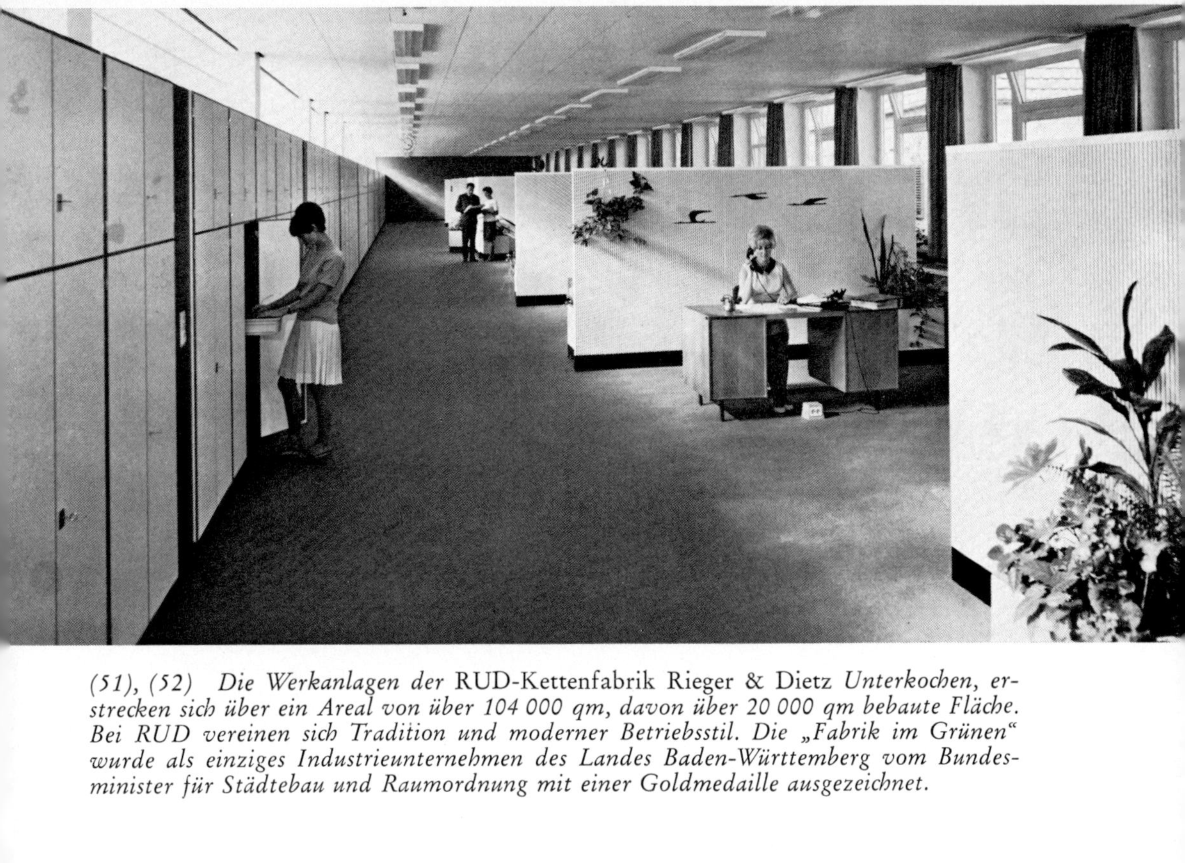

*(51), (52) Die Werkanlagen der* RUD-Kettenfabrik Rieger & Dietz *Unterkochen, erstrecken sich über ein Areal von über 104 000 qm, davon über 20 000 qm bebaute Fläche. Bei RUD vereinen sich Tradition und moderner Betriebsstil. Die „Fabrik im Grünen“ wurde als einziges Industrieunternehmen des Landes Baden-Württemberg vom Bundesminister für Städtebau und Raumordnung mit einer Goldmedaille ausgezeichnet.*

*(53), (54), (55) Neue Maßstäbe im Möbelhandel setzt* J. E. Berthold Reuss, Möbelgroßvertrieb, *Aalen. Weit über die Grenzen des Kreises hinaus wurde dieses Unternehmen zum Anziehungspunkt für Möbelinteressenten. Nicht ohne Grund. Auf rund 7000 qm präsentiert Reuss eine vielseitige Ausstellung voll attraktiver Modelle namhafter europäischer Möbelhersteller. Eine riesige Auswahl an Einrichtungen und Heimtextilien, wie sie Möbelfreunde sonst nur von Katalogabbildungen kennen. Im Zusammenwirken mit Fachhandwerksmeistern bietet Reuss zudem einen einmalig fachkundigen Service.*

*(56) 1970. Die* Erlau AG, *Aalen, feierte ihr 100jähriges Bestehen als Aktiengesellschaft. Schon 1896 führt Meyers Konversationslexikon unter „Aalen" die Erlau als einziges Unternehmen namentlich auf. Ein Beweis für die Bedeutung der Erlau AG für die Stadt und den Kreis Aalen.*

*(57) Reifenschutz- und Geländeketten im patentierten, erfolgreichen Steg-Ring-System trugen den Namen Erlau in alle Welt. Als Rationalisierungsmittel der Bauwirtschaft, in Bergwerken, Steinbrüchen, bei Tunnelbauten usw.*

*(58) In alle Alpenländer und bis nach Japan liefert die* Erlau AG *Gleitschutzketten für Pkw und Lkw. Mit der erprobten Steg-Ring-Konstruktion „Erlau Europa" lieferten Erlau-Ingenieure einen bedeutenden Beitrag zur Verkehrssicherheit.*

*(59) Garten- und Terrassenmöbel der* Erlau AG *sind vorbildlich im Design und in der technischen Ausstattung. In vielen Wettbewerben setzte sie die Jury obenan. Beispielhaftes Ergebnis für diese Leistung: Erlau-Möbel im Hilton auf Martinique in der Südsee.*

*(60) Die gezielte Spezialisierung auf die Anforderungen bestimmter Handelsgruppen schuf den Erlau-Ladenbausystemen einen entscheidenden Marktvorteil. Beratung, Planung und Ausführung bietet die* Erlau AG *mit einem erfahrenen Mitarbeiterteam.*

*(61) Auf jährlich über 40 in- und ausländischen Messen präsentiert die* Erlau AG *ihre Produkte, knüpft und festigt Handelskontakte mit Kunden in vielen Ländern der Erde.*

*(62) „Bäuerle" Format- und Besäumkreissägemaschinen der Firma* J. Adolf Bäuerle, Werkzeug- und Maschinenfabrik - Eisengießerei, *Oberkochen, mit schwenkbarem Kreissägeblatt Modell FSR mit eingebauter Ritzsäge, Besäumtischlänge 2600 mm (3000 mm).*

*(63) Fabrikations- und Lagerhalle der* Deutschen Ivoclar Dental AG *in Neunheim bei Ellwangen. Herstellung und Vertrieb von künstlichen Zähnen, zahnärztlichen und zahntechnischen Materialien und Geräten.*

*(64) In diesem modernen Gebäude befinden sich die Verwaltungs- und Lagerräume, sowie die umfangreiche Ausstellung der Firma* Dürr und Feil, *Ellwangen.*

*(65) Unter dem Markenzeichen WIGO produziert die 1890 gegründete Werkzeug- und Maschinenfabrik* Wilhelm Grupp, Oberkochen, *Werkzeuge und Spezialmaschinen für die Bearbeitung von Holz, Holzwerkstoffen und Kunststoffen aller Art, sowie Fräsmaschinen für die Metallbearbeitung. Sie unterhält einen Zweigbetrieb in Neresheim.*

*(66) Am 23. November 1956 eröffnete die* Aalener Volksbank *ihr neues Bankgebäude an der Olgastraße 6, das von Dipl.-Ing. Richard Horn, Aalen-Bopfingen, als Stahlbetonskelettbau errichtet wurde; 1967 wurde auf dem neu erworbenen Grundstück Olgastraße 2, für die Besucher der Bank ein Parkplatz angelegt.*

*(67), (68)* Die Raiffeisenbanken *im Kreis Aalen firmieren unter „Raiffeisenbank", „Genossenschaftsbank", „Spar- und Darlehenskasse" oder als Bank mit dem jeweiligen Namen der Gemeinde. Ihre steigende Bedeutung für das Wirtschaftsleben des Kreises kommt auch in der Errichtung neuer und moderner Bankgebäude und repräsentativer Geschäftsräume zum Ausdruck.*

*(69), (70) Planier- und Laderaupe der Maschinenfabrik* Kiener KG, *Wasseralfingen, oben das ältere Modell B 90, unten die Neuentwicklung Büffel BL 160.*

*(71) 1965 wurde der Gebäudekomplex der Firma* Gentner-Kleidung KG *an der Bundesstraße 29 im Industriegebiet West errichtet. Die Gebäude erfuhren bis 1968 große Erweiterungen, in denen sich heute das Einkaufszentrum DEZ mit verschiedenen Verkaufsabteilungen befindet.*

*(72), (73) Die 1920 gegründete Roll- und Klappladenfabrik* August Schmidt, *Aalen, gehört zu den größten und führenden Spezialunternehmen der Branche im gesamten süddeutschen Raum. Es unterhält Zweigbetriebe in Kempten/Allgäu, Kaufbeuren/Allgäu, sowie in Heidelberg/Wiesenbach. Die Fotos zeigen Ausschnitte aus der Rolladenkasten- und der Klappladenfertigung.*

Ernst Schneider KG, *Sand-, Stein- und Schotterwerke, Ummenhofen, Kreis Schwäbisch Hall, Zweigbetrieb Hülen*

*Lieferprogramm:*
*Schotter, sämtliche Körnungen für Straßen- und Wegebau und Mineralbeton*

*(74) 1,8-cbm-Bagger beim Laden an der Wand*

*(75) Teilansicht der Siloanlagen*

*(76) Das Herz der automatischen Dosierungsanlage mit Lochkartensteuerung und Herstellung von Mineralbeton.*

*(77)* Universal Maschinenfabrik Dr. Rudolf Schieber KG, *Westhausen, Hersteller von Handflachstrickmaschinen und Flachstrickvollautomaten.*

*(78)* Dr. Rudolf Schieber, Chemische Fabrik KG, *Bopfingen. Herstellung von tierischen Leimen, Lederfaserstoffen für die Schuhindustrie, Klebstoffen für die holz- und papierverarbeitende Industrie.*

(79) *Das neue* Grieser-*Einkaufszentrum im „Grauleshof" mit Lebensmittelmarkt, Tabak- und Schreibwarengeschäft und Drogerie.*

(80) *Blick in das Filialgeschäft Mittelbachstraße, eine von 18 Filialen der* Anton Grieser, *Lebensmittel-Filialbetrieb, Aalen.*

*(81) Betriebsgebäude der Firma* Hans Eder, *Likörfabrik, Weinkellerei und Weinmarkt im Industriegebiet West an der B 29.*

*(82) Die Varta-Gesellschaft mit beschränkter Haftung in Ellwangen/Jagst, größter Trockenbatterie-Hersteller des europäischen Kontinents, gehört zu den führenden Unternehmen dieser Branche in der Welt.*

*(83) Seit über 75 Jahren besteht die Werkzeug- und Maschinenfabrik* Oppold *in Oberkochen. Oppold-System-Werkzeuge sind in dieser Zeit zu einem Qualitätsbegriff auf dem Gebiet der Zerspanung von Holz und Kunststoffen geworden.*

*(84), (85) Naherholung auf der Schwäbischen Ostalb! Liftbetrieb am 1969/70 in Betrieb genommenen kleinen Lift der* Freiherrlich von Woellwarthschen Waldstiftung, *Essingen, im Oberen Hirtenteich. Auf dem oberen Bild ist im Hintergrund ein Teil des großen Lifts (in Betrieb genommen 1968/69) zu sehen.*

# Fotonachweis

Die Zahlen verweisen auf die Abbildungsnummer, WiB = Firmenbilder in „Wirtschaft im Bild".

Baur, Aalen: 43, 51, 52, 54, 58, 59, 64
WiB: 1, 2, 4, 5, 6, 8, 14, 15, 16, 18, 19, 20, 21, 29, 30, 34, 35, 42, 43, 46, 47, 48, 49, 52, 53, 54, 55, 65, 66, 70, 72, 73, 77, 79, 81

Böltz, Bopfingen: 13, 14, 20, 21, 44, 61, 65, 66, 67, 68
WiB: 12

Braun, Aalen: WiB 12

Brugger, Stuttgart: 6 (2/22271), 7 (031/00468), 12 (2/22997), 34 (2/17543), 57 (2/22265)

Brutzer, Frankfurt: 28

Elsäßer, Stuttgart: 17 (25877)

FFT-Studio Gofferjé, Aalen: 16
WiB: 68

Hafner, Erwin: WiB 9

Halir, Aalen: WiB 33

Hildebrand, Aalen: 1, 2, 3, 8, 18, 19, 20, 22, 23, 24, 25, 26, 27, 29, 30, 31, 35, 36, 37, 38, 39, 40, 41, 42, 45, 46, 47, 49, 50, 55, 56, 62, 63, 71

Hildenbrand, Göppingen: 10, 11

Hirsch, Nördlingen: 48

Hoffmann, Aalen: WiB 11

Kitterer, Wasseralfingen: 9

Landesbildstelle Württemberg: 5

Maier, Ellwangen: 69, WiB 36

von Querfurt, Aalen: WiB 71, 80

Sauer, Aalen: 4

Schieferdecker, Aalen: 60, 70, 72

Sonntag, Aalen: 73, WiB 84, 85

Spiegler, Aalen: WiB 32

Swiridoff, Schwäbisch Hall: 33

Werner, Oberkochen: 32

Weizsäcker, Stuttgart: WiB 25

Zeiss, Oberkochen: 53

Zirlik, Ellwangen: WiB 39, 44

Bei den nicht nachgewiesenen Bildern handelt es sich um Eigen- bzw. Werkfotos der in den Bildunterschriften genannten Gemeinden und Firmen.

# Firmenkurzbiographien

Die Zahlen in Klammern verweisen auf die Abbildungsnummern in „Wirtschaft im Bild".

## (1), (2) *Schwäbische Hüttenwerke GmbH, Wasseralfingen*

In dem Unternehmen SHW-GmbH sind fünf in Württemberg liegende Werke zusammengeschlossen, die auf eine sehr reiche Tradition zurückblicken können. Schon seit 1365 sind Eisenerzbergbau und Eisenverarbeitung in der Schwäbischen Ostalb urkundlich nachweisbar. Auf diese Anfänge geht das älteste SHW-Werk Königsbronn zurück, das 1965 sein 600-jähriges Bestehen feiern konnte. Das Werk erlebte bereits in der Hand der Zisterzienser ab 1529 einen großen Aufschwung. 1598 ging es in den Besitz der Herzöge von Württemberg über. Um die Mitte des 18. Jahrhunderts gewann Königsbronn unter Johann Georg Blezinger, einem Unternehmer moderner Prägung, weithin über die Landesgrenzen Ansehen.

Im Jahre 1536 gründete das württembergische Herrscherhaus in der Nähe von Freudenstadt im Schwarzwald das Werk Friedrichstal und 1695/96 das Werk Ludwigstal in Tuttlingen.

Ebenfalls eine jahrhundertealte Vergangenheit hat das Werk Wasseralfingen. Hier stand seit 1671 der Hochofen für die fürstpröpstlich-ellwangischen Eisenschmieden, die 1803 an Württemberg kamen. 1831 wurde das Werk Wasseralfingen international bekannt, als Faber du Faur, der damalige Verwalter des Hüttenwerks, erstmals die Hochofenabgase zur Erwärmung der Gebläseluft ausnutzte und Hüttenfachleute aus aller Welt das schwäbische Dorf besuchten. 1854 wurde in Wasseralfingen das Walzwerk gebaut, eine Anlage, die zuvor im aufgelassenen Zweigwerk Unterkochen arbeitete.

In das Jahr 1840 fällt die Gründung des Werkes Wilhelmshütte in Schussenried, wie Friedrichstal und Ludwigstal nach dem regierenden Fürsten benannt.

Alle diese Werke waren ursprünglich als Roheisenschmelzen angelegt. Zur Verhüttung der nahegelegenen Erze lieferten die Flüsse Brenz, Forbach, Donau, Kocher und Schussen die Wasserkräfte und die Wälder der Umgebung die Holzkohle. Wie es die jeweilige Zeit ermöglichte, verarbeitete man hier auch schon frühzeitig Eisen und Stahl zu vielerlei Erzeugnissen. Kunstvolle gußeiserne Öfen aus Wasseralfingen und Königsbronn wurden besonders bekannt. Heute beruht das breite Fertigungsband der Werke im wesentlichen auf der Verarbeitung und Veredlung von Eisen und Stahl.

Seit 1921 werden die bis 1918 königlichen, dann staatlichen Hüttenwerke in der Rechtsform der Gesellschaft mit beschränkter Haftung geführt. Sitz der Gesellschaft und Hauptverwaltung ist Wasseralfingen. Gesellschafter sind die Gutehoffnungshütte Aktienverein, Nürnberg/Oberhausen, und das Land Baden-Württemberg.

In den letzten Jahren beschäftigte SHW in den fünf Werken und in der Hauptverwaltung über 3000 Mitarbeiter. Viele von ihnen stammen aus Familien, die schon seit Generationen mit dem Unternehmen verbunden sind. Die durchschnittliche Zeit der Betriebszugehörigkeit der Mitarbeiter ist hoch. So liegt die Produktion in den Händen eines zuverlässigen, hochqualifizierten Mitarbeiterstammes.

Die Erzeugnisse der SHW-GmbH gehen in alle Welt. Der Ruf gleichbleibender Qualität und gründlicher Wertarbeit hätte nicht entstehen können ohne das Bemühen, die Anerkennung täglich durch hohe Leistung, günstigen Preis und zuverlässige Lieferung jeden Tag neu zu erwer-

ben. Hauptverwaltung, Werksleitungen und Belegschaft fühlen sich verpflichtet, Tradition und Fortschritt gleichermaßen gerecht zu werden.
Die enge Bindung zwischen Unternehmen und Belegschaft spiegelt die Verflochtenheit der Firmengeschichte mit der schwäbischen Heimat wider. Die heute hochentwickelte eisen- und stahlverarbeitende Industrie Württembergs hatte vielfach ihren Ausgangspunkt in den fünf SHW-Werken. Das Unternehmen hat so den guten Ruf schwäbischer Erzeugnisse maßgeblich mitbegründet, von denen es heißt: Schwäbische Wertarbeit – anerkannte Präzision.

(3) *Firma Franz Traub, Bauunternehmung – Betonwerke, Ebnat*

Im Jahre 1953 wurde das Baugeschäft vom jetzigen Inhaber gegründet und von den kleinsten Anfängen heraus zu seiner heutigen Bedeutung geführt. Bald darauf konnte durch ständige Erweiterung und Rationalisierung die Leistungsfähigkeit so verbessert werden, daß von nun an Hochhäuser, Schulen, Kläranlagen, Krankenhäuser, Industriebauten und zuletzt auch Brückenbauten erstellt werden konnten. Auch der Tiefbau wurde ins allgemeine Bauprogramm aufgenommen, wobei in den letzten Jahren bedeutende Projekte wie Staudämme und größere Baulanderschließungen ausgeführt wurden.
Dem Fortschritt des Unternehmens entsprechend wurde bereits im Jahre 1956 die Produktion von Baustoffen und Fertigteilen aufgenommen. Eine Vergrößerung und Fertigung nach industriellen Gesichtspunkten wurde unumgänglich. So mußte ein neues Gelände, das eine Erweiterung nach allen Richtungen ermöglicht, erschlossen werden. In den letzten Jahren konnte darauf ein Fertigteilwerk erstellt werden, worin Einzelteile von 25 t und mehr hergestellt werden können. Dafür wurden eigene, entsprechende Transportfahrzeuge und Montagegeräte angeschafft, die ein reibungsloses Zusammensetzen an den zahlreichen Baustellen ermöglichen. Auch wurde eine eigene Schneide- und Biegeanlage erstellt, die es bei jeder Witterung ermöglicht, die erforderliche Menge an Betonstahl in kürzester Zeit für den Eigenbedarf und für Fremdabnehmer zu liefern. Gleichzeitig wurde ein Transportbetonwerk errichtet, das in seiner Leistung und vollautomatischen Einrichtung zu den modernsten unseres Landes zählt. Zehn Spezialfahrzeuge versorgen die eigenen und fremden Baustellen bis 50 km im Umkreis. Auf Qualität wird besonders geachtet. So konnte bereits 1962 das Gütezeichen für Stahlbeton-Fertigteile und 1968 für Transportbeton der Firma verliehen werden.

(4) *Papierfabrik Palm KG, Neukochen*

Die Papierfabrik Palm KG zählt zu den bedeutendsten Herstellern von Packpapieren und Wellpappenpapieren in Deutschland. Auf vier Papiermaschinen werden jährlich 100 000 t Papier erzeugt, die in der Bundesrepublik und im grenznahen EWG-Raum ihren Absatz finden. Das Werk wurde 1872 von Herrn Adolf Palm gegründet und wird heute in der dritten Generation von Dr. Wilfried und Gottfried Palm geleitet. Das Erzeugungsprogramm umfaßt außer Packpapier und Wellpappenpapieren, Textilhülsenpapiere, Schulheftumschläge, Spezialpapiere für technische Zwecke, Isolierpappen für die Bauindustrie, die unter den Markennamen Vaporex, Perkalor und Diplex vertrieben werden und auf der Basis einer Kombination von Karton und Kunststoff produziert werden. Als Spezialität des Hauses werden auf zwei Rollendruckmaschinen werbende Verpackungspapiere hergestellt, die mit entsprechendem Werbeaufdruck versehen sind.
Als Rohstoffe werden hauptsächlich Sulfat- und Sulfit-Zellstoffe, Halbzellstoffe und Papierabfälle eingesetzt. Ein eigenes Kraftwerk mit einer Leistung von 12 000 kW/h versorgt das Werk mit Strom und Trocknungsdampf. Außerdem wird ein Klärwerk zur Reinigung von 1000 cbm Wasser pro Stunde betrieben.

(5), (6) *Kreissparkasse Aalen*

Im Jahre 1882 beschloß die Amtsversammlung in Aalen die Errichtung einer Oberamtssparkasse. Die heutige Kreissparkasse Aalen ist das Ergebnis der Zusammenlegung der früheren

Oberämter Aalen, Ellwangen und Neresheim im Jahre 1938 zum Kreis Aalen. Damit kamen die bisher selbständigen Sparkassen Ellwangen, gegründet 1879, und Neresheim, gegründet 1885, als Hauptzweigstellen zur Kreissparkasse Aalen.

Nach dem Währungsschnitt im Jahre 1948 begann ein neuer wirtschaftlicher Aufstieg. Die Kreissparkasse Aalen konnte beachtliche Zuwachsraten verzeichnen. So stiegen die Spareinlagen von 5,32 Mio. DM im Jahre 1948 auf 217,01 Mio. DM im Jahre 1969. Die Bilanzsumme wuchs in derselben Zeit von 9,52 Mio. DM auf 335,67 Mio. DM.

Das Zweigstellennetz wurde kräftig ausgebaut. Zur Zeit werden neben den drei Hauptzweigstellen Ellwangen, Bopfingen und Neresheim 12 hauptamtlich besetzte Nebenzweigstellen unterhalten. Außerdem werden in sämtlichen Gemeinden des Kreises Zweigstellen geführt. Bei der Gesamtanstalt sind momentan 225 Personen beschäftigt (1970). Um den immer größer werdenden Arbeitsanfall verkraften zu können, wurde im Jahre 1967 eine moderne elektronische Datenverarbeitungsanlage angemietet. Auf dieser werden arbeitstäglich bis zu 48 000 Posten gebucht. Die Gesamtkontenzahl erreichte bis Ende 1969 die stattliche Zahl von 143 000 Stück. Auch weiterhin ist die Kreissparkasse Aalen bemüht, ihren guten Kontakt zu allen Bevölkerungskreisen auszubauen und zu pflegen.

## (7) *Carl-Zeiss-Werke, Oberkochen*

Das Unternehmen von Weltruf hat seinen Ursprung in einer kleinen Werkstätte, die Carl Zeiss 1846 in Jena eröffnete. Als Universitäts-Mechaniker beschäftigte er sich hauptsächlich mit der Fertigung von Mikroskopen, deren Qualität schon damals von Wissenschaftlern anerkannt wurde. Sein Ziel war, vom „Herumprobieren“ in Handarbeit zur wissenschaftlichen Berechnung der Linsenwirkung und damit zu einer besseren Herstellungstechnik vorzustoßen. Dies gelang ihm durch die Mitarbeit von Ernst Abbe, Privatdozent für Physik, den Zeiss 1866 für seine Ideen gewinnen konnte. Auf dessen Berechnungen beruht seit 1872 die Fertigung aller mikroskopischen Instrumente der Welt.

Abbe lernte 1879 Otto Schott kennen, dem es gelungen war, eine neue Glassorte herzustellen. Die von ihm entwickelten Glasschmelzen ermöglichten die Verwirklichung der optischen Rechnungen Abbes bei der Herstellung von Linsen und Prismen. 1884 eröffnete er mit ihm das glastechnische Laboratorium „Schott und Genossen“ unter Beteiligung von Carl Zeiss, der damals in seinem Werk schon ca. 240 Mitarbeiter beschäftigte. Als Zeiss 1888 starb, wurde Ernst Abbe alleiniger Inhaber des Unternehmens. Er richtete eine Stiftung ein, deren Statut (1896) festlegte, daß am Erfolg des Werkes die Gesamtheit aller Mitarbeiter teilhaben sollte. 1900 führte Abbe den Acht-Stunden-Tag ein – für die damalige Zeit einmalig. Die Zahl der Arbeitskräfte stieg laufend und erreichte 1918 schon einen Stand von 10 600. 1920 stellte das Werk die Mittel zur Gründung einer staatlichen Optikerschule in Jena zur Verfügung. 1923 wurde das erste Planetarium fertiggestellt.

Im Schicksalsjahr 1945 ließ das amerikanische Oberkommando 126 der führenden Köpfe der Geschäftsleitung, der Organisation, der Wissenschaftler, Konstrukteure und Ingenieure nach Westdeutschland bringen. Davon waren 80 Angehörige des Zeiss-Werkes und die übrigen gehörten dem Schott-Kreis an. Mit ihnen begann 1946 die Aufbauarbeit in Oberkochen. Es wurde ein neues Geräteprogramm entwickelt, das etwa 6000 Verkaufseinheiten umfaßt und den Ruf des Werkes in wissenschaftlicher und technischer Hinsicht in der Welt erneut gefestigt hat. Die breite Skala der Produktion reicht von Lupen und Brillengläsern, Feldstechern, Mikroskopen und optischen Meßgeräten, bis zu Hochspannungsanlagen, Elektronenmikroskopen, astronomischen Teleskopen und Planetarien, mit deren Hilfe künftigen Raumfahrern Navigationsunterricht erteilt wird. 1969 kamen erstmals Zeiss-Photoobjektive auf dem Mond zum Einsatz.

Viele bekannte Wissenschaftler sind im Zeiss-Werk in Oberkochen tätig, unterstützt von Assistenten, Konstrukteuren und Zeichnern. Breite Möglichkeiten der Ausbildung und Weiterbildung sind gegeben. Der Stiftungsbetrieb mit den Werken Oberkochen, Aalen und Göttingen beschäftigt heute rund 7500 Mitarbeiter (1970). Nach wie vor ist das Werk dem sozialen Geist der Stiftung verpflichtet. Außer den Sozialleistungen für Werksangehörige bringt das Werk die Mittel auf zur Förderung von Wissenschaft und gemeinnützigen Einrichtungen.

### (8), (9) *Bau-Stahlgewebe GmbH, Aalen*

Die Bau-Stahlgewebe GmbH, Düsseldorf, wurde im Jahre 1929 gegründet und konnte 1969 auf eine 40jährige Tätigkeit zurückblicken. Die von ihr entwickelten Baustahlgewebe-Matten sind zu einem nicht wegzudenkenden Armierungselement geworden, das zunehmend Eingang im Betonmarkt gefunden hat und besonders bei Flächenbewehrungen konkurrenzlos dasteht. Die Gesellschafter des Unternehmens sind in erster Linie die großen Hütten des Ruhrgebietes. In Aalen wird seit 1955 ein Werk betrieben, das eine erhebliche Bedeutung erlangt hat. Seit 1957 wird auch der Verkauf für Süddeutschland von hier aus abgewickelt, wobei man sich nicht nur auf das eigene Werk, sondern eine Reihe von Betrieben stützt, die im Rahmen eines Lizenzabkommens für die Bau-Stahlgewebe GmbH produzieren. Der technische Service, der ebenfalls von hier aus betrieben wird, ist hervorragend, so daß die Männer der Bau-Stahlgewebe GmbH mit Recht behaupten können: Service ist Ehrensache.

### (10) *Dresdner Bank, Aktiengesellschaft, Aalen*

Die Dresdner Bank, die zu den bedeutendsten Kreditinstituten des europäischen Kontinents zählt, ist seit 1964 auch in Aalen vertreten. In kürzester Zeit konnte sich die junge Filiale zu einem wesentlichen Bestandteil des Wirtschaftslebens im Kreis Aalen entwickeln. Mit annähernd 800 Geschäftsstellen im gesamten Bundesgebiet einschließlich West-Berlin, zahlreichen Auslandsbeteiligungen und 20 ständigen Vertretungen an wichtigen Welthandelsplätzen stellt die Dresdner Bank ein eindrucksvolles und leistungsfähiges finanzielles Verbundsystem dar. Über die klassischen Aufgaben des Finanzierungsgeschäfts hinaus ist sie mehr und mehr zu einem Universalinstitut geworden, das sich beispielsweise auch mit der Vermittlung von Beteiligungen und Kooperationsverträgen befaßt. Neben der intensiven Betreuung der Firmenkundschaft jeder Größenordnung hat das umfassende Dienstleistungsangebot für annähernd zwei Millionen Privatkunden ständig wachsende Bedeutung erlangt. Sowohl der Vermögensanlageberatung wie der Kreditgewährung für persönliche Anschaffungen oder Bauvorhaben gilt das besondere Augenmerk der Bank.
Gegründet wurde die Dresdner Bank 1872 in Dresden. Schon wenige Jahre später verlegte man den Hauptsitz der Verwaltung nach Berlin als dem wirtschaftlichen und finanziellen Zentrum des Deutschen Reiches. Die folgenden Jahrzehnte brachten der Bank einen raschen Aufstieg. Zahlreiche neue Industrie- und Handelsunternehmen wurden mit Hilfe der Dresdner Bank ins Leben gerufen und das Filialnetz – teilweise unter Übernahme anderer Bankinstitute – über ganz Deutschland ausgedehnt. Nach dem Ende des Zweiten Weltkrieges wurde das Geschäft der Dresdner Bank im Gebiet der Bundesrepublik zunächst durch regionale Nachfolgebanken fortgeführt, die sich 1957 zur Dresdner Bank AG zusammenschlossen.

### (11) *SÜDMO-Armaturenfabrik Leonhard Schleicher, Pflaumloch*

Im August 1954 begann Leonhard Schleicher in einer alten Schmiede in Pflaumloch Armaturen zu fertigen. Zunächst einfache Verschraubungen und Hähne aus Chromnickelstahl, später auch Ventile. In dieser Zeit ging es darum, die Wirtschaft überhaupt in Schwung zu bringen. Chromnickelstahl galt noch als Luxus.
Die ersten Jahre waren ein hartes Brot für das junge Unternehmen. Nach der Durststrecke zeigte sich jedoch bald, welche Absatzchancen sich gerade Armaturen aus Chromnickelstahl boten. Der Markt vergrößerte sich zusehends. Es mußte auch in der Garage gefertigt werden. Sogar in der Waschküche und in einer Kegelbahn liefen Maschinen. Nach vier Jahren konnte sich die SÜDMO eine Shedhalle bauen

und sich besser der steigenden Nachfrage anpassen. Ein Bürotrakt folgte bald und damit das eigene Konstruktionsbüro. Zahlreiche Ideen gingen daraus hervor, die zum großen Teil als Patente geschützt sind.
1961 gründete das Unternehmen einen Zweigbetrieb in Nördlingen. Näher bei den Arbeitskräften, sollte er den Hauptbetrieb entlasten. Das Produktionsprogramm hatte sich inzwischen in einem beachtlichen Katalog niedergeschlagen. Gegen wachsende Konkurrenz konnte sich die SÜDMO nicht nur behaupten, sie arbeitete sich in der Branche weit nach vorn, wie es ihren Qualitätserzeugnissen zukam. Man verkaufte nicht nur Armaturen, man bot gute Lösungen ganzer Leistungssysteme und spezielle Anlagen für Molkereien, Brauereien und die chemisch-pharmazeutische Industrie.
In weiteren Bauabschnitten entstand auch eine große, fortschrittliche Lehrwerkstatt, in der ein befähigter Lehrmeister gute Dreher und Mechaniker ausbildet.
Im Zuge des Ausbaues der Verkaufsorganisation eröffnete die SÜDMO 1967 ein Verkaufsbüro in Dortmund-Lütgendortmund. Auf allen bedeutenden Ausstellungen waren die Armaturen zu sehen, die dadurch schnell zu begehrten Erzeugnissen auf der ganzen Welt geworden sind. 1969 schnellte der Nördlinger Betrieb einen großen Sprung nach vorn. Nach modernsten technologischen Erkenntnissen entstanden hier neue, größere Fertigungsstätten.
Heute macht sich das Unternehmen stark für die Automation u. a. mit fernsteuerbaren Leistungssystemen und Reinigungsaggregaten.

(12) *Landwirtschaftliche Bezugs- und Absatzgenossenschaft, Bopfingen*

Vor 50 Jahren wurde unsere Genossenschaft ins Leben gerufen. Der Gründung lagen die Erkenntnisse zugrunde, daß der gemeinsame Einkauf landwirtschaftlicher Bedarfsartikel und die genossenschaftliche Erfassung und marktgemäße Aufbereitung der Erzeugnisse eine absolute Notwendigkeit war.
Am 31. August 1919 bekundeten etwa 250 Bauern in Bopfingen durch ihren Beitritt ihr Interesse an einem genossenschaftlichen Zusammenschluß. Schon am 3. November 1919 eröffnete die neue Genossenschaft ihren Geschäftsbetrieb mit der Übernahme des Geschäftsbetriebes des damaligen Kommunalverbandes in den Räumen der städtischen Schranne, später wurden noch Teile der Leimfabrik Schieber in Anspruch genommen.
Man lebte damals noch in den Zeitbedingungen nach dem verlorenen Ersten Weltkrieg. So war auch das Getreide der Erfassung unterworfen. Die Bedarfsartikel waren zu diesem Zeitpunkt nur in geringem Umfange auf dem Markt. So begann das Wachstum nur Schritt für Schritt. Im Jahre 1921 konnte ein Gelände längs der Bahnlinie erworben und 1922 ein kleines Lagerhaus mit dem notwendigen Gleisanschluß erstellt werden.
Für die Getreide-Erfassung stehen rund 8000 t Lagerraum mit entsprechenden Reinigungs- und Trocknungseinrichtungen zur Verfügung. Die Erfassung großer Mengen Getreide macht es möglich, entsprechende Partien Weizen oder Braugerste in einheitlichen Sorten der Verarbeitungsindustrie anzubieten. In Zusammenarbeit mit den Landwirtschaftsämtern bemüht sich die Genossenschaft um Sortenvereinheitlichung.
Für das wirtschaftliche Verfahren, Kartoffeln zu trocknen und als „Kartoffelschrot" zu verwerten, wurde 1968 in Bopfingen eine „Trocknungsgenossenschaft eGmbH." gegründet, der 1230 Landwirte angehören. In der Trocknungsanlage wurden im Herbst 1969 insgesamt 5070 t Kartoffeln und 1312 t Zuckerrüben getrocknet.
Soweit Bedarfsartikel eingelagert werden, geschieht dies in der Regel mit Hilfe von Hubstaplern und Paletten. Ein Großteil des Dünger- und Futtermittelbedarfs geht ab Waggon oder durch Lkw direkt zum Verbraucher. Dem modernen Marktgeschehen wird durch Belieferung der Einzelhandelsketten und Verbrauchermärkte Rechnung getragen.

(13), (14) *Gebr. Leitz, Werkzeugfabrik, Oberkochen*

Entstanden aus einem handwerklichen Schmiedebetrieb, wurde 1876 die Württ. Bohrerfabrik Albert Leitz in Oberkochen gegründet. Nach

der Jahrhundertwende wurde das Fertigungsprogramm auf Fräswerkzeuge ausgeweitet, die später den Schwerpunkt in der Herstellung bildeten. 1912 übernahmen die Söhne Albert und Fritz die Firma und führten sie unter der heutigen Bezeichnung Gebr. Leitz weiter. In den zwanziger Jahren wuchs die Zahl der Beschäftigten auf 180. Ein weiterer Ausbau auf dem Sektor Holzbearbeitungswerkzeuge konnte jedoch erst nach 1948 erfolgen. In den Jahren danach gelang es der Firma, durch Neukonstruktionen, Rationalisierung, moderne Fertigungstechnik und durch Umwandlung der Verkaufsstruktur sich den europäischen Marktverhältnissen anzupassen.
Im Zuge dieser Entfaltung und des Übergangs zur Großserienfertigung hat sich die Zahl der Mitarbeiter auf 1000 erhöht (1970). Damit wurde die Firma zum größten Hersteller von Maschinenwerkzeugen für die Holzbearbeitung. Zum Stammwerk in Oberkochen kamen Zweigbetriebe in Unterschneidheim, Kreis Aalen, und in Riedau, Oberösterreich.
In der Bundesrepublik wurde eine eigene Vertriebsorganisation aufgebaut, in der 250 Mitarbeiter beschäftigt sind. Werkseigene Vertriebshäuser bestehen in Holland, Belgien, Frankreich und Italien, um den Erzeugnissen der Firma Leitz im EWG-Raum einen entsprechenden Anteil am Wettbewerb zu sichern. Das österreichische Tochterunternehmen und eine Verkaufsorganisation in der Schweiz bearbeiten erfolgreich die Staaten des EFTA-Raumes und die Länder des Ostens. Darüberhinaus sind Leitz-Werkzeuge auch im überseeischen Raum ein Begriff für hohe Leistungsfähigkeit und Qualität geworden. Für die künftige Entwicklung der Firma stehen über 100 Lehrlinge bei allen Leitz-Firmen in intensiver Ausbildung.

### (15) *Aktiengesellschaft Union, Nachfolger Hermann Naegele, Aalen*

Die Firma wurde 1865 von dem Aalener Bürger Krauss als eine kleine Putzmittelfabrik gegründet. 1882 schloß sich diese Firma mit anderen gleichartigen schwäbischen Betrieben und der Zündholzfabrik Gebrüder Buz in Augsburg zusammen und gründete die Firma Aktiengesellschaft Union, Vereinigte Zündholz- und Wichsefabriken. In wenigen Jahren wurden drei neue Betriebe errichtet und sieben Unternehmen erworben. Die steile Aufwärtsentwicklung fand durch Inflation und ungünstige Verträge mit dem berüchtigten Zündholzkönig Ivar Kreuger ein jähes Ende. Die Zündholzfabriken wurden 1927 an den schwedischen Zündholztrust verkauft. Gleichzeitig wurde die Verwaltung der Gesellschaft von Augsburg nach Aalen verlegt.
1934 ging die Firma in den alleinigen Besitz ihres Hauptaktionärs, Kommerzienrat Naegele, Augsburg, über. Sie wird seit 1943 von seinem Sohn Hermann unter der Firma Aktiengesellschaft Union, Nachfolger Hermann Naegele, weitergeführt. Das Produktionsprogramm umfaßt heute nicht nur Schuh- und Bodenpflegemittel, sondern auch sonstige Pflege- und Putzmittel sowie Lackfarben, Schädlingsbekämpfungsmittel und kosmetische Erzeugnisse. Die Produkte werden unter verschiedenen Marken vertrieben, von denen Kavalier, Agal, Union und Leya die bekanntesten sind.
1957 wurde die alte Lederfett- und Wagenfettfabrik in eine moderne Möbelfabrik umgebaut, die sich auf die Herstellung von Ladeneinrichtungen spezialisiert hat. Die Möbel werden von der Tochtergesellschaft Kochermöbel GmbH. vertrieben.
1950 wurde das Unternehmen in einen Partnerschaftsbetrieb umgewandelt. Die Belegschaftsangehörigen wurden als stille Gesellschafter mit ziemlich weitgehenden Mitbestimmungsrechten am Unternehmen beteiligt und nehmen am Gewinn und Verlust im Verhältnis ihrer Kapitaleinlage teil.

### (16) *Günther & Schramm KG, Oberkochen*

Als Mittlerin zwischen der eisenschaffenden und eisenverarbeitenden Industrie hat sich die Firma Günther & Schramm KG, Eisengroßhandel in Oberkochen, einen guten Namen erworben. Die Firma wurde am 1. 1. 1930 von den Herren Erich Günther und Emil Schramm als OHG gegründet. Sie setzt die von der Firma Günther & Co. im Jahre 1895 begon-

nene Tradition des Blankstahlhandels in Oberkochen fort. Die kontinuierliche Aufwärtsentwicklung wurde 1945 durch die Zerstörung der damaligen Lagerhalle mit dem gesamten Lagerbestand unterbrochen.
In den Jahren 1952 bis 1956 wurden zwei neue Lagerhallen und ein Bürogebäude errichtet. 1957 wurde die Firma in eine Kommanditgesellschaft umgewandelt. Durch die Einrichtung einer Niederlassung in Mannheim-Rheinau wurde 1960 das Einzugsgebiet des Unternehmens wesentlich erweitert. 1966 entstand in Oberkochen eine weitere Lagerhalle. Spezialität ist der Verkauf von Blankstahl. Der ständige Lagerbestand beläuft sich auf ca. 2000 t Blankstahl. Dazu kommen noch weitere 1000 t Qualitätsrundstahl, Bleche und Stabeisen. Gegenwärtig werden rund 100 Mitarbeiter beschäftigt. Auf dem Blankstahlsektor zählt die Firma Günther & Schramm zu den führenden Häusern in der Bundesrepublik.

### (17) *Eisenwerk Gebr. Wöhr KG, Unterkochen*

Auf den sogenannten Brühlwiesen in Unterkochen, einer ca. 580 ar großen Halbinsel, die sich durch den Zusammenfluß von Schwarzem und Weißem Kocher ergibt, befindet sich seit der Jahrhundertwende ein Werk der eisenverarbeitenden Industrie. Es wurde im Jahre 1910 von der in Stuttgart gegründeten und von dort nach Unterkochen übersiedelten Familiengesellschaft Eisenwerk Gebr. Wöhr übernommen und seither von derselben in der dritten und vierten Generation betrieben. Ursprünglich eine reine Stahlbauanstalt, die sich fast ausschließlich mit der Konstruktion, der Fertigung und Montage von Stahlhochbauten befaßte, wurde das Lieferungsprogramm zu Beginn der dreißiger Jahre durch die Aufnahme der Fabrikation von Kranen und Förderanlagen wesentlich erweitert.
Die nicht nur in der industriellen Wirtschaft, sondern auch in allen Versorgungsbetrieben der öffentlichen Hand erforderlichen Rationalisierungsmaßnahmen führten besonders nach dem Zweiten Weltkrieg zu einer außerordentlichen Steigerung des Bedarfs an stahlbau- und fördertechnischen Neukonstruktionen. An der Entwicklung modernster Anlagen dieser Art haben die Konstrukteure und Facharbeiter der Firma Gebr. Wöhr wesentlichen Anteil, wofür Lieferungen auch in alle west- und osteuropäischen Staaten Zeugnis geben. Seit 1942 firmiert das Eisenwerk als Kommanditgesellschaft und ist ein typischer Betrieb der mittelständischen Investitionsgüterindustrie. In ihm sind 250 Arbeiter und 90 Angestellte beschäftigt, denen neben den erforderlichen Maschinen und Einrichtungen 8886 qm Werkstätten, 2694 qm Magazine, 5219 qm offene Lagerfläche und 2741 qm Büroräume für die Bewältigung ihrer Arbeit zur Verfügung stehen.

### (18) *Carl Schneider GmbH, Gesenkschmiede und Hammerwerk Aalen*

Die Firma wurde 1892 von Carl Schneider sen. in Stuttgart-Wangen gegründet. 1912 siedelte der Betrieb nach Aalen-Erlau über und wurde 1919 als Einzelfirma in das Handelsregister Aalen eingetragen. 1934 konnten neue Fabrikhallen bezogen werden. Als führendes Unternehmen der Branche fertigt der Betrieb mit seinem modernen Maschinenpark hochwertige Schmiedestücke in gesenkgeschmiedeter und warmfließgepreßter Ausführung. Verwendet werden legierte und unlegierte Stahlarten, wobei sämtliche Wärmebehandlungen durchgeführt werden. In der modern eingerichteten Gesenk- und Werkzeugmacherei werden die Fertigungsmethoden dem jeweils neuesten Stand angepaßt. Gesenkschmiede- und Fließpreßteile aus niedrig- und hochlegierten Stählen für die Kfz-Industrie, für Baumaschinen- und Landmaschinen-Hersteller, für den Maschinen- und Armaturenbau bestimmen das Produktionsprogramm der GHA.
Für die Belegschaft, unter ihnen viele langjährige Mitglieder, bestehen zahlreiche soziale Einrichtungen. Ausgebildet werden Fachkräfte für Werkzeugbau und Schmiede, als Maschinenschlosser, Elektriker, Industriekaufleute und Technische Zeichner. Nach dem Tode des Gründers erfolgte 1965 die Umwandlung der Einzelfirma in ein Stiftungsunternehmen.
Wenn das Unternehmen bereits zu Lebzeiten

des Gründers eine enge Bindung zu öffentlichen Institutionen der Stadt und des Kreises Aalen bewies, gilt dies heute um so mehr. Als Stiftungsunternehmen fördert die GHA satzungsgemäß Forschungsarbeiten auf dem Gebiet der Metallurgie und die Ausbildung angehender Ingenieure.

### (19), (20) *Lindenfarb-Textilveredlung Julius Probst, Unterkochen*

Eines der bedeutendsten Ausrüstungsunternehmen von europäischem Rang ist die Lindenfarb-Textilveredlung, Julius Probst in Unterkochen/Württ. Das im Jahre 1800 gegründete Unternehmen hatte zunächst seinen Sitz in Aalen; die Entwicklung nach dem Kriege ließ es notwendig erscheinen, die handwerkliche Abteilung, also Wäscherei, Chemische Reinigung und Kleiderfärberei von der seit 1930 betriebenen industriellen Ausrüstung zu trennen.
Die Färberei wurde 1952 erweitert durch die Erstellung des heutigen Werkes in Unterkochen. Mit seinen modernen maschinellen Anlagen ist der Betrieb in der Lage, monatlich bis zu 700/800 t Maschenware für Ober- und Unterbekleidung, sowie für technische Zwecke wie Möbel- und Autobezüge, Bodenbeläge usw. zu färben und zu veredeln. Die ganz neu eingerichtete Woll-Ausrüstungsanlage wird auf dem Gebiet der Wollmaschenwaren eine Belebung und ein weiteres Absatzgebiet für Maschenwaren als Oberbekleidung bringen, ebenso eine Anlage für die kontinuierliche Ausrüstung von Bodenbelägen. Die Lindenfarb-Textilveredlung arbeitet und forscht nicht nur für Wirkwarenhersteller der Bundesrepublik, sondern auch der EWG-Länder, der skandinavischen Staaten, Österreich und der Ostblockländer. Zur Zeit werden über 600 Personen beschäftigt.

### (21) *Handelsbank Wiedmann & Co., Aalen*

Im Jahr 1923 wurde das Bankhaus Georg Wiedmann & Co. KG durch die Bankiers Georg Wiedmann und Wilhelm Zeiher gegründet. 1927 konnte bereits eine Zweigstelle im Hotel Olga in Aalen eröffnet werden, die 1934 mit dem Umzug in den Neubau in der Schubartstraße zur Hauptstelle wurde.
Das Leistungssortiment umfaßt sämtliche Sparten des Bankgeschäfts: Führung von Girokonten, Sparkonten, Lohn- und Gehaltskonten, Kreditgewährung, vor allem an mittelständische Industrieunternehmen, Handwerk, Groß- und Einzelhandel sowie an Private; ein gut ausgebautes Außenhandelsgeschäft, das sich auf Korrespondenzbanken in aller Welt stützt; Wertpapiergeschäft, Depot-Verwahrung, Vermögensverwaltung und fachmännische, individuelle Anlageberatung; Grundstücksvermittlung und Versicherungen.
1950 ist als neue Gesellschafterin die älteste Regionalbank Süddeutschlands, die Handels- und Gewerbebank Heilbronn AG, eingetreten. 1969 wurde ein moderner und repräsentativer Neubau bezogen, der dem steigenden Geschäftsvolumen Rechnung trägt und die wachsende Bedeutung dieses Bankhauses unterstreicht. Die Handelsbank Wiedmann hat eine glückliche Synthese gefunden zwischen dem traditionsreichen Stil einer Privatbank mit all seinen positiven Elementen, insbesondere der persönlichen Kundenbetreuung, und der aktiven Geschäftspolitik einer modernen Regionalbank.

### (22), (23) *Firma Omnibus-Verkehr, Aalen*

Nach der Gründung als Firma Scherz KG 1927 übernahm Max Rau 1931 das Unternehmen als Alleininhaber unter dem heutigen Namen. Bei Kriegsende wurden die übriggebliebenen Omnibusse geplündert und demoliert, Max Rau war verstorben, seine Witwe mußte neu anfangen. 1950 wurde das Reisebüro in der Bahnhofstraße eröffnet, 1960 die neuen Hallen und Räume in der Gartenstraße bezogen, und 1961 übernahm der Sohn Dipl.-Ing. Friedel Rau die Leitung der Firma. 1969 wurde in Bopfingen eine Zweigstelle eröffnet. Die OVA ist Trägerin des öffentlichen Nahverkehrs im Raum Aalen.
Heute verfügt die OVA über 25 Omnibusse, darunter drei Doppeldecker, mit zusammen 1275 Sitzplätzen. Die Reiseomnibusse haben besonders bequeme, verstellbare Schlafsessel,

Düsenbelüftung und Luftfederung, wobei die neuesten zusätzlich mit WC, Bordküche und Voith-Strömungsbremse ausgestattet sind. Zwei Doppelstockbusse mit je 96 Sitzplätzen haben wie alle im Linienverkehr fahrenden Busse angenehme Plüschsitze und automatische Fahrgastabfertigung. Im März 1970 wurde der erste vollklimatisierte Reisebus in Dienst gestellt.
Über 50 Personen sind bei der Firma beschäftigt. 1969 wurden insgesamt 1,4 Millionen Kilometer gefahren und 4,5 Millionen Personen befördert. Im OVA-Reisebüro werden die Omnibusse für Sonderfahrten vermietet, eigene Busreisen veranstaltet und für alle namhaften Reiseveranstalter Buchungen vermittelt. 1969 nahmen über 32 000 Personen an Ausflugs- oder Urlaubsreisen teil. Im schwäbischen Raum gilt OVA als Spezialist für Nordlandreisen.

(24) *Hengella, Trikot- und Strickwarenfabrik GmbH, Aalen*

Die 1925 als Familienbetrieb gegründete Firma Hengel & Co. entwickelte sich bis zur Stilllegung während des Zweiten Weltkrieges (1942) vom Großhandelsbetrieb in Säuglingswäsche zu einer beachtlichen Produktionsstätte mit eigener Stoffherstellung und Näherei. Nach dem Krieg ging die Wiederaufnahme der Produktion mit ungeheuren Anstrengungen vonstatten. 1948 konnte das erste Nachkriegsbauvorhaben verwirklicht werden. Bezeichnend für den Geist des Familienbetriebes ist es, daß mit einem Sozialbau begonnen wurde, der Werkswohnungen, Werksküche und Speisesaal, Wasch- und Baderäume für die Belegschaft enthält. 1950 wurde nach der Fertigstellung der eigenen Färberei und Ausrüstung die Dreistufigkeit des Unternehmens erreicht: Von der Stoffherstellung über die Ausrüstung bis zur Konfektion des fertigen Stückes erfolgt alles im eigenen Hause.
Die Marke HENGELLA verdankt ihren guten Namen in erster Linie der Qualität, die ständig oberstes Gesetz ist. 1954 wurde das Programm durch die Aufnahme modischer Strickwaren erweitert und fand eine erfolgreiche Ergänzung in den 1961 aufgenommenen Bademoden. Mit diesen gehört Hengella heute zu den fünf größten Bademodenherstellern der Bundesrepublik Deutschland. An den zweimal jährlich neu entworfenen modischen Hengella-Markenartikeln arbeiten jetzt rund 1100 Belegschaftsmitglieder in sieben Produktionsstätten. Ihre Arbeit trägt mit dazu bei, den Namen Aalens als einer aufstrebenden und modisch aufgeschlossenen Kreisstadt in alle Welt zu tragen.

(25) *Bauunternehmen Heinrich Aisslinger, Aalen*

Die Firma besteht seit dem Jahre 1906 und hat sich seit dieser Zeit zu einem Baubetrieb entwickelt, in welchem über 550 Baufachleute beschäftigt werden.
Der Tätigkeitsbereich von Aisslinger erstreckt sich über das ganze Gebiet von Nordwürttemberg. In diesem Raum werden laufend ingenieurmäßige Industrie- und Gewerbebauten erstellt. Große Brückenbauten (so die Hochstraßenbrücke in Aalen) sind entstanden. In der modernen Spannbetonbauweise verfügt die Firma über nachhaltige Erfahrung und Spezialkenntnisse. Wohnblockprojekte in schlüsselfertiger Bauweise kommen aus zwei Werken von Aisslinger. Für den Straßenbau wird in Hüttlingen, Kreis Aalen, eine der modernsten Fertigungsanlagen für Asphaltmischgut unterhalten. Der Straßenbau und ingenieurmäßiger Tiefbau – Bau von Staudämmen – ist ein Spezialzweig dieser Firma. Angeschlossene Nebenbetriebe sind ein Transportbetonwerk, ein Sägewerk, ein Betonwerk für Betonrohre und Massenartikel des Tiefbaus und ein Herstellungsbetrieb für Spannbetonteile. In Stuttgart wird eine Niederlassung unterhalten, deren Hauptaufgabe im Bau von Großklärwerken und Wasserbehältern besteht. Ein eigenes Ingenieurbüro und zwei Baustoff-Laboratorien überwachen laufend die Qualität der Produktion.

(26) *Röchling & Co., Kaltwalzwerk, Oberkochen*

Die Firma stellt als einziges Werk im Süddeutschen Raum kaltgewalzten Bandstahl her. Das

1906 gegründete Werk gehört seit dem Jahre 1928 zum Röchling-Konzern. Beschäftigt sind 180 Personen. Der Rohstoff Warmband wird in einer modernen Conti-Spiralbeize entzundert, auf großen Walzgerüsten in der Stärke reduziert, thermisch in einer Glühanlage behandelt und durch Scheren und Richtmaschinen längs- und quergeteilt. Für besonders hohe Verformungsansprüche wird das Band im Durchlauf phosphatiert. Das traditionelle Absatzgebiet des Kaltbandes ist der süddeutsche Raum. Spezialitäten, die im Hause entwickelt wurden, werden in der ganzen Bundesrepublik und in aller Welt abgesetzt.

(27), (28) *Dörrenberg & Co., Lauchheim*

Über 70 Jahre besteht heute die Stammfirma Rohde & Dörrenberg in Düsseldorf, die im Jahre 1957 ein Zweigwerk in Lauchheim (Kreis Aalen) gegründet hat. Dieses Werk hat sich in kaum mehr als einem Dutzend Jahren zu einem blühenden Unternehmen der Präzisionswerkzeug-Industrie entwickelt, dessen Name weit über die Landesgrenzen hinaus zu einem Begriff für Güte und Leistung wurde. Bereits im Jahre 1960 reichten die Fertigungsanlagen in Lauchheim nicht mehr aus, so daß ein weiteres Werk in Neresheim gegründet werden mußte. In beiden Betrieben der Firma Dörrenberg & Co. schaffen qualifizierte Fachkräfte Schneidwerkzeuge von höchster Genauigkeit, die in der gesamten Industrie Anklang finden.

Das Produktionsprogramm umfaßt Gewindeschneidwerkzeuge, Hartmetallwerkzeuge und Reibahlen. Diese Präzisionswerkzeuge werden in modernen Fertigungshallen unter Einsatz erstklassiger Werkzeugmaschinen hergestellt. Für die Beratung der Kunden steht ein Team von Spezialisten zur Verfügung, um die vielschichtigen technischen Ausführungswünsche weitgehend zu erfüllen. Eingebettet in eine reizvolle Landschaft, ist die Firma Dörrenberg & Co. mit ihren zuverlässigen Mitarbeitern und neuzeitlichen Einrichtungen ein echter Repräsentant württembergischer Unternehmungen, die den guten Ruf dieses Landes in alle Welt getragen haben.

(29) *Koepf Brauerei KG, Aalen*

Die größte Aalener Brauerei geht auf ein Unternehmen zurück, das schon vor 1680 gegründet wurde. Seit 1822 ist die Brauerei im Besitz der Familie Koepf. 1899 wurde der Betrieb vom Gasthaus Roter Ochsen zum jetzigen Standort am Kellerberg verlegt. Durch laufende Erweiterung und Modernisierung hat diese Betriebsstätte heute eine Kapazität von über 50 000 hl. Der Bierherstellung mit ihren fünf verschiedenen Biersorten ist ein Vertrieb der verschiedensten alkoholfreien Markenartikel angegliedert. Das Absatzgebiet reicht weit über den Kreis Aalen in die umliegenden Landkreise Württembergs und nach Bayern. Die Koepf Brauerei KG sieht in ihrer jahrhundertealten Tradition ihre Verpflichtung zur Herstellung von Spitzenerzeugnissen.

(30), (31) *Schwäbische Post – Grafische Betriebe Süddeutscher Zeitungsdienst GmbH, Aalen*

Im Jahre 1837 wurden in Aalen die erste Zeitung „Der Bote von Aalen“ und deren Druckereibetrieb von Friedrich Jakob Münch gegründet. Nach den Revolutionswirren von 1848 übernahm L. G. Stierlin Druckerei und Anwesen von Münch und erhielt die Konzession zur Herausgabe des „Amts- und Intelligenzblattes für den Oberamtsbezirk Aalen“, dem er später den Titel „Kocherzeitung“ gab. Die Verlagsrechte der „Kocherzeitung“ und die Firma W. A. Stierlin gehören heute dem Süddeutschen Zeitungsdienst GmbH, dem Verlag der „Schwäbischen Post“, welche damit die Tradition der Aalener Zeitungsgeschichte seit 1837 kontinuierlich fortführt. Der Verlag gibt seine unabhängigen Kreiszeitungen „Schwäbische Post“ und „Gmünder Tagespost“ (für den Kreis Schwäbisch Gmünd) in einer verbreiteten Auflage von über 30 000 heraus.

Seit 1949 haben die Verleger der „Schwäbischen Post“ – Dr. Johannes Binkowski und Dr. Konrad Theiss als Vorstand – einen bedeutsamen Zusammenschluß von 20 württemberg-badischen Kreis- und Heimatzeitungen herbeigeführt, der unter der Firma „Südwestdeutscher

Zeitungsverband eGmbH" – in Verbindung mit der „Südwest-Presse" – eine Zentralredaktion betreibt und den allgemeinen Zeitungsteil für die angeschlossenen Tageszeitungen herstellt und liefert. Ein weiteres Beispiel geglückter Kooperation von 250 Zeitungsverlagen auf Bundesebene ist die von Dr. Konrad Theiss mitbegründete und als Vorsitzender geleitete Verleger-Interessengemeinschaft rtv, Sitz Aalen, die eine wöchentliche Rundfunk- und Fernsehbeilage in einer Auflage von über 2 Millionen und ein Familien-Magazin „report" in einer Auflage von rund 500 000 herausgibt.

Aus dem traditionsreichen Stierlinschen Drukkereibetrieb wurde nach der Übersiedlung vom Marktplatz in Aalen auf das Gelände an der Bahnhofstraße ein großer mit modernsten Setz-, Druck-, Repro- und Buchbindereimaschinen eingerichteter grafischer Betrieb, der höchsten Qualitäts- und Terminansprüchen der Kunden genügen kann. In den letzten Jahren wurde besonders die Entwicklung auf dem Repro- und Offset-Sektor forciert, so daß die „Grafischen Betriebe Süddeutscher Zeitungsdienst" sich eine führende Stellung in weitem Umkreis erworben haben. Auf dem Gebiete des Offsetdrucks für Zeitungen gilt der Süddeutsche Zeitungsdienst für die ganze Bundesrepublik als Pionierbetrieb, der 1965 die erste speziell konstruierte Zeitungs-Offset-Rotation in der Bundesrepublik aufgestellt hat.

Ein Buchverlag – dessen verschiedene Zweige unter dem Namen „Konrad Theiss Verlag" zusammengefaßt sind – hat sich insbesondere als Fachverlag für Landkreise und Städte, für Württembergica und Silesiaca einen guten Ruf erworben.

Das Unternehmen – Verlag und Druckerei – beschäftigt 1970 in seinen drei Betriebsstätten Aalen, Schwäbisch Gmünd und Stuttgart 300 Mitarbeiter. Hauptsitz ist Aalen, Zweigniederlassungen bestehen in Stuttgart und Schwäbisch Gmünd (Gmünder Tagespost).

Der vielseitige Betrieb bietet zahlreiche Ausbildungsmöglichkeiten: Sie reichen vom Kaufmann im Zeitungs- und Zeitschriftenverlag über die Lehrberufe im grafischen Gewerbe, Schriftsetzer, Buch- und Offsetdrucker und Buchbinder bis zum Redaktionsvolontär an einer modernen Tageszeitung. Lehrlinge und Mitarbeiter finden gute Aufstiegsmöglichkeiten, denn die Zahl der Führungs- und Fachkräfte ist im Verhältnis zur Gesamtzahl der Mitarbeiter überdurchschnittlich groß.

### (32), (33) *Gebr. Spiegler, Automobile, Aalen*

Aus der 1898 in Aalen gegründeten mechanischen Werkstätte entwickelte sich bis zum Jahre 1914 ein beachtlicher Fabrikationsbetrieb für Schneidwerkzeuge mit damals 40 Beschäftigten. Die Fertigungsmaschinen mit teilweise richtungweisenden Konstruktionsmerkmalen wurden durchweg selbst hergestellt. Die Zeit zwischen 1914 und 1920 brachte einschneidende Veränderungen. In der 1920 erworbenen Herrenmühle, dem jetzigen Sitz der Firma, wurde bald die Fabrikation von Motorrädern in größeren Stückzahlen aufgenommen. Die erste bekannte Maschine war die mit einem Zwei-Zylinder-Boxermotor ausgerüstete „Schwalbe" mit 125 bzw. 200 ccm Hubraum. Nachfolgend kamen die bis 1932 gefertigten stärkeren Spiegler-Motorräder auf den Markt. Wahlweise mit Motoren von 350, 500 und 600 ccm eigener Konstruktion standen diese Maschinen auf Grund ihrer soliden Bauweise in bestem Ruf. Auf Rennen gegen internationale Konkurrenz wurde ihre Zuverlässigkeit unterstrichen. Nach 1932 verschrieb sich die weithin bekannte Firma dem Automobil. Beginnend mit Vertretungen für Dixi (Eisenach), Steyr, Chrysler und DKW steht sie nunmehr 35 Jahre im Dienste der Adam Opel AG.

### (34) *Ostertag-Werke AG, Aalen*

1967 waren es 100 Jahre, seit Jakob Ostertag begonnen hatte, seine ersten Kassenschränke herzustellen. Die Entwicklung zum modernen Unternehmen, sowohl auf dem Gebiet des Geldschrank- und Tresorbaues, auf dem Büromöbelsektor wie bei Gesamtprojektplanungen für Geldinstitute, Verwaltungen, Industrie, vollzog sich in den letzten Jahren schnell. Parallel zur Modernisierung der Fertigung wurde die Vertriebsorganisation ausgebaut, das Netz der Verkaufsbüros dichter, der Kundendienst schneller.

Ostertag gehört heute in der Bundesrepublik zu den ersten Unternehmen der Branche. Der Umsatz, im Jahre 1953 noch ca. vier Mio. DM, stieg inzwischen auf 40 Mio. DM. In der Ostertag-Betrieben sind zur Zeit rund 800 Mitarbeiter tätig. Die Investitionen betrugen in den letzten zehn Jahren rund zehn Mio. DM. Die Gründung einer Tochtergesellschaft, der Ostertag-Organisations-Gesellschaft mbH im Jahre 1952, entsprach der Zielsetzung, Geldinstitute, Verwaltungen, Industrie zu beraten und komplett einzurichten. So kann Ostertag beispielsweise – und das kann bis zum heutigen Tag keiner der Konkurrenten – ein Geldinstitut vom Tresorraum über die Schalterhalle bis hinauf zum Direktionszimmer planen und einrichten.

(35) *Vereinigte Lagerhausgesellschaft mbH, W. M. Maier, Aalen*

Seit der Gründung der Firma im Jahre 1923 durch den Kaufmann Wilhelm Matthäus Maier steht das Lagerhaus Maier im Dienste der Landwirtschaft und versorgt viele bäuerliche Betriebe im Kreis Aalen und darüber hinaus. Eine Zweigstelle wurde in Ellwangen gegründet, Auslieferungslager bestehen in Ellenberg, Heuchlingen, Pfahlheim, Tannhausen, Unterschneidheim und Wört. Eine wichtige Abteilung wurde zur Deckung des Bedarfs an festen und flüssigen Brennstoffen eingerichtet und eine freie Tankstelle dem Lagerhaus angegliedert.

(36) *Elke-Technik Fritz Kerner KG, Ellwangen/Jagst*

Die Firma wurde 1948 von Fritz Kerner gegründet. Zunächst wurden elektrische Zünder hergestellt, dann Kabelsätze für Kraftfahrzeuge. Die dazu notwendigen Anschlußteile (Stecker, Steckdosen, Schalter usw.) wurden zunächst bei Zulieferanten bezogen, in den folgenden Jahren jedoch in immer größerem Maße selbst gefertigt. Dadurch kam zu der Metallbearbeitung auch die Anfertigung von Formteilen aus Gummi, Buna, Silikon, von Preßteilen aus Duroplasten und später auch von Spritzteilen aus Thermoplasten. Dieser Fertigungszweig erweiterte sich immer mehr, so daß heute die Herstellung von technischen Kunststoffteilen überwiegt. Ein hochqualifizierter Werkzeugbau ermöglicht die Fertigung von Kunststoffteilen hoher Präzision. Daneben werden Teile für die Autoelektrik, Kontaktleisten für die Fernmeldetechnik und nach wie vor Kabelsätze hergestellt.

(37), (38) *Josef Lipp, Bosch-Dienst, Aalen*

Unmittelbar nach dem Krieg, 1946, wurde der Betrieb von dem jetzigen Inhaber Josef Lipp in der „Remonte" in Aalen gegründet, 1950 bis 1953 der Neubau am jetzigen Standort errichtet, Erweiterungsbauten erfolgten 1959 und 1964 bis 1967.

Als Vertragsgroßhändler der Robert Bosch GmbH liefert die Firma Josef Lipp alle Bosch-Erzeugnisse für Industrie, Kraftfahrzeuge und Haushalt. Außerdem führt sie Einbau, Kundendienst und Instandsetzung dieser Erzeugnisse durch. Dafür wurden die Werkstätten großzügig ausgebaut und mit den modernsten Maschinen ausgestattet.

Kaufmännische Lehrlinge im Großhandel und Kraftfahrzeug-Elektriker-Lehrlinge erhalten hier eine gründliche Ausbildung.

Die Firma Josef Lipp sieht ihre Aufgabe darin, „Partner" für Handel, Industrie und Handwerk zu sein. Etwa zehn Reisevertreter betreuen diesen Kundenkreis. Im Rahmen der Bosch-Dienst-Organisation ist die Firma Josef Lipp zuständig für die Kreise Aalen, Heidenheim, Nördlingen, Dinkelsbühl, Feuchtwangen.

(39), (40) *Hermann Spengler KG, Ellwangen*

Die Firma begann mit einer Sandgrube im Jahre 1947 bei Rindelbach. 1951 wurde ein Erdbewegungsbetrieb angeschlossen. Die Firma war zu dieser Zeit der erste derartige Betrieb in unserem Gebiet, der hauptsächlich mit Planierraupen arbeitete und sie an andere Unternehmen in ganz Süddeutschland vermietete. 1958 wurde eine moderne Sandwaschanlage er-

richtet. Spezialsande gehen heute sogar ins Ausland.
Als neuer Betriebszweig wurde 1962 ein Betonwerk eröffnet, 1967 erweitert durch ein neues Werk mit rund 1500 qm Hallenfläche. Hier werden heute hauptsächlich Garten- und Gehwegplatten, UNI-Verbundsteine sowie Artikel für den Hoch-, Tief- und Straßenbau hergestellt. Der gesamte Fuhrpark sowie sämtliche Maschinen werden in der eigenen Kfz-Reparaturwerkstatt gewartet, die auch Fremdreparaturen ausführt. Die Firma beschäftigt 70 Mitarbeiter.

### (41) *Christian Schmid, Grünbaum-Brauerei, Aalen*

Die Grünbaum-Brauerei, Aalen, kann auf ein rund dreihundertjähriges Bestehen zurückblikken. Während der frühere handwerkliche Betrieb beim Ellwanger Stadttor die Malz- und Bierherstellung sowie den Ausschank unter einem Dach vereinigte, wurden um die Jahrhundertwende neue Sud- und Lagergebäude über den alten Gewölben des historischen „Braunbierkellers" am Fuße des Galgenbergs errichtet.
Heute bieten moderne Flaschenreinigungs- und -abfülleinrichtungen, ein Gärkeller mit blitzblanken Bottichen und ein sechsteiliger Lagerkeller mit riesigen Aluminiumtanks die Gewähr für ein gleichbleibend gutes Erzeugnis traditioneller Braukunst. Die brauereieigenen Schmid-Bräu-Wirtschaften in Stadt und Land erfreuen sich deshalb des Zuspruchs einer Stammkundschaft, die von der Güte und Bekömmlichkeit ihres Schmid-Bieres überzeugt ist.

### (42) *Transport-Siegmann GmbH, Aalen*

Christoph Siegmann gründete 1902 in Bopfingen eine Möbel- und Güterspedition. 1935 übernahm sein Sohn Hugo Siegmann die Geschäftsleitung. Heute ist bereits die dritte Generation in der Firma tätig. Der Hauptsitz wurde nach Aalen verlegt, Niederlassungen bestehen in Bopfingen und Schwäbisch Gmünd. Außer Güternah- und -fernverkehr übernimmt die Firma die Überseeverpackung, Verzollung, Neumöbeltransporte, Umzüge und Lagerei. Mit eigenen, modernsten Spezialzügen werden Umzüge im ganzen Bundesgebiet einschließlich Berlin durchgeführt. In der internationalen Möbelspedition werden in enger Zusammenarbeit mit ausländischen Speditionen Umzüge von und nach allen europäischen Ländern übernommen. Ein regelmäßiger Spezialverkehr bedient die Länder Frankreich, Spanien und Portugal. Speditionen aus dem ganzen Bundesgebiet nehmen diesen Spezialverkehr in Anspruch.
Die Firma ist Mitglied verschiedener internationaler Fachorganisationen. Geschulte Fachkräfte mit zum Teil über 20jähriger Betriebszugehörigkeit und bewährte Fahrer, die von der Bundesverkehrswacht und z. T. von der IRU für langjähriges unfallfreies Fahren ausgezeichnet wurden, haben mit zum guten Ruf der Firma beigetragen.

### (43) *Franke & Heydrich KG, Aalen*

Die 1949 gegründete Firma entwickelte sich aus kleinsten Anfängen. Sie führte das Drahtkugellager, eine Erfindung des Firmengründers Erich Franke, als modernes Konstruktionselement in den Maschinen-, Geräte- und Vorrichtungsbau ein. 1956 wurde ein Verwaltungs- und Werkstattgebäude errichtet. Heute setzt die Firma ihre Spezialkugellager im In- und Ausland ab.

### (44) *Ueberlandwerk Jagstkreis Aktiengesellschaft Ellwangen (UJAG)*

In Ellwangen wurde 1910 auf private Initiative durch die Bergmann-Elektrizitäts-Unternehmungen der Bau eines Elektrizitätswerkes in Angriff genommen. Man hatte sich die Aufgabe gestellt, die zehn Oberämter des Jagstkreises und das bayerische Ries zentral mit Strom zu versorgen. Das Kraftwerk nahm 1912 die Stromlieferung auf und wurde von der Rheinischen Elektrizitäts-Aktiengesellschaft (Rheinelektra) 1913 übernommen. Die Weiterentwicklung des Unternehmens wurde damit auf eine gesunde wirtschaftliche Basis gestellt.

Noch im gleichen Jahr erfolgte durch die Rheinelektra die Gründung der selbständigen Aktiengesellschaft Ueberlandwerk Jagstkreis AG Ellwangen (UJAG).
In den 20er Jahren, der Zeit der Inflation und der Wirtschaftskrisen, wurde die Entwicklung der neuen Gesellschaft stark gebremst, aber nicht zum Erliegen gebracht. Weil die Wirtschaftlichkeit der Stromversorgung im Zusammenschluß mit anderen Werken erkannt wurde, erfolgte jetzt der Übergang von Eigenerzeugung auf Strombezug von größeren Werken, insbesondere den Vorläufern der heutigen Energie-Versorgung Schwaben AG (EVS). Die EVS als Landesversorgungsunternehmen übernahm 1940 den Aktienkapitalanteil (50 Prozent) des Stromverbandes der Gemeinden sowie weitere 25 Prozent von der Rheinelektra. 1950 fand diese Entwicklung ihren Abschluß, als die EVS die restlichen Aktien von der Rheinelektra übernahm und die UJAG damit eine reine Tochtergesellschaft der EVS wurde. In diesen Jahren erlebte die UJAG als Folge des enorm ansteigenden Strombedarfs einen erfreulichen Aufschwung, so daß sich der Stromumsatz in den letzten zehn Jahren nahezu verdreifacht hat und sich 1969 auf 840 Millionen Kilowattstunden belief. Die UJAG bezieht heute ihren gesamten Strombedarf von der EVS und versorgt ein Gebiet, das von Bad Mergentheim bis Königsbronn und von Welzheim bis Harburg reicht, über eine Fläche von annähernd 3000 qkm mit etwa 230 Gemeinden und 285 000 Einwohnern.

### (45) *Gustav Winkler GmbH, Taschentuchwerke, Aalen*

Die Gustav Winkler Taschentuchwerke Aalen wurden 1909 in Lauban/Schlesien gegründet. Im Laufe von 20 Jahren entwickelte sich die Firma zum bedeutendsten Hersteller gewebter Tücher in der Welt und verkaufte ihre Produkte in über 50 Länder der Erde. Am Ende des Zweiten Weltkriegs gingen – bis auf die „Lauffenmühle" – alle Werke verloren. Der Neuaufbau nach dem Kriege führte die Gustav Winkler Taschentuchwerke aus kleinsten Anfängen wiederum an die Spitze der Taschentuchproduktion.
Die Winkler-Gruppe, ein Familienunternehmen, zu der auch die Greiff-Werke Bamberg mit Zweigwerk in Aalen gehören, beschäftigt derzeit über 6000 Mitarbeiter in Produktion, Verwaltung und Vertrieb. Die Gustav Winkler Taschentuchwerke sind der größte Taschentuchhersteller der Welt. Sie verfügen über eine Verkaufsorganisation – mit Sitz in Aalen und Bielefeld für die Bundesrepublik – mit weiterem Sitz in Mailand für Italien und Paris für Frankreich – mit Verkaufsniederlassungen in Appenzell und Amsterdam – sowie einen Vertreterstab von rund 100 Mitarbeitern im In- und Ausland. Die Gustav Winkler Taschentuchwerke – exportieren in alle 5 Erdteile – liefern in über 60 Länder der Welt – besitzen in Deutschland einen Marktanteil von ca. 60 Prozent – verkaufen in einem Jahr über 80 Millionen Taschentücher.

### (46) *Autohaus Bauer, Aalen*

Das Autohaus Emil Bauer ging aus der Firma Besenfelder & Bareiß bzw. Heinrich Bareiß, Aalen, hervor. 1925 war der jetzige Firmeninhaber Emil Bauer als Angestellter bei Besenfelder & Bareiß eingetreten. 1934 konnte er die Firma und 1935 das Gebäude in der Bahnhofstraße käuflich erwerben. Damals betrieb die Firma eine Tankstelle mit Autoreparaturwerkstatt und verkaufte Motorräder bekannter Weltmarken sowie Fahrräder, Nähmaschinen, Zubehör und Motorradfahrerbekleidung.
1945 mußte die Firma ganz neu beginnen. Zu dem Ladengeschäft kam 1947 eine Werkstatt für die Instandsetzung von Zwei- und Vierradfahrzeugen. 1960 konnte eine neue Werkstatt erbaut werden. Außer dem Betrieb einer Aral-Tankstelle werden Fahrzeuge und Zubehör der Firmen BMW, München, und NSU, Neckarsulm, verkauft. Beschäftigt werden rund 20 Mitarbeiter.

### (47) *Josef Bader, Malerwerkstätte – Autolackiererei, Aalen*

Josef Bader übernahm 1947 die Firma von Malermeister Wilhelm Zeller. 1963 konnte ein moderner Bau für den Maler- und Autolackierbetrieb erstellt werden, bei dem auch auf hygienische und behagliche Sozialräume Wert gelegt wurde. Die Firma mit ihren 45 Mitarbeitern

führt außer sämtlichen Malerarbeiten auch Autolackierungen in allen Verfahren, Lackpflege und Konservierungsarbeiten, Karosserie- und Ausbeularbeiten durch. Ferner hat sich die Firma auf Beschriftungen und Werbung an Fahrzeugen, Gebäuden und Tafeln aller Art spezialisiert. Fassadenbeschichtung und -erneuerung werden in erprobten und zuverlässigen Techniken ausgeführt, ebenso Bautenschutz, Kunststoff-Verfugungen, Industrie- und Schutzanstriche. Wo erforderlich, wird eigener Gerüstbau verwendet.
Jahrzehntelange Tradition verpflichtet den Betrieb zu leistungsfähiger, guter, geschmackvoller Arbeit, zu termingetreuer Ausführung und zu soliden Preisen. Zu dieser Tradition gehören auch gutes Betriebsklima und sorgfältige Lehrlingsausbildung. Meister Bader, der für sich und seine Mitarbeiter das Motto gewählt hat „Wer schaffen will, muß fröhlich sein", ist es gelungen, einen dynamischen, mobilen, leistungsfähigen Betrieb zu schaffen, der viel zur Verschönerung der Stadt Aalen beigetragen hat.

(48), (49) *Barth und Seibold, Metzgerei und Gasthof, Aalen*

Die Firma gehört durch ihr ständiges Qualitätsbestreben zu den führenden Unternehmen der Fleischerbranche. Über 300 Auszeichnungen, darunter acht Bundesehrenpreise, welche bei in- und ausländischen Berufswettbewerben erreicht wurden, beweisen dies. In hellen, großräumigen Produktionsräumen stellt die Firma ein breites Wurst- und Konservensortiment her. In modern eingerichteten Ladenlokalen steht geschultes Verkaufspersonal ständig im Dienste am Kunden. Die Firma unterhält Filialen in Aalen, Wasseralfingen und Oberkochen. Neben der Metzgerei wird die Gaststätte „Alter Löwen" betrieben. Im Herbst 1967 wurden die Gaststättenräume renoviert. Annähernd 100 Gäste finden in den im Schwarzwaldstil eingerichteten Räumen Gastplätze.

(50) *Rheinelektra AG, Aalen*

Im Jahre 1913 eröffnete die Firma einen Zweigbetrieb in Aalen. Rheinelektra unterhält Fachgeschäfte mit Kundendienstwerkstätten für Elektrogeräte, Leuchten, Rundfunk-, Fernseh-, Phonogeräte, Schallplatten. Angeschlossen sind Installationsabteilungen zur Erstellung von Industrieinstallationen, Hochspannungs-, Blitzschutz- und Antennenanlagen. Die Firma errichtet Fernsprecheinrichtungen für die Deutsche Bundespost und hat ein eigenes Ingenieur-Planungsbüro für Elektroanlagen.
Weitere Filialbetriebe in unserem Raum befinden sich in Bopfingen, Ellwangen, Crailsheim, Gschwend, Heidenheim, Nördlingen, Schwäbisch Hall, Waldtann und Westhausen. Das Hauptabsatzgebiet wird begrenzt durch die Städte Stuttgart, Augsburg, Rothenburg und Ulm.

(51), (52) *RUD-Kettenfabrik Rieger & Dietz, Unterkochen*

Streben nach Qualität bestimmte 1875 den Anfang der Firma auf der „Friedensinsel" in Unterkochen und ist bis heute Leitsatz des Familienunternehmens geblieben, das von den vier Brüdern Otto, Ernst, Emil und Dipl.-Ing. Werner Rieger geführt wird. Miteinander und füreinander ist die große Zahl der RUD-Mitarbeiter tätig – bester Nährboden für unermüdlichen Einsatz schöpferischer Kräfte, der von der handwerklichen Kettenschmiede zu einem der modernsten Kettenwerke Europas geführt hat.
Über 1000 Mitarbeiter zählt das Unternehmen heute. Forschung, Entwicklung und Konstruktion haben gute Früchte getragen. Mehr als 100 Schutzrechte im In- und Ausland sind das Ergebnis dieser Arbeit. Die „Fabrik im Grünen" wurde als einziges Industrieunternehmen des Landes Baden-Württemberg vom Bundesminister für Städtebau und Raumordnung mit einer Goldmedaille ausgezeichnet.

(53), (54), (55) *J. E. Berthold Reuss, Möbelgroßvertrieb, Teppich- und Gardinengroßhandel, Aalen*

Im Mai 1959 gründete Berthold Reuss in Bopfingen-Oberdorf den Möbelgroßvertrieb J. E. Berthold Reuss. Arbeitsgebiet der Firma ist

der Großhandel mit Möbeln und Wohnungseinrichtungsgegenständen (Teppiche, Gardinen, Beleuchtungskörper).
Ab 1962 wurde in Aalen West ein über 7000 Quadratmeter großes Lager- und Ausstellungsgebäude in insgesamt drei Bauabschnitten gebaut. Die Einweihung des gesamten Gebäudes erfolgte 1967. Inzwischen werden 25 Mitarbeiter und Angestellte beschäftigt. Jungen Leuten bietet die Firma die Möglichkeit, zum Großhandelskaufmann ausgebildet zu werden. Absatzgebiet sind Ostwürttemberg und die angrenzenden bayerischen Kreise.

### (56) – (61) *Erlau AG, Aalen*

Die Erlau AG feierte im Juli 1970 ihr 100jähriges Bestehen als Aktiengesellschaft. Die Firma selbst besteht allerdings schon seit 1828. Der traditionsreiche Betrieb erlebte im letzten Jahrzehnt einen starken Aufwärtstrend. Als älteste süddeutsche Kettenfabrik und älteste Aktiengesellschaft der Metallindustrie Süddeutschlands konnte die Erlau AG bereits drei Mitbewerber übernehmen. Sie beschäftigt heute ca. 750 Mitarbeiter.
Im einzelnen werden gefertigt: Handels- und Güteketten, Gleitschutzketten (Traktorenketten, Schneeketten), Reifenschutz- und Geländeketten (für luftbereifte Erdbewegungsmaschinen), Garten- und Terrassenmöbel und moderne Ladeneinrichtungen, außerdem verschiedene Drahterzeugnisse. Erlau hat auf besonderen Fertigungsgebieten Exportanteile von über 80 Prozent. Erlau-Reifenschutzketten sind heute praktisch in der ganzen Welt zu finden. Zu diesem Fact hat nicht unwesentlich die Messefreudigkeit der Erlau beigetragen. Auf ca. 40 in- und ausländischen Messen ist die Erlau AG jährlich vertreten.
Die Erlau AG bietet ihren Mitarbeitern ausgezeichnete Aufstiegschancen – durch die weltweiten Beziehungen stehen jungen und tüchtigen Menschen alle Möglichkeiten offen. Das dokumentiert sich an der wachsenden Zahl von Lehrlingen, die jährlich bei der Erlau eingestellt und ausgebildet werden (im wesentlichen Industriekaufleute, Werkstoffprüfer, Werkzeugmacher und Maschinenschlosser).
Die Erlau AG ist bekannt für ihre guten sozialen Leistungen. So existiert z. B. bereits seit 1938 ein Unterstützungsverein, der bei Notfällen oder altersbedingtem Ausscheiden zur Verfügung steht. Die Einrichtung einer Betriebskrankenkasse wurde bei der Erlau schon 1884 realisiert – eine Tatsache, die für sich spricht.

### (62) *Firma J. Adolf Bäuerle, Werkzeug- und Maschinenfabrik – Eisengießerei, Oberkochen*

Die Firma ist seit 1855 in Familienbesitz. Der im Jahre 1855 aufgenommenen Bohrerherstellung folgte die Aufnahme der Werkzeugfabrikation, und um das Bild zu runden, vor über 40 Jahren der Bau von Holzbearbeitungsmaschinen. Eine betriebseigene Eisengießerei, ein Präzisionsziehwerk sowie die Eigenfertigung sämtlicher Spezialmotoren macht das Werk, das heute rund 800 Betriebsangehörige zählt, zu einem großen Teil unabhängig und zugleich anpassungsfähig, was in einem hohen Leistungsgrad sichtbar in Erscheinung tritt. Das Lieferprogramm umfaßt unter anderem alle Arten von Tischlerei- und Sägewerksmaschinen, Spezialmaschinen, Bohrer und Werkzeuge für die Holzbearbeitung, Blankstahl und Wellen, Grauguß und Elektromotoren. „Bäuerle"-Fabrikate haben sich mit bedeutenden Neuerungen aus jüngster Zeit einen guten Platz in der Holzbearbeitungsmaschinen-Industrie gesichert. Das in sich geschlossene Fabrikationsprogramm ermöglicht es, jeden modernen Holzverarbeitungsbetrieb einheitlich auszustatten.
Durch Beteiligung an den großen Messen im In- und Ausland ist die Ausfuhr auch nach Übersee nicht unbedeutend. Als besondere Aufgabe hat sich die Firma Bäuerle das Projektieren moderner, rationeller Holzverarbeitungsbetriebe wie Möbel-, Fenster- Türenfabriken gestellt. Zweigwerke werden in Überlingen/Bodensee, Unterböbingen und Essingen unterhalten.

### (63) *Deutsche Ivoclar Dental AG, Neunheim, und Keramoplast GmbH, Neunheim*

Im Jahre 1955 wurde die Keramoplast GmbH gegründet, die sich mit der Herstellung und dem Vertrieb von künstlichen Zähnen sowie zahnärztlichen und zahntechnischen Materialien

und Geräten und zahnärztlichen Präparaten für die konservierende Zahnheilkunde befaßte. Aus organisatorischen Gründen wurde die Firma 1968 in die Deutsche Ivoclar Dental AG umgewandelt, die wiederum die neue Keramoplast GmbH als Tochtergesellschaft gründete. Die Deutsche Ivoclar Dental AG vertreibt seit dieser Zeit die Ivoclar-Artikel, während die Keramoplast GmbH für die Vivadent-Erzeugnisse zuständig ist.
Zu den Ivoclar-Artikeln gehören künstliche Zähne, Kunststoffe für die Anfertigung von Kronen und Brücken sowie Zahnprothesen und Abdruckmaterialien. Insgesamt handelt es sich um zehn verschiedene Zahnsorten in Porzellan und Kunststoff, die in einer Vielzahl den natürlichen Zähnen entsprechenden Farben und Formen geliefert werden. Ein Teil dieser Artikel wird von Neunheim aus in viele europäische Länder und auch nach Übersee exportiert. Dem zahntechnischen Versuchslabor wurde auch ein modernes Demonstrations- und Ausbildungszentrum mit zahnärztlichem Sprechzimmer, Lehrlaboratorium und Hörsaal angegliedert. Zahnärzte und Zahntechniker haben dadurch die Möglichkeit, sich bei den verschiedenen Kursen über alle propagierten Materialien und Verfahren eingehend zu informieren. Beide Firmen beschäftigen Außendienstmitarbeiter, die bei den Zahnärzten und zahntechnischen Laboratorien Demonstrationen durchführen und die entsprechenden Materialien vorführen. Darüber hinaus führen sie an Schulen für Zahntechniker und zahnärztliche Helferinnen Fortbildungskurse und Demonstrationen durch. Beide Unternehmen haben heute zusammen rund 110 Mitarbeiter, die in der 1968 bezogenen zweckmäßigen Produktionshalle mit 6000 Quadratmeter Grundfläche in Neunheim beschäftigt sind. Die steile Aufwärtsentwicklung seit der Gründung der ehemaligen Keramoplast hat dazu geführt, daß beide Unternehmen heute zur Spitzengruppe in der deutschen Dentalindustrie zählen.

### (64) *Dürr & Feil,* *Heizung - Lüftung - Sanitär, Ellwangen*

1955 durch Helmut Dürr und Otto Feil gegründet, entwickelte die junge Firma ein umfangreiches Herstellungsprogramm. Es reicht von Pumpen-Warmwasser-Heizungsanlagen, über automatische Ölfeuerungs- und Lüftungsanlagen, sanitäre Installationen, Gasfeuerungen, bis zu Schwimmbeckenanlagen. 1963 wurden ein Zweigbetrieb in Bopfingen sowie eine Außenstelle in Bühlertann, Kreis Schwäbisch Hall, eröffnet. 1966 konnte ein neuerstelltes Gebäude bezogen und die Produktion ausgeweitet werden. Es bestehen gute Ausbildungsmöglichkeiten für Lehrlinge im Heizungsbau und in der Installation sowie für Industriekaufleute. Absatzgebiete für die Artikel der Firma sind vorwiegend die Kreise Aalen, Schwäbisch Hall, Bad Mergentheim, Schwäbisch Gmünd.

### (65) *Wilhelm Grupp,* *Werkzeug- und Maschinenfabrik, Oberkochen*

Die Firma Wilhelm Grupp wurde 1890 vom Vater des heutigen Inhabers – Heinrich Grupp – gegründet. Nach kleinen Anfängen konnte 1908 ein neues Fabrikgebäude errichtet werden. Gegenstand der Produktion in der Gruppschen Werkstätte waren zunächst Handbohrer aller Art. Das Maschinenprogramm der Firma begann in den zwanziger Jahren mit der Entwicklung einer Zinkenfräs-, Nut- und Gratmaschine, für die in vielen Ländern Patentschutz erlangt werden konnte. Gerade das Maschinenprogramm, das sich immer mehr ausweitete, hat entscheidend dazu beigetragen, der Firma in der Fachwelt einen bedeutenden Namen zu erwerben. 1940 konnte in Neresheim ein Zweigwerk eingerichtet werden, in dem Holzbearbeitungswerkzeuge verschiedener Art, vor allem aber Kreissägeblätter und hartmetallbestückte Kreissägeblätter hergestellt werden. Seit 1943 wurde die Firma von seinen Söhnen Wilhelm, Christian und Heinrich weitergeführt.
Nach dem Zweiten Weltkrieg wurden beachtenswerte Neuentwicklungen auf dem Werkzeuggebiet herausgebracht, insbesondere auch unter Verwendung neuer Werkstoffe für härteste Beanspruchung und für die mit immer schnelleren Drehzahlen ausgestatteten Maschinen. Ganz besondere Verdienste hat sich die Firma Grupp erworben bei der theoretisch-

praktischen Grundlegung rationeller Werkzeuggestaltung, rationelleren Werkzeug- und Maschineneinsatzes und bei der Verbreitung dieser Erkenntnisse bis zum letzten Handwerksbetrieb. Immer stärker wandte sich die Firma in den letzten Jahren dem Bau von Spezialmaschinen zu in der Erkenntnis, daß nur der Erzeuger von Spezialmaschinen in nicht allzu ferner Zukunft vor allem auf den Exportmärkten bestehen kann.

(66) *Aalener Volksbank eGmbH*

Die Aalener Volksbank wurde im Jahre 1868 von fortschrittlich denkenden Bürgern der Stadt gegründet. Dreimal mußte sie in den 100 Jahren mit dem Aufbau beginnen, nach ihrer Gründung 1868, nach der Inflation in den Jahren 1924 und nach der Währungsreform 1948. Die Bücher der Bank wurden in vier Währungseinheiten geführt: Gulden, Mark, Reichsmark und DM.
Wenn die Aalener Volksbank heute zu einem modernen Kreditinstitut mit einem Geschäftsvolumen von über 100 Millionen DM geworden ist, so hat sie diese Entwicklung der Treue ihrer Mitglieder, Sparer und Geschäftsfreunde zu verdanken. Nicht zuletzt spiegelt sich hierin aber auch die unternehmerische Tatkraft der die Bank leitenden Personen sowie der Weitblick des von den Mitgliedern gewählten Aufsichtsrates wider. Nach dem Motto: „Modern, leistungsfähig, für alle Kreise“ bemüht sich die Aalener Volksbank dem Wohle ihrer Mitglieder, Sparer und Geschäftsfreunde zu dienen. Durch ihr breit ausgelegtes Sortiment an Dienstleistungen, das sich von der Kreditgewährung jeder Art, bis zu den verschiedensten Formen der Einlagen und Vermögensbildung erstreckt, pflegt die Aalener Volksbank sämtliche Bankgeschäfte. Mit ihrem ausgebauten Zweigstellennetz von acht hauptamtlich geführten Zweigstellen in Aalen-Hüttfeld, Bopfingen, Lauchheim, Neresheim, Oberkochen, Unterkochen, Wasseralfingen und Westhausen sowie ihren sechs nebenamtlich geführten Zahlstellen in Aalen-Grauleshof, Aalen-Pelzwasen, Essingen, Elchingen, Hüttlingen, Kirchheim/Ries, ist die Volksbank für alle ihre Kunden jederzeit in erreichbarer Nähe. Auf einer modernen elektronischen Datenverarbeitungsanlage wird für die Aalener Volksbank und für die benachbarten Volksbanken in Crailsheim, Ellwangen und Schwäbisch Gmünd gebucht. Durch die dynamische Geschäftspolitik wurde die Aalener Volksbank im Laufe der vergangenen Jahre wahrlich zu einer Bank des Volkes, einer Bank für alle Kreise. Ein leistungsfähiges Team an qualifizierten Fachkräften steht den Kunden der Bank jederzeit mit Rat und Tat zur Verfügung.

(67), (68) *Die Raiffeisen-Organisation im Kreis Aalen*

Die Raiffeisen-Organisation, zu der im Landesteil Württemberg über 2800 Genossenschaften verschiedenster Art zählen, ist im Kreis Aalen Ende 1969 mit 116 selbständigen Genossenschaften vertreten, und zwar mit 42 Kreditgenossenschaften, 70 Molkerei- und Milchverwertungsgenossenschaften, zwei Landw. Bezugs- und Absatzgenossenschaften, eine Getreidemühle-Genossenschaft und eine Trocknungs-Genossenschaft. Die Kreditgenossenschaften und ihre 20 Zweigstellen sind unter den Firmierungen „Raiffeisenbank“, „Genossenschaftsbank“, Spar- und Darlehenskasse“ oder als Bank mit dem Namen der jeweiligen Gemeinde (Bopfinger Bank, Oberkochener Bank, Unterkochener Bank, Wasseralfinger Bank) in nahezu jeder Kreisgemeinde anzutreffen.
Bei den Milchgenossenschaften handelt es sich um zwei größere Verwertungsbetriebe in Ellwangen und Pflaumloch, im übrigen um örtliche Milchsammelstellen und Rahmstationen. Die beiden Landwirtschaftlichen Bezugs- und Absatzgenossenschaften sind in Bopfingen und Ellwangen stationiert. Daneben werden in verschiedenen Orten des Kreises Zweiglager und Landmaschinen-Reparatur-Werkstätten unterhalten. Die Raiffeisen-Organisation im Kreis Aalen bietet damit vielseitige kaufmännische und gewerbliche Ausbildungs- und Beschäftigungsmöglichkeiten.

(69), (70) *Kiener KG, Maschinenfabrik, Wasseralfingen*

Die Maschinenfabrik Kiener KG entstand aus der 1946 von Kuno Kiener gegründeten Reparaturwerkstatt für Waldmotorsägen. Heute hat der Betrieb 500 Mitarbeiter. Zu den Produktionsprogrammen gehören die Planierraupe „Büffel B 94“ und die Schürfladeraupe „Büffel B 130“. Die jüngste Neuentwicklung ist der „Büffel BL 160“, der im Frühjahr 1970 der Öffentlichkeit vorgestellt wurde. Teil der Firma ist auch ein Erdbaubetrieb.

(71) *Gentner-Kleidung KG, Aalen*

Im Jahre 1965 wurde die Firma Gentner-Kleidung KG, Konfektions-Verkaufslager, gegründet. Auf ca. 500 qm Verkaufsfläche bietet sie in großer Auswahl Herren-, Damen- und Kinderbekleidung. Der Verkauf erfolgt ausschließlich an Privatkundschaft und wird erleichtert durch 400 Parkplätze.
Bis 1968 erweiterte der Geschäftsinhaber die Verkaufsfläche auf über 4000 qm zu einem Einkaufszentrum, das insgesamt fünf Unternehmen, unter anderem ein großes Möbelgeschäft, beherbergt.

(72), (73) *Roll- und Klappladenfabrik August Schmidt, Aalen*

Die Firma wurde 1920 von August Schmidt gegründet und wird heute von seinem Sohn Walter weitergeführt. In dieser Branche gehört sie zu den größten Betrieben in Süddeutschland. Um dem steigenden Bedarf an Roll- und Klappladen Rechnung zu tragen, wurden nach dem Zweiten Weltkrieg Zweigbetriebe in Kempten, Kaufbeuren und Heidelberg-Wiesenbach gegründet. Wirtschaftlicher Aufschwung und technischer Fortschritt sowie das Bedürfnis nach modernerem und schönerem Wohnen verlangten entsprechende Anpassung in der Fertigung, Montage und im Material. Diese Entwicklung führte auch zur Erweiterung des Fertigungsprogramms. Roll- und Klappladen werden nun nicht nur in Holz, sondern auch in Kunststoff und Leichtmetall hergestellt. Weitere bewährte Produkte der Firma sind Rolltore und Rollgitter, Scherengitter, Rolladenfertigkasten, Leichtmetalljalousien, Markisen, Metall- und Aluminium-Haustüren, Alu-Gartenzäune und Kunststoffparkbänke. Sämtliche Artikel werden von eigenen Fachkräften montiert. Ein ständiger Reparatur- und Kundendienst ist eingerichtet.

(74), (75), (76) *Ernst Schneider KG, Sand-, Stein- und Schotterwerke, Ummenhofen Kreis Schwäbisch Hall, Zweigbetrieb Hülen*

Im Jahre 1957 gründete Johannes Apprich im Steinbruch von Hülen einen Betrieb zur Herstellung von Schotter für den Straßen- und Wegebau. 1968 erwarb die Firma Ernst Schneider KG mit Sitz in Ummenhofen, Kreis Schwäbisch Hall, das Schotterwerk in Hülen.
Um den immer mehr steigenden Bedarf an Straßenbaustoffen nachzukommen, wurde das ganze Werk umgebaut und modernisiert. Neue Brecher wurden eingebaut, wobei der Vorbrecher Gesteinsstücke in der Größe von 1,40 m auf 1,40 m verarbeiten kann. Förderbänder bis zu 150 m Länge bringen das gebrochene Material aus einer Tiefe von 35 m nach oben. Als Abschluß wurde eine Aufbereitungsanlage für den neuesten Straßenbaustoff, den Mineralbeton erstellt. Mineralbeton wurde speziell für frostsicheren Straßenbau entwickelt. Bei dieser Bauweise werden die zwischen den großen Körnern verbleibende Hohlräume durch kleinere Körner sofort ausgefüllt. Die Herstellung der programmierten Mischung erfolgt durch moderne Dosieranlagen in einem Arbeitsgang. Die kornabgestufte Zusammensetzung des Mineralbetons erhöht die Tragfähigkeit unserer Straßen, vermeidet Einsenkungen und ist darüber hinaus noch frostunempfindlich. Durch den Einsatz von Großgeräten ist der Betrieb heute in der Lage den gesamten Bedarf an Straßenbaustoffen in unserem Gebiet zu bewältigen.

(77) *Universal Maschinenfabrik, Westhausen*

Die Firma wurde 1947 in Abtsgmünd gegründet und befindet sich seit 1949 im Besitz der Familie Dr. Rudolf Schieber, Bopfingen. 1951 wurde die Firma von Abtsgmünd nach Westhausen verlegt. Das Produktionsprogramm um-

faßte zunächst die Herstellung von Handflachstrickmaschinen und Halbautomaten. 1954 wurde die Produktion eines pappkartengesteuerten Vollautomaten aufgenommen. Im Lauf der Jahre entstand dann eine komplette Serie von vollautomatischen Flachstrickmaschinen, die den heutigen Musteransprüchen der Maschenindustrie gerecht wird. Die Produkte der Universal werden in der Bundesrepublik sowie in über 75 Länder verkauft. Feste Vertretungen in fast allen Ländern der Erde garantieren die Beratung und den Kundendienst für die Abnehmer. Mit über 700 Beschäftigten (1970) gehört die Universal zu den drei größten Herstellern von Flachstrickmaschinen der Welt.
Die Herstellung von Flachstrickmaschinen erfordert eine große Anzahl von Facharbeitern. Aus diesem Grunde wird auf die Ausbildung sehr viel Wert gelegt. In einem modern ausgestatteten Ausbildungszentrum werden ständig rund 50 Lehrlinge auf ihren späteren Beruf als Facharbeiter vorbereitet. Außerdem werden laufend Umschulungen von Personen aus anderen Berufszweigen durchgeführt. Dadurch ist es möglich, daß auch Landwirte in der Nähe ihres Heimatortes eine sichere Arbeitsstelle finden.

(78) *Dr. Rudolf Schieber, Chemische Fabrik KG, Bopfingen*

Die Gründung der Firma erfolgte durch Schreinermeister August Schieber im Jahre 1893. Gleichzeitig trat der Sohn, Adolf Schieber, in die Firma ein, später folgten die Brüder Ludwig und August Schieber. Schon nach wenigen Jahren war die Firma „Vereinigte Lederleimfabriken A. Schieber und Söhne“ eine der größten Hautleimhersteller in Deutschland. Diese Firma wurde 1924 aufgelöst. Adolf Schieber übernahm einen Teil dieser Firma und fabrizierte unter eigenem Namen „Adolf Schieber & Sohn“ weiter Hautleim aus tierischen Abfällen.
Im Jahre 1926 trat Dr. Rudolf Schieber in das Unternehmen seines Vaters ein und gründete 1929 ein eigenes Unternehmen, die „Dr. Rudolf Schieber, Chemische Fabrik“. In diesem Betrieb wurden tierische Leime aus angegerbten Abfällen (Lederleim) hergestellt. Aus diesen Abfällen entwickelte Dr. Schieber 1933 bis 1937 Lederfaserstoff, ein sehr gesuchtes Austauschprodukt für Leder in der Schuhindustrie. Während des Zweiten Weltkrieges wurde die Lederfaserstoffertigung weiter ausgebaut, die Leimfabrik lief wegen Rohstoffmangel nur in sehr kleinem Umfang. Nach dem Krieg entwickelte sich das Unternehmen weiter und gliedert sich in die heutigen Abteilungen:

1. Tierische Leime;
2. Lederfaserstoffe für die Schuh- und Täschnerwarenindustrie. Das Herstellungsverfahren ist in der Zwischenzeit wesentlich erweitert worden und es wurden neue Arbeitsmethoden eingeführt.
3. Synthetische Klebstoffe für die holz- und papierverarbeitende Industrie. Diese Abteilung wurde erst nach dem Kriege gegründet. Es werden hier Kleber auf der Basis Polyvinylacetat, Schmelzkleber, Harnstoffharz und tierische Leimkombinationen mit Kunstharzen hergestellt.

(79), (80) *Anton Grieser, Inhaber Rudolf Grieser, Lebensmittel-Filialbetrieb, Lebensmittel- u. Weingroßhandlung, Aalen*

1920 gründete Anton Grieser in Aalen die Einkaufsvereinigung „EINKA“, aus der die jetzige Einzelhandelsfirma hervorgegangen ist. Zu ihr gehören jetzt insgesamt 18 Filialen in Aalen, Unterkochen, Oberkochen, Wasseralfingen, Ellwangen und Abtsgmünd. 1928 wurde zur Versorgung der Filialen eine eigene Bäckerei gegründet, die zuletzt Anfang 1970 gründlich modernisiert und erweitert wurde. Nach dem Zweiten Weltkrieg wurde die Großhandlung Rudolf Grieser geschaffen und ausgebaut. In dem sich ständig erweiternden Betrieb finden Einzelhandelskaufleute, Großhandelskaufleute, Verkäufer, Verkäuferinnen und Bäcker eine gute Ausbildung.

(81) *Hans Eder, Likörfabrik – Weinkellerei – Weinmarkt, Aalen*

Die Firma wurde als Kommanditgesellschaft von Freiherr von Süsskind und Hans Eder

1949 gegründet und ist seit 1961 in Aalen ansässig. Produziert werden Liköre aller Art und als Spezialitäten der Magenbitter „Teussenberg" und die Weinbrandmarken „Audienz" und „Finesse". Nachdem 1952 schon der Großhandel mit Sekt und Markenspirituosen dazukam, konnte die Firma 1954 sich durch eine Weinkellerei erweitern. Seit 1955 ist Hans Eder Alleininhaber der Firma, die mit ihren Produkten hauptsächlich den Großraum Nordwürttemberg beliefert. Importiert wird aus Italien, Österreich und Ungarn.
Seit 1968 hat die Firma einen SB-Weinmarkt in ihren Betriebsräumen eingerichtet. Ein Weinsortiment von rund 150 verschiedenen Sorten steht zur Verfügung. Der Verbraucher findet auch eine reichhaltige Auswahl an eigenen und echten Schwarzwälder Erzeugnissen sowie ausländische Handelsware.

(82) *VARTA Gesellschaft mit beschränkter Haftung, Ellwangen/Jagst*

Die Firma, 1917 als „Chemische Fabriken Pertrix GmbH" gegründet, wurde nach dem Ersten Weltkrieg von der AFA (heute VARTA) übernommen und die Fertigung in ein modernes Werk nach Berlin verlegt. Nach dem Verlust des Berliner Werkes in den letzten Tagen des Zweiten Weltkriegs wurde 1946 die Fertigung in Ellwangen/Jagst neu eingerichtet. Die VARTA GmbH, Ellwangen, ist Europas größtes Unternehmen für Trockenbatterien, die unabhängig von der Steckdose „schnurlos" Strom für viele elektrische Geräte liefern, wie Tonbandgeräte, Plattenspieler, Radios, Foto- und Filmkameras, Blitzlichtgeräte, Trockenrasierer, Spielzeug usw.
In der angegliederten Metallwarenfertigung werden Taschenlampenhülsen, Spezialleuchten, Gasanzünder etc. hergestellt.
Mit Zweigwerken in Dischingen und Schopfloch ist die VARTA GmbH mit ihren ca. 2000 Mitarbeitern nicht nur für Ellwangen sondern auch für den Kreis Aalen ein wichtiger wirtschaftlicher Faktor.
Die VARTA GmbH Ellwangen, der auch zahlreiche Lizenzunternehmen im Ausland angeschlossen sind, ist eine Tochtergesellschaft der VARTA AG, Frankfurt/Main, die weitere Werke in Hagen für stationäre und Industrie-Akkumulatoren, sowie in Hannover für Starterbatterien unterhält.

(83) *A. Oppold, Werkzeug- und Maschinenfabrik, Oberkochen*

Die Firma Oppold wurde im Jahre 1896 vom Vater des jetzigen Inhabers Ludwin Oppold gegründet. Aus kleinen Anfängen entwickelte sich der Betrieb zu einem mittleren Industrie-Unternehmen, das heute mehr als 200 Arbeitnehmer beschäftigt.
Systematische Entwicklung verbunden mit praxisnaher Forschung begründeten den guten Ruf der modernen Sicherheits-Werkzeuge von Oppold. Ausgehend von der reinen Bohrerfertigung umfaßt das heutige Fabrikationsprogramm Oppold-System-Werkzeuge in modernster Form und Bauart für den gesamten Fensterbau, Innenausbau und Möbelbau. 75 Jahre Erfolg und Erfahrung auf dem Gebiet der Zerspanung von Holz und Kunststoff schufen das Oppold-System, Holzbearbeitungsmaschinenwerkzeuge, mit einem Höchstmaß an Leistung, Rentabilität und Sicherheit. Eine eigene Vertriebsorganisation, der Fachhandel und namhafte Vertretungen in zahlreichen Ländern Europas sichern der Firma einen angemessenen Marktanteil im In- und Ausland. Auch in den überseeischen Raum exportiert der Betrieb seine Produkte.

(84), (85) *Freiherrlich von Woellwarthsche Waldstiftung, Essingen*

Seit zwei Jahren hat es sich die Freiherrlich von Woellwarthsche Waldstiftung zur Aufgabe gemacht, den immer steigenden Bedürfnissen der Skiläufer Rechnung zu tragen und im eigenen Wald- und Wiesengelände bei Lauterburg ein Skizentrum zu errichten. Im Winter 1968/69 wurde hierfür ein Lift der Firma Doppelmayer mit 300 m Schlepplänge und 80 m Höhenunterschied in Betrieb genommen, im Winter 1969/70 ein Kleinlift von ca. 150 m Schlepplänge.
Außerdem wurden im Winter 1969/70 in Zusammenarbeit mit dem ADAC die ersten beiden

Ski-Wanderwege in Württemberg eingerichtet. Sie führen über 10 und 18 Kilometer.
Die Freiherrlich von Woellwarthsche Waldstiftung besteht aus Land- und Forstwirtschaft und ist seit dem 14. Jahrhundert in Essingen und Lauterburg im Besitz der Familie. Zur intensiven Land- und Forstwirtschaft gesellt sich nun in neuester Zeit ein neuer Tätigkeitszweig, die sogenannte Naherholung.
Bei größerer Freizeit für immer mehr Menschen und ständig wachsender Zahl von Skiläufern, die sich diesem schönen Sport zuwenden, ergibt sich das Bedürfnis, auch in der Nähe der Arbeitsstätten Skisport in jeder Form zu betreiben. Lange Anfahrtswege ins Gebirge sollen für Kurzurlaube vermieden werden und der weiße Sport auch am Abend ausgeübt werden können. Das ist durch die Flutlichtanlage möglich, welche seit dem ersten Jahr des Liftbetriebes ab 17 Uhr in der Wintersaison die Hänge ausleuchtet. Parkplätze für 1200 Fahrzeuge reichen auch an Sonn- und Feiertagen aus.
Der Ausbau des Skizentrums ist noch nicht abgeschlossen. Zwar gibt es schon vier verschiedene Abfahrten neben den Skiwanderstrecken, doch bietet sich das faltenreiche, nach Norden gewandte Hirtenteich-Skigebiet zur Schaffung weiterer Abfahrtsmöglichkeiten und deren Erschließung durch weitere Aufstiegshilfen deutlich an.

# Namen- und Sachregister

# Gemeinderegister

Die Zahlen hinter der Ortsangabe bezeichnen die Textseiten, auf denen die Gemeinde erwähnt wird.
GK = Gemeindekurzbiographien in „Wissenswertes aus den Kreisgemeinden".
Abb. = Abbildung Nr. . . . (nicht Seitenzahl).

*Kreisgemeinden*

*Orte außerhalb des Kreises*

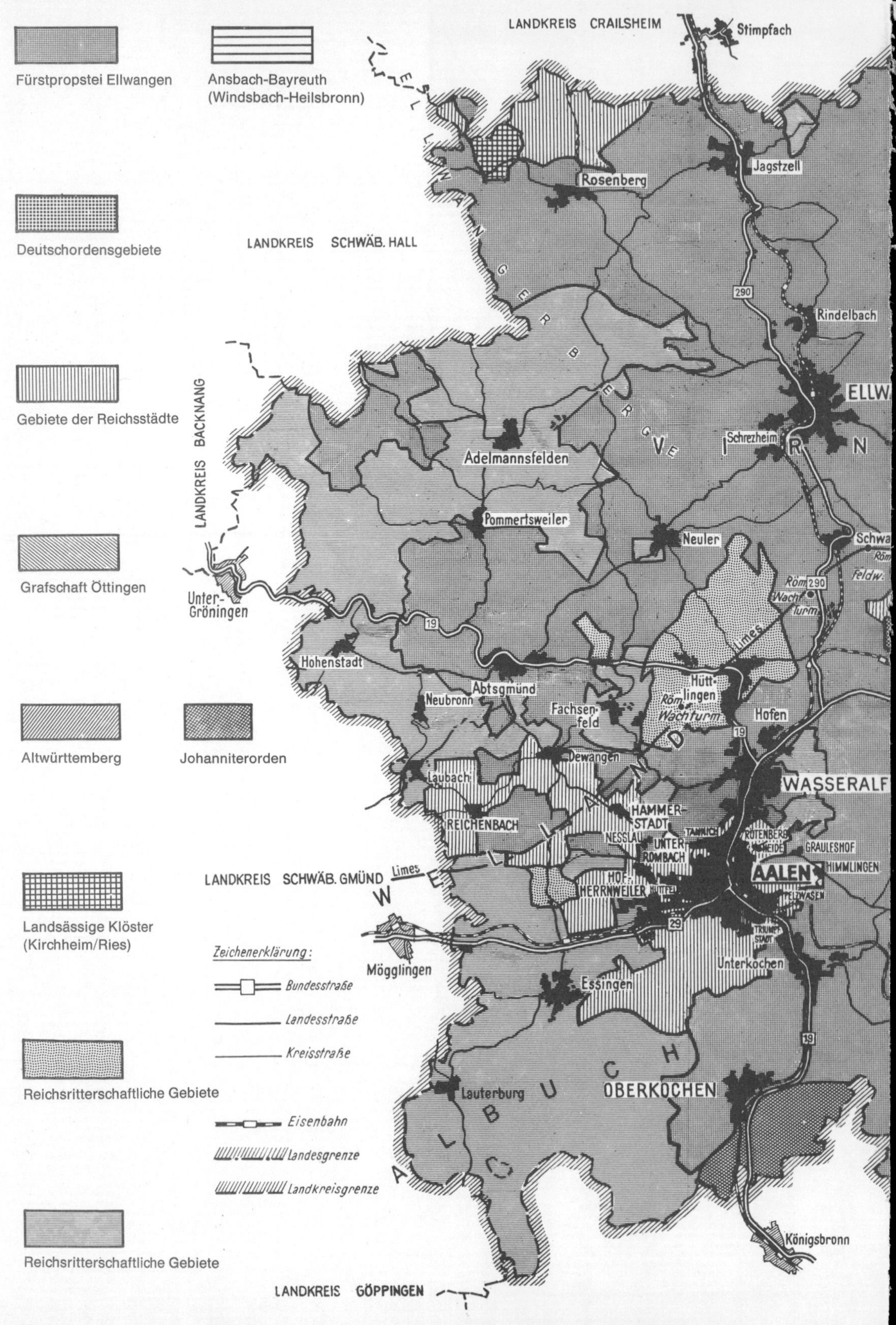
Fürstpropstei Ellwangen
Ansbach-Bayreuth
(Windsbach-Heilsbronn)
Deutschordensgebiete
Gebiete der Reichsstädte
Grafschaft Öttingen
Altwürttemberg
Johanniterorden
Landsässige Klöster
(Kirchheim/Ries)
Reichsritterschaftliche Gebiete
Reichsritterschaftliche Gebiete
Zeichenerklärung:
Bundesstraße
Landesstraße
Kreisstraße
Eisenbahn
Landesgrenze
Landkreisgrenze
LANDKREIS CRAILSHEIM
LANDKREIS SCHWÄB. HALL
LANDKREIS BACKNANG
LANDKREIS SCHWÄB. GMÜND
LANDKREIS GÖPPINGEN
ELLWANGER BERGE
VIRNGRUND
WELLAND
ALBUCH
Stimpfach
Jagstzell
Rosenberg
Rindelbach
ELLW
Schrezheim
Adelmannsfelden
Pommertsweiler
Neuler
Schwa
Röm
Feldw.
Röm. Wachtturm
Limes
Unter-
Gröningen
Hohenstadt
Abtsgmünd
Neubronn
Fachsen-
feld
Hüttlingen
Röm. Wachturm
Hofen
Dewangen
Laubach
WASSERALF
REICHENBACH
HAMMER-
STADT
TANNICH
NESSLAU
UNTER-
ROMBACH
RÖTENBERG
GRAULESHOF
AALEN
HIMMLINGEN
HOF-
HERRNWEILER
Limes
Mögglingen
Unterkochen
Essingen
Lauterburg
OBERKOCHEN
Königsbronn
290
19
29